Christine Piston
3/85

ISL

Gert Solmecke (Hrsg.)
Motivation und Motivieren im Fremdsprachenunterricht

6

ISL Informationen zur Sprach- und Literaturdidaktik

herausgegeben von
Dietrich Boueke, Norbert Hopster, Albert Klein, Reinhard Kuhnert

Gert Solmecke (Hrsg.)

Motivation und Motivieren im Fremdsprachenunterricht

(Vollständig revidierte Neuauflage von: Motivation im Fremdsprachenunterricht)

Ferdinand Schöningh

Paderborn · München · Wien · Zürich

ZIP-Kurztitelaufnahme der Deutschen Bibliothek

Motivation und Motivieren im Fremdsprachenunterricht
Gert Solmecke (Hrsg.). — (Vollst. rev. Neuaufl. von:
Motivation im Fremdsprachenunterricht). —
Paderborn; München; Wien; Zürich: Schöningh, 1983.
(Informationen zur Sprach- und Literaturdidaktik; 6)
Frühere Aufl. u. d. T.: Motivation im Fremdsprachenunterricht
ISBN 3-506-74056-3
NE: Solmecke, Gert [Hrsg.]; GT

München · Wien · Zürich

Printed in Germany

Herstellung: Ferdinand Schöningh, Paderborn

ISBN 3-506-74056-3

INHALT

0 VORBEMERKUNG

> "Der Wert des Englischunterrichts, wie jedes Unterrichts, ist ein dreifacher: wir erwerben und üben allgemeine Fähigkeiten und Fertigkeiten..., wir erwerben etwas praktisch Brauchbares, und wir begegnen wertvollen Inhalten, die in englischer Sprache gedacht und formuliert wurden." (Finkenstaedt, 1970, S. 4)

> "Wer mit Deutscher Mark bezahlt, braucht Englisch nicht zu können." ("Urlaubsgedanken" von M. Schiff, Frankfurter Rundschau Nr. 185 vom 11.08.1979)

Daß die Motivierung des Lernenden gerade auch im Fremdsprachenunterricht ein besonderes und auch besonders schwieriges Problem darstellt, dürfte unumstritten sein. Beleg hierfür sind nicht nur die an Zahl und Qualität zunehmenden empirischen Untersuchungen zu mit diesem Problem verbundenen Fragen, sondern ist auch die Tatsache, daß es kaum noch eine Diskussion über die Praxis der Fremdsprachenvermittlung gibt, in der der Begriff "Motivation" nicht auftaucht.

Zweifellos hat es gegenüber dem in meinem Buch "Motivation im Fremdsprachenunterricht" (1976) dargestellten Forschungsstand Erkenntnisfortschritte gegeben, die sich u.a. in einer veränderten Konzeption dieses Bandes niederschlagen. Allerdings ist auch gegenwärtig das Wissen in diesem Bereich noch kaum als zufriedenstellend zu bezeichnen; und man muß R.M. Müller durchaus zustimmen, wenn er kritisiert, daß die Wissenschaftlichkeit der Äußerungen zum Thema Motivation "im umgekehrten Verhältnis zu seiner Beliebtheit als Argumentationsmittel steht". (1977, S. 76)

Der Grund hierfür ist allerdings nicht nur in argumentativer Ungenauigkeit zu suchen, sondern er liegt auch in der Vielschichtigkeit und Komplexität der Sache selbst. Ob der Lernende dem Volk der Zielsprache gegenüber Vorurteile hegt, ob er sich vom Fremdsprachenlernen Nutzen verspricht, ob die Personen seines Umgangs den Erwerb einer Fremdsprache für wichtig halten, ob der Lehrer mit einem grimmigen oder freundlichen Gesicht die Klasse betritt, ob er eine neue Vokabel oder Satzstruktur drei- oder zehnmal nachsprechen läßt - es hat alles "irgendwie" mit Motivation zu tun. Vielleicht aber auch nicht, denn zumindest das Wiederholen bzw. Üben ist doch wohl Teil des *Lernens*. Wie aber, wenn die Schüler einer bestimmten Klasse grundsätzlich nach der zweiten Wiederholung und dann zunehmend die Lust am Nachsprechen verlieren?

Das bei der Zusammenstellung eines Bandes zum Thema Motivation im Fremdsprachenunterricht zu lösende Problem besteht somit nicht nur in der Identifikation und Beschreibung von Faktoren, die die Motivation des Fremdsprachenlernenden beeinflussen, sondern auch in der Begrenzung des mit diesem Begriff Gemeinten. Wenn *alles*, was im Fremdsprachenunterricht passiert, *irgendwie* mit der Motivation der Lernenden zu tun hat, dann wird dieser Begriff für unsere Zwecke unbrauchbar. Wenn wir andererseits willkürliche Begrenzungen setzen, übersehen wir möglicherweise höchst wichtige Zusammenhänge.

Aus der hier angedeuteten Verwirrung rettet sich der Praktiker gewöhnlich, indem er *Lernen* und *Motivation* nicht nur hypothetisch, sondern praktisch trennt und letztere als zusätzlich in den dem Lernen gewidmeten Unterricht eingebracht behandelt. Wir werden darauf noch einzugehen haben. Für eine Behandlung des Themas, die den Anspruch der Wissenschaftlichkeit stellt, ist dieses Verfahren gänzlich unbrauchbar. Andererseits muß das, was man unter Motivation versteht, immerhin so weit von anderen Unterrichtsphänomenen zu trennen sein, daß eine Arbeit darüber sich von einer Didaktik bzw. Methodik des Fremdsprachenunterrichts unterscheidet.

Die Psychologie, der ja der Begriff *Motivation* entstammt, bietet bei diesen Abgrenzungsnöten keine sehr große Hilfe. Sie sagt uns, daß Motivation ein hypothetisches Konstrukt sei und der Erklärung dafür diene, warum ein Organismus eine bestimmte Handlung vollbringe - oder auch nicht. Einzelne Motive und Motivkomplexe werden identifiziert und in ihrer Wirksamkeit beschrieben. Aber diese Beschreibungen befassen sich mit dem menschlichen Verhalten generell und nicht mit dem Fremdsprachenunterricht als Sonderfall schulischen Lernens, das wiederum ein Sonderfall menschlichen Verhaltens ist. Gewiß, man hat Überlegungen auch zur *Lernmotivation* angestellt, aber es gibt auch Zweifel, ob dieser Begriff und die darin enthaltene Behauptung eines auf die Tätigkeit

Lernen bezogenen Sonderfalls von Motivation gestattet sei. An den Fremdsprachenunterricht denken Psychologen sicherlich nicht, wenn sie sich über die Antriebe menschlichen Handelns Gedanken machen.

Es genügt also nicht, lediglich psychologische Begriffe und ihre Definition dem Unterrichtsgeschehen überzustülpen. Im Mittelpunkt dieses Buches steht deshalb auch der Fremdsprachenunterricht selbst und die Frage, warum es in ihm anscheinend so besonders schwer ist, Schüler zur Teilnahme an Lernprozessen zu veranlassen. Zu diesem Zweck werden wir uns mit den verschiedenen Aspekten der Rolle von Motivation und Einstellung im Prozeß des Fremdsprachenlernens beschäftigen. Diese Beschäftigung umfaßt neben einer ausführlichen Analyse der Problematik den Versuch, vorhandenes Wissen in Form einer rudimentären Verknüpfung von Motivation und Handeln im Fremdsprachenunterricht zusammenzufassen. Analysen der Praxis sollen die theoretischen Aussagen ergänzen und zu Vorschlägen zu ihrer Verbesserung führen. Dabei wird weder Vollständigkeit angestrebt, noch der Versuch gemacht, entsprechenden psychologischen Werken Konkurrenz zu machen. Es wird daher sowohl darauf verzichtet, psychologische Motivationstheorien ausführlich zu referieren, als auch darauf, die Diskussion theoretischer Aussagen dort noch fortzuführen, wo ihre Relevanz für unsere gegenwärtige Problemstellung mangels größeren Wissens um die Zusammenhänge nicht mehr gegeben scheint. Damit ist auch ein Hauptkriterium für die Begrenzung unserer Überlegungen gegeben und auf ihre bewußte Vorläufigkeit verwiesen.

Zugleich ist als Adressat dieses Bandes der gegenwärtige und zukünftige Praktiker genannt, für den das Stichwort M o t i v a t i o n häufig gleichzeitig Hoffnung und Enttäuschung bedeutet - Hoffnung auf Möglichkeiten zur Förderung des Lerneifers seiner Schüler und Enttäuschung angesichts immer erneuter Fehlschläge, die nur unzureichend erklärt werden können. Es ist zu hoffen, daß am Ende der Lektüre nicht nur eine realistischere Sicht des Problemfeldes "Motivation im Fremdsprachenunterricht" und ein größeres Wissen um die determinierenden Faktoren und die zwischen ihnen bestehenden Zusammenhänge, sondern auch eine erweiterte Fähigkeit der Schülermotivierung steht.

Die Aufsätze dieses Bandes sind Originalbeiträge. Nicht mit einem Autorennamen versehene Abschnitte stammen vom Herausgeber. Die bibliographischen Angaben der einzelnen Beiträge wurden am Schluß des Bandes zusammengefaßt.

1 EINLEITUNG

Das Problem

Halten wir zunächst fest: Ziel eines wie auch immer gearteten Fremdsprachenunterrichtes ist es zumindestens in entwickelteren Kulturkreisen durchweg, in einer Fremdsprache das verstehen und ausdrücken zu können, was in der Muttersprache bereits verstanden und ausgedrückt werden kann.

Es fehlt damit die unmittelbare Notwendigkeit der Sprachaneignung, wie wir sie beim Muttersprachenerwerb vorfinden, der ja Teil der personalen und sozialen Entwicklung eines jeden nicht behinderten Menschen ist.

Diese unmittelbare Notwendigkeit kann sich für das Erlernen einer Fremdsprache ganz oder teilweise wieder einstellen, wenn eine Person durch Auswanderung oder Vertreibung oder aus anderen Gründen ganz oder teilweise dem muttersprachlichen Bereich entrissen und in eine fremde Sprachgemeinschaft versetzt wird. Einschränkend ist aber festzuhalten, daß diese Notwendigkeit auf eine gegenüber dem Kleinkind mehr oder weniger veränderte Persönlichkeit trifft, was natürlich ihre Wirkweise verändert.

Unmittelbare Notwendigkeiten für das Erlernen einer Fremdsprache finden wir in eingeschränkterer Form auch dort vor, wo für konkret vorliegende Verständigungsbedürfnisse gelernt wird: Der Reisende, der sich einige wichtige Wörter und Redewendungen aneignet und der Kaufmann, der seinen Absatz durch die begrenzte Beherrschung der Sprache seines Kunden fördert, sind Beispiele hierfür.

Beim Vorliegen einer unmittelbaren Lernnotwendigkeit ist die Beantwortung der Frage, ob die betreffende Person an der Fremdsprache interessiert ist, ob sie "Lust" zum Lernen hat, eigentlich zweitrangig: Sie m u ß einfach lernen, wobei durchaus aus dem Muß ein Wollen werden kann.

Je mehr aber die baldige Verwendbarkeit einer Fremdsprache in konkret vorstellbaren Situationen in den Hintergrund tritt, wie das besonders deutlich im Fremdsprachenunterricht allgemeinbildender

Schulen der Fall ist, je mehr also jene unmittelbare Notwendigkeit des Lernens fehlt, umso mehr müssen andere Notwendigkeiten an ihre Stelle treten, umso eher müssen die Lehrenden auf mangelnde Lernbereitschaft ihrer Schüler gefaßt sein, die den Lernfortschritt be- oder gar verhindert, umso eher auch müssen sie sich Gedanken über eine optimale Förderung dieser Lernbereitschaft durch entsprechende Unterrichtsgestaltung machen. Der Fremdsprachenunterricht muß hier dem Individuum behilflich sein, seine Kommunikationsbedürfnisse in der Fremdsprache zu befriedigen und zwar kurzfristig im Unterricht und langfristig in außer- und nachunterrichtlichen Situationen. Er muß weiterhin in sehr vielen Fällen diese Kommunikationsbedürfnisse so weit verstärken (wenn nicht gar erst schaffen), bis sie die Schwelle der bloß unverbindlichen positiven Einstellung zum Fremdsprachenlernen überschreiten und den Lernenden zur Teilnahme an lernerischen Aktivitäten des Unterrichts veranlassen.

Das ist, wie jedermann weiß, sehr viel leichter gefordert als getan. Natürlich gibt es Fremdsprachenlehrer, die ohne nennenswerte theoretische Kenntnis des motivationalen Bedingungsgefüges einen erfolgreichen Unterricht durchführen, in dem die Lernenden mit großem Vergnügen bei der Sache sind. Aber es gibt auch eine große Zahl von Lehrern, die angesichts der dahinschwindenden Lernbereitschaft ihrer Klasse einer Hilfestellung bedürfen, und die sich durch die Aneignung theoretischen Wissens über Zusammenhänge der Praxis ein Verständnis der Ursachen ihres Problems und Wege zu seiner Lösung erhoffen.

Angesichts der erheblichen Schwierigkeiten, mit denen der Fremdsprachenunterricht im Hinblick auf die Lernwilligkeit seiner Schüler zu kämpfen hat, weckt das Stichwort "Motivation" besondere Aufmerksamkeit und Hoffnungen auf Hilfe in der unterrichtlichen Alltagspraxis. Auch in der Literatur findet sich kaum noch ein Aufsatz zu didaktischen und methodischen Fragen, in dem nicht wenigstens in einem Nebensatz das Problem der Schülermotivation angesprochen wird (umgekehrt möchte man mit Bedauern feststellen, daß es allzu häufig nicht zu mehr als zu einer vagen Behauptung im Nebensatz reicht!). Ja, wir haben inzwischen sogar das "Lehrbuch mit der großen Schülermotivation". Aber Motivation ist keine Pille, die dem Lernenden zur Hebung seiner Lernwilligkeit eingegeben wird, und wo solche Hoffnungen geweckt werden, ist die Enttäuschung notwendigerweise nicht fern. Sie spiegelt sich recht gut in folgendem Zitat:

"Die seit Jahren geführte Diskussion um die Motivation der Schüler für den Englischunterricht und in diesem Unterricht hat zu keiner nennenswerten Ausweitung der methodischen Möglichkeiten des Lehrers geführt. Die Zuflucht zur Motivationsfrage scheint in unmittelbarer Beziehung zu der Beobachtung zu stehen, daß immer mehr Lehrer sich den methodischen Schwierigkeiten - aus vielerlei Gründen - nicht mehr gewachsen fühlen. Motivation ist Alibi und Zauberformel zugleich geworden." (Bebermeier, 1979, S. 141)

Wir wollen versuchen, den Ursachen dieser Enttäuschung ein Stück weit nachzugehen.

Sicher hat schon der erste Fremdsprachenlehrer dieser Welt über die seiner Meinung nach unzureichende Lernbereitschaft seiner Schüler geklagt. Lehrern fällt es meist schwer zu verstehen, daß Schüler gerade ihrem wichtigen, nützlichen und doch auch hochinteressanten Fach nicht mit mehr Interesse begegnen, als sie es in Wirklichkeit tun.

Diskussionen über Schüler spiegeln häufig diesen Sachverhalt wider: Der Lehrer bezeichnet gewöhnlich seinen Schüler als motiviert, wenn dieser willig in einer vom Lehrer als erwünscht betrachteten Weise handelt. Demgegenüber ist jeder Schüler als unmotiviert anzusehen, der nicht in dieser Weise handelt bzw. erst zu erwünschtem Handeln überredet bzw. gar gezwungen werden muß. Hier liegt der erste Denkfehler, denn man vergißt, daß das Leben des Schülers nicht nur aus dem Umgang mit diesem Fach besteht.

Die Lernenden geben ihr außerunterrichtliches Leben nicht an der Schultüre ab, um dann nur noch Schüler zu sein. Sie wechseln auch nicht von Stunde zu Stunde und von Fach zu Fach ihre Persönlichkeit, um nur noch Mathematik-, Biologie- oder eben Englischlernende zu sein. Hier liegt der zweite Denkfehler, denn bei Nichtbeachtung dieser Tatsache vergißt man, daß das Fach Teil der institutionalisierten Erziehung ist, die vom Schüler nicht nur in ihren Teilen, sondern auch als Ganzes wahrgenommen wird und auf die er entsprechend reagiert.

Solche Diskussionen vermitteln auch den Eindruck, daß mangelnde Motivation nur beim Schüler vorliegen kann. Hier liegt der dritte Denkfehler, denn ist z.B. ein Lehrer, der sich schlecht vorbereitet, der Weiterbildungsmöglichkeiten nicht nutzt, dessen Englischkenntnisse seit Jahren nicht aufgefrischt wurden, als motiviert zu bezeichnen?

Verbreitet ist auch die Überzeugung, daß Motivation etwas zusätzlich in den Unterricht Hineingebrachtes ist, das mit der eigentlichen unterrichtlichen Arbeit nur mittelbar etwas zu tun hat. Hier liegt der vierte Denkfehler, denn ein vereinzeltes interessantes Geschehen im Unterricht kann wohl nur bewirken, daß die Zeit danach umso trister wirkt.

Eng hiermit verbunden ist der fünfte Denkfehler, der die Motivierung der Schüler nur als Technik mißversteht, die auf die automatische Wirkung bestimmter Maßnahmen vertraut und die weitestmögliche Anpassung des Schülers an vorgegebene Unterrichtsbedingungen will. Hiergegen ist zum einen zu sagen, daß z.B. Lob nicht automatisch zu vermehrter Anstrengung, ein freundlicher Umgangston des Lehrers ebenso wenig automatisch zu einer entspannten Arbeitsatmosphäre führt. Zum anderen kann diese Technik, durchschaut sie der Lernende, zu einem nicht wiedergutzumachenden Schaden für seine Lernbereitschaft führen.

Schließlich ist hier noch ein sechster Denkfehler zu nennen: Zwar weiß man, daß eine Vielzahl von Beweggründen menschliches Verhalten und damit auch Lernverhalten bestimmt, doch man stellt sich diese Beweggründe nicht verflochten, widerstreitend und sich gegenseitig beeinflussend vor, sondern säuberlich getrennt und damit einzeln beeinflußbar.

Alle diese Denkfehler führen einzeln oder gemeinsam zu Simplifizierungen, die sich verhängnisvoll auswirken können, ja sogar müssen. Verhängnisvoll deshalb, weil sich eine Kette ergibt, die vereinfacht so aussieht: Rezeption von Handlungsanweisungen - Motivierungsversuche - Fehlschlag - verkürzte und/oder fehlerhafte Ursachenerklärung - Resignation - Ausweichen auf probate Zwangsmittel.

Die bisherige Darstellung des Problems hat uns einer ersten Klärung des Begriffs "Motivation" nähergebracht. Die Beschäftigung mit der Motivation können wir ganz generell als die Beschäftigung mit der Frage nach den Ursachen eines Verhaltens betrachten. Wir fragen, welches M o t i v jemand für sein Tun gehabt hat, welche A b s i c h t ein Mensch mit seinem Verhalten verfolgt, welche B e d ü r f n i s s e, I n t e r e s s e n, T r i e b e ihn zu einem bestimmten Verhalten veranlassen. Bereits die Frage impliziert, was sich durch alltägliche Beobachtungen leicht bestätigen läßt: Verschiedene Individuen zeigen in ein- und derselben Situation ein deutlich unterscheidbares Verhalten; und motiviertes Verhalten ist nicht zufällig, sondern zielgerichtet.

Zu unterscheiden sind die Begriffe M o t i v und M o t i v a t i o n. Motive sind die einzelnen Beweggründe eines Individuums, sich in einer gegebenen Situation so und nicht anders zu verhalten. In ihrer Gesamtheit spiegeln sie das Verhältnis dieses Individuums zu seiner Umwelt wider. Umgangssprachlich werden Motive u.a. mit folgenden Begriffen umschrieben: Aggression, Angst, Durst, Ehrgeiz, Hunger, Liebe, Machtstreben, etc. (vgl. Graumann, 1974, S. 4). Die meisten Motive des uns interessierenden Bereichs sind übrigens erlernt. Mit Motivation meinen wir das Wirksamwerden eines oder mehrerer Motive als verhaltenssteuerndes Moment im Rahmen bestimmter Umweltgegebenheiten.

Damit ist auch klargestellt, daß die Verhaltensreaktion von Schülern auf die unter dem Namen "Fremdsprachenunterricht" zusammengefaßten Umweltgegebenheiten zunächst einmal beliebig ist. Die Situation Unterricht ist nicht mehr als ein Angebot unter vielen, die Reaktion darauf erfolgt im Rahmen der individuell verschiedenen Motive und Motivkomplexe. Der den o.g. ersten Denkfehler hervorrufende gegenteilige Eindruck entsteht aus der von der Institution Schule geforderten und vom Lehrer vertretenen Zweckgebundenheit unterrichtlichen Verhaltens. Die damit verbundene und von vornherein als vereinbart betrachtete Einengung der Bewegungsfreiheit der Lernenden spiegelt sich auch darin wider, daß Fremdsprachenlehrer und -didaktiker den Begriff Motivation meist mit dem Zusatz "im Fremdsprachenunterricht" verwenden. Damit ist, wie schon bemerkt, die positive Einstellung zum Unterrichtsgegenstand Fremdsprache, zu den unterrichtlichen Aktivitäten und die im beobachtbaren Verhalten ablesbare Bereitschaft, an diesen Aktivitäten teilzunehmen und andere - vom Lehrer als störend empfundene - zu unterlassen, gemeint. Die Tatsache, daß der Lernende überhaupt an einem Fremdsprachenkurs teilnimmt, gerät hier gar nicht in den Blick.

Und doch liegt hier ein höchst wichtiges Problem verborgen: Die gesellschaftliche Wertschätzung des Fremdsprachenlernens, die sich u.a. in der Verpflichtung der Teilnahme von Schülern an entsprechenden Kursen ausdrückt, muß sich bei diesen nicht unbedingt in der Bereitschaft zur Lernanstrengung niederschlagen. Wir können sagen: Das gesellschaftliche Wertsystem, in dem die Beherrschung einer oder mehrerer durch Unterricht zu lernender Fremdsprachen einen relativ pominenten Platz einnimmt, kann, muß aber nicht mit dem individuellen und sich in seinen Motiven ausdrückenden Wertsystem des Schülers übereinstimmen. Greifen wir weiter aus, so können wir außerdem festhalten, daß das gleiche für das institutionelle Lernen überhaupt gilt, dessen Teil der Fremdsprachenunterricht ja ist.

Die Verpflichtung zur Teilnahme an institutionell geregelten Lernprozessen nimmt dem Lernenden die Entscheidung darüber ab, ob er überhaupt für die Teilnahme an ihnen, bestünde eine solche Verpflichtung mit ihren Sanktionsmöglichkeiten nicht, motiviert wäre - oder nicht eher fürs Spazierengehen, Schlafen, etc. Wieweit diese Teilnahme allerdings über die körperliche Anwesenheit hinausgeht, ist eine andere Sache.

Wo Freiwilligkeit herrscht, wie in der Erwachsenenbildung, wird das Problem divergierender Motivationen von vornherein deutlicher: Gemessen an der Zahl m ö g l i c h e r Teilnehmer an Fremdsprachenkursen ist die Zahl w i r k l i c h Teilnehmender relativ gering.

Motiv und Motivation bezeichnen nichts beim Individuum in ganz bestimmter Weise Vorfindliches und Beobachtbares, sondern es sind Konzepte, deren wir uns bedienen, um das Handeln von Menschen in bestimmten Situationen - in unserem Fall die Verhaltensreaktion von Schülern auf das Unterrichtsangebot - zu erklären. Auch die Nichtbeachtung dieser Tatsache ist am Zustandekommen der oben beschriebenen Denkfehler maßgeblich beteiligt. Ein solches Konzept nennen wir auch ein "hypothetisches Konstrukt".[1] Es soll uns, wie gesagt, helfen, das Warum menschlichen Handelns zu verstehen. Dabei ist die Beachtung der Tatsache höchst wichtig, daß es nicht "einerseits die Handlung und unabhängig davon den Motivationsprozeß" gibt. "Motivation und Handeln sind innerhalb eines psychischen Ablaufs, eben der motivierten Handlung, untrennbar aufeinander bezogen. ... Nur akzentuierend kann die Motivation von der Handlung unterschieden werden. Daß Motivation gesondert behandelt wird, ist ein nötiger analytischer Kunstgriff." (Schiefele, 1978, S. 34). Auch Einengungen auf spezielle Aspekte des mit "Motiv" und "Motivation" Gemeinten haben hypothetischen Charakter. Einengungen und Spezifizierungen sind in unserem Fall vor allem aus Gründen einer größeren Annäherung an die unterrichtliche Praxis notwendig, interessiert uns doch im folgenden nicht die Motivation menschlichen Verhaltens allgemein, sondern die Motivation des Menschen als Teilnehmer an unterrichtlich gesteuerten Fremdsprachenlernprozessen, deren Einbettung in das umfassende Bedingungsgefüge des Handelns darüber aber nicht vergessen werden darf. Ebenso darf nicht vergessen werden, daß wir in jedem Falle nach den Ursachen von Verhaltensweisen der Schüler in der Situation Fremdsprachenunterricht fragen, und uns nicht nur auf die Einordnung dieses Verhaltens als erwünscht/nicht erwünscht beschränken und unsere Konsequenzen daraus ziehen. Das erscheint wegen unserer Tendenz, unsere Interaktionen mit anderen Menschen, also auch Schülern, nach dem Motto "Der hat aber angefangen" zu interpretieren, besonders wichtig.

Was oben über Motiv und Motivation gesagt wurde, gilt analog auch für das häufig verwendete M o t i v i e r e n. Hierunter verstehen wir die optimale Gestaltung der Lernsituation im Fremdsprachenunterricht zur Erzielung einer größtmöglichen Lernbereitschaft der Schüler. Auch die Isolierung des mit diesem Begriff Gemeinten ist nur theoretisch möglich, in der Praxis ist es untrennbar mit dem g e s a m t e n Unterrichtsgeschehen verbunden.

Es ist nicht abzustreiten, daß die didaktische Literatur den oben beschriebenen Denkfehlern Vorschub geleistet hat und noch leistet.

Oft genug wird so getan, als finde der Fremdsprachenunterricht voraussetzungslos im luftleeren Raum statt, oft genug werden auf unsicherer Forschungsbasis weitreichende Handlungsempfehlungen gegeben, ohne daß auf die Abhängigkeit ihrer Wirkweise von einer Vielzahl von Faktoren hingewiesen wird.

Denkfehler entstehen aber auch aus der Nichtbeachtung der unterschiedlichen Interessenlage von Didaktiker (Forscher) und Praktiker (Lehrer). Der Didaktiker fragt als Forscher nach den Faktoren, die Geartetheit, Richtung und Stärke der Lernmotivation im Fremdsprachenunterricht bestimmen. Er fragt, welche Faktoren beeinflußbar sind und wie. Er fragt schließlich, welche Faktoren auf welche Weise von Lehrer, Unterrichtsmaterial und -methoden eingebracht werden können, usw. In den Antworten auf diese Fragen strebt er Allgemeingültigkeit an; seine schließlich resultierenden Handlungsanweisungen sollen für die größtmögliche Anzahl von Lerngruppen gelten, deren Voraussetzungen gewisse Gemeinsamkeiten haben.

Dieses Bemühen um Allgemeingültigkeit wird auf vielerlei Art und Weise behindert: Da ist einmal die Vielschichtigkeit und Widersprüchlichkeit der psychischen Handlungsursachen, die eine gesicherte Zuordnung von Ursache und Handeln in Frage stellen. Da ist zum anderen die Tatsache, daß die Wirkweise der situativen Faktoren, die die Motivation beeinflussen, in einer Weise interdependent ist, daß die isolierte Beschreibung des Gewichts eines einzelnen Faktors kaum möglich ist. Beides zusammen, die psychologische und die situative Komplexität des Geschehens, läßt höchstens Wahrscheinlichkeitsaussagen, aber nicht Aussagen über gesicherte Wenn-Dann-Beziehungen zu.

Auch der Lehrer hat mit diesen Unsicherheiten zu kämpfen, und doch ist seine Situation von der des Didaktikers grundverschieden. Er fragt danach, wie er seine spezielle Klasse im jeweils konkreten Unterricht für das Übungsgeschehen motivieren bzw. wie er die vorhandene Lernbereitschaft erhalten kann, um das gesetzte Lernziel zu erreichen. Entscheidungen fällt er in Bezug auf diese Klasse und sein eigenes Handeln im Unterricht. Ihm kann es nicht um die Allgemeingültigkeit von Forschungsergebnissen gehen, sondern um die unmittelbare und langfristige Zweckmäßigkeit seines Tuns, immer bezogen auf eine bestimmte Lerngruppe.

Handlungsanweisungen der didaktischen Literatur - und da liegt meist das Mißverständnis - können daher niemals für eine bloße "Anwendung" gedacht sein, sondern lediglich als Vorschlag für unterrichtliches Verhalten, dessen Wirksamkeit mit einer gewissen Wahrscheinlichkeit vorhergesagt werden kann, dessen konkrete Realisation aber vom Lehrer selbst entschieden werden muß. Nur er kennt die Voraussetzungen der jeweiligen Lerngruppe und damit ihre zu erwartende Reaktion im Unterricht; er kennt auch am besten die Grenzen seiner eigenen Fähigkeiten, nur er hat schließlich detaillierte Kenntnisse der je besonderen institutionellen Voraussetzungen, die Lernprozesse erleichtern oder behindern können. Jeder Vorschlag muß daher durch die Erfahrung und die Kenntnis der speziellen Situation gefiltert werden, soll er optimal wirksam gemacht werden. Daß dabei eine fundierte theoretische Kenntnis der motivationalen Zusammenhänge nicht schaden kann, liegt auf der Hand.

Vom Lehrenden wird also - wie bei allen unterrichtspraktischen Anregungen - ein aktiver und nicht nur ausführender Umgang mit solchen Vorschlägen erwartet. Nur so bleibt ihm blindes Herumprobieren erspart, nur so kann er auch von vornherein entscheiden, ob vorgeschlagene Verhaltensweisen für seine spezielle Situation überhaupt geeignet sind. Das Mißverständnis besteht, kurz gesagt, darin, daß der Lehrer sich als "ausführendes Organ" betrachtet. Die Folgen sind verhängnisvoll: Nützliche und unnütze Vorschläge werden schließlich als wirkungslos in einen Topf geworfen und wie bei den oben beschriebenen Vereinfachungen durch probate Mittel wie Zensurendruck ersetzt, deren "Erfolg" schon eher garantiert werden kann.

Ein bereits angedeutetes problemverschärfendes Moment sei hier noch einmal angesprochen: Alle Versuche zur Motivierung von Schülern finden dort ihre Grenzen, wo durch sie die institutionellen Rahmenbedingungen schulischen Unterrichts angetastet werden: Klassenarbeiten, Zensuren, Versetzung z.B. können vom einzelnen Lehrer nicht beseitigt werden, obwohl sie in allzu vielen Fällen die Fremdsprache von einem erwünschten Instrument zur Förderung der Kommunikationsfähigkeit in ein unerwünschtes und kommunikationsstörendes Hindernis für schulischen Aufstieg verwandeln.

Sollen dem Praktiker Vorschläge zur Schülermotivierung kurzfristig etwas nützen, müssen sie innerhalb der herrschenden Rahmenbedingungen zu verwirklichen sein. Davon abgehoben wäre das langfristig Wünschenswerte, aber nur durch Veränderung der Rahmenbedingungen zu Erreichende, zu sehen. Eine Vermischung beider Bereiche würde nur zu unrealistischen und schließlich enttäuschenden Sicht- und Verhaltensweisen führen. Auch hier ist in der didaktischen und methodischen Literatur zum Fremdsprachenunterricht gesündigt worden.

Noch etwas ist zu bedenken: Die Anerkenntnis kurzfristig nicht änderbarer Rahmenbedingungen, die u.U. Motivierungsversuche zunichtemachen, bedingt auch die Einsicht, daß es für bestimmte Motivierungsprobleme gegenwärtig keine Lösung gibt, sondern erst längerfristige Veränderungen Hilfe bringen können.

Das Problem in seiner ganzen Komplexität sehen, heißt zum Schluß aber auch, eine menschliche Tendenz nicht zu vergessen, die im Alltagsleben wie im Unterricht feststellbar ist: So lange sich unsere Mitmenschen erwartungsgemäß ("normal") verhalten, denken wir kaum über die Ursachen dieses Verhaltens nach. Das Nachdenken beginnt erst, wenn jemand anders handelt als erwartet, wenn man in seinen Erwartungen enttäuscht wird. Diese Tendenz kann dazu führen, daß man über dem abweichenden das durchaus vorhandene angemessene Verhalten vergißt oder nicht als solches erkennt. Man sollte es sich gerade als Lehrer zur Gewohnheit machen, auch nach den Ursachen für beobachtbare Lernwilligkeit seiner Schüler zu fragen. Die jeweilige Antwort gibt dem Praktiker mit Sicherheit ebenso wichtige Aufschlüsse über Möglichkeiten der Optimierung des Unterrichts in motivationaler Hinsicht wie die Ergebnisse des Nachdenkens über die Ursachen von Lernunwilligkeit.

Wenden wir uns nun eine Weile von den spezifisch fremdspachenunterrichtlichen Problemen ab, um im nachfolgenden Beitrag von A. Boosch mehr über Versuche der Psychologie zu erfahren, die mit den Begriffen "Motivation" und "Einstellung" verbundenen Probleme zu klären.

Alwin Boosch

2. MOTIVATION UND EINSTELLUNG

Zielsetzung der Motivationspsychologie

Seit je her machen sich Menschen Gedanken darüber, wodurch menschliches Verhalten und Erleben gesteuert wird, welche Beweggründe für Verhalten nachvollziehbar sind, oder welche Gründe für unplausibles Verhalten vorliegen könnten. Vor allem die letzte Frage wird wohl an den Motivationspsychologen gestellt; man erwartet von ihm Hilfen für das Verständnis abweichenden Verhaltens, sei es, daß ein Lehrer sich fragt, warum ein Schüler, statt seinen Ausführungen zu folgen, Papierkügelchen durch die Luft schießt, oder daß man völlig ratlos vor einem Sexualstraftäter steht, oder ein Betrieb sich an seinen Betriebspsychologen wegen der plötzlich fallenden Produktivität wendet, wenn äußere Ursachen nicht sichtbar sind. In all diesen Beispielen, deren Zahl noch beliebig zu vergrößern wäre, wird vom Motivationspsychologen erwartet, daß er handlungsrelevante Gründe für nonkonformes oder unerwartetes Verhalten liefert. Für diesen speziellen Aspekt der Begründung normabweichenden Verhaltens hat die Psychologie jedoch Spezialdisziplinen wie z.B. die Klinische Psychologie, die Betriebspsychologie oder die Schulpsychologie entwickelt, die als angewandte Disziplinen auf den Ergebnissen der Grundlagenforschung, zu der die Motivationspsychologie zu zählen ist, aufbauen.

Die wissenschaftliche Fragestellung der Motivationspsychologie als Teil der sogenannten Allgemeinen Psychologie, die ja allgemeinmenschliches Verhalten (nicht das spezifischer Gruppen) erklären will, ist eine etwas andere: wie lassen sich Beweggründe für Verhaltensweisen allgemeinerer Art beschreiben und unterscheiden? Wie entstehen sogenannte Motive entwicklungspsychologisch? Von welchen Bedingungen äußerer Art hängt es ab, ob jemand für eine spezielle Handlung motiviert ist oder für eine andere? Welche speziellen Motive begleiten einen Menschen ein Leben lang? Welche wissenschaftlichen Zugänge gibt es zu jenen inneren, jeglichem "objektiven" Zugriff anscheinend entzogenen Prozessen, zu denen Motivation gehört?

Im folgenden soll nicht all diesen Fragen nachgegangen werden. Im Rahmen dieses Artikels erfolgt eine Beschränkung auf wesentliche Grundbegriffe der Motivationspsychologie, auf die Darstellung einiger wichtiger Motivarten sowie auf die Explikation des Einstellungsbegriffs.

Wir wollen zunächst mit der Klärung wichtiger Grundbegriffe der Motivationspsychologie beginnen. Wie der Begriff der Motivation (von m o v e r e = bewegen) schon erkennen läßt, geht es um die nähere Bestimmung des Antriebs, Beweggrunds oder Motivs für bestimmte uns näher interessierende Verhaltensweisen, um dasjenige, was Handlungen in Gang bringt, ihren Zusammenhang verdeutlicht, sie aufrechterhält und sie beendet. Als Solches kann ein Gefühl (ich habe Angst vor dem Sprechen vor einer Gruppe), eine Kognition (ich bin begabt für Sprachen), eine Einstellung (ich mag Fremdsprachen nicht), eine Wertüberzeugung (das Erlernen einer Fremdsprache dient der Völkerverständigung), eine Gruppennorm oder ein Bedürfnis (Hunger) - um nur die wichtigsten Faktoren zu nennen - eine Rolle spielen. Mitberücksichtigt werden sollten bei der Erklärung von Handlungen natürlich auch z.B. Gewohnheiten einer Person, ihre Fähigkeiten und ihre intellektuelle Ausstattung. Diese stehen jedoch nicht im Blickpunkt der Motivationspsychologie. Gewohnheiten sind als weniger motivierte Handlungen aufzufassen, da sie automatisiert quasi ohne Antrieb ablaufen, wenngleich sie in größere motivierte Handlungsabläufe integriert sein können und bei Unterbrechung der Gewohnheit die motivationale Dynamik deutlich werden kann.

Die bis hierhin beschriebene Aufgabe der Motivationspsychologie könnte vielleicht so mißverstanden werden, daß die Ursachen von Handlungen ausschließlich in der Person selbst zu suchen seien; wenn z.B. ein Schüler seinem Lehrer die Wahrheit sagt, warum er seine Hausaufgaben nicht bei sich hat, nämlich daß er Fußballspielen war, so könnten wir das Motiv seiner Aussage in "Ehrlichkeit" sehen. Diesem Schüler würde also eine Eigenschaft unterschoben, an die wir bestimmte, oftmals auch stark generalisierte Erwartungen knüpfen. Diesen Vorwurf muß auch die eigenschaftszentrierte Persönlichkeitspsychologie hinnehmen, wenn sie versucht, Personen mit Eigenschaften und Charakteren zu belegen, die relativ unabhängig vom situationalen Kontext das Verhalten steuern sollen.

Denn was geschieht mit jener erwähnten Ehrlichkeit, wenn derselbe Schüler in einer anderen Situation "pfuscht" oder vor seiner Mutter lügt? Offensichtlich dürfen Motive wie Neid, Ehrfurcht, Habgier, Stolz, Nächstenliebe usw. nur in speziellen situationalen Kontexten definiert werden, um als Handlungsursache dienlich sein zu können. Deshalb spricht Heckhausen z.B. auch von "Person-Umwelt-Bezügen" als Motiven.

Motive sind ohne Situationen, in denen sie wirksam werden und zu Handlungen führen können, nicht denkbar. Situationen können sehr unterschiedliche Anregungs- oder Aufforderungsgehalte zum Handeln haben. In manchen Fällen muß man sich z.B. sogar fragen, ob nicht die Gelegenheit statt einer "kriminellen Anlage" Diebe macht.

Wir wollen die Klärung dessen, womit sich die Motivationspsychologie beschäftigt, mit einer Zusammenfassung beenden. Ziel der Motivationspsychologie ist eine Theorie der Handlungserklärung mit Hilfe von Motiven und situativen Anregungen. Alle weiteren herbeizuziehenden Komponenten stellen eine Differenzierung und Ausweitung der beiden Grundgrößen Person und Umwelt dar.

Motive sind individuelle, zeitlich relativ stabile, an bestimmte situative Reize gekoppelte, meist erlernte Handlungsdispositionen für innere und äußere Handlungen, die die Auswahl zwischen alternativen Handlungsweisen in Entscheidungssituationen, das Auftreten wiederkehrender bevorzugter oder gemiedener Handlungsweisen im individuellen Lebensverlauf und die Dynamik der Durchführung von Handlungen bestimmen.
Motivation ist der eine Handlung aktuell antreibende und ausrichtende, innere, nicht beobachtbare Prozeß der Motivanregung und -entfaltung.

Das Problem der Klassifikation von Motiven

Grundsätzlich sind so viele Motive beschreibbar, wie es Person-Umwelt-Bezüge geben kann, so daß sich die Motivationspsychologie vor das Problem gestellt sieht, nach Ordnungsgesichtspunkten für die Vielfalt der Motive zu suchen.

Solche Klassifikationen der den Menschen bewegenden Motive gibt es, und sie haben mit am Anfang der Motivationspsychologie gestanden. An dieser Stelle soll nur ein Hinweis auf verschiedene Ordnungsmöglichkeiten folgen.

In der von F r e u d (1915) entwickelten Psychoanalyse werden n e u r o t i s c h e Störungen letztlich auf die mit der Verwirklichung der Grundmotive (Grundtriebe) Libido und Destruktion verbundenen Konflikte zurückgeführt. Motivationstheoretisch liegt seinen Vorstellungen ein Triebreduktionsmodell zugrunde: Innere Triebreize verlangen nach Befriedigung und drängen nach einer Lösung der Triebspannung. Wird dieses Ziel erreicht, so befindet sich der Organismus wieder im Gleichgewicht; erhöht sich dagegen die Triebspannung, so wird dieses als Unlust erlebt.

Diese trieb- und vermögensorientierte Linie verfolgte M c D o u g a l l (1908) in seiner Instinkttheorie weiter. Menschliches Verhalten ist nach seiner Auffassung durch angeborene Dispositionen gesteuert. Solche Instinkte sind z.B. Flucht, Widerstand, Neugier, Streitsucht, Selbsterniedrigung, Selbstbehauptung, Hunger, Erwerbsstreben, Geselligkeit oder Streben nach Ehe und Familie.

Den rein triebtheoretischen Standpunkt verlassend entwickelte H. A. M u r r a y (1938) eine umfangreiche Motivliste, deren theoretische Bedeutung in der Berücksichtigung interaktionistischer Sichtweise liegt: Motive (n e e d s) existieren zwar als stabile Personmerkmale, bedürfen jedoch zu ihrer Anregung und Entfaltung situationaler Gegebenheiten (p r e s s). Dieser Ansatz hat zu dem bekannten Thematischen Auffassungstest (TAT) von Murray geführt, bei dem mit Hilfe von Bildern (p r e s s), auf die frei phantasierend mit einer Geschichte reagiert werden soll, Motive angeregt und gemessen werden. Die Bilder stellen motivspezifische Situationen dar (z.B. eine Situation, die zu Konkurrenz- und Leistungsphantasien auffordert).

Von einer humanistischen Psychologie ausgehend, die die Wertorientierung und den Lebenssinn des Menschen in den Mittelpunkt stellt, konstruierte A. M a s l o w (1954) sein bekanntes, aber leider empirisch nicht fundiertes Hierarchie-Modell der Motive. Nach diesem Modell werden höhere Bedürfnisse wie Selbstverwirklichung, Leistungs-

und Geltungsbedürfnis, Bedürfnis nach Liebe und Geborgenheit von niederen Bedürfnissen wie Schutz vor Schmerz und Furcht, Hunger, Sexualität unterschieden. Das Hierarchieprinzip, das die Bedürfnisse in der Reihenfolge psychologische Bedürfnisse, Sicherheitsbedürfnisse, soziale Bindungsbedürfnisse, Selbstachtungsbedürfnisse und Selbstverwirklichungsbedürfnisse aufsteigend ordnet, besagt, daß immer erst niedere Bedürfnisse befriedigt sein müssen, ehe ein höheres Bedürfnis aktiviert werden kann. Höhere Bedürfnisse stellen eine spätere stammesgeschichtliche Entwicklung dar und sind weniger dringlich zum bloßen Überleben.

Die angeführten Theorien bieten nicht nur Klassifikationsmöglichkeiten für Grundmotive, sondern machen auch weiterführende Aussagen darüber, was Motive eigentlich sind, wie sie entstehen und untereinander zusammenhängen.

Es stellt sich somit die Frage, ob Klassifikationen ohne theoretisch weitergehende Vorannahmen denkbar und möglich sind und wenn ja, aufgrund welcher Kriterien eine solche rein deskriptive Ordnung erfolgen sollte. Sinnvollerweise sollten solche Motive zur näheren wissenschaftlich psychologischen Betrachtung herangezogen werden, die möglichst alle Menschen verschiedener Gruppen und Kulturen betreffen. Solche Motive könnten z.B. das Leistungs-, Anschluß-, Macht- oder Angstmotiv sein, weil diese im Leben jeder Person in mehr oder minderem Maße eine Rolle spielen. Das Kriterium der Universalität von Motiven kann jedoch nur für die Motivationspsychologie im Sinn einer Allgemeinen Psychologie weiterhelfen; in speziellen Anwendungsbereichen wie z.B. der Pädagogik müssen andere Motive wie das Lernmotiv unter institutionalen Zwängen oder das Motiv zu kooperativem Handeln diskutiert werden.

Jedes dieser Motive sollte aber aus forschungsökonomischen Gründen eine breite Klasse von Verhaltensweisen umfassen, deren motivationale Analyse lohnend erscheint.

Hiermit wird auch deutlich, daß die Motivationspsychologie als Grundlagendisziplin nur allgemeine Konzepte liefern kann, deren

Konkretisierung dem Praktiker in seinem speziellen Problemfeld überlassen bleibt.

Einstellungen

Wo von Motivation gesprochen wird, sollte eigentlich auch von Einstellungen, Interessen, Meinungen , Überzeugungen, Werten und Gefühlen die Rede sein, da diese Begriffe alle zumindest umgangssprachlich zur Beschreibung und Erklärung von motivierten Handlungen und z.T. auch fachwissenschaftlich synonym zu "Motiv" benutzt werden.

Zwecks Einordnung dieser Begriffe mag die etwas ältere Unterscheidung von Motivarten und Motivformen hilfreich sein. Unter Motivarten wären danach Motivklassen unterschiedlicher inhaltlicher Zielsetzung zu verstehen: Neugierde, Geselligkeitsstreben, Selbstbehauptung, Machtstreben usw. Solche Motivarten (wir nennen sie im folgenden auch Motive) können sich in verschiedene Formen kleiden: als Affekt oder Begierde, als Erwartung, Interesse, Sucht, Wille, Einstellung, Anmutung, Wunsch usw., wobei den Motivarten wie auch -formen gleichermaßen Konstruktcharakter zukommt und die präzisere Unterscheidung zwischen den Motivformen erhebliche Mühe bereiten kann.

An dieser Stelle soll durch die Berücksichtigung des Einstellungsbegriffs einer unnötigen Diversifizierung von theoretischen Konzepten, die sich am gleichen Prozeß, nämlich dem des Antriebs und der Steuerung von Handeln, orientieren, begegnet werden. Beide Konzepte dienen der Beschreibung von Handlungsdispositionen und können zur Erklärung von Handlungen herangezogen werden.

Beginnen wir mit dem Versuch der Definition einer Einstellung (Attitüde). Nach einer alten einfachen und allseits anerkannten Definition Thurstones (1931) ist unter einer Einstellung "die Intensität des positiven oder negativen Affektes, der mit einem bestimmten Objekt verbunden ist", zu verstehen. Dieser Affekt soll in sozialen Erfahrungsfeldern erlernt worden sein und hat wichtige Auswirkungen auf Kognitionen und Verhaltensweisen, die mit dem Einstellungsobjekt verbunden sind. Eine Einstellung soll also in ihrem

Kern affektiv begründet (z.B. spontane emotionale Ablehnung eines langhaarigen, unkonventionell gekleideten Studenten) und kognitiv repräsentiert sein (z.B. "das ist bestimmt so ein linker Soziologiestudent, der nichts vom Arbeiten hält"), wobei diese Kognitionen mehr oder weniger zutreffend oder aber phantasiert sein können und im Nachhinein als Rechtfertigung für den schon bestehenden Affekt oder auch als Ursprung von Affekten fungieren können. Vom Affekt nicht getrennt betrachtet werden können also Überlegungen, Argumente und Vorstellungen über das Einstellungsobjekt, weil Dissonanzen zwischen diesen Komponenten als unangenehme Spannung erlebt werden. Ist man z.B. gegenüber einem bestimmten Politiker positiv eingestellt, so kann dieser Affekt, wenn er nur stark genug ausgeprägt ist, dazu führen, daß negative Informationen über diesen Politiker in Frage gestellt, während positive Informationen unkritisch gerne übernommen werden. Ein Gleiches gilt für die verhaltenssteuernde Seite einer Einstellung, die gemäß dem Konsistenzstreben des Individuums im Einklang mit der affektiven und kognitiven Komponente stehen sollte. Auf die besondere Problematik der Konsistenz von Einstellung und Verhalten wird weiter unten noch gesondert eingegangen.

In der Tat haben sich zwischen den drei Komponenten einer Einstellung, der affektiven, kognitiven und konativen (= Verhaltens-) Komponente, oft hohe, der Konsistenzhypothese entsprechende Korrelationen gezeigt; andererseits existieren auch Untersuchungen, nach denen die Trennung der drei Komponenten sinnvoll erscheint.

Kommen wir nun zur zweiten Frage, dem Problem der Funktion von Einstellungen für das individuelle psychische System. Im positiven Sinn haben Einstellungen die Funktion der Filterung und Verarbeitung innerer und äußerer Reize. Umweltreize werden danach gefiltert, ob sie bedeutsam für eine Person sind oder nicht, für innere Reize ist das gleiche anzunehmen. Einstellungen dienen somit der sinnvollen, weil der Lebensbewältigung dienlichen, Reduktion der unendlich vielen eingehenden Reize. In mehr klinischem Sinn besitzen Einstellungen die Funktion der Abwehr ich-bedrohlicher Reize sowie der Konstruktion ich-stützender Reize.

Einstellungen können aber auch durchaus der Lebensbewältigung hinderlich sein, sofern sie sehr rigide und unflexibel der Aufrechterhaltung neurotischer Gefühle und Verhaltensweisen dienen. So kann z.B. die hochgeneralisierte Einstellung "Ich selbst darf keine Schwächen zeigen" zu erheblichen Fehlanpassungen führen.

Von sogenannten Persönlichkeitszügen sind Einstellungen dadurch zu unterscheiden, daß ersteren eine größere Generalität (einen größeren Verhaltensbereich abdeckend), eine größere zeitliche Stabilität und eine geringere Abhängigkeit von Lernprozessen zugeschrieben wird. Auf der anderen Seite besitzen Einstellungen eine größere zeitliche Stabilität als sogenannte "sets", z.B. kurzfristig bestehende Denkeinstellungen bei der Lösung von Aufgaben.

Strukturmerkmale der Einstellung

In der oben genannten Definition einer Einstellung sind die beiden sie kennzeichnenden Grundmerkmale R i c h t u n g (positiv/negativ) und E x t r e m i t ä t (Stärke des Affektes) enthalten. Eine Person kann somit z.B. gegenüber einer bestimmten Unterrichtsmethode entweder positiv oder negativ und dieses mit geringerer/größerer Ausprägung eingestellt sein. Bei den meisten Einstellungsmeßverfahren (Skalen) werden lediglich diese beiden Merkmale erfaßt.

Weiterführend im engeren Sinne sind sogenannte Strukturmerkmale einer Einstellung. Sie geben nähere Auskunft über die Art der Einstellung und ihre Verknüpfung mit den anderen Merkmalen des eine Person bestimmenden Einstellungssystems.

Mit Z e n t r a l i t ä t eines Einstellungsobjektes ist die Bedeutsamkeit des Einstellungsobjektes für den Einstellungsträger gemeint. Damit wird der Tatsache Rechnung getragen, daß Personen zu verschiedenen Objekten eine unterschiedlich enge Beziehung haben können. Das Objekt "Hirschragout" z.B. mag für eine Hausfrau einen höheren Rang einnehmen als das Objekt "Auto".

Weitere Strukturmerkmale sind für die drei Einstellungskomponenten spezifisch zu charakterisieren.

Bei der k o g n i t i v e n Komponente ist nach dem Ausmaß der Differenziertheit des kognitiven Inhalts zu fragen. Auf der einen Seite können die Kognitionen über ein Objekt aus einem diffusen Gesamteindruck bestehen, auf der anderen Seite aus sehr präzisen Vorstellungen. Weiterhin kann solchen Kognitionen unterschiedliches Gewicht zukommen, sie können nach ihrem Gewicht, ihrer Bedeutsamkeit oder ihren sachlogischen Zusammenhängen hierarchisch gegliedert sein.

Ähnliche Strukturmerkmale sind auch für den affektiven Bereich denkbar, bisher jedoch selten wegen der damit verbundenen methodischen Probleme erfaßt worden. So könnte nicht nur, was die Komplexität eines Affektes anbetrifft, zwischen einem positiven und negativen Affekt unterschieden werden, sondern auch zwischen verschiedenen emotionalen Qualitäten wie z.B. Haß, Furcht, Ekel, Verachtung, Sympathie, Zutrauen, Hochachtung, Bewunderung oder Liebe, bzw. zwischen möglichen Mischungen aus diesen Komponenten.

Neben den schon genannten Merkmalen Richtung und Extremität läßt sich aber noch ein drittes beschreiben - I n t e n s i t ä t. Mit Intensität ist der Überzeugtheitsgrad, mit dem eine Einstellung vertreten wird, gemeint. So kann man z.B. mit größerer innerer Beteiligung ein bestimmtes Gericht für besser halten im Vergleich zu anderen, obwohl der Bereich "Essen" im Vergleich zu anderen Bereichen insgesamt wenig bedeutsam (zentral) sein mag. Die mit der Unterscheidung der Strukturmerkmale Extremität und Intensität verbundenen Probleme sind allerdings vorläufig noch ungelöst (Hennige, 1976).

Die k o n a t i v e Komponente ist erstaunlicherweise trotz ihrer hohen Bedeutung für die Einstellungsforschung bisher nur wenig elaboriert worden. Hier können ebenfalls Richtung und Differenzierung unterschieden werden. Die Richtung einer Verhaltensweise kann in Bezug auf ein Einstellungsobjekt meidend oder zuwendend sein; außerdem können Verhaltensweisen von einfacher oder komplexer Natur sein.

Einstellung und Verhalten

Eines der Hauptmotive der Einstellungsforschung war, manifestes (nonverbales) Verhalten aufgrund von Einstellungen erklären zu wollen. Einstellungen wurden und werden deshalb des öfteren als Verhaltensdisposition aufgefaßt, in konsistenter Weise auf ein Einstellungsobjekt zu reagieren. Die bisherige Forschung hat jedoch festgestellt, daß manifestes (= nonverbales) Verhalten zu lediglich 10% auf Einstellungen zurückzuführen ist (Wicker, 1969). Die Gründe für diesen Befund sind vielfältig. Von der methodischen Seite her kann trotz einer stark elaborierten Skalierungstechnik bezweifelt werden, ob aufgrund von ehrlich gemeinten Selbstbeschreibungen, wie sie bei den Einstellungsskalen meistens gefordert werden, die tatsächliche Attitüde erfaßt wird.

Andere - nicht so leicht durchschaubare und weniger verfälschbare Meßmethoden sind zwar vorgeschlagen worden (z.B. physiologische Verfahren und sogenannte nonreaktive Verfahren), haben sich aber aufgrund anderer Probleme nicht durchsetzen können.

Strukturmerkmale der Einstellung, wie sie oben beschrieben wurden, werden nur selten in der Einstellungserhebung berücksichtigt, obwohl sie nachgewiesenermaßen zur Erhöhung der Konsistenz von Einstellung und Verhalten beitragen (Perry et al., 1976).

Insgesamt sollte bei der Einstellungs-Verhaltens-Problematik zweierlei im Auge behalten werden: zum einen besitzt eine Attitüde als affektive Repräsentanz eines sozialen Objektes für sich Relevanz, deren entscheidende Validität nicht in Bezügen zu manifestem Handeln zu suchen ist; zum andern ist Handeln komplex determiniert, d.h. durch personale und situative Faktoren, von denen eine Einstellung nur einen kleinen Ausschnitt darstellt. Eine neuere Darstellung zu diesem Fragenkomplex ist bei Six (1980) zu finden.

Motive

Im folgenden sollen einige Motive auf mittlerem Abstraktionsniveau, also einen größeren Verhaltensbereich umfassend, näher beschrieben werden. (Der nachfolgenden Beschreibung wurde Heckhausens Lehrbuch (1980) zugrundegelegt.)

Ängstlichkeit

Kennzeichnend für die Motivklasse "Ängstlichkeit" könnte die besondere - Handlungen erklärende - Emotionalität sein. Handlungen, die durch Ängstlichkeit als antreibendes und steuerndes Motiv charakterisierbar sind, scheinen dem Laien nicht angemessen oder richtig motiviert, weil Angst als ein die Person eher belastendes Motiv bzw. Gefühl empfunden wird. Auch für den klinischen Bereich gilt, daß Angst eher als ein Vermeidungsmotiv denn als Aufsuchmotiv fungiert: starke Ängste können dazu führen, daß bestimmte Handlungen nicht ausgeführt werden und durch weniger angstauslösende Handlungen ersetzt werden.

In der Ängstlichkeitsforschung selbst hat man ursprünglich eher die energetisierende Funktion von Angst untersucht. Demnach wurde Ängstlichkeit als erworbener Trieb aufgefaßt, der durch spezifische angstauslösende Hinweisreize ausgelöst wurde und sich somit als aktueller Angstzustand und Antrieb manifestieren konnte.

In der Folge wurden Analysen über den Einfluß niedriger/hoher Ängstlichkeit auf das Lösen von Denkaufgaben erstellt. Man fand z.B. heraus, daß je nach Aufgabenart (komplex oder einfach) eine niedrige oder aber hohe Ängstlichkeit (im Sinne von Erregbarkeit) eine effektivere motivationale Disposition darstellt. Personen mit einer geringeren Ängstlichkeit bedürfen einer stärkeren äußeren Anregung (z.B. bei Rechenaufgaben durch interessante komplizierte Fragestellungen), um optimal in Gang zu kommen, während hoch ängstliche Personen bei solchen Aufgaben "übermotiviert" wären und bei einfacheren Aufgaben ihre angemessene Anregung fänden (woraus beileibe nicht gefolgert werden sollte, hoch ängstliche Personen vor komplexen Fragestellungen zu bewahren).

Leistungsmotiv (achievement)

Nach Heckhausens Definition ist Leistungsmotivation "das Bestreben, die eigene Tüchtigkeit in all jenen Tätigkeiten zu steigern oder möglichst hoch zu halten, in denen man einen Gütemaßstab für verbindlich hält und deren Ausführung deshalb gelingen oder mißlingen kann" (zitiert nach Schiefele, S. 604). Hochleistungsmotivierte strukturieren die Zukunft genauer und länger, setzen sich höhere Ziele, arbeiten ausdauernder und selbständiger als niedrig leistungsmotivierte. Handlungen können demnach dann durch ein Leistungsmotiv erklärt werden, wenn diese die genannten leistungsthematischen Bezüge besitzen. Solche Handlungen müssen zu einem positiven/negativen Ergebnis führen, das mit dem Maßstab der subjektiv anerkannten Schwierigkeit bzw. des Kraftaufwandes beurteilt und als durch den Handelnden selbst verursacht betrachtet werden kann.

Wenn man das Leistungsmotiv einer Person beurteilt, so sind hierbei die beiden Aspekte Intensität und Extensität auseinanderzuhalten. Intensität bedeutet die Stärke des Leistungsmotivs in einem bestimmten Handlungsbereich, mit Extensität ist die Zahl der verschiedenen, für eine Person leistungsthematischen Handlungsbereiche gemeint. Personen unterscheiden sich also einerseits darin, wie intensiv sie z.B. sportlich leistungsmotiviert sind, und andererseits, ob sie gleichzeitig musisch, sprachlich, politisch, religiös usw. leistungsmotiviert sind.

Leistungsstreben kann grundsätzlich aus zwei Erwartungen bezüglich des eigenen Handelns resultieren: aus der Furcht vor dem Mißerfolg oder der Hoffnung auf Erfolg der eigenen Bemühungen. Diese beiden in ihrer emotionalen Qualität grundsätzlich verschiedenen Motivtendenzen sind von hoher Bedeutung, da mit ihnen andere charakteristische Eigenheiten verbunden sind, auf die noch einzugehen ist.

Zunächst aber sollen beide Motivtendenzen anhand des TAT-Auswertungsschlüssels von Heckhausen näher beschrieben werden: Hoffnung auf Erfolg kann bedeuten: Bedürfnis nach Leistung und Erfolg, Erfolgserwartung, zielstrebige Handlungsweise und positive, die Handlung begleitende Gefühlszustände; Furcht vor Mißerfolg wird erschlossen aus Verhaltensweisen, die zu erkennen geben, daß man einer gestellten Aufgabe lieber aus dem Wege gehen möchte, der subjektiven Ungewißheit über den Ausgang der eigenen Anstrengungen und stärkerer Selbstkritik bei Fehlern.

Beide Komponenten sind unabhängig voneinander (Korrelation schwach), was bedeutet, daß in der Regel z.B. jemand sowohl erfolgs- als auch mißerfolgsmotiviert sein kann. Beide Komponenten können zu einer Gesamtmotivation addiert werden. Bei Überwiegen des Erfolgsmotivs werden Schwierigkeitsgrade bevorzugt, die den erreichten Leistungsstand nur leicht überschreiten und somit auch den Erfolg eng an die eigene Tüchtigkeit koppeln. Bei Überwiegen des Mißerfolgsmotivs hingegen werden Schwierigkeitsgrade bevorzugt, die unrealistisch hoch oder niedrig sind, also entweder ein positive Selbstbewertung nicht zulassen (weil die Aufgabe zu leicht war) oder die zu Mißerfolgen führen (weil zu schwierig). Diese Ableitungen aus dem Risiko-Wahl-Modell von Atkinson sind für das Mißerfolgsmotiv allerdings nie so rein bestätigt worden.

Die soweit dargestellten Ergebnisse der Leistungsmotivationsforschung betreffen eher die Frage, welcher Qualität das Leistungsmotiv und mit welchen Erwartungen, Hoffnungen und Befürchtungen dieses verbunden ist, jedoch erstaunlicherweise weniger das Problem der Erklärung leistungsthematischer Handlungen durch das Leistungsmotiv: wie stark und in welchem Sinn sind z.B. Schul- und Studienleistungen durch das Leistungsmotiv zu erklären?

In naiver Betrachtungsweise dieser beiden Größen kann vielleicht erwartet werden, daß mit der Stärke des Leistungsmotivs auch die Lernleistung steigt. Diese einfache Hypothese vernachlässigt jedoch die Bedeutung der Anregungskomponente für die aktuelle Leistungsmotivation. Ein Schüler mag z.B. hoch leistungsmotiviert im Sinne einer Disposition für mathematische Fragestellungen sein, den Unterricht jedoch langweilig finden und deswegen keine Leistungsmotivation entfalten können. Dementsprechend würde auch die Leistungsbewertung niedriger ausfallen und sich auch keine positive Beziehung zwischen Note und Leistungsmotiv ergeben können.

Anschlußmotiv

Die Motivklasse "Anschlußmotiv" versucht dem Grundbedürfnis des Menschen nach Selbstverwirklichung innerhalb sozialer Systeme wie Ehe und Familie, Nachbarschaft, Vereinen usw. gerecht zu werden.

Nach diesem Konzept fallen nur solche sozialen Handlungsweisen unter das Anschlußmotiv, die dem Aufbau bzw. der Destruktion wechselseitiger vertrauensvoller Beziehungen zwischen Personen dienen, wobei die Art dieser Beziehung, ob z.B. beruflicher, verwandtschaftlicher oder freundschaftlicher Natur, relativ unbestimmt bleibt.

Soziale Interaktionen, deren primäre Funktion in der Lösung von Aufgaben besteht (z.B. Konferenz oder das Gespräch zwischen Arzt und Patient), bedürfen weniger eines Anschlußmotivs zu ihrer Anregung und Aufrechterhaltung, da die Art der Interaktion durch sachliche Gesichtspunkte und Rollenverteilungen festgelegt ist. Anschlußthematischer sind hingegen Situationen (z.B. Parties), die die Art der sozialen Interaktion offen und damit die Eigenart des persönlichen Umgangs mit vor allem fremden Menschen deutlich werden lassen.

Anschlußmotiviertes Verhalten ist an einer Vielzahl von Merkmalen zu erkennen: Freundlichkeit in Mimik und Gestik, Art des Blickkontaktes, Wertschätzung des Anderen, Geschicklichkeit bei der Kontaktaufnahme und -bewahrung usw. Da der Erfolg anschlußmotivierten Verhaltens weitgehend von der Konvergenz und Kongruenz gegenseitiger Erwartungen der Interaktionspartner abhängt, muß die Motivanalyse hier die Motivstruktur nicht nur einer Person, sondern aller beteiligten Interaktionspartner einschließen.

Die wichtigsten Forscher auf dem Gebiet der Anschlußmotivation - Mehrabian und Ksionsky (1974) - haben schon früh zwischen einer Hoffnung auf Anschluß und einer Furcht vor Zurückweisung unterschieden. Diese werden als generalisierte Erwartungen verstanden, die besonders großes Gewicht in Anschlußsituationen mit fremden Personen haben. Je vertrauter jedoch die Personen miteinander sind, desto weniger bedeutsam sind diese generellen Erwartungen und desto wichtiger werden spezifische Anreizwerte der bekannten Person.

In ihren Untersuchungen konnten die beiden Forscher typische Verhaltensmuster in unvertrauten sozialen Situationen für beide Motivtendenzen feststellen. Zunächst ergab sich, daß Zurückweisungsmotivierte den Wert von Anschluß ebenso hoch einstufen wie Anschlußmotivierte. Beide Typen suchen also nach Anschluß. Unterschiede fanden sich hingegen in der Erfolgserwartung der eigenen Bemühungen, in der sozialen Kompetenz zum Kontaktverhalten und in dem tatsächlichen Erfolg der Anschlußbemühungen. Zurückweisungsmotivierte waren in unvertrauten Situationen ängstlicher, angespannter und zurückhaltender und beurteilten sich selbst als wenig attraktiv sowie als einsam.

Es sollte, da eingangs von einem Grundbedürfnis des Menschen nach Leben in sozialen Beziehungen die Rede war, deutlich gesehen werden, daß das Anschlußmotiv bisher weitgehend auf den Handlungsbereich "Kontaktaufnahme gegenüber fremden Personen" beschränkt worden ist und der Handlungsbereich "Aufbau und Förderung von Beziehungen in Partnerschaften oder in Gruppen" einer eigenen motivationalen Analyse bedürfte oder aber der klinischen Psychologie überlassen bleibt.

Machtmotiv

Macht ist ein die Beziehung zwischen Menschen oder Gruppen charakterisierendes Merkmal, bei dem sich zunächst negativ getönte Assoziationen einstellen wie Zwang, Unterdrückung und Gewalt. Andererseits scheint Macht unabdingbar für menschliches Zusammenleben und -arbeiten zu sein, wie in den Begriffen Autorität, Führung und Beeinflussung zum Ausdruck kommt. Wenn wir unter Machthandeln nun beschreibend neutral Handlungsweisen verstehen, die das Handeln anderer Personen - zu deren Gunsten oder Ungunsten, mit oder gegen deren eigenen Willen - beeinflussen, so kann solch eine Macht mit verschiedenen Mitteln durchgesetzt werden: 1. Belohnungs- und Bestrafungsmacht: die Macht ist umso größer, je mehr der Machtträger in der Lage ist, die Motive des zu Beeinflussenden zu befriedigen bzw. solch eine Befriedigung zu verhindern. 2. Legitimierte Macht: aufgrund internalisierter Normen, die einer Person sagen, daß eine andere Person zur Machtausübung befugt ist. 3. Expertenmacht aufgrund besonderer Kenntnisse und Fertigkeiten.

Da alle Menschen irgendwo und -wann Wünsche gegen andere Personen durchzusetzen haben, kann das Machtmotiv als ein sehr universelles Bestreben angesehen werden. Es gehört zur Lebensbewältigung, sich selbst gegen andere Wünsche, Auffassungen und Meinungen behaupten zu können; Machthandeln dient in solchen Fällen instrumentell Zielen, die nicht in dem Erwerb und der Ausübung von Macht selbst liegen. Anders verhält es sich bei einem "intrinsisch" motivierten Machthandeln, dessen Zielsetzung das Gefühl der Machtausübung selbst darstellt.

Hilfeleistung

Erst neuerdings wendet man sich in der Sozial- und Motivationspsychologie auch der Erklärung prosozialen oder altruistischen Verhaltens zu. Anlaß hierzu boten z.B. Ereignisse wie die Ermordung einer Frau auf offener Straße und unter den Augen der am Fenster tatenlos zusehenden Straßenbewohner in New York. In vielfältigen Felduntersuchungen wurden vor allem die situativen Bedingungen für Hilfeleistungen untersucht, während die persönlichen Dispositionen weitgehend unberücksichtigt blieben.

Nach dem Kosten-Nutzen-Modell von Thibaut und Kelley (1959) wird Hilfeleistung umso mehr unterlassen, je mehr Aufwendungen hiermit für die Hilfeleistenden verbunden sind. So setzte sich z.B. in einem Experiment von Allen (zit. in Latoné und Darley, 1970) ein Versuchsleiter (VL 1) neben einen Fahrgast in einer U-Bahn. Ein zweiter Versuchsleiter (VL 2) trat ein und fragte nach der Fahrtrichtung, worauf VL 1 eine falsche Antwort gab. Die Zahl der Korrekturen durch mithörende Fahrgäste wurde nun in Abhängigkeit davon untersucht, wie sich VL 1 verhielt, wenn VL 2 über die Füße von VL 1 stolperte - aggressiv oder verhalten. Wie erwartet fiel die Zahl der Korrekturen in der Bedingung "aggressiv" geringer aus, weil man hier offensichtlich Ärger mit VL 1 vermeiden wollte.

Das einleitend erwähnte Beispiel für unterlassene Hilfeleistung bei körperlicher Bedrohung anderer Personen kann auf eine Verantwortlichkeitsdiffusion zwischen den zuschauenden Straßenbewohnern zurückgeführt werden: sind mehrere Personen in einer solchen Situation, so wird Hilfshandeln dadurch erschwert, daß man nicht auffallen will oder die Verantwortlichkeit auf andere abschieben kann. Wenn in einem Versuchsraum z.B. Rauch aus einer Wandspalte tritt, so wird der Vorfall von einzelnen Personen sehr viel schneller gemeldet, als wenn dort zwei Personen sitzen (Latoné und Darley, 1970).

Schwartz (1977) gliedert sein empirisch belegtes Prozeßmodell hilfsbereiten Handelns in vier Phasen (insgesamt neun Schritte), denen jeweils auch Persönlichkeitsdispositionen zugeordnet werden können: 1. Wahrnehmung der Hilfsbedürftigkeit einer Person; Erkenntnis der eigenen Möglichkeiten zur Hilfe; Einschätzung eigener Verantwortlichkeit für die Nöte der anderen Person. 2. Aktivierung persönlicher Normen; Ausmaß der Verpflichtung zur Hilfe. 3. Abwehr: Einschätzung der Vor- und Nachteile für einen selbst bei Hilfeleistung; erneute Bewertung der Verantwortlichkeit. 4. Hilfsmaßnahmen.

In einer Untersuchung konnte er nachweisen, daß persönliche Normen erst dann zu hilfreichem Handeln führen, wenn die Selbstverantwortlichkeit gesehen und anerkannt wird.

Aggression

Handlungen, denen ein aggressives Motiv zugrundeliegt, sollen hier durch eine andere Person schädigende Absicht zu kennzeichnen sein. Solch eine Absicht kann natürlich in Einzelfällen sehr schwierig nachzuweisen sein, muß aber als definierendes Merkmal beibehalten werden, da äußerlich verletzend wirkende Handlungen durchaus funktional hilfreich gemeint sein können - wie z.B. gezielte Bestrafung in der Erziehung.

Feshbach (1971) unterscheidet zwischen expressiver, feindseliger und instrumenteller Aggression. Mit expressiver Aggression ist ein Wut- oder Ärgerausbruch gemeint, der diffus ungerichtet verlaufen kann und von kurzer Dauer ist. Die feindselige Aggression, die unserer oben definierten Aggression entspricht, ist quasi intrinsisch direkt auf die Schädigung anderer Personen gerichtet, während Aggression im instrumentellen Sinn nur zwecks Erreichung bestimmter Ziele eingesetzt wird.

Im folgenden sollen einige den situativen aggressiven Handlungsablauf näher bestimmende Faktoren betrachtet werden. Aggressive Handlungen begünstigend sind Meinungen, die eine feindselige Haltung des Gegenüber nahelegen. Dann nämlich scheint eine Vergeltung gerechtfertigt. Weiterhin werden Überlegungen vom Aggressor angestellt, wieweit die eigenen Aggressionen Gegenaggressionen nachsichziehen könnten.

In einem Experiment von Baron (1973) ließ der VL seine Vpn wissen, daß, wenn sie andere Vpn in der nachfolgenden Situation angreifen würden (mit Hilfe elektrischer Schocks), in einem weiteren Stadium ein Rollentausch stattfinden würde. Die Vpn waren dann auch umso weniger aggressiv, je mehr sie Vergeltungsschläge befürchten mußten. Dieses galt jedoch nicht mehr, falls die Vpn schon zuvor von den Vpn aggressiv (mit Hilfe elektrischer Schocks) behandelt worden waren. Waren die Vpn also schon verärgert, so schien die Furcht vor der Vergeltungsaktion geringer zu sein als der zu erwartende Befriedigungswert aus der eigenen Vergeltungsaktion.

Mitentscheidend für die Aggressionshemmung und -anregung sind auch die der Situation zuschauenden Personen. So wurden in einem Experiment von Bordon (1975) in Gegenwart eines Pazifisten, dessen Einstellung der Versuchsgruppe mitgeteilt worden war, weniger Elektroschocks gegenüber anderen Vpn ausgeteilt als in Gegenwart eines Karate-Trainers.

Intrinsische Motivation

Intuitiv stellt man sich gewöhnlich wohl vor, daß eine intrinsisch motivierte Handlung mit hoher Motivation, angenehmen Gefühlen, persönlicher Zuständigkeit und Verantwortlichkeit, hoher innerer Befriedigung bei Erreichen des Handlungszieles einhergeht, während extrinsische Motivation eher mit äußerem Zwang, innerem Widerstand gegen die Handlung und Gleichgültigkeit gegenüber dem Handlungsergebnis assoziiert wird. So verstanden hat diese Motivklasse eine enorme Bedeutung für Werte wie Selbstverwirklichung und Selbstbestimmung, für den Menschen in seinem Arbeits- und Freizeitverhalten, überhaupt für das Leben innerhalb von die eigene Handlungsweise einschränkenden und ausrichtenden Institutionen.

So sieht De Charms (1968) auch den Kern intrinsischer Motivation in dem Gefühl und in der Überzeugung, daß man sich selbst als Verursacher von Änderungen in der eigenen Umwelt ansieht und nicht als Spielball umgebender Kräfte. Aus diesem Ansatz heraus leitet De Charms eine wichtige Folgerung ab: falls man Belohnungen für ursprünglich intrinsisch motivierte Handlungen erhält, so kann diese intrinsische Motivation zugunsten einer extrinsischen Motivation abgeschwächt werden. Und: falls Belohnungen für ursprünglich extrinsisch motivierte Handlungen ausbleiben, so kann sich hierdurch die intrinsische Komponente erhöhen. Dieser Aussage liegt die Annahme zugrunde, daß, wenn man etwas tut und dieses Tun aufrechterhalten werden soll, intrinsische und extrinsische Komponenten in einem Gleichgewicht stehen müssen. Anscheinend ist es kognitiv kaum erträglich, sich z.B. sagen zu müssen, man sei für eine Handlung intrinsisch hochmotiviert, obwohl man gleichzeitig hierfür hohe Belohnungen erhält.

Einen anderen Akzent in der Bestimmung dessen, was intrinsische Motivation bedeuten könne, setzt Czikszentmihalyi (1975): Ausgehend von Aktivitäten, die eine spezielle Begabung bzw. eine hochspezialisierte Ausbildung voraussetzen (Schachspieler, Bergsteiger, Chirurg) stellt für ihn der Kern intrinsischen Motiviertseins das Gefühl des völligen Aufgehens in einer Sache, des Selbstverlierens an die Aufgabe, des "Arbeitens" ohne (negativ empfundene) Willensanstrengung.

Diese Auffassung stellt sicherlich nur einen speziellen Aspekt - vielleicht die reinste Ausprägung intrinsischer Motivation - dessen dar, was man sinnvollerweise darunter verstehen könnte.

Umfassender fällt demgegenüber Heckhausens Definition aus. Er nennt eine Handlung dann intrinsisch motiviert, wenn Handlung und Handlungsziel thematisch übereinstimmen (Heckhausen, 1980). Dient eine Handlung Zielen, die einem anderen Motivthema dienen, so sei diese extrinsisch motiviert. Beispielsweise könnte "Sport treiben" u.a. folgenden Zielen dienen: 1. Erhaltung der Gesundheit. 2. Teilnahme an Sportwettkämpfen. 3. Bestehen der Diplom-Sportprüfung. 4. Kennenlernen neuer Personen. Aus diesen Beispielen ist zu ersehen, daß bei Dominanz des jeweiligen Motivs in den Fällen 1-3 eher intrinsische, im Fall 4 extrinsische Motivation vorliegt. Wenngleich für die Erreichung des Zieles die Handlungen anstrengend und vielleicht sogar quälend sein können, wird die Handlung letztendlich doch positiv bewertet.

An diese Konzeption von Heckhausen ist die Frage zu stellen, ob in allen Handlungen ein Handlungsziel "an sich" schon enthalten ist, oder ob es nicht auch Handlungen gibt, bei denen das Handlungsziel zunächst einmal offen bleiben muß bzw. erst aus dem Handlungskontext zu erschließen ist. Gehört zur Handlung "ein Bier trinken" das Handlungsziel "Durst löschen", "Sorgen erleichtern" oder "Geselligkeit"? In welchem Fall liegt eine intrinsische oder extrinsische Motivation vor, und welchen Sinn hätte dann diese Unterscheidung?

3 MOTIVATION UND EINSTELLUNG IM FREMDSPRACHENUNTERRICHT

3.1. Weitere Grundbegriffe

Wie das vorhergehende Kapitel gezeigt hat, ist die psychologische Forschung bisher durchaus nicht zu einer allgemein verbindlichen Definition der Begriffe "Motivation" und "Einstellung" gelangt, ebenso wenig wie zu einer einheitlichen Auffassung von den damit gemeinten psychologischen Vorgängen. Fremdsprachendidaktische Überlegungen zu diesem Problemkomplex können daher auch kaum von einer als gesichert anzusehenden psychologischen Grundlage ausgehen, sondern müssen ebenso vorläufig bleiben wie sie. Ohnehin kann von einer bloßen "Anwendung" psychologischer Forschungsergebnisse und Theorien auf fremdsprachenunterrichtliche Gegebenheiten kaum ein nennenswerter Nutzen erwartet werden: Die Voraussetzungen und Ziele psychologischer Forschung sind denn doch zu verschieden von denen der Fremdsprachendidaktik. Die Psychologie kann den allgemeinen Rahmen liefern, die Fremdsprachendidaktik muß ihn mit fachspezifischen Inhalten füllen, nicht zuletzt im Interesse der Relevanz ihrer Erkenntnisse für die alltägliche Unterrichtspraxis. Aus diesen Gründen werden wir uns im folgenden auch keiner psychologischen Richtung anschließen, sondern einen eigenen Weg zu gehen versuchen. Auch hierbei ist zu beachten, daß die fremdsprachendidaktische Forschung durch ihre Verfahren immer nur einen graduellen Zugang zu den tatsächlich ablaufenden, nicht aber direkt beobachtbaren inneren psychischen Prozessen hat. So müssen auch die nachfolgenden Ausführungen notgedrungen vorläufig bleiben.

Das gilt umso mehr, als die fremdsprachendidaktische Forschung sich gerade im Bereich von Motivation und Einstellung einem ungemein komplexen Gegenstand gegenübersieht, in dem die verschiedensten Einflußfaktoren in vielfältiger Weise interagieren, sich gegenseitig verstärken oder aufheben, oder aber in einer vielleicht nicht vermuteten Richtung verändern. Diese Tatsache erschwert nicht nur die Konstruktion angemessener Forschungsinstrumente, sondern auch die Interpretation ihrer Ergebnisse und vor allem die Unterscheidung von Ursache und Wirkung, die uns ja ganz besonders interessiert.

Diese Komplexität und die damit verbundenen Erklärungsschwierigkeiten wurden in der Einleitung bereits angedeutet; sie sollen im folgenden weiter aufgeschlüsselt werden.

Die für den Fremdsprachenunterricht wohl folgenschwerste Tatsache ist die, daß der Schüler zum Zeitpunkt seines Beginns bereits eine Sprache gelernt hat. Probleme der Motivation hat es beim Erlernen dieser Sprache anscheinend nicht gegeben. Beginn und Verlauf dieses Lernprozesses sind bei allen Kindern so sehr gleich und bei der Abfolge der Lernschritte so wenig von Einflüssen der Umwelt abhängig, daß nicht wenige Autoren eine Art "angeborenes Verhaltensprogramm" vermuten konnten. Das Erlernen e i n e r Sprache im Kindesalter ist, wie Mackey sagt, ein unausweichlicher Prozeß (1965, S. 107). Dennoch spielt auch hier die Motivation eine Rolle, denn auch das Verhaltensprogramm (wenn wir sein Vorhandensein einmal anerkennen) bedarf zu seiner Realisation der Schaffung einer objektiven Notwendigkeit zu sprachlicher Kommunikation durch die Umwelt (vgl. Lurija und Judowitsch, 1970, S. 105). Diese Notwendigkeit ist umso mehr gegeben, je komplizierter die Bedürfnisse des Kindes werden und je mehr Anforderungen die Umwelt an es stellt. So ist die Sprachentwicklung aufs engste mit der allgemeinen Entwicklung des Kindes verbunden; es bedarf der Sprache, um vollwertig in die es umgebende Welt hineinwachsen zu können. Mit Hilfe seiner Muttersprache hat es gelernt, die Phänomene seiner Umwelt einzuteilen, zu benennen und zu ordnen. Mit der Muttersprache kann es alle Kommunikationsbedürfnisse befriedigen, alle Situationen sprachlich bewältigen.

Die Umwelt übt also einen recht starken Druck auf das Kind aus, die Beherrschung seiner Muttersprache zu vervollkommnen; sie belohnt es aber auch ständig für seine Mühen: Weitaus die meisten Kinder machen ihre ersten Schritte in der Muttersprache im "Gespräch" mit der Mutter und anderen vertrauten Personen. Mit der Sprache verbindet sich so die Befriedigung von Bedürfnissen, die Abstellung von Unannehmlichkeiten, das Gefühl von Sicherheit, Zuneigung und Zugehörigkeit. Mit vielen Wörtern und Redewendungen verbinden sich im Laufe der Zeit besondere Gefühlszustände. Es ist also kein Wunder, daß bei fast allen Menschen die emotionale Bindung an die Muttersprache so groß ist, zumal das Kind beim Erwerb dieser Sprache nicht unter einem direkten Leistungsdruck steht. Sprache umgibt das Kind viele Stunden des Tages mit größter Selbstverständlichkeit; die vertrauten Personen seiner Umgebung zeigen ständig sprachliches Verhalten. Wenn auch Mowrers Autismus-Theorie (1960) als umstritten gilt, so darf doch behauptet werden, daß sprachliche Betätigung an sich für das Kind befriedigend ist. Anders wären die schon in der Lallphase beginnenden stundenlangen sprachähnlichen Äußerungen, die dem p a t t e r n d r i l l des Fremdsprachenunterrichts nicht unähnlichen (von R. Weir notierten, 1962) sprachlichen Übungen einer späteren Phase des Spracherwerbs und der noch später folgende sog. "laufende Kommentar" nicht erklärbar.

Es wurde oben gesagt, daß der Muttersprachenerwerb und die allgemeine Entwicklung des Kindes eng verbunden sind. Das bedeutet auch, daß das Kind die es umgebenden Verhaltens-, Wert- und Denkmuster erlernt, die das Zusammenleben seiner Sprachgemeinschaft bestimmen, und die wir gewöhnlich mit dem Wort "Kultur" benennen. Dieser Lernprozeß ist so erfolgreich, daß die meisten Menschen ihre eigene Kultur als etwas Naturgegebenes betrachten und schon deshalb Schwierigkeiten haben, davon abweichende kulturelle Erscheinungsformen als gleich- oder auch nur existenzberechtigt zu tolerieren. Diese Fixierung auf die eigene Kultur beginnt schon recht früh im Leben des Kindes und ist beim Jugendlichen und noch mehr beim Erwachsenen - natürlich mit individuellen Unterschieden - voll ausgeprägt.

Die beim Muttersprachenerwerb zu beobachtende unmittelbare Lernnotwendigkeit mit ihren weitreichenden Folgen finden wir, wie früher bereits gesagt, bis zu einem gewissen Grad auch dann wieder vor, wenn ein Individuum in eine fremdsprachige Umgebung versetzt wird. Wir sahen auch bereits, daß der schulische Fremdsprachenunterricht durch eine sehr viel weniger unmittelbare Lernnotwendigkeit gekennzeichnet ist.

Der zwischen beiden fremdsprachlichen Lernsituationen bestehende - und natürlich nicht nur auf die Lernnotwendigkeit beschränkte - Unterschied gab in den letzten Jahren zunehmend Anlaß, hier auch begrifflich zu unterscheiden. Viele Autoren sprechen vom Fremdsprachene r w e r b (f o r e i g n l a n g u a g e a c q u i s i t i o n), wenn der Lernprozeß in natürlichen Kommunikationssituationen vor sich geht, wo das Zustandekommen von Verständigung im Mittelpunkt der Aufmerksamkeit steht, nicht aber etwa die korrekte Form der Äußerungen. Natürlich ist diese Situation auch nicht örtlich oder personell festgelegt, ebensowenig durch die Planung eines Lehrers vorstrukturiert. Fremdsprachenerwerb hat damit eine - zumindest oberflächliche - Ähnlichkeit mit dem Erwerb der Muttersprache.

Fremdsprachenl e r n e n (f o r e i g n l a n g u a g e l e a r n i n g) dagegen ist ein Prozeß, in dem die Aufmerksamkeit vor allem auf die Sprache selbst gerichtet ist. Er findet zumeist unter Anleitung eines Lehrers statt, der Lernmaterial und Lernsituation innerhalb gewisser institutioneller Rahmenbedingungen vorstrukturiert und den Lernprozeß durch Vorgaben, Übungen und Fehlerkorrektur steuert.

Obwohl diese begriffliche Unterscheidung durchaus nicht von allen Autoren eingehalten wird, ist sie für uns doch von großer Bedeutung, da sie unsere Aufmerksamkeit erneut auf die auch in motivationeller Hinsicht besondere Problematik schulischen Fremdsprachenlernens lenkt.

Die Notwendigkeit für das Erlernen einer Fremdsprache in der Schule ergibt sich vor allem aus der gesellschaftlichen Überzeugung von dieser Notwendigkeit. Diese Überzeugung drückt sich nun nicht nur in verbalen Verlautbarungen (etwa in den Medien, durch entsprechende Äußerungen der Eltern oder anderer Bezugspersonen des Kindes) aus, sondern vor allem in der Schaffung von Lernmöglichkeiten wie Einrücken des Faches in den Stundenplan, Ausbildung von Fremdsprachenlehrern, Schaffung von Lernmaterial, etc. Sie drückt sich auch in der Definition eines Leistungskriteriums aus, das die Lernenden innerhalb einer bestimmten Zeit zu erreichen haben. Der hierdurch entstehende Druck ist sicherlich mit dem für der Mutter- und Fremdsprachenerwerb in zielsprachlicher Umgebung beschriebenen zu vergleichen, zumindest die Lernenden aber würden bei diesem Vergleich kaum Ähnlichkeiten feststellen können. Nicht die geglückte Verständigung ist hier wichtigstes Zeichen des Erfolges, sondern Bestätigung durch den Lehrer, gutes Abschneiden bei Klassenarbeiten, geglückte Versetzung, Berufsaussichten, etc. Wenigstens in den ersten Jahren des Unterrichts treten andere Formen der Erfolgskontrolle (wie etwa die Unterhaltung mit Sprechern der Zielsprache) objektiv und auch im Bewußtsein der Lernenden doch sehr in den Hintergrund.

Komplizierend kommt hinzu, daß "Gesellschaft" ja kein homogenes Gebilde ist, in dem es nur eine einheitliche Überzeugung gäbe: Individuen und Gruppen können durchaus sich in ihren Vorstellungen und Prioritäten von den gesellschaftlich vorherrschenden unterscheiden. So können etwa Eltern, andere Bezugspersonen und auch die Lernenden selbst das aufgrund gesellschaftlicher Wertschätzung im schulischen Angebot vorhandene Fach Fremdsprache für völlig überflüssig halten, ja sie können schulischen Unterricht überhaupt ablehnen. Daß sich unter solchen Voraussetzungen Druck- und Belohnungsmöglichkeiten der Schule in Grenzen halten, versteht sich von selbst.

Wenden wir uns der Sprache als Teil einer fremden Kultur zu, so ergeben sich ähnliche Probleme. Die kulturelle Identität einer Gesellschaft kann durchaus Toleranz gegenüber fremdkulturellen Erscheinungsformen umfassen. Damit ist aber noch keinesfalls gesagt, daß diese Toleranz auch Teil der kulturellen Identität aller ihrer Mitglieder ist. Ganz im Gegenteil kann das gesellschaftliche Bemühen um Erziehung zur Toleranz Abwehrreaktionen bei Individuen hervorrufen, die sich in einer noch strikteren Ablehnung alles Fremden niederschlagen.

Je nach Einstellung gegenüber der Fremdsprache als Fach und Kulturphänomen wird die Reaktion auf unterrichtliche Anregungsbedingungen unterschiedlich sein. Lob des Lehrers, gute Zensuren, die erfolgreiche Beschäftigung mit einem fremdsprachigen Lesestück, etc. haben bei positiver Einstellung der Sprache und dem Fach gegenüber einen anderen Stellenwert als bei ablehnender Haltung. Aber auch die umgekehrte Feststellung gilt: Unterschiedliche unterrichtliche Anregungsbedingungen können einen positiven, aber auch einen negativen Einfluß auf die Einstellungen gegenüber der Fremdsprache als Fach- und Kulturphänomen haben. Unser Ziel ist es natürlich, die positiven Anregungsbedingungen zu fördern und die negativen zu eliminieren.

Das ist leicht gesagt und schwer verwirklicht, wenn man sich einmal die Defizite der Situation Fremdsprachenunterricht im Vergleich mit den Bedingungen besonders des Muttersprachenerwerbs ansieht: Der durch die Institution Schule ausgeübte Leistungsdruck dürfte eher einen negativen als einen positiven Einfluß auf die langfristige Lernbereitschaft der Lernenden ausüben. Die Belohnungsmöglichkeiten des Lehrers dagegen sind begrenzt, da er kaum die Möglichkeit hat, primäre Bedürfnisse des Schülers zu befriedigen: Sie erschöpfen sich weitgehend in einem Kopfnicken, verbaler Bestätigung einer guten Zensur u.ä. Natürlich sollte man diese Möglichkeiten auch nicht unterschätzen: Werden sie von der Lerngruppe akzeptiert, stellen sie als Erfolgsrückmeldungen durchaus einen Anreiz dar, nach weiteren Erfolgen zu streben.

Während beim Erwerb der Muttersprache, aber auch einer Fremdsprache im Land dieser Sprache e i n e m Lernenden gewöhnlich m e h r e r e "Lehrer" gegenüberstehen, die ihm sprachliche Modelle liefern und ihn zum Sprechen veranlassen, ist es im schulischen Fremdsprachenunterricht e i n Lehrer, der diese Rolle gegenüber m e h r e r e n Lernenden erfüllen soll. Dieser eine Lehrer ist der Repräsentant der fremden Sprache und Kultur, wenn man von den ihm eventuell zur Verfügung stehenden visuellen und auditiven Hilfsmitteln einmal absieht.

Wie schwer diese Aufgabe des Lehrers zu bewältigen ist, wird erst richtig deutlich, wenn man bedenkt, daß der Unterricht im Vergleich zu natürlichen Kommunikationssituationen auf weite Strecken hin "realitätsfern" ist: Ein deutscher Lehrer und deutsche Schüler verständigen sich in der Fremdsprache in ausschließlich deutschsprachiger Umgebung. Sprachliche Defizite behindern die Verbalisierung altersangemessener Themen; alles könnte leichter und auch besser in der Muttersprache gesagt werden. Bei vielen Lernenden läßt die beim Kleinkind zweifellos vorhandene und auch für den Aufbau einer fremdsprachigen Kommunikationsfähigkeit unbedingt erforderliche Freude am Sprechen altersbedingt deutlich nach, so daß hier die Forderung des Lehrers und die Neigung seiner Schüler in Widerspruch geraten. Hinzu kommt, daß ebenfalls altersbedingt die ursprüngliche Flexibilität des Rezeptions- und Produktionsapparates immer mehr nachläßt.

Dabei steht das Fach Fremdsprache für den Lernenden nur wenige Stunden der Woche auf dem Plan. Sobald eine Stunde vorüber ist, kann und wird er sich wieder in der Muttersprache verständigen. Da die Zeitspanne zwischen zwei fremdsprachlichen Unterrichtsstunden relativ groß ist, muß er sich zu Beginn jeder Stunde umstellen von der ihm geläufigen und selbstverständlichen Muttersprache auf die über lange Zeit weder geläufige noch auch nur selbstverständliche Fremdsprache. Überspitzt kann man sagen, der Schüler werde in jeder Stunde aufgefordert, aus seinem "normalen" Leben herauszutreten und jemand anderes zu werden.

Diese Bemerkungen mögen zunächst genügen, um die Schwierigkeiten anzudeuten, die einer optimalen Lernbereitschaft der Schüler im Fremdsprachenunterricht entgegenstehen. In den weiteren Beiträgen dieses Bandes wird darauf zurückzukommen sein, und es wird nach Wegen gesucht werden müssen, die beschriebenen Defizite möglichst weitgehend auszugleichen. Insgesamt können wir an dieser Stelle sagen, daß die Motivation des Schülers für den Fremdsprachenunterricht weder in ihrer Stärke, noch in der Zusammensetzung ihrer Funktion mit der des Muttersprachen- oder auch des Fremdsprachenerwerbs in natürlichen Kommunikationssituationen gleichzusetzen ist. Zu unterschiedlich sind neben der individuellen Ausgangslage die Anregungsbedingungen der jeweiligen Lernsituation. Die Motivierung liegt also weitgehend in der Hand des Lehrers, wobei er sich möglicherweise auf eine auch individuell ausgeprägte gesellschaftliche Wertschätzung des Fremdsprachenlernens und die allgemeine Lernbereitschaft der Schüler stützen kann.

Versuchen wir, das bisher Gesagte zu systematisieren, so können wir zunächst drei Faktorenkomplexe feststellen, die die Motivation des Lernenden im Fremdsprachenunterricht bestimmen:

1. Außerschulische Faktoren, die die Motivation des Lernenden beeinflussen: Einflüsse, die durch Einstellungen von Gesellschaft, Eltern und anderen normsetzenden Bezugsgruppen gegenüber der Fremdsprache, den Sprechern dieser Sprache und dem Fremdspra-

chenlernen ausgeübt werden. Weiterhin der Grad der objektiven Notwendigkeit des Fremdsprachenerwerbs sowie die Bedingungen, unter denen er stattfindet.

2. Individuelle Faktoren des Lernenden, die die Motivation des Lernenden beeinflussen: Einstellung gegenüber der Fremdsprache, den Sprechern dieser Sprache, dem Fremdsprachenlernen selbst und den schulischen Lernformen. Individuelle Reaktionsdispositionen auf spezielle Unterrichtsaktivitäten, Person des Lehrers, Schul- und Unterrichtsatmosphäre, Interessen, Bedürfnisse, etc.

3. Durch Lehrer und Unterricht eingebrachte Faktoren, die die Motivation des Lernenden beeinflussen: Lehrerpersönlichkeit, Lehrerverhalten, Einstellung den Schülern und dem Unterrichtsgegenstand gegenüber. Im Grunde könnte man hier alle Unterrichtsphänomene aufzählen, da sie alle in irgendeiner Form zur Lernermotivation in Beziehung stehen.

Die hier eingehaltene Reihenfolge ist auch als Rangfolge zu verstehen. Die unter 2. genannten Faktoren sind weitgehend von den unter 1. aufgeführten abhängig. Letztere kennzeichnen auch zugleich die Ausgangsbasis, von der aus der Lehrer bei seinen Versuchen, die Schüler zu motivieren, operiert und die Grenzen, innerhalb derer er sich bewegen kann.

Es scheint nun an der Zeit, die im vorigen Kapitel besprochenen Grundbegriffe stärker auf das Problemfeld Fremdsprachenunterricht zu beziehen und durch Hinzunahme weiterer Begriffe im Hinblick auf diesen Gegenstand zu konkretisieren. Wiederholen wir hier zur Erinnerung noch einmal die von Boosch gegebene Definition des Motivbegriffes:

Motive sind individuelle, zeitlich relativ stabile, an bestimmte situative Reize gekoppelte, meist erlernte Handlungsdispositionen für innere und äußere Handlungen, die die Auswahl zwischen alternativen Handlungsweisen in Entscheidungssituationen, das Auftreten wiederkehrender bevorzugter oder gemiedener Handlungsweisen im individuellen Lebensverlauf und die Dynamik der Durchführung von Handlungen bestimmen.
Motivation ist der eine Handlung aktuell antreibende und ausrichtende, innere, nicht beobachtbare Prozeß der Motivanregung und -entfaltung.

Wir engen den allgemeinen Motivationsbegriff zunächst auf den der Lernmotivation ein, d.h. auf die Bereitschaft, in entsprechenden Situationen dem Lernen dienende Aktivitäten durchzuführen oder an ihnen teilzunehmen. Mit Lernen meinen wir hier und im folgenden lediglich unterrichtliches oder mit Unterricht zusammenhängendes Lernen, also auch das Lernen im und im Zusammenhang mit dem Fremdsprachenunterricht. Damit ist natürlich nicht gesagt, daß nur ein einziges, eben das Lernmotiv, das Handeln des Lernenden im Unterricht bestimmt, sondern daß die Aktualisierung aller im Unterricht relevanten Motive auf das Lernen als dem zentralen Prozeß bezogen ist.

Weiterhin unterscheiden wir eine a l l g e m e i n e und eine s p e z i e l l e Lernmotivation. Mit allgemeiner Lernmotivation ist hier das Maß der Bereitschaft gemeint, sich unabhängig vom jeweiligen Fach überhaupt an unterrichtlich organisierten Lernprozessen zu beteiligen; spezielle Lernmotivation bezeichnet das Maß der Bereitschaft, sich an den Lernprozessen eines bestimmten Faches zu beteiligen. Die Notwendigkeit dieser Unterscheidung wird schnell sichtbar, wenn man sich vergegenwärtigt, daß das Fremdsprachenlernen nur ein spezieller Fall von Lernen überhaupt ist. Eine wie auch immer begründete generelle Abneigung gegen die Beteiligung an institutionellen Lernprozessen wird sich mit Sicherheit auch auf die fachspezifische Lernbereitschaft auswirken. Es wird deutlich, daß die spezielle, also auf ein bestimmtes Fach bezogene Lernmotivation nur auf dem Hintergrund von und in Interaktion mit der allgemeinen Lernmotivation sinnvoll betrachtet werden kann. Ist letztere schwach ausgeprägt, so hat es wenig Sinn, isoliert nach fachspezifischen Defiziten und nach Möglichkeiten ihrer Beseitigung zu fahnden, sondern es muß nach der Art der generellen Bedingungen des Lernens und den in ihnen liegenden Problemen gefragt werden. Umgekehrt heißt das auch, daß alle in der Fachdidaktik gemachten Aussagen über fachspezifische Motivierungsmöglichkeiten diese allgemeine Bereitschaft zum Lernen in Unterrichtssituationen voraussetzen. Ist diese Bereitschaft nicht oder nicht ausreichend gegeben, muß die Verwirklichung methodischer Handlungsanweisungen der Fachdidaktik zur motivierenden Unterrichtsgestaltung weitgehend ohne Effekt bleiben. Ansatzpunkt für Verbesserungen kann hier, wie schon gesagt, nicht mehr das einzelne Fach, sondern muß die gesamte unterrichtliche Lernsituation sein. Beispiele hierfür liefert offensichtlich die Hauptschule: Dort, wo der Englischunterricht mit so starken Motivationsdefiziten zu kämpfen hat, daß eine erfolgversprechende Durchführung unmöglich ist, liegt das Problem in den allermeisten Fällen nicht beim Fach Englisch allein, sondern in der Lernsituation Hauptschule überhaupt. Nicht von ungefähr kommen aus diesem Bereich auch die gravierendsten Klagen über die Sinnlosigkeit fachdidaktischer Handlungsanweisungen.

Bei dieser Unterscheidung von allgemeiner und spezieller Lernmotivation ist vor allem zu bedenken, daß das Individuum zu Beginn des Fremdsprachenkurses bereits eine mehr oder weniger lange Lerngeschichte innerhalb der Institution Schule durchlebt hat. Der Fremdsprachenunterricht beginnt also keineswegs an einem Nullpunkt, wie es noch vor wenigen Jahren häufig behauptet wurde, sondern die bisherigen Erfahrungen, Erfolgs- und Mißerfolgserlebnisse, Freuden und Ängste, etc. haben eine allgemeine Tendenz herausgebildet, auf unterrichtliche Anregungsbedingungen zu reagieren, die sich auf das Verhalten im Unterricht des neuen Faches auswirken. Verhaltensgewohnheiten, die sich über Jahre hinweg ausgebildet haben und die durch die weitere schulische Karriere womöglich noch verstärkt werden, können im Fremdsprachenunterricht nicht einfach außer Kraft gesetzt werden.

Kann die allgemeine Lernmotivation vorausgesetzt werden, beginnt der Bereich der speziellen, also fachspezifischen, Lernmotivation. Wichtig erscheint hier die Unterscheidung zwischen Motiven und Motivation, wie sie die oben zitierte Definition trifft. Im Fremdsprachenunterricht wirksam werdende Motive sind relativ konstante und damit sich auch nur allmählich ändernde Handlungsdispositionen des Individuums, die aus der Summe seiner Erfahrungen mit der Umwelt resultieren, und seine Reaktionen auf die unterschiedlichen Anregungsbedingungen des Fremdsprachenunterrichts bestimmen. Sie bestimmen das allgemeine Verhältnis des Lernenden zum Fach, zu dessen Zielsetzungen und Aktivitäten und damit das Maß der im motivierten Verhalten sich manifestierenden Bereitschaft, an unmittelbar ablaufenden unterrichtlichen Lernprozessen teilzunehmen. Art, Zusammensetzung und Stärke dieser Motive werden vor allem durch die oben beschriebenen drei Faktorenkomplexe bestimmt. Art und Stärke der aktuell im Unterricht sich manifestierenden Motivation hängen von den Motiven des Individuums und den Anregungsbedingungen der konkreten Lernsituation ab. Es wird auch deutlich, daß Motivation im Unterricht immer als Wechselwirkungsprozeß zwischen individuellen Gegebenheiten des Lernenden und außerindividuellen Gegebenheiten der Lernsituation Unterricht ist.

Damit ist die Ebene konkreten Unterrichtsgeschehens erreicht, dessen motivierender Charakter den Lernenden zur Aktivität anregen soll. Nach dem oben Gesagten dürfte klar sein, warum "Rezepte" in verschiedenen Lerngruppen zu so unterschiedlichem Effekt führen und daß nur die Kenntnis der motivationalen Ausgangslage des Lernenden den Lehrenden zu effektiver Unterrichtsgestaltung in motivationaler Hinsicht befähigt. Schließlich ist damit auch gesagt, daß zwar die Motivation des Lernenden im Fremdsprachenunterricht in hohem Maße Einflüssen unterliegt, die nicht unmittelbar von der Gestaltung des momentanen Unterrichts abhängig sind, daß aber der Unterricht entscheidenden Einfluß auf Art und Stärke der in aktuellem Verhalten sich manifestierenden Motivation hat.

Den Zustand eines motivierten Organismus können wir als Vorhandensein und Wahrnehmung einer Diskrepanz zwischen einem Ist- und einem Soll-Zustand beschreiben. Diese Diskrepanz kann sowohl aus der Veränderung der Bedürfnislage des Organismus als auch aus der Veränderung der ihn umgebenden Situation als auch aus der Wechselwirkung beider Komponenten resultieren. Der Organismus wird durch entsprechende zielgerichtete Aktivitäten versuchen, den entstandenen Zustand des inneren Widerspruchs zu beseitigen. Aus diesem Versuch kann eine erneute Widerspruchslage entstehen, die wiederum zu Aktivitäten veranlaßt, usw. (vgl. hierzu Rosenfeld, 1975).

Für den Erwerb einer Fremdsprache ergibt sich hieraus ganz allgemein: Zwischen Ist-Zustand (Nichtbeherrschung einer Fremdsprache) und Soll-Zustand (ihrer Beherrschung) besteht eine Diskrepanz, die möglicherweise als Widerspruchslage empfunden wird und zum Erwerb der Fremdsprache motiviert. "Möglicherweise" heißt, daß eine objektiv bestehende Differenz zwischen Ist- und Soll-Zustand vom Lernenden subjektiv nicht unbedingt als Widerspruchslage empfunden werden muß, was nach den vorstehenden Ausführungen nicht verwundern wird. Aufgabe des Unterrichts ist es demnach, von der motivationalen Basis der Lernenden ausgehend, durch eine entsprechende Gestaltung der Lernsituation immer wieder solche Widerspruchslagen zu schaffen, die jene durch lernerische Aktivitäten zu beseitigen trachten.

Unmittelbaren unterrichtlichen Vorgehensweisen muß somit ein längerfristiges Konzept zugrundeliegen, das ihren Ort bestimmt und übergreifende Zielsetzungen im Auge behält. Voraussetzung hierfür ist natürlich, daß wir nicht von einer einseitig determinierenden Einwirkung der allgemeinen auf die spezielle Motivation und der im Individuum angelegten Motive auf die aktuelle Motivation in der Situation Unterricht ausgehen, sondern wir müssen auch Einflußnahmen in umgekehrter Richtung gelten lassen, auch wenn diese als grundsätzlich schwächer und nur längerfristig wirksam zu denken sind.

Der sich mit den Problemen der Lernmotivierung in seiner speziellen Lerngruppe beschäftigende Lehrer muß also mehrere Stadien durchlaufen:

1. Er muß sich Kenntnisse verschaffen über den Zustand der a l l g e m e i n e n Lernmotivation der jeweiligen Lerner in der gegebenen Lernsituation. Stellt er hier Defizite fest, so sind bereits auf dieser Ebene Überlegungen zu Möglichkeiten ihrer Beseitigung anzustellen.

2. Er muß sich Kenntnisse verschaffen über den Zustand der s p e z i e l l e n Lernmotivation und den ihr zugrundeliegenden Motiven, das Interesse am Fach, seinen Inhalten, Zielen und Aktivitäten sowie über Möglichkeiten der Aktualisierung fachspezifischer Motive.

3. Aus den bisherigen Kenntnissen formt er ein Konzept, das Entscheidungen über das unmittelbare unterrichtliche Geschehen wie auch über längerfristige Zielsetzungen in motivationaler Hinsicht umfaßt.

4. Der Effekt der unterrichtlichen Aktivitäten auf die aktuelle Motivation sowie auf die ihr zugrundeliegenden Motive schließlich sollte mit geeigneten Mitteln festgestellt und in die weiteren Überlegungen einbezogen werden.

Damit ist der Lehrer ganz sicher nicht aufgefordert, zum Forscher in dem Sinne zu werden, daß die Ergebnisse seines Forschens Allgemeingültigkeit beanspruchen sollen. Sein Forschen bleibt immer auf die unmittelbar in Frage stehende Lerngruppe bezogen und hat das Ziel, planvolleres und effektiveres Vorgehen im Unterricht mit dieser Lerngruppe zu ermöglichen. Die fachdidaktische Literatur kann, wie schon gesagt, durch Verfügbarmachung genereller Erkenntnisse und Handlungsanweisungen dabei Hilfestellung leisten.

Sicherlich ist bei manchem Leser inzwischen die Frage aufgetaucht, welche Motive eigentlich im Fremdsprachenunterricht wirksam werden. Die Beantwortung dieser Frage wurde bisher vermieden, weil erstens auch in der Psychologie bisher keine Einigung darüber erzielt wurde, welche und wie viele voneinander unterscheidbare Motive das menschliche Handeln bestimmen, und weil zweitens Aufzählungen von Motiven leicht den Eindruck erwecken, man könne bestimmte Handlungen eines Lernenden in der Situation Unterricht auf bestimmte und genau identifizierbare Motive zurückführen. Es muß nach dem oben Gesagten kaum noch einmal besonders betont werden, daß das nicht der Fall ist, sondern daß wir immer die gleichzeitige und interagierende Wirksamkeit mehrerer Motive anzunehmen haben.

Auch die Fremdsprachendidaktik hat bisher, nicht zuletzt aufgrund von Forschungsschwierigkeiten, kaum versucht, sich einen vollständigen Überblick über die im Fremdsprachenunterricht wirksam werdenden Motive zu verschaffen. An dieser Stelle kann ein solcher Versuch ebenfalls nicht unternommen werden, sondern es erfolgt eine Beschränkung auf einige wichtige Motive und deren kurze Charakterisierung, wobei wir uns auf Apelt (1981, S. 53ff.) beziehen. Apelt nennt:

1. Das Gesellschaftsmotiv (Das Lernen einer Fremdsprache wird aufgrund "mehr oder weniger bewußter Einsicht bzw. einer emotionalen Grundhaltung...als eine gesellschaftliche Notwendigkeit im engeren und weiteren Sinne - aktuell wie zukunftsweisend - objektiv erfaßt und begründet..." (S. 56)).

2. Das Elternmotiv (Das Lernen "'um der Eltern willen', d.h. um ihnen Freude zu machen oder ihrem Vorbild nachzueifern, eine besondere Art der 'sozialen Identifikation'..." (S. 65)).

3. Das Nützlichkeitsmotiv (Das Lernen einer Fremdsprache wird mit seinem Nutzen für das spätere Leben, etwa für Beruf und Reisen im Ausland, begründet).

4. Das Lehrermotiv (Ebenfalls eine besondere Art der sozialen Identifikation; man lernt, um dem Lehrer zu gefallen, um seinem Vorbild nahezukommen.).

5. Das Wissensmotiv (Es umschließt das sonst häufig genannte Neugiermotiv und beinhaltet das Streben nach neuen Erfahrungen und Erkenntnissen.).

6. Das Kommunikationsmotiv (Das allgemein menschliche Bedürfnis nach Informations- und Meinungsaustausch.).

7. Das Geltungsmotiv (Das Streben nach Anerkennung und Achtung, aber auch nach Prestigegewinn in der Gemeinschaft, die die Beherrschung einer Fremdsprache honoriert.).

Obwohl diese (und andere in der Literatur genannte) Motive, wie schon gesagt, kaum je isoliert das Handeln des Lernenden im Unterricht bestimmen, kann der Lehrer doch durch gezielte Förderung an sie anknüpfen und so den Grad ihrer Wirksamkeit beeinflussen.

Abschließend sei noch auf eine Reihe weiterer Begriffe eingegangen, die in der einschlägigen Fachliteratur eine z.T. bedeutende Rolle spielen.

Auch im Alltag kennen wir die Unterscheidung zwischen Tätigkeiten, die wir verrichten, weil sie uns einfach Freude machen, ohne daß wir damit einen besonderen Zweck verfolgen (z.B. manche Arten sportlicher Betätigung, Spiele, Basteln) und solchen, die wir "nur" tun, um irgendetwas damit zu erreichen oder um Unannehmlichkeiten zu vermeiden. Die wissenschaftliche Literatur zur Motivation unterscheidet entsprechend, wie bereits in der Arbeit von A. Boosch nachzulesen war, zwischen *intrinsischer* und *extrinsischer* Motivation (bedeutungsgleich werden in diesem Zusammenhang auch manchmal die Begriffe *primäre* und *sekundäre* Motivation verwendet, auf die wir hier nicht näher einzugehen brauchen).

Auf den Fremdsprachenunterricht bezogen würde ein intrinsisch motivierter Schüler die Sprache um ihrer selbst willen lernen, weil er sie "schön" findet, an ihr interessiert ist, das Sprechen dieser Sprache an sich als angenehm empfindet, etc. Ein extrinsisch motivierter Schüler würde diese Sprache lernen, weil er Lehrer und

Eltern gefallen will, schlechte Zensuren und Strafe zu vermeiden sucht oder aber auch, weil er meint, die Beherrschung einer Fremdsprache könne im späteren Beruf oder ganz allgemein im Umgang mit Ausländern von Nutzen sein. Grundsätzlich sei, so meinen viele Autoren, die intrinsische Motivation wirkungsvoller und auch vom erzieherischen Standpunkt aus gesehen von größerem Wert als die extrinsische.

Wir können uns dieser Auffassung hier nicht anschließen. Gewiß ist es kaum wünschenswert, daß ein Schüler n u r für eine gute Zensur oder aus Angst vor Strafe lernt. Jeder Lehrer möchte, daß seine Schüler lernen, weil sie das Fach interessiert. Und wenn dieses Interesse den Inhalten des Faches selbst gilt, von äußeren Belohnungen also weitgehend unabhängig ist, umso besser. Aber diese Art Interesse wird man wohl nur bei einer kleinen Minderheit von Lernenden vorfinden (vielleicht bei einigen späteren Philologen). Zu bedauern ist diese Tatsache jedoch nicht: Auch wenn die Fremdsprache als Mittel zum Zweck gesehen wird, als relevant für einen erstrebten Beruf, als allgemeines Kommunikationsmittel in als wünschenswert betrachteten Lebenssituationen, zur Erlangung von Anerkennung von Bezugspersonen, zur Befriedigung andersgerichteter Interessen, ist der hierdurch bewirkte Lernwille nicht notwendig weniger stark, sind die beteiligten Motive nicht weniger wertvoll.

Ganz abgesehen von den bei Boosch diskutierten theoretischen Unterscheidungsschwierigkeiten zwischen beiden Motivationsarten und der Tatsache, daß sie im Individualfall durchweg gemischt wirksam werden dürften, plädieren wir aus den o.g. Gründen dafür, diese Unterscheidung fallenzulassen und stattdessen vielleicht eher zwischen s a c h b e z o g e n e r (die z.B. auch Nützlichkeitserwägungen als gleichberechtigten Lernantrieb zuläßt) und s a c h - f r e m d e r (wie etwa Angst vor Strafe) M o t i v a t i o n zu trennen.

Ein weiteres Begriffspaar, das in der amerikanischen Forschung zum Thema eine prominente Rolle spielt (vgl. z.B. Gardner und Lambert, 1972), und das auch in die deutsche Fachliteratur Eingang gefunden hat, ist das der i n t e g r a t i v e n vs. i n s t r u m e n - t e l l e n Motivation.

Integrativ motiviert ist demnach derjenige Lernende, dessen Ziel in einem mehr oder weniger weitgehenden Hineinwachsen in die Zielsprachenkultur besteht. Instrumentell motiviert ist derjenige, der das Fremdsprachenlernen als Teil einer besseren Erziehung oder mit dem Ziel größerer Berufschancen betreibt, ohne an der Zielsprachenkultur sonderlich interessiert zu sein. Auch hier impliziert die Unterscheidung ein Werturteil, das allerdings nach Gardner und Lambert durch die Ergebnisse langjähriger empirischer Forschung gestützt wird: Die integrative Motivation ist zu bevorzugen, da sie mit den größeren Erfolgschancen verbunden ist.

In den letzten Jahren sind dieses Konzept und die ihm zugrundeliegende Interpretation von Forschungsergebnissen zunehmend kritisiert worden. Die nachfolgende Arbeit von G. Hermann versucht, einen Überblick über den gegenwärtigen Stand der Diskussion zu geben. Darüberhinaus setzt sie sich kritisch mit den Ergebnissen empirischer Forschung und den jeweils gezogenen Schlußfolgerungen auseinander.

Gisela Hermann

3.2. Affektive Variablen und Fremdsprachenlernen im Spiegel empirischer Forschung

Erst seit relativ kurzer Zeit sieht die Fremdsprachendidaktik Leistungsunterschiede innerhalb einer Lerngruppe nicht mehr nur als konkretes Einzelproblem von Lehrer und Schüler, sondern als Gegenstand systematischer Erhellung, indem sie Schülerpersönlichkeit, Lerninhalte, Lernziele und Unterrichtsmethodik problematisiert und dabei auch andere wissenschaftliche Disziplinen befragt: Die Sozialwissenschaften geben Auskunft über Test- und Auswertungsverfahren, die Linguistik über sprachwissenschaftliche Deutungsschemata, die Psychologie über individuelle Bedingungen, die Curriculumtheorie über die Organisation von Lernvorgängen.

Fachspezifische Probleme werden dadurch zwar erklärbarer, jedoch zugleich auch vielschichtiger, so daß sich immer mehr die Erkenntnis durchsetzt, der Lerner existiere nicht isoliert, sondern innerhalb eines sozialen Gefüges, das weit über die Schule hinausreiche und entsprechend wirke. Schulischer Fremdsprachenunterricht sei demnach nur eine unter mehreren Möglichkeiten, eine andere Sprache zu erwerben. Dies mache es unabdingbar, das Forschungsfeld erheblich zu erweitern.

Die im Zuge solcher Überlegungen inzwischen entstandene Sprachlehr- und Sprachlernforschung muß wesentlich komplexere Ansprüche der von ihr zu Rate gezogenen und von ihren theoretischen Grundlagen her keineswegs identischen Psycholinguistik, Soziolinguistik, angewandten Sprachwissenschaft und Sozialpsychologie erfüllen und zudem nicht nur in der Lage sein, ihre eigenen Anfänge historisch zu begreifen und kritisch zu reflektieren, sondern auch weiterführende Strategien zu entdecken und integrative Konzepte zu entwickeln, die sich auf den Fremdsprachenlernprozeß anwenden lassen.

Im folgenden soll das Spektrum eines solchen Zugriffs an einem Teilbereich, den affektiven Variablen, verdeutlicht werden, die als individuelle und gruppenspezifische Merkmale kommunikatives Handeln maßgeblich steuern und eine entscheidende Rolle beim Fremdsprachenlernen spielen.

Die Studien von Gardner und Lambert und der motivationelle Ansatz

Vereinzelt taucht die Frage nach Beziehungen zwischen affektiven Variablen und Erfolg beim Fremdsprachenlernen schon in den vierziger Jahren auf. 1941 stellt Jordan,[1] der bei 231 Jungen zwischen 11 und 15 Jahren aus dem Norden Londons die Einstellungen zu den Fächern Französisch, Mathematik, Geschichte, Englisch und Geographie erhebt, fest:

Attitude towards French tends to vary in accordance with the general standard of academic attainment, the brightest forms have the most positive attitude. In none of the other subjects is this relationship so clearly marked.[2]

Einige Jahre später fällt auch Jones auf,[3] daß bei den von ihm befragten Schülern die Leistungen im Walisischen mit den Einstellungen zum Walisischen als Zweitsprache positiv korrelieren.

Seit den späten fünfziger Jahren wird der hier entdeckte Zusammenhang verfeinert untersucht. Ein großer Anteil der Forschung und die erste umfassendere theoretische Deutung, die ihrerseits eine Anzahl von empirischen Arbeiten auf diesem Gebiet auslöst und dadurch in ihren Ergebnissen zugleich differenziert und gestützt wird, geht auf die kanadischen Wissenschaftler Gardner und Lambert sowie deren Mitarbeiter zurück. Sie führen die Unterscheidung von zwei Typen der Orientierung beim Fremdsprachenlerner ein:

The orientation is said to be i n s t r u m e n t a l in form if the purposes of language study reflect the more utilitarian value of linguistic achievement, such as getting ahead in one's occupation. In contrast, the orientation is i n t e g r a t i v e if the student wishes to learn more about the other cultural community because he is interested in it in an open-minded way to the point of eventually being accepted as a member of that other group.[4]

Jeder von ihnen soll motivierend, also lernerfolgsfördernd für die Fremdsprache wirken. Ein Vergleich ihrer relativen Ausgeprägtheit ergibt bei englischsprachigen Schülern, die in Montreal Französisch lernen, daß die Bereitschaft, verschiedene Verhaltensmerkmale der anderen linguistisch-kulturellen Gruppe zu übernehmen, zu höheren Leistungen führt als instrumentelle Erwägungen.

Im Verlauf eines zwölfjährigen Projektes zur Klärung der motivationellen Voraussetzungen von Erfolg und Mißerfolg beim Fremdsprachenlernen, das auch in verschiedenen Regionen der USA und auf den Philippinen stattfindet, berücksichtigen Gardner und Lambert affektive Variablen, die von integrativer Orientierung bis zum autoritären Syndrom reichen. Im einzelnen handelt es sich um folgende Merkmale:[5]

Die Gründe für das Französischlernen ermittelt neben Skalen zur integrativen und instrumentellen Orientierung ein "Orientation Index" unter der Leitfrage "I am studying French because".[6] Ergänzend wird der Befragte aufgefordert, Vor- bzw. Nachteile und persönliche Befriedigung, die er dabei empfindet, zu nennen.

Persönliche Unzufriedenheit oder Enttäuschung über den eigenen Standort in der Gesellschaft mißt der 1951 von Srole entwickelte A n o m i e-Test, der auch als Index für soziale Unsicherheit gilt.[7] Das Konzept stammt von dem französischen Soziologen Emile Durkheim, der zur Zeit der industriellen Revolution Anpassungsschwierigkeiten von Bewohnern städtischer, industrialisierter Gemeinden beobachtete. Gardner und Lambert übertragen dies auf Immigranten und zweisprachige Personen, die sie durch die Konfrontation mit einer anderen kulturellen Gruppe in das Dilemma gebracht sehen, in der eigenen verwurzelt bleiben zu wollen und gleichzeitig enge Kontakte mit der neuen pflegen zu müssen. Dies könne Gefühle der Entfremdung und persönliche Desorganisation besonders dann erzeugen, wenn der Spracherwerb das Kennenlernen einer attraktiveren Lebensweise ermögliche und sich bei einer integrativen Orientierung hierzu eine elementare Unzufriedenheit mit der eigenen ethnischen Gemeinschaft entwickle. Der Verlust alter, bestehender Bindungen vermische sich mit der Ängstlichkeit vor unbekannten, neu einzugehenden und münde in die Vorstellung ein, zwischen zwei Kulturen zu treiben.[8]

Neben solchen möglichen negativen Begleiterscheinungen des Fremdsprachenlernens gibt es auch positive. So sollen Zweisprachige erheblich niedrigere Werte als Einsprachige auf der "California F-Scale" erreichen.[9] Der Buchstabe F steht für F a s c h i s m u s, und die dazugehörige Skala, die von Adorno und Mitarbeitern stammt, will faschistoide Einstellungen und Vorurteile testen, ohne diese

Absicht sichtbar zu machen, um verborgene antidemokratische Tendenzen in einer Person bloßzulegen.[10] Gardner und Lambert verwenden eine Anzahl von Items daraus, um ihre These zu überprüfen, Erfolg beim Fremdsprachenlernen hänge wesentlich von Aufgeschlossenheit und Entgegenkommen gegenüber ethnolinguistischen Gruppen, die sich von der eigenen unterscheiden, ab.

Zum faschistischen Gesamtsyndrom gehören eine Reihe von Sub-Syndromen, wie z.B. Autoritarismus und Ethnozentrismus, die ebenfalls in die Untersuchungen einbezogen werden. Die Skalen hierzu, die auch auf Adorno und Mitarbeiter zurückgehen, wollen nicht irgendeinen dieser Züge isolieren, sondern heben lediglich den einen oder anderen von ihnen unter dem Gesichtspunkt ihrer dynamischen Verbundenheit hervor. Der potentiell faschistische Charakter ist ein Produkt der Wechselwirkung zwischen kulturellem Klima des Vorurteils und psychischen Reaktionen darauf, besteht also nicht nur aus groben äußeren Faktoren wie ökonomischen und sozialen Bedingungen, sondern aus Meinungen, Ideen, Anschauungen, Verhaltensweisen, die zwar als seine eigenen erscheinen, aber weder seinem autonomen Denken noch seiner unabhängigen psychischen Entwicklung entspringen.

Wie sieht nun eine autoritäre Persönlichkeit aus?[11] Sofern sie sich mit der Macht identifiziert, lehnt sie gleichzeitig alles ab, was "unten" ist; Ambitionen nach gesellschaftlichem Aufstieg gehen einher mit der unverhüllten Bejahung derjenigen, die ihr an Autorität und Rang überlegen sind; eine Rigidität des Gewissens zeigt Spuren von Ambivalenz: was verboten ist, kann akzeptabel sein, solange es nicht zu sozialen Konflikten führt; zwanghafte religiöse Überzeugungen gehen mit einem starken Strafbedürfnis einher; die Bewunderung brutaler Gewalt schließt nicht aus, Minderheiten eben dieser Rücksichtslosigkeit anzuklagen; die Identifikation mit der Familie und letztlich mit der gesamten Eigengruppe ist ein unentbehrlicher Mechanismus, um sich selbst autoritäre Disziplin aufzuerlegen und nicht der Versuchung zum "Ausbrechen" anheimzufallen; strikter Gehorsam gegenüber Autoritäten vermischt sich mit Gefühlen des Selbstmitleids; es fällt schwer, Schuld zu ertragen oder Schuld zuzugeben.

Beim E t h n o z e n t r i s m u s handelt es sich um die Neigung, die eigene Familie, die eigene soziale Stufe, die eigene Gruppe, das eigene Land und Ähnliches überhaupt zu glorifizieren, alles Andersartige und Abweichende dagegen negativ zu bewerten.

Mit weiteren Fragebögen untersuchen die kanadischen Forscher die Präferenz des eigenen Landes gegenüber dem Zielsprachenland, Einstellungen zu Franko-Amerikanern als einer kulturellen Minderheit und motivationelle Intensität beim Fremdsprachenlernen. Letztere wird aus dem Zeit- und Arbeitsaufwand bei den Hausaufgaben, den zukünftigen Absichten, die Sprache zu studieren oder zu gebrauchen, ihrer Verwendung außerhalb der Schule, sowie dem Stellenwert, den sie für den einzelnen einnimmt, abgeleitet. Außerdem ermitteln sie den tatsächlichen Wunsch des Lernenden, die andere Sprache zu erlernen, indem sie sein Interesse am Unterricht und seine Bereitwilligkeit und Aufmerksamkeit, die er den anfallenden Aufgaben widmet, erfragen.

Daten über "Social Inquisitiveness" sollen etwas über die aktive Suche des Befragten nach persönlichen Kontakten im Gegensatz zu sozialer Passivität aussagen; und die Rubrik "Sensitivity to Others" dient dazu, die Aufgeschlossenheit, die er den Gefühlen anderer entgegenbringt, festzustellen. Beiden Variablen wird ein enger Zusammenhang mit integrativer Orientierung unterstellt.

Eine andere Gruppe von Tests zielt auf das soziale Umfeld des Befragten ab, da es seine Einstellungen entscheidend zu prägen vermag. Hierzu gehören Ermutigung der Eltern zum Französischunterricht, Einschätzung und Charakterisierung von deren Einstellungen zum Sprachenlernen aus der Sicht der Kinder, eigene oder elterliche Freundschaften mit Franzosen und bipolare Adjektivlisten, auf denen man reale und erwünschte Vorstellungen von sich selbst angeben und Franzosen, Amerikaner, Franko-Amerikaner und Französischlehrer einstufen muß. Die "matched-guise technique" soll Einstellungen zu Sprechern der Zielsprache ausfindig machen.[12]

Schließlich gehören zu der Testbatterie Sprachlerneigungs- und französische Sprachleistungstests - letztere berücksichtigen die Selbsteinschätzung der eigenen Kenntnisse und die der Eltern -,

Intelligenz und Geschlecht.

Die Testergebnisse bestätigen die motivierende Wirkung der integrativen Orientierung mit all ihren Nebenerscheinungen, zeigen also z.B. auch, daß Ethnozentrismus das erfolgreiche Lernen einer Fremdsprache nicht gerade fördert.

Doch gibt es auch Befunde, die nicht so recht in die geschilderte Konzeption hineinpassen wollen: Aus einer in Indien durchgeführten Erhebung geht z.B. hervor, daß instrumentelle Orientierung maßgeblicher als die integrative für gute Leistungen in Englisch verantwortlich zu sein scheint;[13] Oller und andere berichten von in Amerika lebenden chinesischen Studenten, die Englisch zwar ausgezeichnet beherrschen, jedoch keine große Neigung verspüren, im Lande zu bleiben.[14]

Trotz der offensichtlich ins Wanken geratenen relativen Gewichtung von instrumenteller und integrativer Orientierung beherrscht die Grundthese, Einstellungen bestimmten als motivationelle Determinanten wesentlich den Sprachlernerfolg, über ein Jahrzehnt lang die Diskussion. Dementsprechend ist auch die Empfehlung der Forscher zu verstehen, den Lernenden "careful attention to develop their motivation"[15] entgegenzubringen, denn "many students may want to learn, but their attitudes may prevent them from doing so".[16]

Daß Fremdsprachenlerner vielleicht nicht so sehr unter der Tyrannei ihrer Einstellungen stehen, sondern die Wissenschaftler der Tyrannei ihres Forschungskonzepts erlegen sein könnten, wird erst in den siebziger Jahren deutlich.

Die Burstall-Untersuchung: Problematisierung der Rolle des Lernerfolgs

Auf Anregung des britischen Erziehungsministeriums entsteht in England von 1964-1974 eine Longitudinalstudie, die herausfinden soll, ob es plausibel und wünschenswert sei, Fremdsprachenunterricht einer nach Alter und Lernvoraussetzungen breiteren Schicht von Schülern zu ermöglichen.

Vom 8. Lebensjahr an werden die Testpersonen drei Jahre lang in der Grundschule und dann in weiterführenden Schulen bis zum Alter von 16 mit folgenden Absichten beobachtet:

(1) to investigate the long-term development of pupils' attitudes towards foreign-language learning;
(2) to discover whether pupils' levels of achievement in French are significantly related to their attitudes towards foreign-language learning;
(3) to examine the effect of pupil variables (such as sex, age, socio-economic status, perception of parental encouragement, employment expectations, previous learning history, contact with France, etc.) on level of achievement in French and attitude towards foreign-language learning;
(4) to investigate whether teachers' attitudes and expectations significantly affect the attitudes and achievement of the pupils;
(5) to investigate whether the early introduction of French has a significant effect on achievement in other areas of the primary school curriculum.[17]

Der von Clare Burstall und Mitarbeiterinnen veröffentlichte Bericht beeindruckt hinsichtlich des Umfangs des Projekts und der Sorgfalt bei der Erstellung der Fragebögen, die sich mit folgenden Merkmalen befassen: Integrative und instrumentelle Orientierung; Angst vor der Fremdsprache; der Wunsch, statt Französisch lieber eine andere Sprache zu lernen; der Stellenwert, den man dem Französischen und Fremdsprachen überhaupt beimißt; das Interesse an Begegnungen mit Sprechern der Zielsprache und an Reisen in deren Land; Einstellungen der Eltern zum Französischunterricht; Einschätzung der eigenen fremdsprachlichen Fähigkeiten; ein Vergleich zwischen anfänglicher und derzeitiger Beliebtheit des Französischen; die Bedeutung einzelner sprachlicher Fertigkeiten; Frankreichaufenthalte; Sozialstatus; Beruf der Eltern und Geschlecht. Außerdem gibt es, abgesehen von diversen Leistungstests zu den einzelnen Fertigkeiten, einen Fragenkatalog, um die Einstellungen von etwa 300 Lehrern zu dem Experiment des Französischunterrichts auf der Grundschule zu bestimmen.

Für die vorliegende Fragestellung bleibt als wichtigstes Ergebnis dieser Studie festzuhalten, daß sie Gardners und Lamberts Ansicht, die Einstellung des Lernenden zur Zielkultur entscheide den Erfolg beim Fremdsprachenlernen, nicht stützen kann. Stattdessen rücken Erfolgserlebnisse in den Vordergrund:

During both the primary and secondary stages of the experiment, the calculation of partial correlations indicated strongly that early achievement in French affected later attitudes and achievement to a significantly greater extent than early attitudes towards learning French affected the subsequent development of either attitudes or achievement. This would suggest that the acquisition of foreign-language skills and the development of attitudes towards foreign-language learning during later years may be powerfully influenced by the learner's initial and formative experience of success or failure in the language-learning situation.[18]

Zwar ist der ursächliche Zusammenhang damit noch nicht bewiesen, doch gibt die Vermutung der Autorin zu denken, die Einführung des Französischen auf der Grundschule habe die Anzahl der Schüler vergrößert, die mit negativen Haltungen zum Fremdsprachenlernen in weiterführende Schulen einträten. Dies zeige sich darin, daß nach einem anfänglich durchaus hoffnungsvollen Start die fremde Sprache fallengelassen werde, sobald die Möglichkeit dazu bestehe, nämlich im Alter von 13 Jahren.

Die Beziehung zwischen affektiven Variablen und Leistungen in der Fremdsprache verläuft wohl doch nicht geradlinig-motivationell, sondern eher dialektisch-verflochten.

Bei der Durchsicht der übrigen Daten erweist sich als interessant, daß sowohl in der Grundschule wie in den weiterführenden Schulen Mädchen stärker motiviert und positiver zum Französischen eingestellt sind als Jungen; den gängigen Rollenvorstellungen entsprechend scheint Fremdsprachenlernen für sie angemessener zu sein. Ab 13 Jahren wählen Jungen mit Schwierigkeiten im Französischen dieses Fach wesentlich häufiger ab als ihre Altersgenossinnen.

Auch die sozio-ökonomischen Bedingungen machen sich bemerkbar. Der Zusammenhang zwischen elterlichem Beruf und Fremdsprachenlernerfolg - in der Grundschule bereits sichtbar - nimmt in den frühen Jahren der weiterführenden Schule noch zu, d.h. je höher der Sozialstatus, desto höher die Leistung und umgekehrt.[19] Konsequenterweise verzichten mit 13 Jahren beträchtlich mehr Schüler aus den niederen als aus den höheren sozialen Schichten auf das Fach Französisch. Die Dialektik sozialer Schichtzugehörigkeit spiegelt sich auch darin wieder, daß Lehrer Schüler und deren Berufsaussichten in Abhängigkeit davon über- bzw. unterbewerten.[20]

Die eigenen Leistungserwartungen und deren motivierende Kraft bleiben davon nicht unberührt: Jungen aus den unteren Schichten, die am wenigsten auf elterliche Unterstützung rechnen können, halten sowohl auf der Grundschule wie auf der weiterführenden Schule nicht viel von ihren Fremdsprachenerwerbsfähigkeiten und damit verbundenen Erfolgschancen.

Auch die Größe der Schule fällt ins Gewicht, da sich in kleineren Gemeinschaften offensichtlich engere Beziehungen zum Lehrer aufbauen lassen. Je positiver dessen Einstellungen zum Französischunterricht sind, desto besser schneiden die Schüler in Aussprache und Genauigkeit bei der Verwendung der Fremdsprache ab. Ein solcher Befund könnte sich mit dem Persönlichkeitsmerkmal E m p a t h i e erklären lassen, das eine entscheidende Rolle bei einer möglichst authentischen Artikulation in der Fremdsprache spielen und positiv mit der Kommunikationsfähigkeit darin korrelieren soll. Da der Lehrer für die Kinder in diesem Alter wohl weitgehend das einzige Modell darstellt, liegt der Schluß nahe, sie hätten sich erfolgreich in ihn als Repräsentanten der anderen Sprachgemeinschaft eingefühlt.[21] Frankreichaufenthalte tragen ebenfalls zur Aufgeschlossenheit zum Französischunterricht und zur Milderung von Vorstellungen über dessen Schwierigkeitsgrad bei.

Machen die hier skizzierten Ergebnisse auch die Abhängigkeit affektiver Variablen von Faktoren wie Elternhaus, Lehrer, Sozialstatus, Geschlecht und Kontakte mit der anderen Sprachgemeinschaft bewußt, so mutet doch am gewichtigsten die Aussage von Clare Burstall an, "in the language learning context, nothing succeeds like success".[22]

An dieser Stelle scheint es angebracht, sich einmal etwas näher mit den Bedingungen, unter denen empirische Forschung arbeitet, zu beschäftigen. Gern nimmt man für sie in Anspruch, sie gehe von Tatsachen aus, die für sich sprächen. In Wirklichkeit muß sie aber ihre Daten mit Hilfe von Testinstrumenten, die eigens für relevante Merkmale des Forschungsproblems konstruiert oder übernommen werden, erst selber schaffen.

So verstehen Gardner und Lambert Einstellungen vor allem persönlichkeitsspezifisch, im engsten Familienkreis erworben, allenfalls von der Bekanntschaft mit Sprechern der fremden Sprache beeinflußbar und den Lernerfolg determinierend. Dementsprechend erfassen auch ihre Tests - ganz im Gegensatz zu der z.B. hinter den Faschismus-, Autoritarismus- und Ethnozentrismus-Skalen stehenden Theorie -[23] statische Merkmale.

Doch nicht nur dies sollte zur Vorsicht gegenüber den Daten veranlassen, sondern auch die Tatsache, daß sie nicht für sich etwas aussagen, sondern zum Sprechen gebracht werden, indem man sie durch geeignete statistische Verfahren auf Zusammenhänge untereinander überprüft, von denen anzunehmen ist, sie beruhten nicht nur auf Zufall.

Nun nützen diese Zusammenhänge als solche noch nicht viel. Läßt sich z.B. testtechnisch sichern, Schüler mit hohem Ethnozentrismus erbrächten geringe Lernleistungen, so wird das eigentlich erst interessant bei der Frage, ob der niedrige Leistungsstand aus dem hohen Ethnozentrismus folgt oder umgekehrt oder es sich gar um ein komplizierteres Wirkungsgefüge handle. Hierüber sagt die statistisch erhobene Korrelation aber nichts aus.

Bei der zu den Daten gelieferten motivationellen Erklärung handelt es sich demnach um eine persönliche Zutat der Kanadier, die - weiterhin vehement verteidigt -,[24] inzwischen eine ebenso einseitige Gegenthese ins Leben gerufen hat.

Das Savignon-Experiment und die resultative Einstellungsdeutung

Die von Burstall mit einer gewissen Zurückhaltung vorgetragene Erkenntnis, nicht Einstellungen, sondern Erfolg selbst begünstige fremdsprachliche Leistungen, kann nur als Bonmot akzeptiert werden; denn auch vor dem ersten Erfolgserlebnis muß ja etwas liegen, das dieses verursacht. Man denke nur an die analog zur Schichtzugehörigkeit der befragten Schüler ausfallenden Einschätzungen des eigenen Leistungsvermögens, die auch die Autorin motivationell deutet.

Weit rigoroser nimmt Savignon für sich in Anspruch, Gardners und Lamberts Ansatz widerlegt zu haben.

18 Wochen lang erteilt sie zwei Experimentalgruppen und einer Kontrollgruppe an einem amerikanischen College französichen Anfangsunterricht, um die Angemessenheit von Lehrmethoden für das mit ihnen verfolgte Ziel der kommunikativen Kompetenz zu überprüfen. Alle drei Gruppen treffen sich viermal in der Woche 50 Minuten lang zu einem modifizierten audiolingualen Unterricht unter Betonung des Auswendiglernens von Dialogen und des mündlichen Übens von linguistischen Mustern. Außerdem nimmt jede Gruppe in einer zusätzlichen Sitzung an einer mit dem Französischen zusammenhängenden Aktivität teil. Während die Kontrollgruppe in dieser Zeit den im Kurs durchgenommenen Stoff im Sprachlabor noch einmal übt, versucht sich eine Experimentalgruppe in direkter Kommunikation, die vom einfachen Grüßen, nach dem Weg fragen und Sich-Verabreden bis zur Diskussion von aktuellen Ereignissen reicht und - wenn das Französisch versagt - unter Zuhilfenahme von Gestik und einzelner englischer Worte erfolgen darf. Die zweite befaßt sich in ihrer Muttersprache mit der Zielkultur, sieht französische Filme, diskutiert über politische und soziale Ereignisse in Frankreich und über die französische Küche und erhält Gelegenheit, informell französische Studenten und solche, die einige Zeit in Frankreich verbracht haben, zu treffen.

Zu Beginn, Mitte und Ende des Semesters wird jeweils ein Fragebogen verteilt, der neben Tests der kommunikativen und linguistischen Fertigkeiten folgende Komplexe enthält: "Francophilia" oder Interesse an und Zuneigung zu Französischem (z.B. "When eating out, I enjoy trying unfamiliar French dishes" oder "I attend French rather than American films"); Einstellungen zum Französischlernen, zum Französischen, zu Frankreich und zu Sprachlaborsitzungen; instrumentelle und integrative Orientierung; Anomie; 11 Items aus der Faschismus-Skala ("California F-Scale") und 14 Fragen aus der Ethnozentrismus-Skala.

Während Savignon vor allem die kommunikative Kompetenz ihrer Probanden im Auge hat, sollen hier nur die für die affektiven Variablen interessanten Ergebnisse skizziert werden.

Die integrative Orientierung der Studenten, die von Anfang an zur Kommunikation angehalten werden, läßt zwischen erster und zweiter

Befragung stark nach, um dann bis zur dritten Befragung wieder langsam anzusteigen.

Die Erkenntnis, sich wie ein Franzose mitteilen zu wollen, es jedoch noch nicht zu können, verunsichert das eigene Gütemaß. Ein Gütemaßstab wird im allgemeinen mehr oder weniger bewußt angelegt. Er kann sach-, personen- und sozialbezogen sein, sich ähnlich wie Einstellungen momentan oder überdauernd auswirken und für das Erleben von Erfolg oder Mißerfolg nachhaltiger als die objektive Güte der Leistungen sein.[26] Auch die Burstall-Studie zeigt ja die negativen Folgen solcher Erfahrungen.

In der Gruppe, die sich über die Franzosen in der Muttersprache informieren kann, steigt die integrative Orientierung leicht, aber stetig an, während sie in der Kontrollgruppe relativ konstant bleibt. Man muß sich allerdings vergegenwärtigen, daß alle drei Gruppen schon zu Beginn des Kurses deutlich in den Mittelwerten dieses Merkmals voneinander abweichen, so daß ihr Vergleich nicht unproblematisch ist.

Außerdem nimmt bei allen dreien im Verlauf des Experiments der Ethnozentrismus ab.

Innerhalb der Gruppen bestehen keine signifikanten Korrelationen zwischen integrativer Orientierung, Faschismus, Ethnozentrismus, Anomie, sprachlicher Orientierung, Wertschätzung der fremden Kultur und fremden Sprache, Frankophilität auf der einen und sprachlichen Leistungen auf der anderen Seite.

Dagegen tritt bei der zweiten und dritten Befragung ein signifikanter Zusammenhang zwischen Leistungen in der Fremdsprache und motivationeller Intensität ("Desire to learn French") auf. Unter Hinweis auf methodische Fehler Gardners und Lamberts zieht Savignon die Schlußfolgerung:

> The findings of the present study suggest that it is achievement which influences attitude toward French study rather than vice versa.[27]

Diese These entbehrt einer ausreichenden Fundierung, betrachtet man die Experimentieranordnung einmal näher.

Es geht der Versuchsleiterin um die Erprobung der Effizienz von Lehrmethoden, und sie wählt deswegen Gruppen aus, die sich in möglichst allen relevanten Merkmalen - den Unterricht ausgenommen - nicht unterscheiden, um so abweichenden Lernerfolg als dessen Wirkung erklären zu können. Unterschiedliche Einstellungen zwischen den Gruppen im Sinne der kanadischen Wissenschaftler dürften aus versuchstechnischen Gründen bei ihr keine Rolle spielen.

Tatsächlich aber ist gerade die kommunikativ unterrichtete Experimentalgruppe den anderen Gruppen in integrativer Orientierung und Wertschätzung der Fremdsprache zu Beginn des Sprachprogramms signifikant überlegen,[28] und ausgerechnet sie schneidet während des gesamten Verlaufs in allen kommunikativen Fertigkeiten ebenso wie in der Lehrereinschätzung des Hörverstehens am besten ab. Zwar macht Savignon dafür die Unterrichtsmethode, eine Stunde pro Woche, verantwortlich, aber dennoch drängt sich die Frage auf, inwieweit dies nicht auf das Konto der von Anfang an wesentlich stärker ausgeprägten integrativen Orientierung zu buchen wäre.

Wenn sie auch nachweist, daß sich Ethnozentrismus, integrative Orientierung und der Wille, Französisch zu lernen, verändern, so lehnt sie den motivationellen Ansatz im Grunde ebenso ungeschützt ab, wie Gardner und Lambert sich auf ihn versteifen, da sie es versäumt, über partielle Korrelationsrechnungen die Auswirkungen der integrativen Orientierung auf die kommunikativen Fertigkeiten zu bestimmen.

Immerhin erweitert die geschilderte Untersuchung das empirische Forschungsfeld um wichtige unterrichtsspezifische Faktoren.

In der Gruppe, die sich in ihrer Muttersprache mit dem Land der Zielsprache beschäftigt, gibt es z.B. Teilnehmer, die dafür plädieren, Wissen über die andere Sprachgemeinschaft mit der Sprachvermittlung selbst zu verbinden. In der Sprachlaborgruppe kritisiert man, die hier angebotenen Übungen dienten lediglich der linguistischen Kompetenz. Beide Argumente teilen die Vorstellung, Sprache und Inhalt existierten nicht losgelöst voneinander, eine in empirischen Untersuchungen viel zu wenig berücksichtigte Erkenntnis, die deshalb auch als Erklärungsmöglichkeit für überraschend auftretende statistische Zusammenhänge gar nicht in Betracht gezogen wird.

So kommen Oller und Mitarbeiter überhaupt nicht auf die Idee, die von ihnen festgestellte signifikante negative Korrelation zwischen hoher Sprachbeherrschung und dem Wunsch der chinesischen Studenten, in Amerika zu bleiben, als Indiz für mögliche Gefahren eines reinen Sprachkurses, der keine Gelegenheit für eine bewußte und kritische Auseinandersetzung mit der Zielkultur gibt, zu deuten. Macht nämlich der Lernende während seines Aufenthaltes schlechte Erfahrungen, so braucht man sich nicht wundern, daß er das fremde Land verlassen will, sobald der Sprachunterricht abgeschlossen ist.

Bleibt eine solche Auslegung noch im Bereich der Spekulation, so gibt es doch in anderen Untersuchungen - wie schon in der von Savignon - handfeste Hinweise auf die Einstellungsrelevanz des Verhältnisses von Sprache und Inhalt.

Als Beispiel diene die von Düwell an 2174 Französisch lernenden Schülern durchgeführte Erhebung im nord-, mittel- und südhessischen Raum, die 18 integrierte Gesamtschulen (nur 8. Jahrgang) und 16 Gymnasien (Klassen 8 bis 10) umfaßt.[29] Er versucht, nicht nur Interesse am Französischunterricht und an einem Frankreichaufenthalt, sondern auch integrative und instrumentelle Orientierung, Einstellungen zum Schwierigkeitsgrad des Erwerbs der französischen Sprache, der englischen Sprache und zum Französischunterricht, die Selbsteinschätzung der interlingualen Interferenz beim Gebrauch des Französischen bzw. des Englischen, außerschulische Anregungen für beide Sprachen, Präferenzen für Aufenthalte in den Zielsprachenländern zu erfahren und berücksichtigt Durchschnittsnoten, Geschlecht, Alter und Schichtzugehörigkeit der Schüler.

Während sowohl für die Gruppen der Achtkläßler an Gesamtschulen und Gymnasien als auch für die der Zehntkläßler an Gymnasien "Nützlichkeitserwägungen" für das Französischlernen an erster Stelle stehen, ist die integrative Orientierung in keiner von den dreien positiv ausgeprägt, ja es zeichnen sich sogar leicht ablehnende Haltungen ab.[30] Als Ursache hierfür nicht nur an Mißerfolgserlebnisse zu denken, sondern auch Unterrichtsmethode und Unterrichtsinhalte in Verdacht zu nehmen, scheint angesichts von Schülerantworten wie "Es wird stur nach dem Buch gearbeitet" oder "... immer wieder dasselbe: Stück wird durchgenommen, abschreiben, Vokabeln abfragen usw.",[31] nicht ganz abwegig zu sein und erinnert an kritische Stimmen in der Bustall-Untersuchung, die die Inhalte des Französischunterrichts als "babyish in content" bezeichnen.[32] Sie wünschen sich mehr Information über Frankreich und die Franzosen, deren Geschichte, Geographie und tatsächliche Lebensgewohnheiten. Ganz im Einklang damit halten Schüler in Düwells Studie nicht viel von inhaltslosen Geschichten, dafür um so mehr von Realitätsbezug und Vielseitigkeit landeskundlicher Information in ihren Lehrbüchern. Von den Zehntkläßlern schlagen einige interessanterweise vor, "Arbeitsmappen" oder "Monatsheftchen ... mit aktuellen Themen" einzuführen.[33] Diese Antworten stammen von Lernenden, die seit der 5. Klasse Englisch und seit der 7. Klasse Französisch haben, also bereits in der Lage sind, sich in der ersten Fremdsprache einigermaßen auszudrücken, in der zweiten jedoch schnell an die Grenzen ihrer Leistungsfähigkeit und damit der eigenen Gütekriterien stoßen. Düwell bezeichnet dies als motivationale Interferenz.[34]

Ein integratives Konzept und Fallstricke der Empirie

Angesichts der bisher exemplarisch vorgestellten Untersuchungen zum Zusammenhang zwischen affektiven Variablen und Fremdsprachenlernen fällt auf, daß die Datengewinnung die Theoriebildung inzwischen überholt hat:

Die kanadische Forschergruppe kann ihre eigenen Befunde zum Teil nicht mehr erklären und beschwört stattdessen die Priorität ihres Konzepts;[35] Savignon vernachlässigt aufgrund theoretischer Voreingenommenheit interessante Aspekte ihrer Untersuchungsergebnisse.

Sinnvoll betriebene Forschung muß heute die beiden Ansätze integrieren. Für den Anfangserfolg ist gewiß nicht belanglos, mit welchen Einstellungen die Schüler in den Fremdsprachenunterricht kommen, doch neben diesen werden andere Faktoren innerhalb der Organisationseinheit Schule wirksam, treten in Beziehung zu ihnen und verändern oder verstärken sie. Einen wesentlichen, allerdings nur bedingt geltenden Faktor, stellt der Erfolg dar. Darf man vermuten, daß er zu Beginn des Fremdsprachenlernens eher von den eingebrachten Schülereinstellungen abhängt, so werden diese später jedoch mehr von schulischen und unterrichtsspezifischen Faktoren - darunter auch Erfolg oder Mißerfolg - bestimmt sein.

Angesichts dieser theoretischen Voraussetzungen sollte sich die Einstellungsforschung innerhalb der Sprachlehr- und Sprachlernforschung nicht länger davor verschließen,

(1) weit komplexere Zusammenhänge zu berücksichtigen als bisher,
(2) den fließenden Übergang zwischen individuellen und sozial vermittelten Einstellungen innerhalb der Batterie von Tests stärker zu artikulieren,
(3) den eigenen Daten - ebenso wie der eigenen Theorie - gegenüber mißtrauischer zu sein, indem sie zusätzliche Sicherheitsmaßnahmen einbaut.

Zu (1):
In Ermangelung zeit- und kostenaufwendiger Longitudinalstudien können statistische Verfahren, die komplexe Zusammenhänge verdeutlichen, weit eher simplifizierende Hypothesen in ihrem Ausschließlichkeitsanspruch abweisen als einfache Korrelationsrechnungen; denn sie vermögen den Sprachlernprozeß als ein multifaktorielles Gefüge und damit wirklichkeitsnäher zu betrachten als die herkömmliche, möglichst wenige Faktoren isolierende und diese dann in der Interpretation leicht überbewertende testtechnische Verfahrensweise.[36]

Der Stellenwert gerade auch außerschulischer Interessen für vielschichtige innerhalb der Schule ablaufende Lernprozesse zeigt sich in einer Untersuchung zum Englischunterricht mit 750 Hauptschülern in Nordrhein-Westfalen.[37] Diejenigen der Befragten, die viel über kulturelle Phänomene, soziale Einrichtungen, Einstellungen und Wertsysteme, alltägliche Verhaltensmuster und Gewohnheiten, Geschichte, Geographie, gesellschaftliche Strukturen und Elementarbereiche des Alltagslebens der Engländer wissen und auch aufgeschlossen für die gesellschaftskundlichen Fächer und für die Medien wie Zeitung, Radio und Fernsehen sind, äußern sich sehr tolerant, gering ethnozentrisch und dulden Engländer ebenso wie Italiener, Türken und Spanier in ihrem unmittelbaren Lebensbereich.

Zu (2):
Als Beispiel hierfür diene die von Bogardus entwickelte Skala der sozialen Distanz.[38] Sie beschreibt den Grad des sympathetischen Verständnisses zwischen ethnischen Gruppen. Dabei spielt die Annahme eine Rolle, der Wunsch nach unterschiedlich großer Distanz zu anderen Menschen gehe mit der Bereitschaft einher, diese in bestimmten mehr oder weniger intimen Lebensbereichen zu dulden oder davon auszuschließen.

Die mit diesem Testinstrument für bestimmte ethnische Gruppen gewonnenen Werte lassen sich in Form eines Präferenzindexes in Beziehung zueinander setzen.[39] Dabei treten affektiv bedenkliche Begleiterscheinungen zutage:

Schüler, die nicht besonders gut in Englisch stehen, finden den Fremdsprachenunterricht auch nicht besonders nützlich, wollen keinen engen sozialen Kontakt mit den Engländern und halten von ihnen sogar weniger als von den anderen, oben bereits genannten ethnischen Gruppen. Auffälligerweise ziehen im Englischen sehr erfolgreich Lernende die Engländer allen anderen zum Vergleich herangezogenen Völker vor, hegen also nicht die gleichen Gefühle für sie und zeigen damit, daß sie doch nicht das erwünschte Maß an Unvoreingenommenheit besitzen, sondern Vorstellungen ihres sozialen Umfeldes - sei es von Eltern, Freunden, Geschwistern, Lehrern - einfach übernehmen.

Zu (3):
Solche Abhängigkeit von der Meinung anderer betrifft nicht nur den Fremdsprachenlerner, sondern läßt sich in allen möglichen Situationen beobachten, also beispielsweise auch bei demjenigen, der einen Fragebogen beantworten muß.

Richtet er sich in seinen Stellungnahmen zu den einzelnen Items danach, ob sie innerhalb seiner sozialen Umgebung oder in der Testsituation selbst auch wünschenswert sind, so spricht man von "s o c i a l d e s i r a b i l i t y".

Bereits 1961 erörtert Taylor die Anfälligkeit von Fragen zu Autoritarismus, Anomie, Ethnozentrismus und anderen Merkmalen für diesen Störkomplex.[40]

Viele der Items verlangen von dem Befragten, sich in sozial nicht gerade wünschenswerten Begriffen zu beschreiben. Nur so läßt sich erklären, warum er ungeachtet des eigentlichen Inhalts und dessen, was sie tatsächlich meinen, konsistent auf Ähnlichkeiten oder Gemeinsamkeiten antworten und damit einer bestimmten Antworttendenz erliegen kann.

Es handelt sich also hierbei um einen durchaus bekannten Problemkreis, den die Einstellungsforschung durch eine Reihe von Strategien in den Griff zu bekommen versucht.

So sollen der Reduzierung solcher Störungen verdeckte (von Probanden in ihrem Sinn nicht erkennbare) oder durcheinandergewürfelte Items verschiedener Tests innerhalb des Gesamtfragebogens dienen. Auch versucht man in dieser Absicht, Einstellungen auf indirektem Wege, also über Satzergänzungen, Vollendung von Geschichten zu messen,[41] oder Verhalten durch Drogen herbeizuführen.

Zur Kontrollierung eignen sich neben klinischen Meßverfahren, wie der "galvanic skin response" (Bestimmung affektiver Vorgänge mit Hilfe eines Galvanometers),[42] experimentelle Versuchsanordnungen (z.B. das "Bogus-Pipeline-Paradigma"),[43] Lügenitems (diese werden vom Versuchsleiter in den Fragebogen eingebaut),[44] Skalen zur Messung von "social desirability",[45] und Tests zur Bestimmung von I n d e p e n d e n z und I c h s t ä r k e.[46]

Die beiden zuletzt genannten Merkmale basieren auf dem in der Sozialpsychologie theoretisch und empirisch gesicherten Konzept der Konformität bzw. Nonkonformität, mit anderen Worten auf der Vorstellung, das Individuum hänge von Normen, Gruppenzugehörigkeit und damit verbundenem Druck ab und werde dadurch in seinen Einstellungen und seinem Verhalten geprägt.

Für eine Übereinstimmung von Normvorstellungen und individuellem Verhalten lassen sich drei Variablen verantwortlich machen:[47] die Art der Verhaltenssituation (soll der Befragte sein eigenes Fühlen, Wollen oder seine eigenen Stimmungen wiedergeben, besteht eine geringere Normkonsonanz als wenn es um gesellschaftsrelevante Verhaltensfragen geht), die Art der Bezugsgruppe (der Grad des Zugehörigkeitsgefühls, das eine Person für eine bestimmte Gruppe hegt) und vor allem die Persönlichkeit der Testperson (der einzelne sieht sich selbst, das eigene Ich, als Bezugssystem für Objektbeurteilungen).

Während der Ichstärke-Test Konzepte wie Spontaneität, Fähigkeit zu emotionalen Erfahrungen im Gegensatz zu Hemmungen, dogmatische Einstellungen, konventionelles Verhaftetsein, persönliche Zulänglichkeit erfaßt, geht es in dem Independenz-Fragebogen darum, ob sich die Probanden in ihren Überzeugungen von gängigen, in ihrer Gruppe vorherrschenden Meinungen leiten lassen.

Ichstärke als Indikator für soziale Erwünschtheit "funktioniert" in der Untersuchung von Hermann jedoch nicht.[48] Dagegen zielt der Unabhängigkeits-Test in die beabsichtigte Richtung:

Es gibt da eine Gruppe von Schülern, die zwar überdurchschnittlich gut in Englisch, ausgesprochen instrumentell orientiert und sehr intim zu den Engländern eingestellt ist, diese aber auf dem Präferenzindex den anderen ethnischen Gemeinschaften vorzieht, sich hoch ethnozentrisch, wenig tolerant und gering independent äußert. Sie scheint damit nicht den Grad an Unabhängigkeit erreicht zu haben, der für allgemein tolerante Einstellungen notwendig wäre und sieht den Fremdsprachenunterricht ausschließlich unter dem Nützlichkeitsaspekt. Hervorzuheben wäre auch, daß Unabhängigkeit vom Gruppendruck in dem Maße ansteigt, in dem die Kenntnisse über das Volk der Zielsprache zunehmen.

Nachgiebigkeit gegenüber Gruppendruck, gekoppelt mit recht intoleranten Haltungen, kommt dagegen vor allem bei den Schülern vor, die aufgrund sprachlicher Schwierigkeiten schwach in Englisch stehen: hier zeigen sich wieder einmal mehr die negativen Konsequenzen von Leistungsversagen für affektive Variablen.

Die zuvor geschilderten Untersuchungen schenken der Kontrolle dieses Störkomplexes keine besondere Beachtung. Deshalb werden auch Gardners und Lamberts Ergebnisse inzwischen heftig kritisiert und die von ihnen erhobenen Zusammenhänge zwischen affektiven Variablen und Fremdsprachenlernen damit erklärt, daß Einstellungstests vor allem verbale Intelligenz und Sprachbeherrschung mäßen, da der Befragte sich bemühe, konsistent zu antworten und dabei sein ganzes Augenmerk darauf richte, inwieweit seine Antworten erwünscht und ihm und seiner Persönlichkeit zuträglich seien.[49]

Auch wenn eine Beziehung zwischen Intelligenz, Sprachbeherrschung und affektiven Variablen nicht von der Hand zu weisen ist, so wird die Deutung, die man hier vornimmt, deren Vielschichtigkeit nicht gerecht; denn auch bei "social desirability" handelt es sich um ein Merkmal innerhalb der dynamischen, affektiven Gesamtstruktur der Persönlichkeit. Verbale Intelligenz und Sprachbeherrschung lassen sich nur über schon gelernte Sprache ermitteln, existieren also nicht losgelöst von den motivierenden Faktoren des Sprachenlernens.

Wird jedoch eine solche Dialektik des Zusammenhanges zwischen affektiven Variablen und Fremdsprachenlernen übergangen, so kann das eher eine Rückwärts- als eine Vorwärtsentwicklung der Forschungsstrategien und -konzepte auslösen. Dies wäre umso bedauerlicher, als Empirie und Theoriebildung bereits über einige fruchtbare Ansätze verfügen, die es endlich integrativ und nicht in Abgrenzung von oder gar Gegensatz zueinander weiterzuverfolgen gilt.

4. DIE VORAUSSETZUNGEN VON MOTIVATION UND EINSTELLUNG IM FREMDSPRACHENUNTERRICHT

4.1. Der Lerngegenstand

Die Frage nach dem L e r n g e g e n s t a n d des Fremdsprachenunterrichts ist, so möchte man meinen, ganz einfach zu beantworten. Lerngegenstand ist eben die Fremdsprache Englisch, Französisch, etc. Diese Sprache kann man in Aufbau und Funktionsweise beschreiben und auf dieser Basis dem Lernenden auf geeignete Weise vermitteln. Das Lernziel ist dabei - zumindest gegenwärtig - als Verhaltensanforderung definiert: Der Lernende soll die Fähigkeit, sich mit Hilfe der Fremdsprache zu verständigen, in sein Verhaltensrepertoire aufnehmen.

Bei dieser Betrachtungsweise wird deutlich, daß L e r n g e g e n s t a n d durchaus nicht so einfach definiert werden kann: Wir haben da einmal "die Fremdsprache", wie sie außerhalb des Unterrichts existiert und von Menschen als Muttersprache gesprochen wird; wir haben weiterhin das, was im Unterricht als Fremdsprache vermittelt wird und das keinesfalls mit "der Fremdsprache" einfach identisch ist; wir haben schließlich die Verhaltensänderung bzw. -erweiterung, die in dem Lernziel "Verständigungsfähigkeit" gegeben ist.

Noch komplizierter wird es, wenn wir uns diese Bereiche etwas näher ansehen. Die Beschäftigung mit jeder beliebigen lebenden Fremdsprache zeigt, daß es "die Fremdsprache" nicht gibt. Jede Sprache existiert in einer mehr oder weniger großen Vielzahl von Varianten, die sich in vielen Aspekten deutlich voneinander unterscheiden. Das wird besonders bei der englischen Sprache deutlich, deren Variantenzahl als Mutter- und Fremdsprache fast unüberschaubar ist.

Bleiben wir beim Beispiel des Englischen, mit dem der Leser wohl durchweg die meisten Erfahrungen haben dürfte. Unsere Bildungsinstitutionen reduzieren die eben beschriebene Vielfalt, indem sie (mit guten Gründen) eine Variante "die englische Sprache" nennen und damit zur Norm erheben. Nun beziehen Lernende ihre Informationen ja nicht nur im Unterricht. Massenmedien, persönliche Kontakte und Auslandsaufenthalte konfrontieren den Lernenden mit anderen Varianten des Englischen; und diese Konfrontation ist oft so nachdrücklich, daß er eine von ihnen als für sich maßgeblich akzeptiert. Die Folge sind Normkonflikte zwischen dem Lernenden und der Institution: Man denke z.B. an die erst in letzter Zeit nachlassende Sanktionierung des amerikanischen Englisch, an Schülerforderungen nach "richtigem Englisch" und an den Hinweis fortgeschrittener Lernender, Fehler könne es ja eigentlich nicht geben, da das gemessen an e i n e r Variante Falsche in einer a n d e r e n durchaus das Richtige sein könne. Die Entscheidung für eine bestimmte Variante des Englischen als der dem Unterricht zugrundeliegenden Norm stellt angesichts der möglichen Vielfalt also eine erhebliche Einengung dar, die nicht ohne Konfliktpotential ist. Wir werden hierauf und auf weitere Einengungen noch zurückkommen.

Zum Lerngegenstand gehören aber nicht nur die strukturellen Erscheinungsformen der fremden Sprache, sondern gehört in besonderem Maße auch "die Kultur" ihrer Sprecher, da sie auf mannigfache Weise mit der Sprache verbunden ist. Ohne eine gewisse Kenntnis ihrer Eigenheiten ist Verständigung in vielen Fällen unmöglich. Mit K u l t u r meinen wir hier nicht nur Phänomene wie z.B. das englische Frühstück, den Linksverkehr oder die Besonderheiten der englischen Verfassung, sondern insbesondere auch diejenigen Regeln, die für den sprachlichen Umgang der Menschen untereinander Gültigkeit haben, die also besagen, w a s jemand w e m in w e l c h e r S i t u a t i o n w i e sagen darf oder soll. Wie wichtig diese Regeln sind, erfährt man besonders dann, wenn man sie verletzt und eine Übereinkunft nicht etwa deshalb nicht zustandekommt, weil unser Gesprächspartner unsere Mitteilung nicht versteht oder inhaltlich ablehnt, sondern weil wir die "Form" nicht gewahrt haben.

Hier deutet sich ein weiterer Problembereich an, den wir mit "kulturelle Norm" umschreiben können. Das wird wiederum bei der englischen Sprache besonders deutlich: Da sie von einer Mehrzahl von Sprachgemeinschaften als Muttersprache gesprochen wird, und da darüber hinaus auch K u l t u r in dem zuletzt definierten Sinne innerhalb einer Sprachgemeinschaft nicht als homogenes Gebilde, sondern als sozial und regional bedingte Vielfalt anzunehmen ist, da außerdem Englisch (und in geringerem Umfang auch andere Sprachen) auch noch internationales Verständigungsmittel, l i n g u a f r a n c a ist, müssen unsere Bildungsinstitutionen einengende Normentscheidungen treffen. Auch diese Einengungen bieten Konfliktpotential, denn auch hier kann der Lernende durch außerunterrichtliche Erfahrungen zu anderen Normauffassungen kommen, als sie der Unterricht vertritt.

Sicherlich sind Einengungen der bisher beschriebenen Art auch beim natürlichen Fremdsprachenerwerb in einem Zielsprachenland zu beobachten. Niemand erlernt alle Varianten einer Sprache. Der Unterschied hier ist - und es ist ein sehr gravierender Unterschied -, daß die Einengungen im Fremdsprachenunterricht von einer für die Lernenden anonymen und höchstens von Schule, Lehrer und Lehrmaterial repräsentierten Instanz mit Anspruch auf allgemeine Gültigkeit entschieden werden, und daß diese Entscheidung nicht an einer objektiv ihn umgebenden Wirklichkeit überprüft werden kann. Die Tatsache, daß die Fremdsprache unter unterrichtlichen Bedingungen vermittelt wird, bringt aber noch weitere Einengungen mit sich:

Zu nennen wäre hier als Ursache einmal die zeitliche Beschränkung. Betrachtet man den Muttersprachenerwerb oder auch den natürlichen Fremdsprachenerwerb, so zeigt sich, daß der Lernende zumeist viele Stunden des Tages von der zu lernenden Sprache umgeben ist. Der Unterricht dagegen kann ihn nur wenige Stunden in der Woche mit der Fremdsprache konfrontieren, muß daher zwangsläufig den Umfang des Lerngegenstandes noch weiter reduzieren.

Zu nennen ist im Zusammenhang damit die von der jeweiligen Vermittlungsmethode gegebene Beschränkung. Keine bis heute praktizierte Methode betont alle Bereiche einer Fremdsprache in gleichem Maße. Je nach Überzeugung, wie die Sprache am besten zu erlernen sei und für welchen Zweck sie erlernt werden soll, werden Prioritäten gesetzt und andere Bereiche mehr oder weniger vernachlässigt: So vertrat z.B. die sog. Grammatik - Übersetzungsmethode die überragende Bedeutung der Sprachanalyse, was sich im Auswendiglernen grammatischer Regeln und ausgedehnten Übersetzungen niederschlug; sie vernachlässigte dagegen fast völlig das Training der doch genuin sprachlichen Fähigkeit, in entsprechenden Situationen sich angemessen verständigen zu können.

Zu nennen ist schließlich eine Beschränkung, die wiederum im Vergleich zum Muttersprachen- oder natürlichen Fremdsprachenerwerb sichtbar wird. In beiden Fällen hat der Lernende eine Mehrzahl von "Lehrern", die ihm die unterschiedlichsten sprachlichen Modelle liefern. Im Unterricht dagegen steht e i n Lehrer v i e l e n Schülern gegenüber, was nicht nur die Zahl, sondern auch die Vielfalt der den Lernenden präsentierten fremdsprachlichen Modelle reduziert, zumal wenn dieser Lehrer selbst die Sprache nur als Fremdsprache beherrscht. Nicht umsonst kritisieren manche Schüler z.B. das "Lehrerenglisch", dem sie nur wenig Ähnlichkeit mit "richtigem" Englisch zuerkennen (womit sie leider gar zu häufig nicht ganz unrecht haben)

Nehmen wir alle bisherigen Punkte zusammen, wobei wir keineswegs Vollständigkeit plädieren, dann zeigt sich schon hier, daß der Lerngegenstand "Fremdsprache" für die Lernenden im Unterricht mit einiger Sicherheit deutlich anders aussehen wird als das, was man etwa im Zielsprachenland darunter zu verstehen hätte. Eine weitere Diskrepanz können wir zwischen den Auffassungen von Lehrer und Lerner annehmen.

Damit wird auch deutlich, in welch schwierige Gefilde wir uns begeben, wenn wir nach den Einstellungen von Lernenden gegenüber einer Fremdsprache fragen. Der Einstellungsgegenstand ist durchaus nicht eindeutig zu definieren, da er von so vielen potentiell unterschiedlichen Faktoren determiniert ist.

Nehmen wir zunächst die bisherigen Ausführungen als Hintergrund für eine Lernzieldefinition des Fremdsprachenunterrichts, wie sie gegenwärtig für die allgemeinbildenden Schulen wohl allgemein akzeptiert ist. Das Hauptlernziel des Fremdsprachenunterrichts definierten wir an anderer Stelle folgendermaßen:

"Der Schüler soll durch Fremdsprachenunterricht befähigt werden, sich in Zielsprachensituationen unter Berücksichtigung kultureller und situativer Gegebenheiten sprachlich und außersprachlich angemessen zu verhalten." (Solmecke, 1978, S. 125/26).

Grafisch können wir uns das Lernziel stark vereinfacht so verdeutlichen:

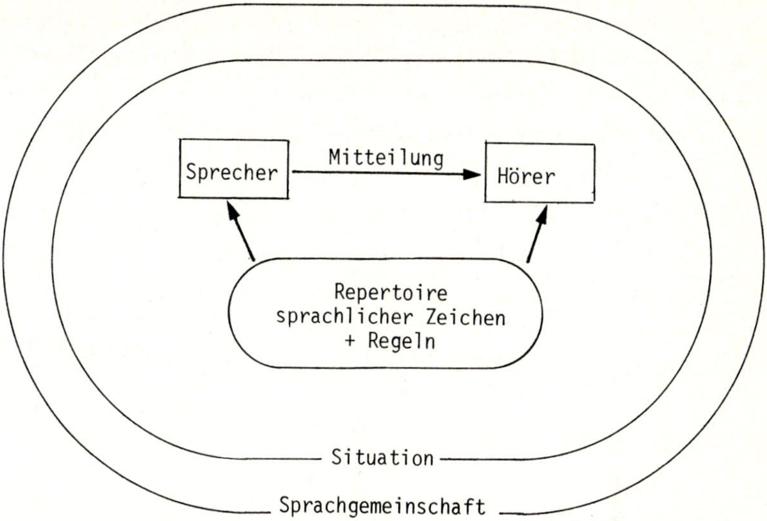

Das Erlernen und der Gebrauch einer fremden Sprache stellen also nicht nur die Aneignung und Verwendung ihrer Laute, Wörter, grammatischen Regeln dar, sondern den Erwerb und die Ausübung der Fähigkeit, sie als Verständigungsmittel zu benutzen, und das sowohl hörend und verstehend als auch sprechend. Diese Lernzieldefinition beinhaltet auch, daß Sprecher und Hörer und der Vorgang der sprachlichen Verständigung niemals isoliert im Raum stehen, sondern daß eine Vielzahl von Abhängigkeiten zu beachten ist, die den Kommunikationsvorgang zu einem außerordentlich komplexen Gebilde werden lassen.

Machen wir uns im einzelnen klar, was vom Schüler im Rahmen dieses Lernzieles und der darauf hinführenden Lernschritte verlangt wird (vgl. hierzu Solmecke, 1978, S. 126 ff.):

1. Der Schüler soll in der Lage sein, sich außersprachlich situationsadäquat zu verhalten und das Verhalten seines Gegenübers angemessen interpretieren zu können.

2. Der Schüler soll in der Lage sein, Entscheidungen über das in der jeweiligen Situation angemessene sprachliche Verhalten zu fällen und diese Entscheidungen in Redeabsichten umzusetzen.

3. Der Schüler soll in der Lage sein, seinen Redeintentionen und den situativen Gegebenheiten gemäß die entsprechenden Wortbedeutungen auszuwählen und in Satzzusammenhänge zu bringen.

4. Der Schüler soll den Bedeutungen die jeweiligen fremdsprachigen Lautgestalten zuordnen und diese aussprechen bzw. umgekehrt gehörten Lautgestalten die angemessenen Bedeutungen zuordnen.

5. Der Schüler soll die vorstehenden Leistungen in angemessener Schnelligkeit erbringen.

Schon diese grobe Auffächerung der vom Schüler verlangten Leistungen vermittelt eine Vorstellung von den Schwierigkeiten, denen sich der Lernende gegenübersieht, zumal wenn man die früheren Ausführungen über den Lerngegenstand bedenkt. Das Problem kompliziert sich noch ganz erheblich, wenn wir weiterhin berücksichtigen, daß Aneignung und Ausübung der entsprechenden Fähigkeiten auf dem Hintergrunde der Muttersprache vor sich gehen und zumindest der Aneignungsprozeß in einer muttersprachlich geprägten Umgebung stattfindet.

Denn die häufig betonte Feststellung, der Lernende stehe zu Beginn des Fremdsprachenunterrichts sprachlich an einem N u l l p u n k t, stimmt doch nur mit erheblichen Einschränkungen. Die Qualität der Funktionsweise menschlichen Verhaltens wäre nicht denkbar ohne unsere Fähigkeit, uns vergangene Erfahrungen in gegenwärtigen Situationen nutzbar zu machen. Das gilt für sprachliches Verhalten ebenso wie für außersprachliches, und es gilt auch für das Verhältnis zwischen der (bereits vorhandenen) Muttersprache und der (noch zu erlernenden) Fremdsprache. Wann immer wir mit einer neuen Situation konfrontiert werden, versuchen wir sie mit den uns geläufigen Mitteln zu bewältigen. Daß uns das zumeist auch gelingt, hängt mit der Begrenztheit der uns begegnenden Lebenssituationen zusammen, zumindest was deren Grundstrukturen angeht. Genau diese Fähigkeit aber bringt uns dann oft in Schwierigkeiten, wenn wir mit einer gänzlich neuen Situation konfrontiert werden. Da wir auch hier zunächst auf uns geläufige Verhaltensweisen zurückzugreifen versuchen, benehmen wir uns nicht selten ganz unbeabsichtigt "daneben". Beispiele hierfür wird auch im Bereich der Muttersprache jeder am eigenen Leib erlebt haben: Man kommt in eine ungewohnte Umgebung, spricht mit Leuten, mit denen man sonst keinen Umgang pflegt, versucht, über ein Thema zu diskutieren, das einem sonst eher fernliegt, und es wird schnell deutlich, daß die geläufigen Möglichkeiten sprachlicher Situationsbewältigung hier nicht ausreichen.

Das gilt für den Bereich der Fremdsprache noch mehr, und nicht erst dann, wenn man mit unbekannten Menschen über ungeläufige Themen spricht. Die Probleme beginnen schon bei den sprachlichen Lauten, bei denen uns unsere muttersprachlichen Gewohnheiten oft auf falsche Wege führen. Das setzt sich fort bei den Wörtern, ihren Bedeutungen und lautlichen oder grafischen Umsetzungen. Es gilt weiterhin für die Regeln, die die Bildung korrekter Sätze ermöglichen. Es gilt schließlich für die Entscheidungen darüber, was in welcher Situation zu wem wie gesagt werden kann und welches außersprachliche Verhalten angemessen ist.

Die Schwierigkeiten erhöhen sich nochmals dadurch, daß die Muttersprache gleichsam ein Teil unserer Persönlichkeit ist und daß sie uns von frühester Jugend an umgeben hat. Die Entwicklung unserer Muttersprache lief mit unserer eigenen parallel; unseren zunehmend komplizierter werdenden sozialen und anderen Bedürfnissen stand ein ebenfalls zunehmend komplizierter und damit wirksamer werdendes Hilfsmittel zu ihrer Befriedigung gegenüber. Es ist kein Wunder, wenn uns unsere Muttersprache so nahe steht, daß wir nicht selten die mit ihr gegebenen Gesetzmäßigkeiten zur Wiederspiegelung von Wirklichkeit für die einzig möglichen halten.

Was hier gemeint ist, läßt sich ganz gut durch folgendes Zitat Chaos (zitiert nach Schwerdtfeger, 1976, S. 39) illustrieren:

"Monolingual persons take language so much for granted that they often forget its arbitrary nature and cannot distinguish words from things.
... Persons unused to foreign languages tend to find something perverse in the way foreigners talk. ... The story is told of an English woman who always wondered why the French call water de l'eau, the Italians call it del'acqua, and the Germans call it das Wasser. 'Only we English people', she said, 'call it properly "water". We not only c a l l it water, but it i s "water"'. This spirit of 'it i s water' shows how closely words and things are identified by the speakers, even though the relation is only arbitrary."

Ähnliche Beispiele ließen sich für die anderen Bereiche der Sprache auch finden, aber schon dieses eine kann verdeutlichen, daß wir hier die Ebene der eher technischen Schwierigkeiten bereits verlassen haben. Es verdeutlicht auch, daß eine Fremdsprache nicht i r g e n d e i n Lerngegenstand ist, sondern einer, der uns auf dem

Hintergrund unserer starken Bindung an die Muttersprache sicherlich m e h r als nur technische Lernschwierigkeiten verursacht.

Wenn wir uns in einer Situation befinden, zu deren Bewältigung die uns geläufigen Verhaltensweisen nicht ausreichen, dann haben wir grundsätzlich zwei Möglichkeiten: Entweder wir verändern unser Verhalten in einer Weise, daß es sich den Gegebenheiten der Situation anpaßt, oder wir lehnen die uns ungeläufigen Eigenschaften der Situation ab. Diese Ablehnung muß nicht immer bewußt und vorsätzlich sein, sie kann z.B. auch darin bestehen, daß man bei der Benutzung der Fremdsprache trotz aller Übung einen muttersprachlichen Akzent behält oder daß man den hörenden und sprechenden Gebrauch dieser Sprache überhaupt meidet, ohne sich über diese Tatsache Rechenschaft abzulegen.

Man kann also mit einigem Recht behaupten, daß die Aneignung des Lerngegenstandes Fremdsprache vom Lernenden die zumindest zeitweilige Aufgabe vertrauter Verhaltensmaßstäbe fordert und gleichzeitig die Anpassung an bzw. Identifikation mit neuen Verhaltensmaßstäben. Das gilt besonders für einen Unterricht, der ihn zur V e r s t ä n d i g u n g s f ä h i g k e i t in der Fremdsprache führen will, ihn also auffordert, schon in unterrichtlichen Übungen sich selbst mit Hilfe der Fremdsprache in eine entsprechende Kommunikationssituation einzubringen.

Gegenstand des Fremdsprachenunterrichts ist jedoch nicht nur "die Sprache", sondern sind auch die Inhalte, die in dieser Sprache behandelt werden. Das gilt angesichts der bereits angedeuteten engen Verbindung von Sprache und Kultur insbesondere für die landeskundlichen Inhalte, die in jedem Lehrwerk einen mehr oder weniger breiten Raum einnehmen. Der nachfolgende Beitrag von D. Buttjes befaßt sich kritisch mit den gegenwärtig vorherrschenden Inhalten in ihrer z.T. demotivierenden Funktion und plädiert für eine Verbesserung der Lage durch stärkere Berücksichtigung landeskundlicher Inhalte, denen er ein bedeutendes Motivationspotential zuspricht.

Dieter Buttjes

4.1.1. Bedeutung und Interesse. Zur Inhaltsorientierung durch Landeskunde

1. Inhaltsorientierung und kommunikativer Fremdsprachenunterricht

1.1. Kritik des FU

Aus der kritischen Distanz fachexterner Beobachter, die u.U. auch unter dem Eindruck eigener Schulerinnerungen stehen, erhält der FU oft schlechte Noten. Demnach führen die Einschränkungen durch die Fremdsprache zu "stupiden Übungstexten" und erlauben nur "infantile Äußerungen" (Maas 1976:289). Die "albernen herkömmlichen Texte" fremdsprachlicher Lehrwerke werden allerdings auch heute noch von Schülern beklagt ("kindische Texte"), wenn man aktuellen Presseberichten (Juni 1981) im Anschluß an eine Umfrage des rheinland-pfälzischen Kultusministeriums bei Eltern und Schülern folgt. Der gesteuerte Fremdsprachenerwerb erscheint als "mühevolle Unternehmung", in der sich der Lehrer weder auf soziale (d.h. instrumentelle) noch auf primäre Motivation verlassen kann (Lukowski in Solmecke 1976:23; Dietrich 1979a:547).

Diese Kritik des FU aus pädagogisch-psychologischer Sicht hebt einerseits auf zusätzliche (mediale?) Lernanreize und die gezielte Vermittlung von Erfolgserlebnissen ab, weil es Schülern schwerfällt, die "innere Bedeutsamkeit der Aufgabe" (Lukowski) zu erkennen. Andererseits wird von der "Originalbegegnung mit der Sache selbst... mit der fremdsprachlichen Wirklichkeit" durch Klassenkorrespondenz und Primärmedien erwartet, daß der FU dem "Aufbau positiver Einstellungen (dient), die das Bedürfnis entstehen lassen, mit der fremdsprachlichen Gemeinschaft in Kontakt zu treten" (Dietrich). Die Lernbereitschaft der Schüler soll demnach entweder innerunterrichtlich durch Stärkung des Leistungs- bzw. Nützlichkeitsmotivs (Erfolg) oder durch ein propädeutisches, letztlich außerschulisches integratives Motiv (Kontakt) erhöht werden. Beide Positionen führen das Dilemma des FU auf fachbedingte Motivationsdefizite zurück, deren Ausgleich sie nicht von den Lerninhalten selbst oder deren Veränderung erwarten.

Dagegen erscheint aus der kritischen linguistischen Sicht das Inhaltsdefizit als eigentliches Dilemma des FU. Diesem Dilemma soll nun mit der wenig überzeugenden Alternative abgeholfen werden, daß dem FU "in der Schulsituation" interessante Themen vorenthalten oder lediglich "komplementär zur Behandlung der gleichen Inhalte" in den eigensprachlich durchgeführten Unterrichtsfächern zugestanden werden (Maas 1976:289-290). Obwohl der Fremdsprachenerwerb prinzipiell als Zugangsmöglichkeit zu neuen Erfahrungen angesehen und den Inhalten dabei eine wichtige Aufgabe zugewiesen wird, wird dem FU mit dieser Alternative die Möglichkeit eigenständiger Beiträge zur Entwicklung der Schülerpersönlichkeit durch Aneignung fremder Erfahrungen abgesprochen. Indem sie dem FU die sprachliche Form als "letztlich zentrale Beschäftigung" zuweist, sitzt die radikale linguistische Kritik ihrerseits dem beklagten "weitgehend ungebrochen herrschende(n) instrumentelle(n) Verständnis des Spracherwerbs" auf (Maas 1976:290 und 288). Zu einem ähnlich "radikalen" Verzicht auf Inhalte kommen - angesichts der Sprachprobleme im FU - auch kritische Unterrichtspraktiker (Grubitzsch 1976:307; Kandzora 1980: 40).

1.2. Inhalte im kommunikativen Fremdsprachenunterricht

Obwohl auch die Verfechter des kommunikativen Ansatzes innerhalb der Fremdsprachendidaktik angetreten sind, um den formalistischen strukturell-situativ beschränkten Sprachbegriff zu erweitern, tragen auch ihre Grundannahmen tendenziell zur Indifferenz gegenüber Inhalten bei (Buttjes 1981:14). In einer (selbst-)kritischen Zwischenbilanz zur Weiterentwicklung der kommunikativen Didaktik wird dem FU deshalb neben sozial- und landeswissenschaftlichen Inhalten auch eine ästhetisch-literarische Aufgabe zugewiesen (Kilian/Wickert 1980:380). Diese Forderung, die hier noch unter Vorbehalt und als Frage angemeldet wird, ist an anderer Stelle bereits in Unterrichtsmodelle und Lehrplanbegründungen eingegangen (Freese 1981 und Buttjes 1981).

Aber auch schon die Theoretiker der kommunikativen Fremdsprachendidaktik haben aus der Tendenz zur Inhaltsneutralität Konsequenzen gezogen, die Anhaltspunkte für eine inhaltliche Füllung des Sprachlernens liefern. Englischlernen wird demnach auch als "Teilhabe an der soziokulturellen Realität Englisch" (Piepho) begriffen. Landeskundliche Lerninhalte sind damit ausdrücklich in den FU einbezogen:

Die Schüler müssen im Englischunterricht ständig Inhalte, Informationen und Bezüge zu einer Realität verstehen, die für den Sinn und die Funktion der Sprache konstitutiv sind, aber auch für Motivation und Zugang zu Fach, Sache und Sprache (Piepho 1978:292).

Einen anderen, nicht landeskundlich orientierten Weg der Inhaltsbestimmung schlägt Widdowson vor. Ähnlich wie bundesrepublikanische Schulen mit bilingualem Sachunterricht greift er auf Themen aus natur- und sozialwissenschaftlichen Fächern zurück, um die kommunikative Leistung der Fremdsprache - gerade unabhängig von kulturellen Differenzen - für Sprachlerner erfahrbar und sichtbar zu machen (Widdowson 1978:54, 158). Diese "Hilfskonstruktion"- Sprachlernen an gesellschaftlich invarianten Lerninhalten - führt zu fachsprachlichen Kursen, die z.B. sozialwissenschaftliche Themen gesellschaftsübergreifender Relevanz an authentischen Texten englischer Provenienz behandeln. Ziel solcher Kursmaterialien ist eine "bedeutungsvolle Kommunikation", in der sich Interesse am Inhalt entzündet und nicht durch sprachliche Barrieren verhindert wird (Allen/Widdowson 1978:xii). Eine ähnliche, auf Leseverstehen beschränkte Intention läßt sich auch mit landeskundlich aussagekräftigen, authentisch britischen Texten erreichen (Leslie 1971).

Daß eine Bedeutungsorientierung auf verschiedenen Ebenen das Sprachlernen erleichtert, wird zunehmend auch außerhalb der kommunikativen Fremdsprachendidaktik anerkannt. Schon eine "der Wirklichkeit entsprechende (Lern-)Situation als Erlebnisraum" kann zu "bedeutungsfunktionaler Lernmotivierung" führen (Schäfer in Solmecke 1976:174). Lernverfahren, die Informationslücken und gemeinsames Wissen in der Klasse schaffen und nutzen, können sich der communication of meanings annähern (Littlewood 1980:445). Schließlich gibt es empirisch gesicherte Anzeichen dafür, daß die Fremdsprachenleistung von Lernstrategien des functional practice profitiert, d.h. von der regelmäßigen inhaltsorientierten Rezeption authentischer fremdsprachiger Texte von Etiketten bis zu Filmen (Bialystok 1981:32-33). Die Inhaltsproblematik wird inzwischen auch von der einheimischen Fremdsprachendidaktik als

Forschungsaufgabe begriffen. Während noch vor wenigen Jahren Inhaltsfragen nicht zum Katalog der wissenschaftlichen Aufgaben gerechnet wurden, beziehen in einer neueren Zwischenbilanz der Sprachlehrforschung immerhin sieben von dreißig Beiträgen Inhaltsfragen und insbesondere die Landeskunde ausdrücklich ein (Bausch 1981).

1.3. Wissensmotiv und Neugier

Auch wenn die Rolle der Inhalte und der Verarbeitung von Informationen im FU für den Erwerb der Fremdsprache und der Einstellungen nicht als abschließend geklärt betrachtet werden kann (Hermann 1979 und in Buttjes 1981), und landeskundlichen Informationen gewiß auch keine "automatisch motivierende Funktion" zugesprochen werden kann (Solmecke 1979:332), können Inhaltsfragen auch aus lernerbezogenen Gründen nicht länger ausgeklammert werden.

Kinder strukturieren und erarbeiten sich auch diejenigen Teile ihrer Umwelt, die ihrer unmittelbaren Erfahrung nicht zugänglich sind.

> Dieser Vorgang ist so vorzustellen, daß das Individuum jeweils bei der Aneignung von Wissen zu einer adäquateren Umwelterkenntnis kommt und diese Umwelterkenntnis ... beinhaltet, daß das Individuum lernt, sich selbst ... zu definieren ... (und) seine Interessen daraus abzuleiten (Offe 1977:93).

Diese Neugier, die bei Kindern vorausgesetzt werden kann, bezieht sich auf neue und fremde Eindrücke und Erfahrungen, über die mehr Informationen gewünscht werden (Ball 1977:20). Das Lernen in der Schule kanalisiert und verengt dieses noch diffuse Interesse (vgl. Fächergrenzen) und richtet sich unter Abstraktion vom Gegenstand auf das Gelingen der Leistung (vgl. Noten) (Ball 1977:36; Offe 1977:124; Schmitz 1978:213). Insofern besteht im schulischen Fremdsprachenerwerb die doppelte Tendenz zur Inhaltsentleerung: durch formalistisches Sprachlernen und durch erfolgsbetonte Leistungsbewertung.

Dieser Gefahr kann durch "thematisch und landeskundlich interessante Unterrichtsgestaltung" begegnet werden, die Apelt unter den motivalen Faktoren des FU an erster Stelle anführt (Apelt 1981:96-102). In Abkehr von pragmatischen oder einseitig aktuell-kommunikativen Aspekten und anstelle der Aneignung isolierter Sprachfragmente fordert er landeskundlich-historische Themen als Kontexte für das Erfassen sprachlich-gesellschaftlicher Einheiten. Im wesentlichen führt er das Erkenntnis- oder Neugiermotiv als ein Hauptmotiv des FU auf den "rational und emotional bedingten Wissensdrang vor allem auf Grund der fremden, andersartigen landeskundlichen Thematik" zurück (Apelt 1981:81).

Bevor die lernerbezogenen Argumente für das Motivationspotential der Landeskunde fortgeführt werden, soll in einem Exkurs auf materialistisch-kulturhistorische Ansätze der Linguistik der Zusammenhang zwischen Sprach- und Bedeutungslernen erhellt werden.

1.4. Sprachlernen als Bedeutungslernen

Die kulturhistorische Konzeption der sowjetischen Psychologie und Psycholinguistik ist bisher nicht systematisch auf den Fremdsprachenunterricht angewandt worden (Geier 1980:342). Dieser Eindruck gilt auch für die Rezeption der sogenannten Linguolandeskunde in der DDR, deren kulturkontrastive Semantik offenbar bisher nicht in die kommunikative und landeskundliche Zielsetzung des FU integriert werden konnte (Uhlemann 1979:226). Wohl aber sind im Umkreis der "kritischen Psychologie" (Holzkamp) und der Marburger Linguistik (Keseling) Konsequenzen für den eigensprachlichen Unterricht gezogen worden, die wegen ihrer Betonung der Bedeutungsseite des Sprachlernens Anhaltspunkte für den inhaltsorientierten FU liefern können.

Für diese Überlegungen ist der Hinweis zentral, daß die Sprache nicht nur eine Mitteilungs- sondern auch - logisch sogar primär - eine Verallgemeinerungsfunktion hat, daß Sprache nicht nur Werkzeug, sondern auch Abbild ist (Keseling). Und Lernen wird allgemein als Aneignung gesellschaftlicher Realität verstanden, deren Erfahrungsinhalte stets sprachlich gefaßt und vermittelt werden müssen (Dierks/Zander 1975:117). Spracherwerb ist demnach eine "prinzipiell offene (unabschließbare) Aneignung der überindividuell gültigen und fixierten Interiorisationen des Allgemeinen der Sachverhalte" (Schmitz 1978:75).

Mit Beginn des Zweitspracherwerbs, der in ähnlicher Weise als offen vorgestellt werden muß, treten nun neben die bisher "naiven" Beziehungen zwischen sprachlichem Ausdruck und gesellschaftlichem Gegenstand neue Bedeutungssysteme. Diese neuen Beziehungen werden notwendigerweise zusammen mit der fremden Sprache "entliehen", auch wenn eigene Erfahrungen in der Fremdsprache dargestellt werden oder eigene und fremde Erfahrungen sich kaum voneinander unterscheiden (Buttjes 1981b). Kommunikative Kompetenz impliziert auch in der Fremdsprache die Fähigkeit, (eigene und fremde) Wirklichkeit analysieren und diese Ergebnisse in intersubjektiver (interkultureller) Sprechweise mitteilen zu können (Geier 1980:341). Die Beobachtung, daß die kommunikative Kompetenz "den Wünschen und Bedürfnissen gemäß" genutzt wird, verweist auf die besondere Situation des Fremdsprachenlerners, der die fremde Wirklichkeit nur vermittelt über Texte und die fremde Sprache nur im institutionellen Rahmen der Schule erfährt. Landeskundliches Lernen als "Aneignung fremder soziokultureller Bedeutungen" setzt deshalb Neugier voraus, ist aber auch und zugleich geeignet, das Interesse an fremden gesellschaftlichen Erfahrungen und ihrer sprachlichen Entschlüsselung zu stärken.

2. Integratives Motiv und landeskundliches Lernen

2.1. Indizien für Schülerinteresse

Politisches Interesse an fremden Gesellschaften wird man nicht bei allen Schülern voraussetzen können. Dies ergeben auch die von Apelt referierten informellen Schülerbefragungen. Erst im FU mit Erwachsenen hat sich der Wunsch nach Allgemeinbildung und Vertiefung landeskundlicher Kenntnisse so verselbständigt, daß die motivierenden Unterrichtsmaßnahmen zurückgenommen werden können. Allerdings wirkt - unabhängig von der Altersstufe - die Information über das Zielland durch außerunterrichtliche Arbeit und durch mediale Präsentation im Unterricht motivierend auf die meisten Schüler (Apelt 1981:118, 131). Dieser Eindruck deckt sich mit - empirisch allerdings nicht gesicherten - Beobachtungen an Schülern hessischer Gesamtschulklassen, deren Lernverhalten im Englischunterricht durch eine gezielte Ausrichtung ihrer Klassen- und Schulumwelt auf die Zielkultur durch Presseberichte, Poster und Fotos stärker gefördert wurde als durch aufwendige methodische Maßnahmen und mediale Innovationen

(Piepho). Auch die o.a. informelle Mainzer Schülerbefragung registrierte bei Realschülern ein Interesse an Informationen über Alltagsleben in England und U.S.A., das von den Englischlehrwerken nicht entsprechend befriedigt werden konnte. Auch wenn dieser Interessenbekundung allein touristische Motive zugrundegelegen haben sollten, müßten diese begegnungs- und kontaktorientierten Bedürfnisse aufgenommen und verstärkt werden.

Schon nach Anschluß der Vorbereitungsphase auf eine Englandfahrt, also noch vor Reiseantritt, zeigten Hauptschüler eine nachweisbar geringere Tendenz zu extremen Fremdbeurteilungen (Lukowski/Solmecke 1973:67, 70). Diese Beobachtung von Einstellungsänderungen im Gefolge einer zielorientierenden Unterrichtsphase gibt zwar noch keine Auskunft über die längerfristigen Auswirkungen der Auslandsbegegnung auf Einstellungen oder Sprachlernbereitschaft. Dennoch wird der "Originalbegegnung", selbst wenn sie nur schriftlich vermittelt ist und noch nicht als landeskundliches Lernen i.e.S. verstanden wird, ein Motivationspotential gerade unter den Bedingungen des gesteuerten Fremdsprachenerwerbs nicht abgesprochen werden können (Dietrich 1979; Düwell 1979:236; Suck und Lutz in Buttjes 1981: 126-161). Problematisch und auch nicht hinreichend belegt erscheint dagegen die Annahme, daß fremdkulturelle Informationen gewissermaßen an die Stelle überhöhter und frustrierender Sprachlernziele treten und dadurch der FU auch für lernschwächere Schüler wieder attraktiver werden könnte. Wenn in solchen Unterrichtsmodellen (European Studies/International Studies) der eigensprachliche Anteil das Übergewicht erhält oder zur Regel wird, dann ist mit dieser "Umfunktionierung" der FU selbst in Frage gestellt (Buttjes 1981:16).

Wenig nützlich erscheint es andererseits, die Anwendung und praktische Erprobung von Sprachkenntnissen auf einen fernen und ungewissen Zeitpunkt nach Anschluß des Kurses hinauszuschieben. Diese Tendenz zur Bestimmung von Sprechrollen und Kommunikationssituationen in der Zukunft, die sich in der Fremdsprachendidaktik allgemein wie in der Didaktik der Landeskunde findet (Erdmenger/Istel), widerspricht nicht nur allgemein motivationalen Regeln (Apelt 1981:69; Düwell 1979:233-235), sondern benachteiligt auch zusätzlich Lerner mit gering ausgeprägter Leistungsmotivation oder geringer fremdsprachenspezifischer Unterstützung durch das Elternhaus (Schurig 1975:285). Stattdessen kann das "Verstehen der fremden Sprache und Lebenswelt" selbst in den Unterrichtsprozeß einbezogen werden, in dem dann nicht nur "vielfältige Interessen und Motive" zur Geltung kommen können (Bredella 1980:12-13), sondern auch erworbene Kenntnisse und Fertigkeiten auf einem Lernplateau eingesetzt und erprobt werden können.

2.2. Untersuchungen zum integrativen Motiv

Am sozialpsychologischen Konstrukt des "integrativen Motivs" und seiner möglichen Rolle im Zweitsprachenerwerb entzünden sich immer noch Kontroversen. Entwickelt worden ist das Konzept wie ein entsprechendes Erhebungsinstrument in der speziellen Zweitsprachensituation Kanadas, in der Englisch und Französisch - bei überwiegend deutlich regionaler Trennung - als inzwischen gleichberechtigte Sprachen existieren. Von den kanadischen Forschern (Lambert/Gardner) wird das integrative Motiv als Teil eines von der Fremdspracheneignung unabhängigen Faktorenkomplexes betrachtet und bringt zum Ausdruck ein "desire to learn the language of a valued second-language community for the purposes of improving communication with them" (Gardner 1979:306). Obwohl die Meßinstrumente zur Erhebung der integrativen Motivation weithin Verwendung finden, ist die Existenz und Bedeutung dieses Einstellungs-/Motivationskomplexes umstritten. Dabei hängt die Beurteilung dieser Probleme eng mit unserer Frage nach dem Motivationspotential der Landeskunde zusammen. Dieser Zusammenhang wird auch von den Gegnern dieses Konzepts schon in ihrer Hypothesenbildung und mehr noch in den didaktischen Deduktionen formuliert. Wenn es zutrifft, daß Englischlerner in der Bundesrepublik mit der zu erlernenden Fremdsprache nicht mehr die Sprecher dieser Sprache verbinden, dann müßte es in der Tat wenig aussichtsreich erscheinen, mit Hilfe landeskundlicher Informationen Einstellungen, Motivation oder gar die Leistungen der Lerner beeinflussen zu wollen.

Die Konzepte und Ergebnisse der nordamerikanischen Motivationsforschung im Zweitsprachenerwerb sind im wesentlichen mit zwei Argumenten angezweifelt worden. In einer ausführlichen testtheoretischen Diskussion sind wegen des Erhebungsverfahrens (Q-Daten) sowohl die Validität der sozialpsychologischen Faktoren (Motivation etc.) als auch der affektiven Variablen (Angst etc.) und damit auch ihre Einflußmöglichkeit auf Fremdsprachenlernen bestritten worden (Oller/Perkins 1978). Diese Bedenken konnten mit m.E. überzeugenden statistischen und theoretischen Argumenten ausgeräumt werden (Gardner 1980), so daß ein Zusammenhang zwischen sozialpsychologisch bestimmter Sprachlernbereitschaft und Fremdsprachenlernerfolg weiterhin angenommen werden kann. Wie stark der Einfluß des integrativen Motivs auf die Leistung ausfällt, hängt dann jedoch vom soziokulturellen Lernkontext und vom Alter der Lerner ab (Gardner 1979:319). Demnach wäre das Integrationsmotiv besonders relevant in monolingualen Räumen, in denen keine existentielle Veranlassung zum Erlernen der Fremdsprache besteht, und bei jungen Lernern, deren Motive noch nicht schul- oder berufsbezogen autonom sind.

In westdeutschen empirischen Untersuchungen wird die Übertragbarkeit auf den einheimischen Englisch- und Französischunterricht bestritten (Solmecke 1979; Düwell 1979:15-20). Die Untersuchungen zur Spracheinstellung erwachsener Englischlerner und zukünftiger Englischlehrer ließen nur bei einer Minderheit eine Befürwortung der authentisch britischen Sprachprobe erkennen. Immerhin ist bei diesen Lernern der Zusammenhang zwischen integrativem Motiv und Fremdsprachenleistung ausgeprägt (Solmecke 1979:330 und 332). Ebenso bevorzugten in einer Paralleluntersuchung Schüler aus der oberen Leistungsgruppe die authentischen Sprachproben (Solmecke 1979a:24). Auch in der Untersuchung zum Französischunterricht geht die integrative Motivation die meisten Zusammenhänge mit anderen Variablen ein und wird in der Korrelation mit der Note lediglich von dem Faktor Englischnote übertroffen (Düwell 1979:221-2, 203-4).

Die Ergebnisse scheinen mir - entgegen der Annahme der Verfasser - die Hypothesen über den Zusammenhang zwischen integrativem Motiv und Fremdsprachenleistung nicht zu widerlegen. Beide Autoren betonen auch die günstige und notwendige Erfahrung des unmittelbaren Kontaktes mit der anderen Sprachgruppe (Düwell 209; Solmecke 1980:

257 und 260). Obwohl im Anschluß an diese Ergebnisse und gewissermaßen als Ersatz für die Sprachkontakte oder zu ihrer Vorbereitung bzw. Bestätigung die "Verkörperung der Zielkultur durch (landeskundliche, D.B.) Lerninhalte" (Düwell) durchaus in Frage kommen könnte, zieht Solmecke diese Möglichkeit nicht in Betracht, sondern weist sie eher zurück. Dieser Schluß scheint mir nicht zwingend, zumal die affektive Reaktion auf Sprachhörproben ohnehin eher den Zusammenhang zwischen Empathie und Aussprache (vgl. Guiora/Acton 1979) als den zwischen Einstellungen zur Zielkultur und Sprachleistung erhellen kann.

Wenn schon die integrative Motivation als erstrebter, "virtueller" Kontakt mit der Zielkultur durch die o.a. Untersuchungen nicht generell in Frage gestellt ist, so gilt dies noch weniger für den selbsterfahrenen tatsächlichen Kontakt im Zielland. Die motivierende Wirkung des Auslandskontaktes ist nicht nur international belegt (vgl. Burstall und Lewis/Massad). Mündliche Kontakte mit englischen Sprechern erklärten auch in einer Untersuchung zur Rezeption von Schulfernsehsendungen ähnlich viel Varianz des Seh-/Hörverstehens wie die Batterie der Englischleistungstests (Buttjes 1978:94). Bei Intensivkursen mit Erwachsenen im Zielland erwies sich der Kontakt mit Einheimischen sogar als einflußreicher als der Unterricht selbst (Monshi-Tousi 1980:370).

2.3. Landeskundliches Lernen zwischen Lingua-franca-Funktion und Integrationsziel

Wenn in der Vorstellung der Lerner die Fremdsprache nur noch als Lingua-franca erscheint, weil mit dieser Sprache entweder mehrere und sehr unterschiedliche Gesellschaften assoziiert werden oder weil sie nur noch als Esperanto-Konstrukt wirkt, dann scheinen weder Auslandskontakte noch landeskundliche Lerninhalte erforderlich. Diese Beobachtung, auf die insbesondere Solmecke hinweist, kann zu einem "gewissen Dilemma" bei der "Einordnung des Landeskundlichen in das Fachcurriculum" führen (Schrey 1980:38-39).

Zunächst läßt sich diese Beobachtung allerdings auch umkehren: weil der Englischunterricht weitgehend inhalts- und kulturneutral vermittelt worden ist, können die Schüler keine Beziehung zu Mitgliegliedern einer Sprachgruppe aufgebaut haben. Motivationsdefizite könnten aus eben diesem Englischunterricht herrühren, der erfolgreich alle Erfahrungsmöglichkeiten im Kontakt mit der lebenden Sprache und mit lebendigen Sprechern unterbunden hat. Wenn die fremdsprachliche Phantasie von Schülern und Studenten (!) nach mehreren Jahren des FU nicht über die Grenzen des Klassenzimmers hinausreicht, dann wird man dafür eher die Unterrichtspraxis als unabänderliche "Spracheinstellungen" verantwortlich machen können.

Wenn die Schüler aber mit der englischen Sprache nicht nur eine einzige Gesellschaft wie England, sondern auch U.S.A. und vielleicht noch Kanada in Verbindung bringen, dann ist das eine günstige Voraussetzung für ein komparativ angelegtes landeskundliches Lernen. Denn dann kann man - nicht nur im Vergleich mit der eigenen Gesellschaft - von der oberflächlichen Betrachtung kultureller Besonderheiten bis zur Analyse allgemeiner gesellschaftlicher Prozesse vordringen. Schließlich muß die internationale Funktion des Englischen keinesfalls zu einem Verzicht auf die Darstellung konkreter gesellschaftlicher Erfahrungen führen. Es bietet sich im Gegenteil an, im Medium der Fremdsprache die eigene, verschiedene englischsprachige und andere Kulturen vorzustellen, wie neuere Lehrwerke zeigen (C o n t a c t s).

Interesse an einer fremden Gesellschaft läßt sich aber schon deshalb nicht verordnen, weil viele Schüler auch für ihre eigene soziale und politische Umwelt wenig Interesse zeigen. Noch weniger aussichtsreich müssen Versuche zur integrativen Motivierung sein, wenn sie die Zielkultur als vorbildlich und überlegen vermitteln. Wenn sich Didaktiker aus der DDR und der VRPolen gegen ein extremes integratives Motiv im FU wenden, so mag dem auch ein Dilemma zwischen kulturintegrativen und kulturkontrastiven Zielen im Russisch- bzw. Englischunterricht zugrundeliegen - wie würde das in der Bundesrepublik bei umgekehrten Vorzeichen aussehen? (Apelt 1981:34-5, 97; Pfeiffer 1977:7). Positive Beziehungen zu einer "geschätzten" fremden Sprachgruppe (vgl. Gardners Definition) lassen sich nur auf der Grundlage einer subjektiv gesicherten und durch den FU nicht in Frage gestellten eigenen Identität aufbauen (Buttjes 1981a). Landeskundliches Lernen kann dann zu einer kritischen Solidarität führen, wenn innerhalb der fremden Gesellschaft zunehmend besser differenziert und eine Einzelerscheinung adäquat eingeordnet werden kann, wenn fremde und merkwürdige Beobachtungen aus Bedingungen und Selbstverständnis der Zielkultur abgeleitet werden können, und wenn die ferne Kultur durch persönliche Begegnung oder Bekanntschaft "ein Gesicht" erhalten hat. Damit ist nicht impliziert, daß auf eine Wertung verzichtet werden kann - dann wäre die kritisierte Inhaltsneutralität durch die Hintertür wieder eingeführt -, sondern daß die Bewertungsmaßstäbe den Kategorien fremd und vertraut letztlich übergeordnet sein müssen.

3. Motivation durch Landeskunde

Statt allgemeiner Hinweise und auch anstelle einer ausführlichen Darstellung eines Einzelprojekts sollen vier landeskundliche Unterrichtsmodelle vorgestellt werden, die dem Bedeutungs- und Interessenaspekt im FU Rechnung tragen. Besondere Beachtung sollen dabei die motivationsbezogenen didaktischen Begründungen und methodischen Entscheidungen beim landeskundlichen Lernen finden.

3.1. Bedeutungslernen durch kontrastive Landeskunde - Beispiele aus der Amerikakunde

Zimmermann demonstriert seinen kontrastiven amerikakundlichen Ansatz für die Sekundarstufe II an einem Textbeispiel zum Thema "Suburbia" (Zimmermann, H. 1980). Der Pressetext vergleicht die Lebensbedingungen in einem Großstadtvorort von Köln bzw. Chicago aus der Sicht eines amerikanischen *Time*-Korrespondenten. Der Vorteil dieses Textes besteht darin, daß auch die deutsche Situation in englischer Sprache geschildert wird. Als Vor- und Nachteil zugleich muß jedoch die Perspektive des Autors gewertet werden, der den Vergleich selbst thematisiert. Damit ist dem Lehrer zwar die explizite kontrastive Verschränkung beider Erfahrungsbereiche an die Hand gegeben, die den meisten authentischen Texten fehlt; der eigentliche landeskundliche Lerneffekt wird jedoch dadurch vergeben: die Schüler leisten keine eigene Bedeutungs- und Vergleichsarbeit, sondern vollziehen lediglich die textinternen

Vergleiche nach.

Das Unterrichtsmodell will jedoch lediglich einen Schritt im landeskundlichen Lernprozeß ermöglichen. Am Beispiel der Wohnbedingungen, die als generell vergleichbar angesehen werden, sollen spezifisch amerikanische Abweichungen aufgezeigt werden. An dieser Stelle wird deutlich, daß dieses kontrastive Verfahren als "Problematisierung unterschiedlicher Lebensweisen" (S. 302) auf vielfältige Zusatzinformation angewiesen ist, mit deren Hilfe z.B. die Autoliebe und die Energieverschwendung in der amerikanischen Gesellschaft historisch und sozial eingeordnet werden können.

Deshalb dient der Vergleich der symbolischen und ökonomischen Bedeutung des Individualverkehrs in den U.S.A. und in der BRD lediglich als motivierender Einstieg, dem nicht nur weitere Lernschritte folgen müssen, sondern der auch Auftakt für verschiedene Unterrichtsreihen sein kann. Ob allerdings dem Autor der vermutete "hohe Motivationscharakter für den Unterricht in der Sekundarstufe II" zukommt (S. 30), ist wohl nicht bei jeder Schülergruppe sicher.

Einen ähnlichen kontrastiven Ansatz verfolgt eine neuere amerikakundliche Dokumentation des Westdeutschen Schulfernsehens (Buttjes 1981). *Problems of a Rich Country* behandelt in fünf Folgen die Themen *Transportation*, *Energy*, *Pollution*, *Unemployment* und *Megalopolis*. Diese Themen wurden unter dem Eindruck der öffentlichen Diskussion ökologischer und sozialer Probleme in den U.S.A. und bei uns gewählt. Die Sendungen bieten in Dokumentation, Moderation und Interviews eine Zwischenbilanz dieser eng miteinander verknüpften Problembereiche in den U.S.A. Ein Schülerheft zur Sendereihe bietet im Stil der Sekundarstufe-II-Materialien Pressetexte, Gebrauchstexte (z.B. Anzeigen), fachsprachliche Textauszüge und Grafiken zu allen Themen an.

Obwohl explizite Aussagen zur erwarteten Motivationskraft der Sendereihe fehlen, scheint ihr eine doppelte Annahme zugrunde zu liegen. Es wird angenommen, daß die Themen nicht zuletzt wegen ihres ökologischen Ansatzes bei bundesdeutschen Schülern auf Interesse stoßen. Der Sinn des landeskundlichen Transfers liegt sowohl darin, daß die

Gemeinsamkeit der Problemstellungen in hochentwickelten Industriegesellschaften erkannt wird, aber auch darin, daß die Problemlösungsstrategien in den U.S.A. einer kritisch vergleichenden Bewertung unterzogen werden. Wahrend die Dokumentarsendungen einen tendenziell optimistischen Ansatz vertreten, indem sie inneramerikanische Lösungsversuche aufzeigen, problematisieren die Zusatztexte im Begleitmaterial eben diese Versuche.

Insgesamt zielt das Projekt nicht auf isoliert landeskundliche Faktenvermittlung, sondern auf die Notwendigkeit von Reformen und Alternativen in der fremden wie in der eigenen Gesellschaft. Das Bedeutungslernen übersteigt damit deutlich die auch berücksichtigte semantische Ebene (z.B. automobility, exhaustible energy sources, recycled housing) und verweist auf gesellschaftsübergreifende und nicht mehr im nationalen Rahmen lösbare Menschheitsfragen (vgl. Auszug aus Global 2000, S. 15).

3.2. Interesse durch politische Landeskunde - Unterrichtsreihen zu Irland

In "Children in the Northern Ireland Conflict" hat Kuhnert eine landeskundliche Unterrichtsreihe für die Sekundarstufe I und II vorgelegt (Kuhnert in Buttjes 1981: 177-207). Die anhaltende Berichterstattung in den Medien, die den Nordirlandkonflikt zwar aktuell aber auch defizitär darstellen, sind Anlaß zur Vermutung, daß dieses Thema schon bei Schülern am Ende der Sekundarstufe I auf Interesse stößt. Durch die Wahl der Perspektive von Heranwachsenden in Irland wird zudem eine Identifikationsmöglichkeit für die Schüler gesehen: Jugendliche stellen als Opfer und Täter von Drohung und Gewalt ihre Gefühle und Beobachtungen selbst dar. Eine Befragung im Anschluß an den Unterrichtsversuch bestätigt die vorausgesetzte Motivation: die Schüler bezeichnen Thema und Durchführung als interessanten EU (S. 205-6).

Am Anfang der Textsammlung stehen autobiographische Texte irischer Jugendlicher, die die Schüler über ihre glaubhafte Darstellung konkreter Einzelerfahrungen motivieren sollen, sich Informationen zum

Zweck einer teilnehmenden Urteilsbildung einzuholen. Für die fremdsprachliche Aneignung und Auseinandersetzung werden die erforderlichen s t u d y s k i l l s und c o m m u n i c a t i v e t a s k s bereitgestellt. Solidarität und wertende Stellungnahme sind ausdrücklich in die Lernziele einbezogen, so daß auch affektive Bedürfnisse der Schüler angesprochen werden können.

Zum gleichen Thema liegt ein "handlungsorientiertes Unterrichtsvorhaben" für die entsprechende Lernergruppe vor (Markmann 1981). Ausgangspunkt ist auch hier die Beobachtung, daß der Nordirlandkonflikt weder in der Öffentlichkeit noch in den Lehrwerken in seiner historischen Dimension dargestellt wird. An Irland werden dabei allgemeine politische und soziale Fragen dargestellt wie Diskriminierung, Gewalt, Gerechtigkeit, Demokratie. Die Schüler zeigten sich vorab schon besonders am Themenbereich der Gewalt und Gegengewalt interessiert und bezogen diese Fragen nicht nur auf Irland. Aus den Vorgesprächen mit den Schülern ergaben sich fünf Themenbereiche, zu denen Material sowohl bereitgestellt wurde als auch von den Schülern beschafft werden mußte.

Die Mehrzahl der authentischen Texte stellen wiederum autobiographische Aussagen irischer Jugendlicher dar, denen Presseberichte und historische Quellen gegenübergestellt werden. Der methodische Akzent liegt auf der Selbsttätigkeit der Schüler bei der Informationsbeschaffung und -verarbeitung. Immerhin haben sich Schülergruppen auch in ihrer Freizeit mit dem Thema befaßt und eine Ausstellung mit Texten und Bildern zu Irland vorbereitet. Offensichtlich konnten in diesem landeskundlichen Modell - aufgrund der sachbezogenen Motivation der Schüler - die engen Sprach- und Handlungsgrenzen des FU durchbrochen werden.

4.2. Gesellschaft, Politik und die Institution als Ort des Lernens

Es ist leicht zu verstehen, wenn Individuen bzw. mehr oder weniger große Gruppen von Menschen aus unmittelbarer Notwendigkeit Fremdsprachen lernen. Schwerer schon ist die Tatsache zu erklären, daß große Gruppen von Menschen (bis hin zum "Englisch für alle") sich dieser Mühe unterziehen, ohne daß eine unmittelbare Notwendigkeit gegeben ist. Natürlich kann man, wenn es sich bei den Lernenden um Kinder handelt, immer auf den Druck von Eltern und Lehrern verweisen. Aber erstens erlernen ja auch Erwachsene Fremdsprachen, ohne solchem Druck ausgesetzt zu sein, und zweitens kommt ja auch der auf Kinder ausgeübte Druck nicht aus dem Nichts. Man kann daraus zunächst den etwas trivialen Schluß ziehen, daß es wohl in jedem Fall "die Erwachsenen" sind, die für sich oder ihre Kinder entscheiden, welche Sprache(n) unter welchen Bedingungen wie intensiv gelernt wird. Die in Befragungen so häufig an Kinder und Jugendliche gestellte Frage "Warum lernst Du Englisch" ist damit auch schon weitgehend beantwortet bzw. offenbart ihren Charakter als Aufforderung, früher durch Erwachsene gegebene Begründungen zu reproduzieren und das umso mehr, je unsicherer konkrete Verwendungsmöglichkeiten für die erlernte Sprache sind.

Gewichtiger ist die resultierende Frage, wodurch denn jene Entscheidungen determiniert werden.

Oft ist es ganz einfach die Sprache von Siegern und Eroberern, die gelernt wird, weil kulturelle, wirtschaftliche und/oder militärische Überlegenheit und nicht selten auch die sprachliche Vielfalt der durch die Sieger zusammengefaßten Gebiete es erzwingen. Das wird in vielen Ländern der Dritten Welt deutlich, in denen die Sprache der gegenwärtigen oder ehemaligen Kolonialmächte obligater Teil der Erziehung zumindest der herrschenden Schicht ist.

Oft auch wird die Sprache einer Nation erlernt, zu der enge politische oder wirtschaftliche Beziehungen bestehen oder die als "Führungsmacht" bestimmend in überregionale Entwicklungen eingreift. Hierfür ist Deutschland ein gutes Beispiel: Beide Teile grenzen zwar unmittelbar aneinander, sprachenpolitisch aber gehören sie verschiedenen Welten an. Während im Westen das Englische absoluten

Vorrang hat, in weitem Abstand gefolgt vom Französischen, spielt das Russische in den Lehrplänen allgemeinbildender Schulen keine nennenswerte Rolle. In der DDR ist die Priorität des Russischen unangefochten; Englisch steht mit deutlichem Abstand an zweiter Stelle des Lehrangebots.

Schließlich kann sich eine Sprache sozusagen von ihrer Herkunftsnation ablösen und verselbständigen. Im Mittelalter, als die Macht des Römischen Reiches längst vergangen war, lebte das Lateinische als internationale Verkehrssprache weiter. Noch später wurde es als "tote" Sprache gelernt, wobei u.a. wiederum die kulturelle Vorbildwirkung eine Rolle spielte. In weit größerem Maßstab als früher das Lateinische hat heute das Englische die Rolle einer internationalen Verkehrssprache übernommen, und trotz deutlich geschwundener Vormachtstellung des britischen Empire ist die dem Fremdsprachenunterricht fast weltweit zugrundeliegende Norm noch immer das britische und nicht, wie man aufgrund der veränderten Verhältnisse vermuten sollte, das amerikanische Englisch.

Wir können also festhalten: Der Grund für das Erlernen einer bestimmten Fremdsprache durch größere Gruppen von Menschen kann in der ökonomischen, militärischen und/oder kulturellen Überlegenheit bestimmter Sprachgemeinschaften liegen. Je bedeutender und ausgedehnter diese Vormachtstellung ist, desto eher besteht die Tendenz, daß die betreffende Sprache l i n g u a f r a n c a wird, d.h. durch ihre weite Verbreitung als Mittel der Verständigung zwischen Angehörigen der unterschiedlichen Herkunftsländer Verwendung findet. Schließlich bleiben auch "tote", d.h. ihrer Rolle als Verständigungsmittel beraubte Sprachen, Lerngegenstand, wenn ihre Beherrschung zum Selbstverständnis bestimmter Schichten gehört.

Insgesamt können wir festhalten, daß es reale politische, wirtschaftliche und kulturelle Verhältnisse, sowie mit ihnen verbundene vorherrschende Vorstellungen von der Beschaffenheit notwendiger Bildungsinhalte sind, die Entscheidungen über das Erlernen fremder Sprachen determinieren.

Diesen Vorgang muß man sich allerdings in der Wirklichkeit sehr viel weniger direkt vorstellen, als es die theoretische Formulierung vermuten läßt. Natur und relatives Gewicht der beteiligten Determinanten sind, besonders wenn das Fremdsprachenlernen zum Zwecke der "Allgemeinbildung" geschieht, nicht selten heftig umstritten. Nicht nur w e l c h e Sprache lernenswert ist, sondern auch w a s von ihr gelernt werden soll, ist Gegenstand der Diskussion. Die verschiedensten Interessen gehen in diese Diskussion ein und verbergen sich nicht selten hinter "sachlichen" Argumenten. Wer sich also aus öffentlichen Verlautbarungen ein Bild der gesellschaftlichen Determinanten des Fremdsprachenunterrichts machen will, wird nicht selten große Schwierigkeiten haben. Die wissenschaftliche Forschung leistet bisher bei einem solchen Orientierungsversuch wenig Hilfestellung; sie ist auf diesem Gebiet über einige Ansätze nicht hinausgekommen.

Die gesellschaftliche Wertschätzung für eine oder mehrere Fremdsprachen ist wohl am einfachsten ablesbar an der Quantität und Qualität der gebotenen Lernmöglichkeiten. Es ist also z.B. zu fragen, wie groß das Angebot ist und welchen Stellenwert es im Vergleich zu anderen Fächern hat, welche Lernmittel zur Verfügung stehen und wie viele Lehrer mit einer wie guten Fachausbildung als Fremdsprachenlehrer beschäftigt werden.

Es ist hierbei aber zu bedenken, daß zwischen dem gesellschaftlich erwünschten und dem konkret Machbaren häufig eine finanziell bedingte Lücke klafft, die das Angebot an Lernmöglichkeiten zwangsläufig schmälert.

Fragen wir nach dem Zusammenhang von gesellschaftlicher Wertschätzung für eine Fremdsprache und individueller Motivation von Lernenden, so können wir sicherlich nicht die Identität beider voraussetzen. Nicht nur können sich hier, wie schon gesagt, abweichende Interessen von Gruppen und Individuen auswirken, sondern dieser Zusammenhang ist stets auch als vermittelt anzusehen. Wichtigste Mittler sind vor allem bei jüngeren Schülern ihre Eltern und die Institution, an der der Unterricht stattfindet.

Eltern haben verständlicherweise ein sehr konkretes Interesse an den Lerngegenständen ihrer Kinder, das ihre Einstellung dazu in erheblichem Maße mitbestimmt. Ihre wichtigste Frage ist, ob Lernen in einem bestimmten Fach ihren Kindern im Hinblick auf die Zukunft Nutzen bringt, und sie beantworten diese Frage auf dem Hintergrund ihres Wissens über gesellschaftliche Prioritäten, ihrer eigenen Lebenserfahrungen sowie des unmittelbaren Lernerfolgs ihrer Kinder. Die resultierenden Einstellungen wiederum prägen in unterschiedlicher Weise die Motivation ihrer Kinder mit. Das gilt nun nicht nur für die grundsätzliche Einstellung gegenüber dem Fach, sondern reicht bis zu einzelnen Prinzipien und Aktivitäten des Unterrichts. Der um die Lernmotivation seiner Schüler besorgte Lehrer tut demnach gut daran, sich auch um Einstellungen und Motive der Eltern zu kümmern.

"Würden unsere Kinder in Schulen auch Laufen und Sprechen lernen - auf Kommando und zu festgelegten Stunden, im gleichen Tempo und auf vorgeschriebene Weise - das Ergebnis wäre vorhersagbar: einige Musterkinder und eine Menge von enttäuschten Versagern, denen vielleicht für den Rest ihres Lebens die Freude am Laufen und Sprechen verdorben wäre." (Creutz, 1978, S. 63).

Intuitiv möchte man meinen, daß allein die Tatsache der Institutionalisierung eines Lernvorgangs, etwa in der Schule, tiefgreifende Einflüsse auf diesen ausübt. Unsere Überlegungen zum Begriff Motivation (Kap. 3), zum Lerngegenstand (Kap. 4.2.) und nicht zuletzt obiges Zitat stärken diese Meinung. Man sollte auch meinen, das dieses Phänomen vorrangig das Interesse derer zu beanspruchen hätte, die sich über Fremdsprachenunterricht Gedanken machen. Die fachdidaktische Literatur belegt eher das Gegenteil. Sicherlich, immer ist von Unterricht die Rede, auch von Tests, Hausaufgaben und manchmal sogar von der fatalen Rolle der Englischnote im schulischen Selektionsprozeß. Auf den Versuch einer empirisch fundierten zusammenhängenden Darstellung der Problematik aber wartet man bisher vergebens. Bei manchen Veröffentlichungen dagegen gewinnt man den Eindruck, Englisch z.B. sei eigentlich gar kein Schulfach und daher auch nicht abhängig von den vielgestaltigen Einflüssen, denen ein Fach in seiner Eigenschaft als Teil der Institution Schule nun einmal unterliegt. Man geht - so scheint es wenigstens - von der unmittelbaren Konfrontation Sprache - Lernender aus, beachtet, daß dabei Gesetzmäßigkeiten der Sprache und des Lernens eine Rolle spielen, versucht, beide in Einklang zu bringen und sie in Form einer Methode in Handlungsanweisungen für den Unterricht umzusetzen. Die Institution wird dabei eher als vorgegebener äußerer Rahmen gesehen, der zwar die Möglichkeiten des Unterrichts q u a n t i t a t i v in gewisser Weise begrenzt, dessen q u a l i t a t i v e r Einfluß auf die ablaufenden Lernprozesse aber gering ist.

Das gilt insbesondere für die Vertreter derjenigen Methoden, deren primäre Bezugsbasis die linguistische Beschreibung der Fremdsprache ist; es gilt aber kaum weniger für die des kommunikativen Ansatzes, der mit seinem emanzipatorischen Anspruch durchaus im Widerspruch zu den (expliziten oder impliziten) Lernzielen der jeweiligen Institution stehen kann, ohne daß dieser Widerspruch in den entsprechenden theoretischen Äußerungen ausreichend thematisiert würde.

Schon eine oberflächliche Kenntnisnahme der Unterrichtswirklichkeit aber belegt, daß die Institution als Ort des Lernens mehr ist als nur ein äußerer Rahmen. Es beginnt schon damit, daß zu einer vom Lernenden nicht oder kaum beeinflußbaren Zeit für eine gewisse und ebenfalls genau festgelegte Zeitspanne Fremdsprachenlernen stattzufinden hat. Gewiß, auch beim natürlichen Fremdsprachenerwerb ist es nicht immer der Lernende selbst, der bestimmt, wann er mit der Fremdsprache konfrontiert wird. Aber während es hierbei die Kommunikationsbedürfnisse von Menschen oder die Kommunikationsnotwendigkeiten von Situationen sind, die über Zeitpunkte des Lernens bestimmen, sind es dort die "Bedürfnisse" der Institution, die sich in einem abstrakten Stundenplan niederschlagen.

Ähnliches gilt für die unmittelbare Lernumgebung, die Auswahl der Personen (Lehrer), mit denen in der Fremdsprache kommuniziert wird, das Lernmaterial und schließlich die allgemeinen atmosphärischen Bedingungen des Lernens.

Insgesamt sind Schule und damit Fremdsprachenunterricht keine Veranstaltungen, wo sich Lernende freiwillig zu selbstbestimmtem Tun treffen, sondern sie haben Zwangscharakter. Das gilt auch für Institutionen, an deren Kursen der Lernende freiwillig teilnimmt, wenn auch meist nicht ähnlich extrem: Hat sich der Lernende einmal zur Teilnahme entschlossen, setzen "Sachzwänge" ein, die weitgehend über sein und seiner Lehrer Tun und Lassen bestimmen.

Der nachfolgende Beitrag von K. Schröder befaßt sich mit den gesellschaftlichen und politischen Einflußfaktoren auf Motivation und Einstellung beim Fremdsprachenlernen; bei ihm klingt aber auch sehr deutlich der Einfluß der Institution auf die Schülermotivation an.

Konrad Schröder

4.2.1. Gesellschaftliche und politische Einflußfaktoren auf Motivation und Einstellung

1. Allgemeine Erwägungen zum Thema

Daß der Terminus Motivation in der Lehrersprache so beliebt ist, verwundert nicht: Benennt er doch in griffiger Form das schwer greifbare Ergebnis noch viel weniger greifbarer psychischer Abläufe, jenen stets mehr fremd- als autonom gesteuerten Willen zum Lernen, ohne den im Unterricht "nichts läuft." Die Fremdsprachendidaktik der vergangenen Jahre hat, wie der von Solmecke (1976) edierte repräsentative Sammelband zeigt, auf kritisch-rationalistischen und auf empirischen Wegen versucht, das Phänomen zu quantifizieren. Sie hat sich dabei der gängigen psychologischen Begrifflichkeit (intrinsische Motivation versus extrinsische Motivation, primäre versus sekundäre Motivation, Eigensteuerung versus Fremdsteuerung) bedient und versucht, überkommene idealistische Denkungsweisen (intrinsische Motivation wertet höher als extrinsische; intrinsisch motiviert sein heißt eine Sache um ihrer selbst willen tun) durch wirklichkeitsnähere Konzepte (etwa vom Grad der Fähigkeit des Lernenden, seine Lernprozesse zu steuern) zu ersetzen. Im Mittelpunkt des Interesses standen dabei die Beziehungen zwischen Lerner und Milieu sowie Lerner und Lerninhalten. Einflußfaktoren wie die Zielsetzungen des Faches, das Selbstverständnis der Fachvertreter sowie die Gestalt des Lernortes blieben demgegenüber eher im Hintergrund. Diese Variablen sind in Schülerbefragungen auch kaum greifbar.

In Übereinstimmung mit dem Gesamtkonzept des vorliegenden Bandes wird im folgenden ein Zugriff versucht, der sowohl die letztgenannten Einflußfaktoren umfaßt als auch Fragen des Schülermilieus und der Inhalte berührt. Der Lernort Schule wird nur insoweit berücksichtigt, als dies im Zusammenhang mit den übrigen zu benennenden Faktoren erforderlich ist. Der Ansatz dabei ist rationalistisch-deduktiv, doch wird auf eine größere Augsburger Untersuchung zur Fremdsprachen-Lernmotivation Bezug genommen. Im Unterschied zu den bei Solmecke (1976) gemachten Darlegungen sind die vorliegenden insofern "hintergründiger", als es hier um Bereiche geht, die die Schülermotivation im Fremdsprachenunterricht eher indirekt, dennoch aber recht nachhaltig berühren.[1]

Die Interdependenz der Begriffe "Einstellung" und "Motivation" wird im folgenden ebenso aufgefaßt, wie dies bei Lambert et al., 1968, der Fall ist: Die Qualität des Fremdsprachenerwerbs im schulischen und nachschulischen Leben resultiert aus den intelektuellen Fähigkeiten sowie aus der Einstellung zum Lerngegenstand (Sprache und Kultur), verbunden mit einer "zielgerichteten Motiviertheit" (wozu u.a. die Fähigkeit gehört, sich anzustrengen).

2. Zu den politischen Einflußfaktoren

Da die politischen Einflußfaktoren immer noch leichter zu fassen sind als die gesellschaftlichen, und da sie letztere teilweise bedingen, seien sie an erster Stelle behandelt.

Die Geschichte vom S II-Schüler, der die modernen Fremdsprachen abwählt, weil er hier bereits gute Noten hat und sich nun im Sinne eines möglichst guten Abitur-Durchschnitts auf andere Fächer werfen will, ist in den vergangenen Jahren in aller Munde gewesen: Hier lassen ausbildungspolitische Zwänge (zum Teil als Folge langfristiger bildungspolitischer Fehlplanung) die vom bisherigen Leistungsbild her wahrscheinliche Motivation auf den Nullpunkt absinken. Ganz anders beim relativ leistungsschwachen S II-Schüler, der eine Grundkurs-Sequenz Englisch belegt, obwohl er eigentlich "keine Lust" hat, aber meint, im Englischen auf relativ leichte Weise zu einer passablen Punktezahl zu gelangen. Hier liefert der gleiche ausbildungspolitische Mechanismus ein gewisses Mindestmaß an fremdgesteuerter Motivation, obgleich die Einstellung zum Lerngegenstand negativ bleibt.

Die politische Komponente greift auf vielfältige Weise in das Motivationsgeschehen ein. Eine Kategorisierung ist schwierig, soll aber doch versucht werden:

2.1. Allgemeine politische Haltungen

Von der Verteufelung oder Vergötterung einer Nation zur Verteufelung oder Vergötterung ihrer Sprache ist es nur ein kleiner Schritt. Die Geschichte des Französischunterrichts im 18. und 19. Jahrhundert lehrt dies sehr deutlich. Allgemeine politische Haltungen können auf die zu vermittelnde Sprache durchschlagen, oder aber auch auf die potentiellen Verwertungszusammenhänge des erworbenen Fremdsprachenkönnens. Die Ablehnung des amerikanischen Akzents als Indiz für kapitalistisches Gebahren gehört ebenso hierher wie die Ablehnung des Russischen als Idiom politischer und wirtschaftlicher Unterdrückung. Ob der in der DDR-Zeitschrift *Fremdsprachenunterricht* wiederholte Male erfolgte Hinweis auf die Rolle des Russischen im Rahmen einer sozialistischen Waffenbrüderschaft eine Quelle für Lernmotivation ist, hängt ganz davon ab, wie weit das lernende Individuum die offizielle politische Haltung teilt. Umgekehrt hat in den Ländern des Ostblocks die häufig recht unkritische Sicht des Westens ohne Zweifel positive Rückwirkungen auf das Motivationsgeschehen in den weniger unterrichteten Sprachen Englisch, Französisch, Deutsch und Spanisch.[2]

2.2. Schulpolitische Einflußnahmen

Die Schule als Veranstaltung des Staates ist bei allen Freiräumen eingebunden in die jeweils staatstragende Ideologie. Der Staat bestimmt weitgehend Sprachenwahl und Sprachenfolge, und er bestimmt auch die Unterrichtsziele. Dort, wo er das Elternhaus mitsteuert, nimmt er Einfluß auf einen der wichtigsten Motivationsfaktoren überhaupt (vgl. Abschnitt 3.2). Interessant sind in diesem Zusammenhang die Ausführungen W. Apelts (1976: 136) für den Bereich der DDR:

> Eine dauerhafte habituelle Motivation für den Fremdsprachenunterricht kann sich nur entwickeln, wenn das Elternhaus diesem aufgeschlossen gegenübersteht. ... Die Entwicklung des Fremdsprachenunterrichts in der DDR hat gezeigt, daß infolge der grundsätzlichen gesellschaftlichen Neuordnung nach 1945 und der Beseitigung der bürgerlichen Klassenschule durch zielstrebige und konsequente Bildungspolitik und Aufklärungsarbeit jahrhundertealte klassenbedingte Vorurteile in bezug auf das Erlernen von Fremdsprachen in vielen Elternhäusern beseitigt werden konnten. Davon zeugt allein schon

die bedeutsame Tatsache, daß heute in vielen Kreisen der DDR bereits weit über 50% der Schüler sogar eine zweite Fremdsprache lernen - ein Beweis dafür, daß es gelungen ist, vielerorts in Gesellschaft, Schule und Elternhaus eine "fremdsprachenfreundliche" Atmosphäre zu schaffen.

Das Zitat zeigt im übrigen deutlich, wie eng die einzelnen politischen und gesellschaftlichen Motivationsfaktoren miteinander verbunden sind.

Die DDR-Lehrpläne fordern explizit einen "parteilichen" Unterricht, dies impliziert "parteiliche" Lehrer, denen es gelingen soll, "das historisch, kulturell oder politisch Progressive aus dem Erfahrungsschatz der fremden Nation" herauszudestillieren:

So sollte für uns ein Lehrender und Lernender der russischen Sprache immer Künder der kulturellen Leistungen Rußlands und der Vorzüge der sozialistischen Gesellschaftsordnung und ein Sprachkünder des Englischen z.B. auch Vertreter des "anderen Amerikas" im Kampf gegen Rassendiskriminierung sein. (Apelt 1976: 134)

Wie weit dieser Ansatz motiviert, hängt unmittelbar vom Grade der politischen Linientreue von Lehrer und Schüler ab. - Das Beispiel DDR ist aus bundesrepublikanischer Sicht vielleicht besonders deutlich; es darf nicht darüber hinwegtäuschen, daß es auch bei uns stets massive schulpolitische Einflußnahmen auf Ziele und Abläufe im Fremdsprachenunterricht gegeben hat, die das Motivationsgeschehen mitgesteuert haben, ohne daß Gedeih oder Verderb dieser Einflußnahmen jemals empirisch erwogen worden wären: Man denke nur an die bis in die 60er Jahre vorherrschende bürgerliche-idealistische Grundstimmung, die auf Berufsorientierung im Fremdsprachenunterricht bewußt verzichtete und die Fächergruppe auf einen engen, antiquierten Bildungsbegriff festlegte.[3] Hier galt - neuhumanistischer Tradition entsprechend - , der Schüler als "wertvoll" (nämlich intrinsisch im alten Sinne) motiviert, der eine Sache um ihrer selbst willen betrieb. Eben diese bürgerlich-idealistische Grundstimmung verhindert heute eine den tatsächlichen Berufsproblemen adäquate Lehrerausbildung und Lehrerfortbildung (durch Überbetonung traditioneller "fachwissenschaftlicher" Inhalte, Ausklammerung der Landeskunde, Verzicht auf Verklammerung von erster und zweiter Ausbildungsphase, mangelnde erziehungswissenschaftliche und fachdidaktische Grundbildung); diese müßte sich in unserem lustlosen System als ein Motivationsspender ersten Ranges erweisen.

Die DDR tut sich hier leichter: "Natürlich muß auch die Einstellung zum Fremdsprachenunterricht unter gesellschaftlich nützlichem Aspekt im engeren Sinne bedingt und propagiert werden."(Apelt 1976: 134) Wirtschaftliches und politisches Nützlichkeitsdenken bestimmt - zumindest im fremdsprachlichen Bereich, die DDR-Lehrpläne und die DDR-Lehrerbildung. Die Folge ist - sofern nicht das Gebot der "Parteilichkeit" mit der Weltanschauung des Lernenden kollidiert und dessen Motivation zerstört, ein recht anspruchsvoller Fremdsprachenunterricht auf S II-Niveau, dessen Verwertbarkeit dem Schüler unmittelbar einleuchtet. Wir gravierend die Folgen unseres Systems für die Schülermotivation sind, zeigt die Tatsache, daß nachweislich ein nicht geringer Prozentsatz der anglistischen Studienanfänger moderne Fremdsprachen in der Sekundarstufe II so weit wie möglich abgewählt hat, weil man glaubte, angesichts des Nicht-Vorhandenseins einer anspruchsvollen sprachpraktischen Ausbildung kaum mehr etwas hinzulernen zu können, weil die Themata zu eng sozialkundlich waren (als Frucht der Lehrpläne, Prüfungsordnungen und Verlagsangebote) oder aber weil man den vorausgehenden Unterricht als so wenig abwechslungsreich empfunden hatte, daß man nun lieber verzichtete.

Von ausbildungspolitischen Einflußnahmen auf das Motivationsgeschehen war oben schon die Rede. Daß das Phänomen Numerus Clausus das Wahlverhalten der S II-Schüler sehr viel stärker zu steuern vermag als das interessanteste Lehrmaterial oder der zielgruppenfreundlichste Lehrplan, leuchtet unmittelbar ein. In diesem Falle ändert sich an den vorhandenen Einstellungen, soweit sie affektiv bedingt sind, nicht. Die "zielgerichtete Motiviertheit" aber kommt nicht zustande. Stattdessen erzeugt das angestrebte Niveau der formalen Eingangsqualifikation Bedürfnisspannungen und eine entsprechende zielgerichtete Motiviertheit in ganz anderen Bereichen und setzt Energien frei, die selbst affektiv negative Haltungen kompensieren können.

2.3. Standespolitische Einflußnahmen

Standespolitische Raisonnements steuern auf recht indirekte, aber umso subtilere Weise das Motivationsgeschehen in unseren Schulen. Sie determinieren nämlich das kollektive Selbstbewußtsein der Lehrerschaft, das dann wieder über entsprechende Verbandsbeschlüsse die Entwicklung von Lehrplänen und Prüfungsordnungen mitsteuert. Das traditionelle Selbstverständnis des Fremdsprachenlehrers am Gymnasium, der sich als Textinterpret, als Vermittler von Bildungswerten, als Propädeutiker versteht und nicht in erster Linie als Sprachpraktiker, hat zur Lebensferne des überkommenen Fremdsprachenunterrichts an diesem Schultyp erheblich beigetragen und dämpfend auf die Lernwilligkeit des eher pragmatisch ausgerichteten Teils der Schülerschaft gewirkt. Umgekehrt haben standespolitische Empfindungen die frühen Förderer des Englischunterrichts an der Hauptschule dazu bewogen, das neue Fach in bewußtem Gegensatz zum Englischunterricht des Gymnasiums zu entwickeln. Dies führte zu einem Unterricht, der weitgehend kognitionsfrei ablief, und, aller sinnvollen pädagogischen Intentionen jenseits der Sprachpraxis entkleidet, die (durchaus vorhandenen) geistigen Interessen des Hauptschülers nicht mehr zu stimulieren vermochte. Erst die bildungspolitischen Vorgänge der 70er Jahre (Diskussion um eine Zusammenführung von allgemeiner und beruflicher Bildung, Neubewertung kognitiver Unterrichtsverfahren, Analyse des Phänomens Leistungsschwäche) haben zu Veränderungen im Denkansatz geführt.

2.4. Fachpolitische Einflußnahmen

Standespolitische Gedankengänge werden heute immer stärker überlagert durch fachpolitische Auseinandersetzungen: In dem Maße, in dem sich das Fachsystem als durchgängiges Organisationsprinzip durchgesetzt und sich die Fachverbände (für den neusprachlichen Bereich der Fachverband Moderne Fremdsprachen) für Lehrer aller Schulformen öffnen, kommt es in den älteren Standesverbänden (bestes Beispiel: Philologenverband) zu Fraktionierungen nach Fachgruppen-Interessen. Dabei haben die einzelnen Fächer im gymnasialen und im Realschul-Bereich ohnehin ihr durch viele Lehrergenerationen angestammtes Fachverständnis. Im Hauptschulbereich mag dies anders sein: hier ist die Fachgliederung ein junges Prinzip (das traditionellerweise nach Fächern gegliederte berufliche Schulwesen leidet als Folge 150jähriger Unterprivilegierung insgesamt an einem gestörten Selbstverständnis.)

So wie viele in diesem Aufsatz angesprochene Zusammenhänge bisher empirisch kaum untersucht sind, so ist auch das Selbstverständnis der Englisch- und Französischlehrer in seiner historischen Bedingtheit bisher kaum erforscht. Man hat den modernen Fremdsprachen am Gymnasium vorgeworfen, sie hätten sich als Selektionsmechanismus verstanden, oder zumindest doch hätte sich ihre Lehrerschaft dazu mißbrauchen lassen, die bildungspolitisch umstrittene Funktion des Siebes zu übernehmen. Untersuchungen zum Versagen im Bereich der Höheren Schule haben gezeigt, daß die Fremdsprachen insgesamt (einschließlich Latein und Altgriechisch) traditionellerweise eine sehr viel stärkere selegierende Funktion hatten als beispielsweise Mathematik und Naturwissenschaften.[4] Dennoch tut man der neuphilologischen Lehrerschaft vermutlich Unrecht, wenn man ihr, gerade auch in historischer Perspektive, elitäres Denken nachsagt. Die bisher vorliegenden Anhaltspunkte deuten darauf hin, daß sich die Neuphilologen in der Frühzeit des modernen Fremdsprachenunterrichts an Gymnasien und Realschulen (etwa 1820-1880) bei aller methodischen Anlehnung an altphilologische Vorbilder als Mittler moderner Kultur und modernen Lebensgefühls verstanden, damit aber in einen sehr bewußten Gegensatz zu den selektionsfreudigeren Altphilologen traten. Nur so werden die Bestrebungen der 70er Jahre des 19. Jahrhunderts verständlich, die dann in Wilhelm Vietors Streitschrift "Der Sprachunterricht muß umkehren" (1882) ihren Höhepunkt finden. Die jüngst erschienenen neuphilologischen Lebenserinnerungen Paul Hartigs (Hüllen/Schröder 1981) deuten darauf hin, daß das Selbstverständnis des überwiegenden Teils der neusprachlichen Lehrerschaft in den Jahren vor dem 1. Weltkrieg geeignet war, bei den Schülern positive Affekte zu wecken: Die Fremdsprachenlehrer galten als weltoffener, kulturellen Entwicklungen gegenüber sensibler, ja modischer als ihre altphilologischen und naturwissenschaftlichen Kollegen. Die Entwicklung der Studentenzahlen im Bereich der Neuphilologien zwischen 1900 und 1925 zeigt eindrucksvoll das Maß an Begeisterung, das viele Lehrer der neueren Sprachen damals - freilich vor dem Hintergrund eines verlorenen Krieges - für ihre Fächer zu wecken vermochten. Es mag sein, daß die Entwicklung des neusprachlichen Gymnasiums im Rahmen jenes "modernen Humanismus", den noch Bohlen (1957) beschwört, einem elitäreren Denken in neuphilologischen Kreisen Vorschub geleistet hat. Immerhin sollten ja an diesem Schultyp die modernen Sprachen die Bildungsfunktion des Lateinischen übernehmen. Neuere empirische Untersuchungen deuten allerdings darauf hin, daß die Selektionsfunktion der modernen Fremdsprachen weniger auf überzogene Leistungsanforderungen oder aber ein motivationshemmendes Gebahren der neuphilologischen Lehrerschaft zurückzuführen ist als vielmehr auf die Tatsache, daß der Schultyp Neusprachliches Gymnasium zum Sammelbecken für einen ganz bestimmten Schülertyp wurde, der eher zur Leistungsschwäche (im schulischen Sinne) neigt als der Schüler anderer Gymnasialtypen.[5]

Der gegenwärtige Zustand ist insofern von Interesse, als es unter den Neusprachlern an Gymnasium und Realschule kein einendes "neusprachliches Lebensgefühl" mehr gibt: Die Romanisten verstehen sich als Mittler einer exemplarischen Nachbarkultur, während sich die Anglisten (zumindest bis in jüngste Zeit) auf die Rolle des Englischen als internationale Sprache berufen haben, wenn es darum ging, die Daseinsberechtigung des Faches in all seiner quantitativen Glorie zu untermauern. Es versteht sich von selbst, daß derart unterschiedliche Grundeinstellungen der Fachvertreter zu unterschiedlichen Schwerpunktsetzungen im Unterricht und damit zu unterschiedlichen Motivationsanreizen führen. Im übrigen darf man bei der Lehrerschaft eines sprachlichen Faches, das um seine Existenz kämpfen muß, mit einem deutlichen Mehr an motivatorischem Elan rechnen als bei den Fachvertretern eines Faches, das gleichsam außer Konkurrenz läuft.

3. Zu den gesellschaftlichen Einflußfaktoren

Wie schon angedeutet, stehen die oben skizzierten politischen Einflüsse auf Fremdsprachenunterricht zu den gesellschaftlichen in einer Wechselbeziehung: Einerseits sind die allgemeine politische Überzeugung sowie Schul-, Standes- und Fachpolitik ein Ausfluß der gesellschaftlichen Großwetterlage, andererseits wirken Schul- und

Standespolitik auf gesellschaftliche Institutionen wie beispielsweise das Elternhaus oder die "Abnehmer" von Schule (man denke etwa an Handel und Industrie) zurück: Die völlig irrationale Wertschätzung des Abiturs als Eingangsqualifikation für mittlere kaufmännisch-technische Laufbahnen im Bereich von Handel und Dienstleistungsgewerbe kann man als ein auf den Hund gekommenes bürgerliches Bildungsstreben interpretieren, als das der deutschen Seele innewohnende Verlangen nach Höherem; mit Sicherheit ist dieser Zustand aber auch Ergebnis einer konsequenten gymnasial-standespolitischen Beeinflussung. Umgekehrt greift das politisch bedingte gesellschaftliche Prestige der gymnasialen Schullaufbahn tief in das Leben der betroffenen Familien ein; in vielen Fällen bestimmt es das gesamte häusliche Klima.

Der komplexe Bereich der gesellschaftlichen Einflußfaktoren ist vielleicht am ehesten aufzuschlüsseln, wenn man den Lerner als Ausgangspunkt nimmt. Welchen gesellschaftlichen Zwängen, welchen fördernden Einflüssen sieht er sich in seinem Motivationsgeschehen ausgesetzt?

3.1. Der Lerner und die Institution Schule

Die motivationalen Implikationen des Lernortes Schule sind dem nachfolgenden Artikel vorbehalten. An dieser Stelle sei nur darauf hingewiesen, daß im Zentrum der schulischen Einflußnahme auf die Lernprozesse des Schülers jenes gesellschaftlich vermittelte, historisch bedingte Konzept von fachlicher Leistung steht, das in Lehrplänen und Prüfungsordnungen festgelegt ist. Dieses Konzept determiniert die Übungsformen, weitgehend auch die Inhalte; es kann davon ausgegangen werden, daß es einen nachhaltigen Einfluß auf die Lehrer- wie auch die Schülermotivation hat. Wie komplex in seiner Bedingtheit, wie problematisch aber auch das schulische Konzept von fremdsprachlicher Leistung ist, zeigt die auf den Englischunterricht bezogene, schulformübergreifende Monographie von Macht (1979). Die Überbewertung der schriftlichen Komponente, die in einigen Bundesländern überzogenen Wörterpensen, die je nach Lehrwerk und Lehrer unterschiedlich große Lebensferne des Dargebotenen wirken sich ohne Zweifel negativ auf die Lernhaltung der Schüler aus: Die Überbetonung des Schriftlichen hat formaljuristische und schulhistorische Gründe.

Die Wörterpensen werden verständlicher, wenn man davon ausgeht, daß das (produktive) Vokabular ein traditioneller Mechanismus der äußeren Differenzierung zwischen den Schultypen ist. Die Lebensferne hat ihre Wurzeln tief im Bildungsdenken des Neuhumanismus. Es wäre allerdings einseitig, mit Blick auf die Institution Schule nur vom Negativen her zu argumentieren: Die Anstrengungsorientierung des schulischen Fremdsprachenunterrichts (selbst dort, wo er in seinen Begründungen und Ausprägungen schwer durchschaubar ist), der in der Klasse entstehende Wettkampfcharakter des Lernens, das fachliche und menschliche Charisma des "guten" Lehrers vermögen Motivationen freizusetzen, die die Negativbilanz positiv verändern. Die anschließend dargestellten Augsburger Untersuchungsergebnisse geben interessante Aufschlüsse in diesem Bereich.

3.2. Der Lerner und die Institution Elternhaus

Das Elternhaus ist in seiner Einstellung zu Schule und Fremdsprachenunterricht in unterschiedlichem Maße geprägt durch bildungspolitische Grundhaltungen, schichtenspezifische Denkungsweisen (kritischere Grundhaltung etwa in Akademikerkreisen, hohes Maß an Systemkonformismus in eher kleinbürgerlichem Milieu, mangelnde Einsicht in die Daseinsberechtigung von Fremsprachenunterricht in Familien des Arbeitermilieus), aber auch durch die aktuellen Leistungen und die damit zusammenhängenden Erfolge und Nöte der in die Schule entsandten Kinder. Das Bild der deutschen Durchschnittsfamilie von Schule ist im übrigen eher durch die Berichterstattung der Massenmedien geformt als durch den direkten Kontakt mit den Lehrkräften; soziales Prestigedenken (Rettung des Erreichten in die nächste Generation hinein oder aber Sicherstellung eines sozialen Aufstiegs) bestimmen die Elternaktivitäten meist stärker als kindbezogene Erwägungen.

Die Frage, wie weit es im Bereich der Fremdsprachen-Lernmotivation eine Schichtenspezifik gebe, klingt in einer Reihe von neueren Untersuchungen an, vor allem in solchen, die sich mit dem Problem der Leistungsschwäche bei Hauptschülern befassen.[6] Am deutlichsten formuliert Heike Rautenhaus im Anschluß an ihre empirischen Erhebungen an Bremer "Grundschulen":

Lernschwache Englischschüler weisen vor allem Teilfertigkeitsdefizite im verbalen Intelligenzbereich auf, und zwar bei den Faktoren 'Verbal Comprehension' und 'Word Fluency' (vgl. Rautenhaus 1978: 39-40). Das bedeutet, das Verhältnis dieser Schüler zu ihrem muttersprachlichen Wortschatz und allgemein zum Phänomen Sprache ist nicht mittelschichtspezifisch, nicht schulkongruent.

Sie folgert:

Diese Schüler müssen erst einmal ein positives Verhältnis zum Phänomen Sprache aufbauen...Die Schüler müssen den Englischunterricht als aus konkreten Informations- und Mitteilungsbedürfnissen erwachsenes sprachliches Handeln erkennen können; denn was nicht handlungsnotwendig ist, kann für die Schüler keine Motivationswirkung haben.

Weiter stellt sie fest:

Lernschwache Englischschüler kommen häufig aus einem Elternhaus, das sie zwar nicht ökonomisch, deutlich jedoch auf der Ebene der Einstellungen, Interessen und Schwerpunktsetzungen benachteiligt. Ihre Erziehung ist gegenwartsorientiert und nicht auf Konsumverzicht oder langfristige Planung hin ausgerichtet. Sie erhalten wenig Lernhilfen, sowohl im eng pragmatischen Sinne von Unterstützung bei der Bewältigung englischer Hausaufgaben als auch im umfassenden Sinne von Lernmotivierung, Leistungsorientierung, Fürsorge und Geborgenheit (vgl. Rautenhaus 1978: 63-86).

Schließlich weist Rautenhaus darauf hin, daß lernschwache Englischschüler oft Schulschicksale hinter sich haben, "die durch häufiges Fehlen, schlechte Noten in allen Fächern (außer Sport), Sitzenbleiben, Überalterung, Frustration, Ausweglosigkeit und Resignation gekennzeichnet sind." (Alle Zitate: Rautenhaus 1979a:34ff.) Freilich handelt es sich hier nicht um fremdsprachenspezifische Einstellungen, wohl aber um solche, die diesen Schülertyp gegenüber den leistungsstärkeren Mitschülern generell unterscheiden. Rautenhaus ermittelte insgesamt 8 Hauptfaktoren der Leistungsschwäche. Daß es im übrigen Anreize gibt, die sich - auf allen Leistungsebenen speziell auf den Fremdsprachenerwerb positiv auswirken können, ist hinlänglich bekannt: Werden im Elternhaus des Schülers fremde Sprachen verstanden, gesprochen oder gar von den Erwachsenen gelernt? Kommen ausländische Besucher in die Familie? Wird im Familienkreis über Sprachprobleme gesprochen? Haben touristische Auslandsreisen auch eine sprachpraktische Komponente? Die Einflußnahme des Elternhauses auf den Fremdsprachen-Lernprozeß der Kinder ist - zumindest jenseits der bei Rautenhaus analysierten Zielgruppe - wahrscheinlich stärker, als dies bei anderen Fächern der Fall ist, mitgeprägt durch die Sorge um deren späteres berufliches Fortkommen.

3.3. Der Lerner und die Institution Beruf

Daß heute stärker als in den vergangenen 30 Jahren alles schulische Lernen unter dem "Streß" eines angesichts der knapper werdenden Arbeitsplätze fühlbaren Erfordernisses zur frühzeitigen, möglichst umfassenden Qualifikation stehe, ist eine Binsenwahrheit. Schüler, die die systembedingten, weitgehend irrationalen Zwänge in diesem Bereich durchschauen und bejahen, werden in allen Fächern positiver tendieren als solche Schüler, die (als Folge einer noch nicht eingetretenen geistigen Entwicklung) eher gegenwartsbezogen lernen oder aber (auf System-Konformismus bewußt verzichtend) die entstehenden Zwänge ablehnen. Im Schulalltag der Realschule und des Gymnasiums läßt sich beobachten, daß der Wille zur formalen Höchstqualifikation (Motto: in allen Fächern, auch in den Fremdsprachen, ein möglichst guter Schüler sein, einen guten Zeugnisdurchschnitt erreichen) als Stimulanz im Vordergrund steht, nicht so sehr aber die - sehr viel wünschbarere, da reflektiertere - Haltung: Ich will die Sprache A lernen, weil mein zukünftiger Beruf spezifische Verwertungszusammenhänge nahelegt; ich lege den Schwerpunkt meiner Arbeit auf die Fertigkeiten/kommunikativen Situationen a, b, c ..., weil ich die zu erlernende Fremdsprache in diesen Bereichen künftig am besten werde verwenden können. Die gegenwärtige Schule weiß leider viel zu wenig, wozu sie realiter ausbildet, als daß sie ihren Schülern hier Hilfestellungen bieten könnte. Besonders gravierend ist dieses Defizit an Hauptschule und Gymnasium.

4. Einige empirische Befunde

Die oben gemachten Ausführungen können nur als der Versuch eines Schneisenschlags verstanden werden. Die im folgenden referierten Untersuchungsergebnisse berühren lediglich einen Teil der dargestellten Zusammenhänge, sie sind aber hilfreich für die daran anschließenden Erwägungen zur Frage, wie das Motivationsgeschehen im Fremdsprachenunterricht der Zukunft positiver zu gestalten sei.

Die Daten wurden an 1916 Studierenden der ersten beiden Studienjahre an 6 Universitäten in 3 europäischen Ländern (Bundesrepublik, Belgien, Finnland) gewonnen. Ziel des Projekts war es, Befunde zu Fragen der Fremdsprachen-Lernerfahrung, des Fremdsprachen-Lernbedürfnisses und der Einstellung zur europäischen Vielsprachigkeit bei Absolventen der Sekundarstufe II zu erhalten. Es wurde davon ausgegangen, daß die Gruppe der Studierenden des Grundstudiums über eine relativ ausgeprägte Sprachlernerfahrung und eine kritische Einstellung dazu verfügt, und daß sie Berufen zustrebt, die am ehesten weit gefächerte Fremdsprachenkenntnisse erfordern. (7)

Auf die Frage, wie der schulische Fremdsprachenunterricht im Retrospekt hinsichtlich seiner kognitiven und affektiven Qualitäten global eingeschätzt werde, ergab sich für die drei bundesdeutschen Universitäten Augsburg (n = 416), Trier (n = 331) und Kiel (n = 380) das folgende Bild:

	Augsburg	Trier	Kiel
Der FU hat Spaß gemacht und wir haben etwas gelernt	54%	52%	49%
Der FU hat Spaß gemacht, aber wir haben nicht viel gelernt	26%	22%	2o%
Der FU hat keinen Spaß gemacht, aber wir haben etwas gelernt	9%	14%	17%
Der FU hat keinen Spaß gemacht und wir haben auch nicht viel gelernt	11%	12%	14%

Dies ist ein Ergebnis, das sich im Kontext der bei Solmecke (1976) zusammengestellten empirischen Befunde bzw. auch der Seelig-Studie (1968) zumindest nicht negativ abhebt. Dennoch ergeben sich für Belgien und Finnland deutliche positivere Werte:

	Leuven	Helsinki	Turku
Der FU hat Spaß gemacht und wir haben etwas gelernt	8o%	66%	66%
Der FU hat Spaß gemacht und wir haben nicht viel gelernt	14%	9%	12%
Der FU hat keinen Spaß gemacht, aber wir haben etwas gelernt	4%	2o%	15%
Der FU hat keinen Spaß gemacht und wir haben auch nicht viel gelernt	2%	6%	6%

Eine genauere Untersuchung der bundesdeutschen Ergebnisse zeigt, daß der Grad der völligen Zustimmung bzw. völligen Ablehnung sowohl in statistisch signifikanter Weise schultypabhängig als auch geschlechtsabhängig ist. Für die finnischen Stichproben ergibt sich eine statistische Signifikanz der Geschlechtsspezifik sogar auf dem 0,1%-Niveau.

Bedeutsamer im Kontext der obigen Erwägungen ist die Frage, welche einzelnen Faktoren zu der positiven bzw. negativen Bewertung des schulischen Fremdsprachenunterrichts beigetragen haben. Die folgende Tabelle erlaubt eine Quantifizierung der Gründe, warum der Fremdsprachenunterricht der Schule positiv gesehen wird. Dabei werden die deutschen Universitäten Augsburg und Trier den finnischen Universitäten Helsinki und Turku exemplarisch gegenübergestellt. Es ergeben sich zwei national-typische Profile, wobei im hier interessierenden Zusammenhang zunächst einmal von Interesse ist, wie stark die Persönlichkeit des Lehrers das Motivationsgeschehen offenbar auch noch der Sekundarstufe II beeinflußt. Auch im Bereich der Ablehnungen spielt die Variable Lehrer eine entscheidende Rolle (vgl. die Tabelle auf S. 122). Auch die methodische Qualität des Unterrichts ("Abwechslungsreicher Unterricht") ist in diesem Zusammenhang als wichtiges Ingredienz des Motivationsgeschehens zu werten, besonders auch im Negativbereich, wo ein "wenig abwechslungsreicher Unterricht" der größte Einflußfaktor für eine insgesamt negative Bewertung des Fremdsprachenunterrichts darstellt. Daneben werden drei weitere wichtige Stimulanzen sichtbar: der Komplex "Interesse an den Zielsprachenländern/Reiseabsichten, der Bereich "Berufliche Bedeutsamkeit/ Nützlichkeit im Leben/Anwendbarkeit außerhalb der Schule" sowie - ein im klassischen Sinne "intrinsischer" Motivationsfaktor par excellence - das Faktum, daß die "Sprache vom Klang her sympathisch" ist (s. Tabelle S. 121).

Übersetzt in die Kategorien der politischen und gesellschaftlichen Einflußnahme auf Motivation und Einstellungen liegt der Schluß nahe, daß Lehrerausbildung, Selbstverständnis des Lehrers, ein "kulturkundlich" adäquates Selbstverständnis des Faches, ein bewußter Bezug auf Verwertbarkeit des Erlernten (in Privatsphäre u n d Beruf) sowie auch angestammte Klischeevorstellungen (die Motivation im Französischunterricht lebt in statistisch hochsignifikanter Weise von der alle anderen europäischen Sprachen überstrahlenden "Klangschönheit" dieser Sprache) entscheidende Faktoren für eine positive Bewertung des schulischen Fremdsprachenunterrichts, damit aber für Fremdsprachenlernen überhaupt sind (s. Tabelle S. 122).

Die Interviews an allen 6 Hochschulorten zeigten, daß - entsprechend günstige Rahmenbedingungen vorausgesetzt - ein ausgeprägtes Verlangen besteht, schon erworbene Fremdsprachen zu vertiefen und

		Augsburg	Trier	Helsinki	Turku
A	Qualifizierte Lehrer	9,7	1o,8	13,2	11,8
B	Sympathische Lehrer	5,4	5,2	8,8	11,8
C	Abwechslungsreicher Unterricht	7,1	8,2	4,8	5,7
D	Sinn der Übungen war klar	1,3	2,o	4,3	4,2
E	Einsatz von Bildern, Tonbändern, Schallplatten	1,9	2,4	4,7	4,3
F	Interesse an Literatur	5,7	9,o	6,9	5,9
G	Interesse an Grammatik	1,7	2,4	2,8	4,o
H	Interesse an den Zielsprachenländern	14,3	12,8	8,6	1o,1
J	Reiseabsichten in die Zielsprachenländer	9,8	7,9	4,4	4,4
K	Gelegenheit zur Anwendung der Fremdsprachenkenntnisse außerhalb der Schule	9,5	1o,3	5,3	5,7
L	Berufliche Bedeutsamkeit der Fremdsprachenkenntnisse	6,o	7,5	1o,5	8,4
M	Nützlichkeit der Fremdsprachenkenntnisse im Leben	1o,4	8,1	13,o	11,3
N	Optimale Vorbereitung auf das Abitur	2,4	1,1	4,o	4,4
O	Sprache vom Klang her sympathisch	9,4	7,4	6,1	8,3
P	Spaß am Fremdsprachenunterricht	3,7	3,9	1,4	1,9
Q	sonstige Gründe	1,8	1,3	1,2	1,4
		% der Nennungen			

Gründe für die positive Bewertung des schulischen Fremdsprachenunterrichts in Prozent der Voten (Nennungen)

Gesamtzahl der Nennungen:
Augsburg: 1854 Helsinki: 1386
Trier: 1515 Turku: 1816

		Augsburg	Trier	Helsinki	Turku
A	Unqualifizierte Lehrer	16,9	16,4	11,8	12,6
B	Unsympathische Lehrer	9,8	9,o	12,1	9,9
C	Wenig abwechslungsreicher Unterricht	18,5	23,1	2o,o	16,5
D	Sinn der Übungen nicht klar	7,1	8,1	5,7	5,9
E	Kein Medieneinsatz	8,7	7,9	6,4	7,1
F	Kein Interesse an Literatur	4,o	2,3	4,9	5,2
G	Kein Interesse an Grammatik	4,o	5,3	11,1	11,3
H	Kein Interesse an Zielsprachenländern	o,8	o,5	4,4	3,9
J	Keine Reiseabsichten	o,8	o,7	o,5	1,5
K	Keine Gelegenheit zur Anwendung außerhalb der Schule	5,5	6,o	4,7	5,7
L	Kein beruflicher Nutzen	o,3	o,2	1,o	o,5
M	Kein Nutzen im Leben	o,8	o,9	1,o	o,2
N	Schlechte Vorbereitung auf das Abitur	6,1	4,6	2,5	5,2
O	Sprache vom Klang her unsympathisch	2,9	3,o	4,9	5,7
P	Hemmungen, Sprache im Unterricht zu benutzen	6,6	6,7	5,7	5,1
Q	sonstige Gründe	7,1	5,1	3,4	3,5
		% der Nennungen			

Gründe für die negative Bewertung des schulischen Fremdsprachenunterrichts in Prozent der Voten (Nennungen)

Gesamtzahl der Nennungen:
Augsburg: 378 Helsinki: 4o6
Trier: 432 Turku: 593

neue hinzuzuerwerben. Die im einzelnen hierfür gegebenen Begründungen sind in der folgenden Tabelle festgehalten, wobei aus Gründen der besseren Vergleichbarkeit wiederum Augsburg und Trier den finnischen Universitäten Helsinki und Turku gegenübergestellt werden. Auch hierbei ergeben sich nationaltypische Profile, die ein hohes Maß an Kompatibilität mit denen der obigen Tabellen aufweisen. Für den Bereich der Bundesrepublik ist (anders als in Finnland) der Tourismus einer der Hauptmotoren für Fremdsprachen-Erwerb. Demgegenüber werten "Aufstiegsmöglichkeiten im Beruf" sowie "Lektüre belletristischer Literatur" - Faktoren, die in Finnland hohe Werte erreichen - in der Bundesrepublik relativ niedrig. Von besonderem Interesse ist im Zusammenhang mit der Thematik dieses Artikels, daß offenbar ein sehr enger Nexus zwischen den Konzepten "Allgemeinbildung" und "Fremdsprachenerwerb" besteht, sowohl in Finnland als auch in Deutschland: Man erwirbt Fremdsprachenkenntnisse, weil Fremdsprachen unverzichtbarer Bestandteil allgemeiner Bildung sind (s. Tabelle S. 124).

Man kann den hier bisher vorgetragenen Gedankengängen den Vorwurf machen, sie seien insofern zu eng, als sie die femdsprachenpolitische Grundproblematik von Sprachenwahl und Sprachenfolge nicht beachteten: Wie immer die motivationale Qualität beispielsweise des Englischunterrichts statistisch beschaffen sein mag, erhebt sich doch die Frage, wieviele Schüler das Englische unwillig lernen, weil Englisch die Sprache ist, die sie eigentlich gar nicht lernen wollen. Für den Bereich der Realschule und des Gymnasiums mag sich dieses Problem weniger stellen als für den Bereich der Hauptschule. Wieweit sich aber beispielsweise die Tatsache, daß es am bayerischen Neusprachlichen Gymnasium keine Alternative zu Latein als 2. Fremdsprache gibt, negativ auf das Motivationsgeschehen in diesem Fache auswirkt, ist bisher nicht untersucht. Die sehr umfangreichen Ergebnisse des Augsburger Forschungsvorhabens im Bereich der Sprachenwahl deuten darauf hin, daß mehr Liberalismus im Bereich von Sprachenwahl und Sprachfolge zu einem deutlichen Mehr an Motivation bei den Schülern führen würde. Der Schulsprachenkanon und die Gewichtung der einzelnen sprachlichen Fächer werden nur verständlich vor dem Hintergrund einer 150-jährigen Tradition der widerstreitenden politischen und gesellschaftlichen Einflußnahmen auf Schule und Lehrerschaft.

		Fremdspr.Lit. als Studienlektüre	Aufstiegsmöglichkeiten im Beruf	Urlaubs- und Erholungsreisen	Kommunikation mit Ausländern in Deutschland	Lektüre belletristischer Literatur	Lektüre ausländischer Zeitungen	Verstehen fremdspr. Radio- und Fernsehsendungen	Allgemeinbildung	Sonstige Gründe	
Augsburg	absolut	143	7o	289	8o	85	84	1o1	162	37	1o51
	%	34,4	16,5	69,5	19,2	2o,4	2o,2	24,3	38,9	8,9	252,6
Trier	absolut	254	11o	178	5o	48	81	43	1o3	21	888
	%	76,7	33,2	53,8	15,1	14,5	24,5	13,o	31,1	6,3	268,2
Helsinki	absolut	38	151	61	39	99	72	36	95	33	624
	%	15,7	62,4	25,2	16,1	4o,9	29,8	14,9	39,3	13,6	257,9
Turku	absolut	92	214	71	43	145	72	45	134	43	859
	%	28,2	65,6	21,8	13,2	44,5	22,1	13,8	41,1	13,2	263,5

Gründe für die Erweiterung von Fremdsprachenkenntnissen

5. Gedanken zu einer Hebung des gesellschaftlich und politisch vermittelten Motivationsgeschehens im Fremdsprachenunterricht

Was kann geschehen, um die motivationale Negativ-Wirkung gesellschaftlicher und politischer Einflüsse auf den Fremdsprachenunterricht möglichst gering zu halten, und wie muß verfahren werden, um Einflüsse in diesem Bereich zu einer Quelle positiver Motivation werden zu lassen? Es ist nicht sinnvoll, an dieser Stelle die grundlegende Veränderung des in den Abschnitten 2 und 3 angedeuteten Systems zu fordern: Der Numerus Clausus wird in einer Reihe von Disziplinen bis auf weiteres bestehen bleiben, und auch am Selbstverständnis der Schulverwaltung, der Elternschaft und der "Abnehmer" wird sich so schnell nichts grundlegend ändern. In dieser Situation erscheint es als eine erste motivationsfördernde Maßnahme sinnvoll, dem Schüler schon der Sekundarstufe I, der die Zwänge mitunter nicht durchschaut oder sich blind gegen sie auflehnt, die hier interessierenden Zusammenhänge möglichst transparent zu machen. Dies sollte durchaus in kritisch-konstruktiver Absicht geschehen. Themen sind beispielsweise:

- Wie ist der schulische Fremdsprachen-Kanon bedingt?

- Wie ist er historisch zustande gekommen?

- Welche Fremdsprachen sollte man möglicherweise in der Sekundarstufe II (spätbeginnende Fremdsprachen) oder im tertiären Bildungsbereich hinzuzulernen versuchen?

- Welche politisch-gesellschaftlichen und welche privaten Gründe gibt es überhaupt, eine Fremdsprache zu lernen?

- Welche Schwerpunkte setzt die Schule im Bereich des Fremdsprachenunterrichts?

- Welche Schwerpunktsetzungen dominieren im Fremdsprachenunterricht des tertiären Bildungsbereichs bzw. auch im innerbetrieblichen Fremdsprachenunterricht?

- Welche Probleme ergeben sich aus der Zeitbedingtheit (Modernität, Modernitätsrückstand) der Lehrmaterialien?

- Sofern Kanonbildungen vorliegen: Wie kommen diese Kanonbildungen zustande?

- Welche neusprachlichen Leistungsnachweise sieht die Abschlußprüfung vor, und wie sind diese bedingt?

- Wie sind - exemplarisch betrachtet - elterliche Entscheidungen im Bereich des Fremdsprachenunterrichts der Kinder (Sprachenwahl, Sprachenfolge, Reaktionen auf Versagen und dgl.) motiviert?

Die Liste ist nicht vollständig. Sinn einer Behandlung dieser Themen (soweit möglich schon im Fremdsprachenunterricht der Sekundarstufe I) ist es, negative Einstellungen abzubauen, dem Schüler das Gefühl zu nehmen, einem nicht-transparenten System auf Gedeih und Verderb ausgesetzt zu sein. Aufgabe der Lehrerausbildung und Lehrerfortbildung ist es in diesem Zusammenhang, die Lehrerschaft auf die Behandlung dieser Themen vorzubereiten. Dies kann im Zusammenhang mit Veranstaltungen im Bereich Lehrwerkkritik, Lehrplankritik, Anfangsunterricht, kognitive Unterrichtsmethoden usw. erfolgen; im übrigen aber sollte in der neusprachlichen Lehrerausbildung der Zukunft der Frage der Schülermotivation in speziellen Lehrangeboten zu diesem Thema mehr Rechnung als bisher getragen werden.

Von entscheidender Bedeutsamkeit für das Motivationsgeschehen im Fremdsprachenunterricht (wie in allen Fächern) ist ein modifiziertes Selbstverständnis der Lehrerschaft. Die Bürokratisierung der Schule in den vergangenen Jahrzehnten, die konsequente Beschneidung der Freiräume pädagogischen Handelns, die stark gestiegenen Schülerzahlen haben weite Teile der Lehrerschaft verunmündigt und unsicher werden lassen. Angesichts der immer gravierender werdenden sozialen Probleme der Schülerschaft (problematisches Verhältnis zur Familie, ausgeprägtes Konsumverhalten, vielfältige Frustration im Alltag mit den Folgen Leistungsversagen, Eskapismus, Vandalismus); aber auch angesichts der sehr viel weniger "gefestigten" Haltung gerade vieler junger Lehrer (und Lehrerinnen) dem Leben gegenüber wird das Unterrichten immer mehr zu einem Kampf ums Überleben: Die motivierende Kraft eines solchen Unterrichts liegt bei null. Neben der für die Zukunft zu fordernden psychotherapeutischen Komponente von Lehrerausbildung und Lehrerfortbildung müßte in diesen Bereichen eine konsequente Aufarbeitung des Selbstverständnisses der Lehrerschaft in Vergangenheit und Gegenwart erfolgen, mit dem Ziel, die Standes- und Fachideologie aufzudecken und den Lehrer gegenüber Lehrplan, Lehrwerk, Eltern und Schülern mündiger zu machen. Der (mündige) Fremdsprachenlehrer in der Sekundarstufe II sollte nicht davor zurückscheuen, sein fachliches Selbstverständnis (das vom menschlichen nur unvollständig zu trennen ist) seinen Schülern offenzulegen. Das Verfahren wird zu einer zumindest partiellen Verständigung führen, die sich positiv auf die Lernmotivation auswirken wird.

Eine im obigen Sinne revidierte Selbsteinschätzung der neuphilologischen Lehrerschaft wird auch zu der längst überfälligen Entkrampfung im Bereich der Fehlerkorrektur und Leistungsbewertung führen. Die normorientierte (nämlich an der nebulösen Klassen-Norm ausgerichtete) Bewertung kriterienorientierter Tests (nämlich der Klassenarbeiten), die Angst vor dem bösen Blick des Kollegen oder gar des Direktors bei einem "zu guten" Notendurchschnitt sind in deutschen Schulen an der Tagesordnung. Die Art des Zensierens (bei gleichzeitiger Überbetonung des schriftlichen Elementes) ist - zumindest am Gymnasium - wohl immer noch das Haupthindernis für motiviertes, erfolgreiches Lernen. Hohe unterrichtliche Anforderungen, gepaart mit schweren Klassenarbeiten, in denen die Schüler aber relativ viele Fehler machen können (Punkte-System mit Möglichkeit des Erwerbs von Plus-Punkten statt gängigem Fehlerzählen) wirken sich auf das Motivationsgeschehen sehr viel positiver aus als das normale Verfahren, wo gemäßigten unterrichtlichen Anforderungen relativ leichte und auch zu kurze Klassenarbeiten entsprechen, in denen dann aber nach dem Zweier- oder Dreierschritt gebeckmessert wird. Freilich, das erstere Verfahren ist für den Lehrer viel aufwendiger (Unterrichtsvorbereitung, Korrekturzeit). Der Fremdsprachenlehrer, der Anfangsunterricht erteilt, sollte stärker als bisher daran denken, daß es seine primäre Funktion ist, in den Schülern die Freude am Gegenstand zu entfachen, ihnen - in der Begrifflichkeit des Jan Amos Komensky - die Sprachenpforte aufzuschließen für ein in vielen Fällen lebenslanges, möglichst intensives Fremdsprachenlernen.

Sicher kann der Fremdsprachenlehrer der Zukunft bei aller schulpolitischen Gängelung und disziplinären Not sein Selbstwertgefühl auch aus der Tatsache herleiten, daß sein Unterricht die wohl wichtigste politische Voraussetzung für einen sinnvollen Fortbestand Europas schafft, nämlich jene Mehrsprachigkeit, ohne die ein sich einendes

Europa ein bürgerkriegsanfälliges Gebilde wäre. Die europäische, friedenspolitische Dimension des Fremdsprachenunterrichts sollte den Schülern schon in der Sekundarstufe I immer wieder verdeutlicht werden. Im Bereich der Sekundarstufe II sollte Fremdsprachenpolitik anhand geeigneter Texte einer der Kerngegenstände des Fremdsprachenunterrichts sein. Darüber hinaus sollten die empirischen Befunde im Bereich Sprachenbedarf und Fremdsprachen-Lernbedürfnis im Oberstufenunterricht der unterschiedlichen Schulformen thematisiert werden. Wenn die oben zitierten Augsburger Untersuchungen ergeben, daß rund 70% der befragten bundesdeutschen Studienanfänger ein Europa mit Englisch als Lingua Franca, als Euro-Sprache für erstrebenswert halten, so deutet dies auf ein kapitales Versagen des Fremdsprachenunterrichts im Bereich der Bewußtseinsbildung der Schüler hin.

Der hier umrissene Typ vom Fremdsprachenlehrer, der neben Lehrplan und Lehrwerk weitere Orientierungsgrößen besitzt, der sein fachliches und standespolitisches Sosein zu reflektieren vermag, wird sich nicht nur leichter tun, wenn es darum geht, unabdingbare pädagogische Freiräume (im inhaltlichen Bereich oder aber beispielsweise im Bereich der Leistungsmessung) zurückzugewinnen, er wird auch mit den Eltern (als einem Einflußfaktor auf die Schülermotivation) besser zurechtkommen. Die latente Frontstellung zwischen Elternschaft und Lehrerschaft, die zu einem breit angelegten noncommitment (man geht sich gegenseitig möglichst aus dem Wege) geführt hat, ist ein Stück Tragik der modernen Schule. Eltern und Lehrer müssen erkennen, daß sie das gleiche Ziel verfolgen, und sie müssen bereit und fähig sein, voneinander zu lernen. Da es nicht möglich ist, die Elternschaft für das Gespräch mit dem Lehrer zu schulen, müssen die Impulse vom Lehrer ausgehen, der freilich in der Zukunft schon während seiner Ausbildung befähigt werden muß, das Elterngespräch als Teil seines Dienstes am Schüler sinnvoll zu pflegen. Weite Teile der derzeitigen neuphilologischen Lehrerschaft sind von ihrer Ausbildung her hierzu nicht imstande.

Weitere Gedanken ließen sich anfügen: Zu erwägen wäre beispielsweise, wie man dem Fremdsprachenunterricht mehr wirklichen Wettkampfcharakter verleihen könnte, oder aber, welche motivierende Kraft von einer engeren Zusammenarbeit zwischen dem schulischen Fremdsprachenunterricht und den außerschulischen Ausbildungsträgern in diesem Bereiche ausgehen könnte. Immerhin haben bereits heute rund 14% unserer Abiturienten zusätzlich Fremdsprachen im Bereich der Volkshochschule gelernt. Die Tendenz ist steigend. Auch die innerbetriebliche Fremdsprachenausbildung sollte langfristig für die Neusprachler unserer Schulen nicht mehr Terra incognita sein. Immerhin weisen die oben gemachten Ausführungen einen Ansatz, der im Rahmen der hier vorliegenden Themenstellung dem Motivationsverfall im Fremdsprachenunterricht unserer Schulen entgegenwirken kann.

4.3. Das lernende Individuum

Die individuellen motivationalen Gegebenheiten und die Rolle der Einstellungen gegenüber dem Unterrichtsfach Fremdsprache und seinen Inhalten sowie ihre Zusammenhänge mit Eigenschaften des Unterrichts haben in der fremdsprachendidaktischen Literatur bisher die intensivste Beachtung gefunden. Das gilt sowohl für die empirische und theoretische Bearbeitung des Themas als auch besonders für einschlägige Handlungsanweisungen an den Lehrer.

Damit ist allerdings nicht gesagt, daß auf diesem Gebiet alles geklärt sei. Die Komplexität der Problematik vor allem hat dafür gesorgt, daß auch hier gesicherte Ergebnisse erst in Ansätzen vorliegen. Kap. 1.2. bis 3 haben u.a. versucht, einen Eindruck von dieser Komplexität und den daraus resultierenden theoretischen und praktischen Problemen zu vermitteln. Weitere Informationen lieferte der Beitrag von Hermann (Kap. 3.2.). Kap. 4.1. beschrieb die in den Beziehungen Lerner - Lerngegenstand angelegten Probleme. Kap. 4.2. hat zu zeigen versucht, wie stark Gesellschaft, Eltern und Institution auf die individuellen Charakteristika von Einstellung und Motivation einwirken. Insgesamt muß der Versuch, sich über diese Charakteristika Klarheit zu verschaffen, in jedem Falle, soll er fruchtbar sein, über die Betrachtung des Individuums hinausgehen. Er kann andererseits aber auch nicht bei einer nur außerindividuellen Betrachtungsweise stehenbleiben, will er nicht die vielfältig verschiedenen Möglichkeiten des Individuums vernachlässigen, auf gleiche oder ähnliche situative Voraussetzungen zu reagieren. Früher oder später wird man dabei auf die Frage stoßen, welche Eigenschaften der Lernerpersönlichkeit in welcher Weise mit der affektiven Seite des Fremdsprachenlernens zu tun haben.

Generell ist zu sagen, daß die wissenschaftliche Forschung eine ganze Reihe von Persönlichkeitszügen in Bezug zu den uns interessierenden Aspekten des Fremdsprachenlernens gesetzt hat, um Abhängigkeiten zu klären. Einige solcher Abhängigkeiten sind inzwischen auch empirisch relativ gesichert, andere sind umstritten bzw. befinden sich noch im Stadium der Spekulation. Insgesamt aber ist die Forschung auch bezüglich der Persönlichkeitsvariablen und ihrer Einflüsse noch weitgehend am Anfang; ihre Erkenntnisse sind punktuell und füllen nicht den Rahmen einer Theorie.

An dieser Stelle wollen wir uns mit zwei affektiven Aspekten der Lernerpersönlichkeit befassen, die als Determinanten von Motivation und Einstellung im Fremdsprachenunterricht und damit auch der Fremdsprachenleistung wirksam werden können.

Kulturelle Identität/Ethnozentrismus

Zwar können wir davon ausgehen, daß kulturelle Unterschiede zwischen Sprachgemeinschaften mit Sicherheit nicht biologisch verankert sind, daß zumindest in dieser Hinsicht bei der Geburt alle Menschen gleich sind und Kultur erst im Verlauf ihres Hineinwachsens in eine bestimmte Sprachgemeinschaft erlernen müssen. Gleichermaßen aber ist, wie wir schon sahen, zu beachten, daß dieser Lernprozeß so erfolgreich ist, daß die meisten Menschen ihre eigene Kultur (die Sprache eingeschlossen) als etwas Naturgegebenes betrachten und schon deshalb Schwierigkeiten haben, davon abweichende kulturelle Erscheinungsformen als gleich- oder auch nur existenzberechtigt zu tolerieren. Diese Fixierung auf die eigene Kultur beginnt schon recht früh im Leben des Kindes und ist beim Erwachsenen - natürlich mit individuellen Unterschieden - voll ausgeprägt. Die individuellen Unterschiede betreffen den Grad der Tolerierungsfähigkeit fremdkultureller Erscheinungsformen: Ist diese Fähigkeit gering, ist das individuelle Bild fremder Kulturen gewöhnlich von geringen Kenntnissen, pauschalen und meist negativen Vorurteilen sowie einer insgesamt distanzierten bis ablehnenden Haltung beherrscht; ist sie größer, werden abweichende Erscheinungsformen akzeptiert oder sogar vergleichbaren eigenen vorgezogen.

Natürlich ist diese Tolerierungsfähigkeit nicht statisch zu denken, sondern in fast allen Fällen im Rahmen der jeweiligen Reaktionstendenzen situationsabhängig: Was in konfliktfreien Situationen als sympathische, vorbildhafte oder auch nur akzeptable kulturelle Eigenart erscheint, kann sich im Konfliktfalle durchaus in eine hassens- und vernichtenswerte Abartigkeit verkehren. Hier spielen politische und wirtschaftliche Entwicklungen, aber auch Modenwechsel und individuelle Erfahrungen eine wichtige Rolle.

Insgesamt können wir durchaus von einer kulturellen Identität des Individuums sprechen, die sein Selbstverständnis und sein Verhältnis zu eigen- wie fremdkulturellen Erscheinungsformen in hohem Maße mitbestimmt. Konfrontation mit einer anderen Sprache und Kultur kann so, je nach Grad der Tolerierungsfähigkeit, als Bereicherung aber auch als Bedrohung dieser Identität empfunden werden.

Die mehr oder weniger starke Fixiertheit auf die eigene Kultur bezeichnen wir mit dem Begriff E t h n o z e n t r i s m u s. Dieser kann individuell unterschiedlich starke Ausprägungsformen annehmen und geht einher mit unterschiedlichen Graden von Akzeptanz oder Ablehnung fremdkultureller Erscheinungsformen.

Es ist leicht einzusehen, daß Personen mit einer stark ethnozentristischen Einstellung dem Erlernen einer Fremdsprache reservierter gegenüberstehen als solche mit einer gering ethnozentristischen Einstellung. Dieser Zusammenhang wird z.B. in Untersuchungen von Solmecke/Boosch (1981, Kap. 5 und 6) für Schüler und Erwachsene bestätigt. Dort wird auch nachgewiesen, daß eine ausgeprägt ethnozentristische Einstellung die für gute mündliche Sprachleistungen besonders erforderliche Identifikation mit der Fremdsprache behindert.

Ein anderes mit der kulturellen Identität verbundenes Phänomen ist das der A n o m i e: Fortgeschrittene Lerner einer Fremdsprache leiden nicht selten unter dem Gefühl, ihre alte kulturelle Identität zu verlieren, ohne eine neue zu gewinnen. Sie neigen dazu, auf ein früheres als das bereits erreichte Lernstadium zurückzufallen, etwa einen bereits abgelegten muttersprachlichen Akzent verstärkt wieder anzunehmen.

Extraversion/Introversion

Unter Extraversion ist die Stärke der Tendenz zu verstehen, sich gegenüber fremden Personen und unterschiedlichen sozialen Situationen ungehemmt zu verhalten bzw. sogar solche Situationen aufzusuchen.

Es ist leicht vorstellbar, daß extravertierte Lernende in einem auf den Erwerb der mündlichen Sprachkompetenz ausgerichteten Fremdsprachenunterricht mehr Erfolg haben als introvertierte, da sie eher bereit sind, sich am Klassengespräch in der Fremdsprache zu beteiligen und hierfür vom Lehrer positive Rückmeldungen erhalten. Die damit gegebenen Erfolgserlebnisse wiederum wirken sich positiv auf ihre Motivation aus, sich auch weiterhin aktiv am Unterricht zu beteiligen.

Ist nun "Leistung" im Fremdsprachenunterricht als mündliche Kommunikationsfähigkeit definiert, so wird auch ein direkter Zusammenhang zwischen Extraversion und Leistung wahrscheinlich. Tatsächlich zeigte sich in der bereits zitierten Untersuchung Solmecke/Boosch (1981) sowohl bei Sprachstudenten (Englisch) als auch bei Schülern ein hoher Zusammenhang zwischen stärkerer Extraversion und höheren Leistungswerten in einem Dialogtest (S. 119 und 134).

Solche Befunde verweisen auf eine Gefahr gerade für den unter dem Primat der mündlichen Kommunikationsfähigkeit stehenden Fremdsprachenunterricht: Es besteht die Möglichkeit, daß die häufig festgestellte generelle Benachteiligung introvertierter Schüler im Fremdsprachenunterricht verstärkt wirksam wird, zumal angesichts der Tatsache, daß die Faktoren "geglückter Kommunikation" bislang kaum ausreichend beschrieben werden konnten, und deshalb wohl eher so etwas wie "allgemeine Redefreudigkeit" den Ausschlag bei der Beurteilung von Lernerleistungen in diesem Bereich geben dürfte.

Die aus dieser Praxis resultierenden Mißerfolgserlebnisse dürften die Redefreudigkeit introvertierter Schüler auch nicht gerade erhöhen, womit wiederum eine negative Auswirkung auf Leistung und Leistungsbeurteilung gegeben ist.

Eine ganze Reihe weiterer affektiver Persönlichkeitsvariablen sind, wie eingangs gesagt, in ihrem Zusammenhang mit dem Fremdsprachenunterricht untersucht worden, doch soll wegen der bislang wenig gesicherten Forschungsergebnisse nur noch auf eine Variable näher eingegangen werden, deren Bedeutsamkeit für das Schicksal des Individuums im Unterricht in den letzten Jahren zunehmend erkannt wurde: die Ängstlichkeit. Hiermit befaßt sich ausführlich der nachfolgende Aufsatz von D. Krohn.

Dieter Krohn

4.3.1. Angst und Englischunterricht

I

"Unter den motivationalen Bedingungen von Lernprozessen und dabei erreichten Leistungsniveaus nimmt die Angst zweifellos eine zentrale Stellung ein" (Krohne, 1980a, S. 226). Diese Einschätzung rückt in den letzten Jahren stärker in das Bewußtsein der Öffentlichkeit und wird dort bisweilen unter dem Stichwort "Schulstreß" diskutiert (Biermann, 1977; Rosemann, 1978, Speichert, 1977).

Die wissenschaftliche Diskussion des Themenbereichs "Angst und Schule" ist in der Bundesrepublik Deutschland ebenfalls relativ jung. Die empirische Erforschung dieses Phänomens beginnt etwa 1970 mit der kommerziellen Verbreitung der ersten Angstfragebogen in deutscher Sprache und damit ca. 20 Jahre später als in den USA, woher man zunächst die hypothesenbildenden Theorien und die Instrumente zur Messung der Angst bezieht (vgl. Gärtner-Harnach, 1972; Schwarzer, 1975, S. 14f).

Im Raum von Schule und Unterricht wird die Bedeutsamkeit der Angst des Schülers - vermutlich auch die der Eltern und Lehrer - offensichtlich noch unterschätzt. Wiederholt stellte sich in Untersuchungen heraus, daß Lehrer Schwierigkeiten haben, ängstliche Schüler zu identifizieren (Jacobs/Strittmatter, 1979, S. 151f; Schwarzer, 1975, S. 11; Wieczerkowski et al., 1975, S. 35). Eine große Zahl scheint sich für Schulangst nicht zuständig zu fühlen. Jacobs/Strittmatter (1979, S. 151f), die 381 Lehrer befragten, erhielten von 40% die Antwort, sie könnten im Unterricht nicht feststellen, "ob einzelne Schüler unter Streß stehen oder nicht". 79% sagten, sie könnten sich "nicht so stark um jeden Schüler kümmern, um herauszufinden, ob er unter Streß leidet oder nicht", und 34 % der Befragten meinten, ein schulängstliches Kind gehöre zum Psychiater.

Die Autoren eines standardisierten Instruments zur Erfassung von Angst ziehen u.a. aus solchen und ähnlichen Befunden die Legitimation für die Verbreitung ihres "Angstfragebogen für Schüler (AFS)"

(Wieczerkowski et al., 1975, S. 35): "Für die Schulpraxis ergibt sich aus der zu beobachtenden Urteilsunsicherheit von Lehrern hinsichtlich der Ängste von Schülern erst recht die Notwendigkeit für objektive Verfahren". Daneben sind allerdings auch andere Wege der Sensibilisierung von Lehrern gegenüber den Schülerängsten zu gehen.

Von den Eltern sind es die Mütter, die die Schulangst ihrer Kinder relativ gut wahrnehmen können; die Väter bemerken sie offenbar nicht (Jacobs/Strittmatter, 1979, S. 96). Jedoch erfahren die Lehrer auch über die Eltern selten etwas von der Angst der Schüler. Jacobs/Strittmatter (1979, S. 158) fassen die diesbezüglichen Befunde ihrer Untersuchungen folgendermaßen zusammen: "Alle Ergebnisse deuten darauf hin, daß die Eltern, bei denen ein Kontakt zum Lehrer besonders notwendig wäre, diesen Kontakt nicht mehr, sondern eher weniger als die übrigen Eltern suchen" (im Original kursiv). Ursachen dafür sind die nachgewiesene Einstellung, sie hätten sowieso keinen Einfluß auf die Schule, und die Befürchtung, ihr Kind könne bei kritischen Äußerungen gegenüber dem Lehrer Nachteile haben (ebd., S. 163).[1]

Der vorliegende Beitrag will - angesichts der mit wenigen Worten angedeuteten Lage und mit dem Ziel ihrer Verbesserung - folgendes leisten:

- wesentliche Ergebnisse der bisherigen Forschung zum Zusammenhang von Angst und Schule im allgemeinen und Angst und Englischunterricht im besonderen darstellen;

- Erklärungsversuche in den Ursachen der Angst im Englischunterricht anbieten;

- Vorschläge zur Verhinderung bzw. zum Abbau von Angst im Englischunterricht machen.

Bei den Äußerungen zu Angst im Englischunterricht werden wir uns auf Ergebnisse aus zwei eigenen Forschungsprojekten beziehen können, die an entsprechender Stelle soweit wie nötig erläutert werden. Ansonsten wird versucht, die wichtigsten Veröffentlichungen zu unserem Thema zu berücksichtigen, ohne auf kontroverse Einzelfragen der Angsttheorie detailliert eingehen zu können (vgl. dazu z.B. Krohne, 1980b, dort auch weiterführende Literatur).

II

Angst wird im allgemeinen (vgl. für eine kurze und präzise Darstellung Birbaumer, 1977; Schwarzer, 1977), wie auch in diesem Beitrag, verstanden als ein Gefühl, das durch spezifische Reaktionsmuster auf äußere (zumeist soziale) oder innere (z.B. Vorstellungen) Reize definiert ist. Diese Reaktionsmuster liegen auf drei Ebenen: a) der neurophysiologisch-autonomen (z.B. Zittern, Schwindelgefühle, beschleunigter Puls, Erblassen), b) der motorisch-verhaltensmäßigen (z.B. Flucht) und c) der subjektivpsychologischen (verbalisierbares Erleben einer gegenwärtigen oder erwarteten Bedrohung). In neueren kognitiven Angsttheorien, die Schwächen der "mechanistischen" Angstauffassung in der Tradition des Behaviorismus überwunden haben (vgl. Krohne, 1976 und 1980b), wird betont, daß es in hohem Maße von der Persönlichkeit des einzelnen und ihrer Art der Informationsverarbeitung abhängt, ob und wie sie Angstreize wahrnimmt, verarbeitet und darauf reagiert.

Diese Angst als aktuelle Emotion eines Menschen in einer bestimmten raum-zeitlich gegebenen Situation ("state-anxiety" - Angst als kurzzeitiger Zustand) muß von einer zeitlichen relativ überdauernden, teilweise genetisch bedingten, teilweise erlernten Ängstlichkeit als einem Persönlichkeitszug ("trait-anxiety" - allgemeine manifeste Angst) unterschieden werden.

Eine weitere Differenzierung ist in bezug auf die angstauslösenden Reize vorzunehmen. Einzelne Personen unterscheiden sich stark in dem, wovor sie Angst haben; ihre Angst ist gegenstandsspezifisch. In unserem Zusammenhang ist die Angst im schulischen Kontext (Schulangst) von besonderer Bedeutung, die vorrangig in Leistungs- oder Prüfungssituationen (als Leistungs- bzw. Prüfungsangst) deutlich wird. Die allgemeine manifeste Angst und situationsspezifische aktuelle Ängste stehen in einem Zusammenhang.[2] Eine eindeutige Antwort auf die Frage nach der kausalen Abhängigkeit z.B. zwischen allgemeiner Ängstlichkeit und Schulangst ist kaum zu geben. Der Interpretation von Jacobs/Strittmatter (1979, S. 48) ist wohl am ehesten zuzustimmen: "Einmal dürften allgemein ängstliche Personen eher, häufiger und intensiver in aktuellen Schulangstsituationen Angst erleben, und diese erlebte Angst dürfte im Falle unzureichender Angstabwehrmechanismen die Disposition zur allgemeinen Ängstlichkeit bestätigen, aufrechterhalten oder verstärken".

Die Angst kann auf den verschiedenen Ebenen mit unterschiedlichen Verfahren gemessen werden. Die subjektiv-psychologische Ebene wird zumeist durch Fragebogen erfaßt, die sich auf die generelle manifeste Angst oder auf situationsspezifische Ängste richten können. Jede Angstskala, d.h. jede Zusammenstellung von Fragebogen-Items, die eine bestimmte Angst-Dimension messen sollen, stellt somit eine operationale Definition dessen dar, was unter der zu erfassenden generellen manifesten oder je situationsspezifischen Angst zu verstehen ist.

Zur Konkretisierung seien einige Items genannt, die in den in unseren eigenen Untersuchungen verwendeten Angstskalen enthalten sind. Der "Angstfragebogen für Schüler (AFS)" (Wieczerkowski et al., [2]1975) umfaßt neben der Skala "Schulunlust" und der Skala zur Erfassung der Tendenz von Schülern, sich angepaßt und sozial erwünscht darzustellen (einer sogenannten "Lügenskala"), die Skalen "Prüfungsangst" und "Manifeste Angst". In der Beschreibung der Autoren: "Die Skala P r ü f u n g s a n g s t beschreibt Gefühle der Unzulänglichkeit und Hilflosigkeit in schulischen Prüfungssituationen sowie Ängste vor einem Leistungsversagen, die vielfach mit vegetativen Reaktionen verbunden sind.

Die Skala M a n i f e s t e A n g s t enthält Items, die auf allgemeine Angstsymptome wie Herzklopfen, Nervosität, Einschlaf-, Konzentrationsstörungen sowie auf Furchtsamkeit und ein reduziertes Selbstvertrauen eingehen" (Wieczerkowski et al., 1975, S. 20).

Zu den insgesamt 15 Items der Skala "Prüfungsangst" (alle in Form einer Aussage, auf die der Schüler durch Ankreuzen von "stimmt" oder "stimmt nicht" reagieren soll) gehören z. B. die folgenden:

- "Ich habe Angst davor, daß überraschend eine Klassenarbeit geschrieben wird."

- "Wenn ich aufgerufen werde und nach vorn kommen muß, habe ich immer etwas Angst, daß ich etwas Falsches sage."

Die manifeste Angst (ebenfalls 15 Items in derselben Form und mit derselben geforderten Reaktion) wird z.B. durch diese Aussagen zu erfassen versucht:

- "Ich bin manchmal so aufgeregt, daß meine Hände zittern."

- "Oft kann ich abends lange nicht einschlafen, weil ich mir so viele Gedanken machen muß."

Fachspezifische Skalen enthält die "Attitudes und Motivation Test Battery" von Gardner et al. (1977), die wir in einer im Rahmen des Projekts übersetzten, leicht überarbeiteten und ergänzten (z.B. aus Clêment, 1977) Fassung eingesetzt haben. Zur Skala "Angst im Englischunterricht" ("French Class Anxiety" bei Gardner et al.), die aus fünf Aussagen besteht, zu denen die Schüler ihre persönliche Stellungnahme in unserer Untersuchung auf einer sechsstufigen Skala von "stimmt genau" bis "stimmt überhaupt nicht" ankreuzen sollten, gehören z.B. die folgenden Formulierungen:

- "Es fällt mir schwer, mich im Englischunterricht zu einer Antwort zu melden."

- "Ich komme ganz durcheinander, wenn ich im Unterricht Englisch sprechen muß."

Die zweite Angstskala, die wir dem AMTB hinzugefügt haben, bezieht sich auf die "Prüfungsangst im Englischunterricht" ("Englisch Test Anxiety" bei Clêment, 1977, S. 119). Sie besteht aus sechs Items, die in derselben Weise zu bearbeiten sind wie die der Skala "Angst im Englischunterricht". Aus der Prüfungsangstskala sollen die beiden folgenden zitiert werden:

- "Wenn wir eine Klassenarbeit oder einen Test in Englisch schreiben, mache ich mir gewöhnlich Sorgen über das Ergebnis."

- "Während einer Klassenarbeit oder eines Tests in Englisch schlägt mein Herz ganz ruhig und regelmäßig."

Die Frage, ob die Angstskalen auch tatsächlich das messen, was sie zu messen vorgeben, d.h. die Frage ihrer Validität, wurde für den AFS gründlich geprüft (Wieczerkowski et al., 1975, S. 21 - 24, S. 31 - 41)[3] und insgesamt positiv beantwortet. Die Skala "Soziale

Erwünschtheit" (SE) bietet darüberhinaus die Möglichkeit, solche Probanden herauszufinden, die vermutlich versucht haben, ihre tatsächlichen Ängste bei der Bearbeitung des Fragebogens zu verbergen.

Auch die beiden Skalen, die im Zusammenhang der Forschung des Kreises um Gardner entstanden sind, wurden gründlich auf ihre Validität geprüft und können als hinreichend gültig angenommen werden.[4]

Die Meßgenauigkeit des AFS, d.h. seine Reliabilität, ist zufriedenstellend hoch (vgl. Wieczerkowski et al., 1975, S. 26 und S. 43), ebenso die der von uns verwendeten fachspezifischen Angstskalen.[5]

III

Bei der empirischen Analyse der Rolle der Angst im Englischunterricht, die an Befunden aus unseren Forschungsprojekten vorgenommen werden soll, werden wir drei Hauptfragen zu beantworten versuchen:

1. Wie groß ist der Einfluß der Angst auf die Lernergebnisse im Englischunterricht?

2. Wie unterscheiden sich verschiedene Schülergruppen bezüglich ihrer Angst?

3. Wirkt sich der Einfluß der Angst auf einzelne Leistungsdimensionen im Englischunterricht unterschiedlich aus?

Die Antworten auf diese Fragen werden zu den Ergebnissen anderer Untersuchungen, die aus der Literatur bekannt sind, in Beziehung gesetzt. Zunächst sind jedoch die notwendigen Informationen über die beiden Forschungsprojekte zu geben, aus denen die hier analysierten Daten hervorgegangen sind (für eine detaillierte Darstellung vgl. Krohn, 1974, 1981).

Die erste Untersuchung, aus der die Daten stammen, die mit dem "Angstfragebogen für Schüler (AFS)" in Verbindung stehen, wurde in den Schuljahren 1974/75 und 1975/76 als vom Kultusministerium des Landes Niedersachsen finanziell unterstütztes Forschungsprojekt mit dem Titel "Bedingungen des Leistungsversagens im Englischunterricht - untersucht an Schülern in Orientierungsstufen" unter Leitung des Verfassers durchgeführt. 38 Klassen bzw. alle Schüler eines Jahrgangs von vier Orientierungsstufen (N $\approx$ 1000) konnten in dieses Projekt einbezogen werden. Diese Stichprobe war weitgehend repräsentativ für diesen Schülerjahrgang in Niedersachsen.

Die zweite Untersuchung[6] - aus ihr stammen alle Befunde, die mit der "Attitudes and Motivation Test Battery (AMTB)" in Verbindung stehen - wurde, wiederum unter der Leitung des Verfassers, in den Schuljahren 1977/78 und 1978/79 an einer repräsentativen Stichprobe von ca. 1000 Orientierungsstufenschülern und ca. 1000 Schülern an Hauptschulen, Realschulen und Gymnasien in Niedersachsen durchgeführt. Auch dieses Projekt, das den Titel trug "Bedingungen der Leistung im Englischunterricht", war als Längsschnittuntersuchung über die ersten beiden Jahre des Englischunterrichts (Kl. 5 und 6) angelegt.

In beiden Forschungsvorhaben lag der Schwerpunkt der Untersuchungen in der Erfassung der für die Englischleistungen relevanten Lernervariablen, d.h. der Persönlichkeitsmerkmale der Schüler, die in einem als kausal zu vermutenden Zusammenhang mit ihrem Lernerfolg in den ersten beiden Jahren des Englischunterrichts stehen. Als relevant wurden solche Schülercharakteristika angesehen, die in einem plausiblen Modell schulischen Fremdsprachenlernens (vgl. z.B. Carroll, 1973, 1974; Krohn, 1981, S. 75 - 93; 1981a) als bestimmende Faktoren fungieren bzw. deren Bedeutsamkeit in empirischen Einzeluntersuchungen gezeigt wurde.

Neben der Angst, die in diesem Beitrag im Mittelpunkt der Betrachtung steht, erfaßten wir u.a. die Artikulations- und Lautdiskriminationsfähigkeit, die Fremdspracheneignung, die Intelligenz, motivationale Faktoren und Faktoren der häuslichen Umwelt. Diese Lernervariablen wurden als sogenannte Prädiktorvariablen, d.h. in statistischer Betrachtung als solche, aus denen andere Meßwerte (hier die Englischleistungsmeßwerte wie Leistungstestergebnisse oder Englischzensuren) mit bestimmter Wahrscheinlichkeit vorhergesagt werden können, zur Englischleistung, die bei solcher Betrachtung als Kriteriumsvariable bezeichnet wird, in Beziehung gesetzt. Bei kausaler Interpretation der Beziehungen zwischen den Prädiktorvariablen und der Kriteriumsvariablen steht hinter dieser Art der statistischen Analyse, umgangssprachlich formuliert, die Frage, in welchem Ausmaß die Unterschiede der Englischleistungen der einzelnen Schüler durch ihre verschiedenen Persönlichkeitsmerkmale bedingt oder verursacht sind.[8]

In der Analyse des Zusammenhangs zwischen den verschiedenen Variablen kann man einmal die Beziehung zwischen je einem Persönlichkeitsmerkmal des Schülers (Prädiktorvariable) und einem Englischleistungsmeßwert (Kriteriumsvariable) untersuchen (bivariater Zusammenhang), zum anderen mehrere Prädiktorvariablen gemeinsam zu einem Englischmeßwert in Beziehung setzen, d.h. die Englischleistung aus der Kombination der sie vermutlich bedingenden Lernercharakteristika vorhersagen (multivariater Zusammenhang). Der Vorteil multivariater Analysen liegt darin, daß man die tatsächliche Bedeutung der einzelnen Prädiktorvariablen genauer abschätzen kann, weil diese statistischen Verfahren u.a. die oftmals vorhandenen Zusammenhänge zwischen den - in diesem Falle - Lernervariablen korrigierend berücksichtigen.

(1) Wir wenden uns nun unserer ersten Hauptfrage zu, wie groß der Einfluß der Angst auf die Lernergebnisse im Englischunterricht ist, und betrachten zu ihrer Beantwortung die Ergebnisse der multivariaten Analyse der Daten aus unserem ersten Forschungsprojekt.[9]

Vier verschiedene Kriterien wurden für die Definition der Lernergebnisse der Schüler im Englischunterricht verwendet: a) ein im Rahmen des Forschungsprojektes entwickelter informeller Englischtest, der nach etwa einem halben Jahr Englischunterricht eingesetzt wurde, b) der DLE 5-6[10] (Einsatz nach dem ersten Halbjahr des 6. Schuljahrs, d.h. nach anderthalb Jahren Englischunterricht), c) der EET 6 +[11] (Einsatz am Ende des 6. Schuljahrs) und d) die Erfolgsgruppenzugehörigkeit der Schüler am Ende des 6. Schuljahrs.[12]

Als vermutete Bedingungen für die Lernergebnisse im Englischunterricht, wie sie sich in den genannten Kriteriumsvariablen darbieten, wurden die folgenden Schülermerkmale[13] (im Sinne von Prädiktorvariablen) in die multivariaten Analysen einbezogen: a) Intelligenz[14], b) Fremdspracheneignung[15], c) Motivation[16], d) Angst (im Sinne der allgemeinen manifesten Angst und der Prüfungsangst)[17], e) andere nichtkognitive Persönlichkeitsmerkmale[18], f) das Geschlecht des Schülers und g) die Sozialschichtzugehörigkeit seiner Familie.[19]

Bei Kenntnis dieser in der Person des Schülers liegenden Bedingungen allein lassen sich die Unterschiede in den Lernergebnissen im Englischunterricht, wie sie durch die vier Kriteriumsvariablen jeweils definiert sind, im Durchschnitt zu etwa 62% aufklären.[20] Andere Bedingungen - z.B. die Lehrerpersönlichkeit, Unterrichtsmethoden, Medien - könnten zur vollständigen Aufklärung der Leistungsunterschiede demnach nur zu einem weiteren Drittel beitragen. Es sei an dieser Stelle allerdings schon mit Nachdruck vor einer Fehlinterpretation dieser Analyseergebnisse gewarnt: Sie geben lediglich eine Beschreibung der Zusammenhänge bestimmter Bedingungen und bestimmter Schülerleistungen, wie sie in einem bestimmten raum-zeitlichen Kontext (d.h. an bestimmten - wenn auch repräsentativen - Schulen zu einer bestimmten Zeit) zu finden waren. Diese Zusammenhänge sind durch gezielte Maßnahmen z.B. des Lehrers zu verändern.

Und in diesem Beitrag soll ja gerade gezeigt werden, wie der Einfluß einer Bedingung, nämlich der Angst des Schülers, eben durch Maßnahmen zur Reduzierung dieser Angst verringert werden kann.

In Tab. 1 ist die Bedeutsamkeit der einzelnen Schülermerkmale für die Leistungsunterschiede prozentual dagestellt.[21]

Schülermerkmal	Englischleistung				
	Informeller Leistungstest	DLE 5-6	EET 6+	Erfolgsgruppenzugehörigkeit: Analyse der drei Erfolgsgruppen	Erfolgsgruppenzugehörigkeit: Analyse der beiden Extremgruppen
Intelligenz	31,1	32,2	23,0	31,3	31,5
Fremdsprachen-eignung	30,2	31,5	36,9	22,4	18,6
Motivation	9,9	7,1	4,9	14,4	14,2
Angst	15,9	11,9	19,6	12,3	16,0
andere nicht-kognitive Persönlichkeits-merkmale	4,3	2,9	4,6	8,2	9,8
Geschlecht	6,2	7,4	5,0	4,8	3,3
Sozialschicht	2,4	6,9	6,3	6,7	6,6
Summe	100,0	99,9	100,3	100,1	100,0

Tab.1: Prozentwerte der durch die Schülermerkmale erklärten Varianzanteile der Englischleistungen

Es ist in diesem Beitrag unmöglich, die Tabelle 1 im einzelnen zu diskutieren.[22] Wichtig für das hier behandelte Thema scheinen die folgenden Befunde:

1. Die Angst der Schüler stellt von den einbezogenen Merkmalen den drittwichtigsten Faktor zur Erklärung der Unterschiede in der Englischleistung dar.

2. Bei dem von den Schülern als besonders schwierig empfundenen Test (EET 6+) wirkt sich die Angst am stärksten aus.

3. Bei den Ergebnissen objektivierter Verfahren der Leistungsmessung ist der Einfluß der Angst deutlicher auszumachen als beim Lehrerurteil.[23]

Festzuhalten bleiben die große Bedeutung der Angst für die Leistung im Englischunterricht der 5./6. Klasse, die Einwirkung des Schwierigkeitsgrades der Leistungsanforderung auf das Ausmaß der Bedeutsamkeit der Angst und die unterschiedlich starke Wirksamkeit der Angst auf die Ergebnisse objektivierter Verfahren der Leistungsmessung auf der einen und dem Lehrerurteil auf der anderen Seite. Das ist noch deutlicher in bezug auf die Motivation und die anderen nicht-kognitiven Persönlichkeitsmerkmale wie fehlende Willenskontrolle und Zurückhaltung und Scheu vor Sozialkontakt. Der Lehrer scheint in seinem Urteil über die Englischleistungen des Schülers dessen Bemühungen zu honorieren (motivierte Schüler werden besser beurteilt) und unkontrollierte Schüler zu sanktionieren. Er scheint aber auch - zumindest in Grenzen - den scheuen und ängstlichen Schüler wohlwollend zu betrachten und ihn besser zu beurteilen, als es aufgrund seiner objektiv gemessenen Leistungen allein gerechtfertigt wäre.

Zwar gilt es inzwischen in der Schulangstforschung als gesichert, daß die Angst in bezug auf komplexe schulische Lern- und Leistungsanforderungen im allgemeinen negative Auswirkungen zeigt (vgl. zusammenfassend Gärtner-Harnach, 1972, S. 80 - 95; Schwarzer, 1979b, S. 261; Chr. Schwarzer, 1980, S. 64f), jedoch lassen die verschiedenen Untersuchungen u.a. wegen der unterschiedlichen Instrumente, die zur Messung der Angst verwendet wurden, der uneinheitlichen Definition dessen, was in ihnen als Schulleistung verstanden wurde, und der verschiedenartigsten schulischen Bedingungen (z.B. Schulform, Klassenstufe, Lehrerpersönlichkeit) einen präzisen Vergleich der Untersuchungsergebnisse nicht zu. Wollten wir also die Frage zu beantworten suchen, ob der starke Einfluß der Angst auf die Englischleistungen, wie wir ihn haben nachweisen können, fachspezifisch ist, d.h. ob die Angst z.B. in anderen Schulfächern weniger oder stärker wirksam ist, so müßten wir sehr sorgsam die Vergleichbarkeit der Einzeluntersuchungen prüfen. Schwarzer (1975) hat das Fach Englisch in seiner Untersuchung nicht berücksichtigt; Jacobs/Strittmatter (1979, S. 73) geben lediglich Zusammenhänge zwischen der Schulangst und den Noten in verschiedenen Fächern an, die sich undifferenziert auf die fünfte bis zehnte Klassenstufe beziehen; andere Untersuchungen, die u.a. auch den Fremdsprachenunterricht im deutschsprachigen Raum unter dem Aspekt der Angsteinwirkung

sehen (Friedrich, 1979; Hodapp, 1979; Krohne, 1980a; Preibusch, 1979; Vagt/Kühn, 1976), lassen sich entweder nicht, da sie unsere Frage nicht stellten, oder nur mit Vorsicht zur Antwort heranziehen. Krohne (1980a, S. 232) fand bei einem Vergleich der Zusammenhänge zwischen der Prüfungsangst bzw. der allgemeinen Ängstlichkeit und den Schulnoten in Erdkunde, Biologie, Mathematik und Englisch folgendes heraus:[24]
Bei den Jungen ist der Zusammenhang zwischen Prüfungsangst und Zensur am stärksten in Mathematik, an zweiter Stelle stehen gleichberechtigt Deutsch und Englisch, es folgen die anderen Fächer. Bei den Mädchen nimmt Englisch den ersten Rang ein, in grossem Abstand folgen die anderen Fächer. Der Zusammenhang zwischen der allgemeinen Ängstlichkeit und der Schulzensur zeigt ein ähnliches Bild. Bei den Jungen ist der Zusammenhang in bezug auf das Fach Englisch so hoch wie beim Fach Erdkunde und geringer als beim Fach Deutsch; bei den Mädchen ist der Zusammenhang für Englisch mit grossem Abstand am höchsten.[25] Faßte man Jungen und Mädchen zusammen, so fände sich zweifellos der engste Zusammenhang zwischen Angst und Schulnote für das Fach Englisch.

Friedrich (1979, S. 227), der 523 12jährige Gymnasiasten untersuchte, bestätigt diesen Befund. Im Vergleich der Fächer Deutsch, Mathematik, Englisch und Sport stellte sich der engste Zusammenhang zwischen Ängstlichkeit und Schulnoten für den fremdsprachlichen Unterricht heraus. Aus der Betrachtung dieser Untersuchungsergebnisse[26] können noch keine weitreichenden Schlüsse gezogen werden; jedoch scheint die Vermutung berechtigt, daß - zumindest in den Klassen 5 und 6 - Englisch im Vergleich mit den anderen Schulfächern besonders stark mit dem Phänomen "Schulangst" konfrontiert ist.

Bei der Analyse der Ergebnisse aus unserem eigenen Projekt haben wir bisher relativ undifferenziert von der Angst als Einflußvariable auf die Englischleistung gesprochen. Eine genauere Betrachtung ergibt folgendes: Von den drei Variablen, die zum Schülermerkmal "Angst" zusammengefaßt wurden, wirkt sich die Prüfungsangst (AFS-PA) am stärksten aus. Die manifeste Angst (AFS-MA) hat einen deutlicheren Einfluß auf die Leistungstestergebnisse als auf die Erfolgsgruppenzugehörigkeit, die auf dem Lehrerurteil basiert (vgl. Tab. 2).

Schülermerkmal	Englischleistung				
				Erfolgsgruppenzugehörigkeit	
	Informeller Leistungstest	DLE 5-6	EET 6+	Analyse der drei Erfolgsgruppen	Analyse der beiden Extremgruppen
Prüfungsangst (AFS-PA)	11,0	8,1	12,5	9,1	11,3
Manifeste Angst (AFS-MA)	4,4	3,6	4,1	1,8	0,8
Emotionale Erregbarkeit (PFK 9-14-VS 1)	0,5	0,2	3,0	1,4	3,9
Summe	15,9	11,9	19,6	12,3	16,0

Tab.2: Prozentwerte der durch die verschiedenen Aspekte der Angst erklärten Varianzanteile der Englischleistungen

Dieser Befund stützt die o.a. Interpretation in dem Sinne, daß der Lehrer den von ihm erkannten Persönlichkeitszug einer generellen Disposition zur Ängstlichkeit beim einzelnen Schüler bei der Zensierung ausgleichend berücksichtigt, diese Dispostition sich aber in einer sie aktualisierenden Situation wie die einer schriftlichen Leistungskontrolle in stärkerem Maße auswirkt.

Die Dimension "Emotionale Erregbarkeit" des PFK 9-14 erfaßt Aspekte der Prüfungsangst und der manifesten Angst und läßt sich daher nicht der einen oder anderen Angstdimension zuordnen.[27]

Daß die Prüfungsangst als eine situationsabhängige Form der Angst einen erheblich größeren Einfluß auf die Englischleistungen hat als die situationsunabhängige dispositionelle manifeste Angst, eröffnet die Möglichkeit, über Veränderungen der angsterzeugenden und -steigernden Prüfungssituation - und nicht nur die schriftlichen

Leistungskontrollen sind für den Schüler Prüfungssituationen im Englischunterricht - den Einfluß dieser Angst zu verringern. Bevor wir jedoch dieser Aufgabe nachgehen, sind die Fragen nach den Unterschieden verschiedener Schülergruppen bezüglich ihrer Angstausprägung und nach dem unterschiedlichen Einfluß der Angst auf die einzelnen Leistungsdimensionen im Englischunterricht zu beantworten.

(2) Bei den in der Literatur zu findenden Analysen geschlechtsspezifischer Unterschiede in der Ausprägung der Angst stellte sich fast ausnahmslos dasselbe Ergebnis ein (vgl. Gärtner-Harnach, 1972, S. 45 - 49), das Jacobs/Strittmatter (1979, S. 169) folgendermaßen zusammenfassen: "Der Nachweis, daß Mädchen in Schulangstfragebogen höhere Angstwerte erzielen als Jungen, dürfte zu der am besten gesicherten Erkenntnis der Schulangstforschung gehören". Zur Erklärung dieses Befunds werden im wesentlichen zwei, miteinander verknüpfte, Argumente herangezogen. Danach scheuen sich die Jungen aufgrund der geschlechtsspezifischen Sozialisation stärker, die von ihnen empfundene Angst auch zu äußern (Problem der Defensivität). Zum anderen wird darauf hingewiesen, daß einige Angstskalen Items enthalten, die sich auf Bereiche bziehen, auf denen zwar Mädchen, nicht aber Jungen Ängste entwickeln. Solche qualitativen Unterschiede in den zentralen Befürchtungen von Jungen und Mädchen wurden nachgewiesen (vgl. Gärtner-Harnach, 1972, S. 49).

Auch wenn die geschlechtsspezifischen Unterschiede in der gemessenen Angst statistisch hochsignifikant sind, haben sie eine geringe praktische Relevanz, da das Geschlecht nur wenige Prozent der Angstunterschiede zwischen Schülern aufklärt.[23]

Während in unseren eigenen Untersuchungen in den mit dem "Angstfragebogen für Schüler (AFS)" gemessenen Werten signifikante geschlechtsspezifische Unterschiede zu finden waren, ergab sich für die fachspezifischen Angstskalen unserer AMTB-Fassung ein anderes Bild. Bei den Gesamtwerten[29] für die Skalen "Angst im Englischunterricht" und "Prüfungsangst im Englischunterricht" zeigten sich keine statistisch signifikanten Unterschiede zwischen Jungen und Mädchen, d.h. die Mädchen ließen nicht mehr Angst bzw. Prüfungsangst in bezug auf den Englischunterricht erkennen als die Jungen.[30]

Auch wenn man die Antworten auf die Einzelitems prüft, bestätigt sich dieses Ergebnis. Betrachten wir die Inhalte der Skala "Angst im Englischunterricht" differenzierter, so heißt das, daß weder Mädchen noch Jungen signifikant mehr Angst haben, beim Englischsprechen ausgelacht zu werden. Keine Gruppe fühlt sich unsicherer, wenn sie im Unterricht Englisch spricht, oder hat den Eindruck, daß andere Schüler besser Englisch sprechen. Keiner fällt es schwerer, sich im Englischunterricht zu einer Antwort zu melden. Lediglich bei der Aussage "Ich komme ganz durcheinander, wenn ich im Unterricht Englisch sprechen muß" gibt es einen signifikanten Unterschied der allerdings eine stärkere Angst bei den Jungen erkennen läßt.[31] Dieser - angesichts der sonstigen Ergebnisse zu geschlechtsspezifischen Unterschieden in der Angstforschung - überraschende Befund deutet sich, wenn auch nur als Tendenz, auch bei anderen Items dieser Skala an.

Er zeigt sich ebenfalls bei Einzelitems der Skala "Prüfungsangst im Englischunterricht". Die Jungen stimmen geringfügig häufiger der Meinung zu, daß ihre Aufgeregtheit bei Tests oder Klassenarbeiten sich negativ auf ihre Leistung auswirkt, und sie geben signifikant häufiger zu, daß sie bei Klassenarbeiten oder Tests im Englischunterricht viel schwitzen.

Es wäre ungerechtfertigt, diese geringen Unterschiede so zu interpretieren, als sei eine größere Angst in bezug auf den Englischunterricht bei Jungen gegeben. Jedoch verlangt schon das Fehlen eines deutlichen Unterschieds im Sinne bisheriger Schulangstforschung nach einer Interpretation. Zwar ist es möglich, daß die Erklärung in einer Verringerung der geschlechtsspezifischen Unterschiede in der Erziehung der Kinder in den letzten Jahren zu suchen ist. Sie ist vermutlich jedoch eher in der Interaktion einiger im Englischunterricht der 5./6. Klasse wirksamen Variablen zu sehen, die spezifisch für das Schulfach und die Schulstufe ist. Zentral sind in einem solchen Erklärungsmodell die Angst, mit der ein Schüler den Englischunterricht beginnt, der Leistungserfolg, den er in diesem Unterricht erlebt, und die Einschätzung der eigenen Leistungsfähigkeit, die sich u.a. aus seinen Erfahrungen im Englischunterricht bildet. Andere Faktoren, wie z.B. die elterliche Erwartung, kommen hinzu. Mädchen haben nun im Englischunterricht der fünften und sechsten Klasse deutlich größere Leistungserfolge vorzuweisen, die elterliche Erwartung ist ihnen gegenüber geringer,[32] und aufgrund ihrer guten Leistungen bildet sich in ihnen eine positive Einschätzung ihrer Leistungsfähigkeit im Englischunterricht heraus. Selbst wenn sie mit höheren Angstwerten den Englischunterricht begonnen haben, nähern sie sich im Verlauf des Lehrgangs den Werten der Jungen an.[33]

Die Jungen kommen ihnen dabei durch einen Anstieg ihrer Angst entgegen. Sie erfahren nämlich in größerem und steigendem Maße, daß sie die Leistungsanforderungen nicht erfüllen können, die Einschätzung ihrer eigenen Leistungsfähigkeit wird negativer, während die elterliche Erwartung ihnen gegenüber höher ist. Auf Situationen im Englischunterricht, in denen sie versagen könnten (das sind nicht nur Leistungskontrollen schriftlicher Art), reagieren sie mit Angst. Da es langfristig keine Fluchtmöglichkeit aus diesen angstinduzierenden Situationen gibt, erleben wir, wie bei einigen Schülern aus der Angst Aggression oder Resignation wird.[34]

Die Bedeutsamkeit sozialschichtspezifischer Unterschiede der Angstausprägung ist in der Literatur umstritten,[35] wenn auch zumeist ein schwacher Zusammenhang festgestellt wurde, nach dem Angehörige der unteren Schichten in höherem Maße unter Angst leiden. Auch in unserer Untersuchung bestätigte sich dieser generelle Befund für die nichtfachspezifischen Angstwerte.[36] Differenzierter ist das Bild bei den fachspezifischen Skalen des AMTB.

Zunächst ist festzustellen, daß auch hier die Unterschiede zwischen den Sozialschichten insgesamt gering sind. Nur bei wenigen Einzelitems zeigt sich ein signifikanter Zusammenhang zwischen der Sozialschichtzugehörigkeit der Schüler und ihrer Angst bzw. Prüfungsangst im Englischunterricht. Das ist einmal bei der Aussage der Fall "Ich habe immer den Eindruck, daß die anderen Schüler besser Englisch sprechen als ich"[37], was zum Teil nicht nur Ausdruck einer Angstempfindung, sondern auch eine zutreffende Einschätzung der Fakten ist. Zum anderen liegt dieser Zusammenhang vor bei dem Item "Ich komme ganz durcheinander, wenn ich im Unterricht Englisch sprechen muß". In beiden Fällen sinkt die Häufigkeit der Zustimmung mit dem Ansteigen der Sozialschicht. Bei den anderen Items, die zur Skala "Angst im Englichunterricht" gehören, ist diese Art des Zusammenhangs der Tendenz nach ebenfalls gegeben; sie ist statistisch jedoch nicht signifikant. Fassen wir aber die Einzelitems dieser Skala zu einem Gesamtwert zusammen, stellt sich wiederum heraus, daß die Unterschiede zwischen den Sozialschichten im Hinblick auf die im Englischunterricht erlebte Angst hochsignifikant sind.[38] Es zeigt sich, daß Kinder aus den unteren Schichten deutlich mehr Angst im Englischunterricht zu bewältigen haben als die der höheren Schichten. Als Erklärung dafür reicht es vermutlich nicht aus, die mit der Sozialschichtzugehörigkeit variierende, d.h. die mit der Höhe der Schicht steigende Englischleistung heranzuziehen, wie noch zu zeigen sein wird. Eine größere Bedeutung hat wahrscheinlich die größere Ferne der unteren Schichten zum schulischen Lernen und zur Institution Schule im allgemeinen und zum Fremdsprachenunterricht, zu einem für sie tatsächlich fremden Unterrichtsgegenstand, im besonderen.[39]

Für den Gesamtwert der Skala "Prüfungsangst im Englischunterricht" findet sich kein linearer Zusammenhang mit der Sozialschichtzugehörigkeit. Es stellt sich vielmehr heraus, daß die fachbezogene Prüfungsangst am stärksten bei den Schülern aus der Unteren Mittelschicht ist. Bis auf diese Ausnahme stehen die anderen Schichten allerdings wiederum in einer Rangreihe, die mit der geringsten Prüfungsangst bei den Angehörigen der Oberen Schichten beginnt und zu den Unteren Schichten hin ansteigt.[40] Dieses Urteil, das sich auf den Gesamtwert der Skala bezieht, findet sich in ähnlicher Form bei den Einzelitems. Zur Konkretisierung sei ein Beispiel präsentiert, bei dem die drei positiven bzw. negativen Antwortkategorien jeweils zusammengefaßt wurden (Dichotomisierung):

Antwort	OS	MMS	UMS	OUS	US
ja	52,5	60,8	71,0	66,0	64,2
nein	47,5	39,2	29,0	34,0	35,8

Tab.3: Prozentuale Zustimmung/Ablehnung in den einzelnen Sozialschichten zu dem Item: "Wenn wir eine Klassenarbeit oder einen Test in Englisch schreiben, mache ich mir gewöhnlich Sorgen über das Ergebnis."

Die herausragend starke Prüfungsangst bei der Unteren Mittelschicht läßt sich ansatzweise am ehesten mit der besonderen Wertschätzung schulischen Erfolgs und einer damit verbundenen hohen elterlichen Leistungserwartung in dieser Sozialschicht erklären. Auf detailliertere Analysen soll hier verzichtet werden.

Während wir unsere erste Unterschung nur mit Schülern an Orientierungsstufen durchgeführt haben, konnten wir im zweiten Projekt zusätzlich altersgleiche Schüler an Hauptschulen, Realschulen und Gymnasien erfassen. In der bisherigen Schulangst-Diskussion hat die Frage nach schulformspezifischen Angstausprägungen einen hohen Stellenwert gehabt (Bauer et al., 1981; Jacobs/Strittmatter, 1979; Nickel et al., 1973; Pardon, 1980; Schwarzer, 1975; ders., 1979a; Schwarzer/Royl, 1976; dies., 1979). Die Ergebnisse erster Untersuchungen waren nicht übereinstimmend. Teilweise widersprüchliche Ergebnisse konnten bei differenzierter Analyse auf Klassenstufenunterschiede oder als Bezugsgruppeneffekte aufgeklärt werden: "Demnach liegt nach dem Übergang von der Grundschule in das dreigliedrige Schulwesen zunächst das höchste Angstniveau - wie schon zuvor - bei den lernschwachen Schülern, die sich inzwischen in der Hauptschule befinden (Schwarzer, 1975). Nach 2 bis 3 Jahren hat sich die Situation geändert, denn im 8. Schuljahr und später liegen die Realschüler und Gymnasiasten an der Spitze, während die Hauptschüler - und mehr noch die Gesamtschüler - auf diesen Klassenstufen über vergleichweise niedrige durchschnittliche Ausprägungen der Leistungsängstlichkeit verfügen" (Schwarzer, 1979b. S. 262). Als weitere Einflußfaktoren, die dieses Bild weiter differenzieren, müssen zweifellos die Sozialschicht und der relative Schulleistungsstand eines Schülers beachtet werden.

Wir wollen in diese Diskussion nicht detailliert eingreifen, zumal die Repräsentativität unserer schulformbezogenen Teilstichproben für die drei herkömmlichen Schularten bisher nicht hinreichend abgesichert ist. Es lassen sich jedoch einige Befunde mitteilen, die zu weiterem Nachdenken Anlaß sein mögen. Betrachten wir zunächst die Skalen-Gesamtwerte. Bei der Skala "Angst im Englischunterricht" ergibt sich ein signifikanter Unterschied zwischen den Schulformen.[41] Die Angst im Englischunterricht ist an Hauptschulen - befragt wurden jeweils die sechsten Klassen - am größten. Sie ist am geringsten am Gymnasium und an der Orientierungsstufe. Die Realschule weicht nicht weit davon ab. Die Einzelitems spiegeln dieses Bild deutlich. Zwei Erklärungen dafür haben wir im Verlaufe unserer Ausführungen schon ve wendet, zum einen die Sozialschichtabhängigkeit der Angst, die aufgrund der sozialschichtspezifischen Selektion der herkömmlichen weiterführenden Schulen zum Tragen kommen,[42] zum anderen die angsterzeugenden Erfahrungen des Leistungsversagens in der Grundschule, die das subjektive Empfinden in der Hauptschule noch bestimmen. Aber könnte nicht gerade ein unbelastetes Fach wie Englisch andere, nämlich positive Erfahrungen vermitteln?

Bei der Skala "Prüfungsangst im Englischunterricht" sind die Unterschiede zwischen den Schulformen sehr gering und daher statistisch nicht signifikant.[43] Es gibt allerdings einen linearen Zusammenhang zwischen der Schulform und der Prüfungsangst im Englischunterricht. Am größten ist sie an Hauptschulen, geringer an Realschulen und Gymnasien, am geringsten an Orientierungsstufen. Dieser Zusammenhang ist allerdings so schwach - er bestätigt sich nur sehr gering, wenn auch wegen der großen Zahl signifikant, an der Hälfte der Einzelitems -, daß er nicht überinterpretiert werden darf. Hervorzuheben ist allenfalls, daß an Orientierungsstufen, die Schüler aller herkömmlichen Schulformen ohne irgendwelche Selektion umfassen, die Prüfungsangst geringer ist als an jeder anderen Schulform. Inwieweit hier wegen der Leistungskursdifferenzierung die Bezugsgruppentheorie oder Unterschiede im Schulformspezifischen Anspruchsniveau beachtet werden müßten, sollten detailliertere Analysen zeigen.

Ein weiterer schulformspezifischer Befund soll an dieser Stelle zumindest referiert werden, obwohl er nicht diskutiert werden kann. Es zeigt sich bei den meisten Einzelitems der beiden Angstskalen unserer Fassung des AMTB, daß der Zusammenhang zwischen der Englischleistung[44] und der Angst am engsten an Realschulen ist, am geringsten an Orientierungsstufen. Bei kausaler Interpretation der Korrelationskoeffizienten bedeutet dies, daß die Englischleistung an Realschulen am stärksten, an Orientierungsstufen am wenigsten durch Angst bestimmt wird. Unter diesem Aspekt gewinnen die unter III (1) mitgeteilten Ergebnisse, die sich allein auf Orientierungsstufen bezogen, eine noch größere Bedeutung. Wenn schon an Orientierungsstufen der Einfluß der Angst auf die Englischleistung so bemerkenswert hoch ist, muß er demnach an den herkömmlichen Schulformen noch größer sein. Diese - aufgrund unserer Daten zwingende - Schlußfolgerung sollte zu einer intensiveren theoretischen, empirischen und praktischen Beschäftigung mit dem Problem der Angst im Englischunterricht aller Schulformen führen. Zwar haben wir im Zusammenhang unserer multivariaten Analyse bereits ausgedrückt, daß die Schulangst bei Schülern mit schlechten Schulleistungen im allgemeinen größer ist als bei solchen mit guten Leistungen. Um das Ausmaß der Angstunterschiede fachspezifisch konkreter zu demonstrieren, sollen dennoch die Ergebnisse der Einzelitems aus unserer AMTB-Fassung mitgeteilt werden. In Tab. 4 sind die Items der Dimension "Angst im Englischunterricht" zusammengestellt. Die Stellungnahme der Schüler auf der sechsstufigen Antwortskala sind dichotomisiert. in ihrem prozentualen Anteil für die jeweils drei Leistungsgruppen an den verschiedenen Schulformen und für alle Schüler insgesamt aufgeführt. Zusätzlich wurde der Zusammenhang zwischen der Leistungsgruppenzugehörigkeit und der Stellungnahme zu den Einzelitems an den verschiedenen Schulformen angeführt. In Tab. 5 finden sich die entsprechenden Angaben für die Dimension "Prüfungsangst im Englischunterricht".

Item	Antwort	Hauptschulen			Realschulen			Gymnasien
		- N ≈ 50	0 N ≈ 130	+ N ≈ 50	- N ≈ 100	0 N ≈ 130	+ N ≈ 100	- N ≈ 90
Ich habe immer den Eindruck, daß die anderen Schüler besser Englisch sprechen als ich.	ja	73.1	65.9	24.5	73.0	55.0	31.6	55.1
	nein	26.9	34.1	75.5	27.0	45.0	68.4	44.9
Ich habe Angst, daß die anderen Schüler mich auslachen, wenn ich Englisch spreche.	ja	40.4	28.0	10.2	26.0	14.6	10.6	23.6
	nein	59.6	72.0	89.8	74.0	85.4	89.4	76.4
Ich fühle mich nie ganz sicher, wenn ich im Unterricht Englisch spreche.	ja	70.6	66.4	42.9	63.6	54.6	29.5	59.6
	nein	29.4	33.6	57.1	36.4	45.4	70.5	40.4
Es fällt mir schwer, mich im Englischunterricht zu einer Antwort zu melden.	ja	48.1	38.8	18.4	44.8	29.2	12.8	43.7
	nein	51.9	61.2	81.6	55.2	70.8	87.2	56.3
Ich komme ganz durcheinander, wenn ich im Unterricht Englisch sprechen muß.	ja	57.7	44.4	28.6	38.4	32.8	12.6	35.2
	nein	42.3	55.6	71.4	61.6	67.2	87.4	64.8

Tab. 4: Prozentuale Zustimmung/Ablehnung (dichotomisiert) der Leistungsgruppen an den einzelnen Schulformen zu den Items der Skala "Angst im Englischunterricht und Zusammenhang zwischen der Leistungsgruppenzugehörigkeit und der Stellungnahme zu diesen Items

		Orientierungsstufen			Alle Schüler		Zusammenhang mit der Leistungsgruppenzugehörigkeit an			
0 N≈120	+ N≈90	- N≈260	0 N≈490	+ N≈270	N≈1900		HS N≈230	RS N≈330	GY N≈300	OST N≈1020
45.0	26.7	70.8	50.1	31.9	50.9	tau	.28	.34	.24	.25
55.0	73.3	29.2	49.9	68.1	49.1	p	<.0001	<.0001	<.0001	<.0001
13.3	14.1	25.0	18.7	7.4	18.3	tau	.19	.15	.05	.15
86.7	85.9	75.0	81.3	92.6	81.7	p	.0001	.0004	.15	<.0001
49.2	30.6	60.9	51.8	40.6	51.8	tau	.15	.24	.15	.11
50.8	69.4	39.1	48.2	59.4	48.2	p	.006	<.0001	.002	.0001
31.1	16.5	41.7	29.2	23.6	31.4	tau	.199	.30	.23	.14
68.9	83.5	58.3	70.8	76.4	68.6	p	.0003	<.0001	<.0001	<.0001
15.8	11.8	36.1	27.8	13.7	27.9	tau	.19	.296	.19	.19
84.2	88.2	63.9	72.2	86.3	72.1	p	.007	<.0001	.0001	<.0001

Item	Antwort	Hauptschulen			Realschulen			Gymnasien
		- N ≈ 50	0 N ≈ 130	+ N ≈ 50	- N ≈ 100	0 N ≈ 130	+ N ≈ 100	- N ≈ 90
Vor einer Klassenarbeit oder einem Test in Englisch bin ich gewöhnlich sehr zuversichtlich.	ja	61.5	66.7	85.7	59.2	75.6	83.0	56.3
	nein	38.5	33.3	14.3	40.8	24.4	17.0	43.7
Im Gegensatz zu anderen Schülern denke ich niemals darüber nach, wie ich mich vor Klassenarbeiten oder Tests in Englisch drücken kann.	ja	60.8	62.7	57.1	75.0	70.0	78.7	80.9
	nein	39.2	37.3	42.9	25.0	30.0	21.3	19.1
Bei einer Klassenarbeit oder einem Test in Englisch schadet meine Aufgeregtheit meiner Leistung.	ja	55.8	48.8	40.8	64.6	50.4	28.7	64.0
	nein	44.2	51.2	59.2	35.4	49.6	71.3	36.0
Während einer Klassenarbeit oder eines Tests in Englisch schlägt mein Herz ganz ruhig und regelmäßig.	ja	57.7	73.6	79.6	54.0	71.5	75.5	65.2
	nein	42.3	26.4	20.4	46.0	28.5	24.5	34.8
Wenn wir eine Klassenarbeit oder einen Test in Englisch schreiben, mache ich mir gewöhnlich Sorgen über das Ergebnis.	ja	57.7	72.0	63.3	81.8	72.5	55.3	76.4
	nein	42.3	28.0	36.7	18.2	27.5	44.7	23.6
Während einer Klassenarbeit oder eines Tests in Englisch schwitze ich viel.	ja	25.0	27.0	12.2	32.0	23.1	14.7	24.7
	nein	75.0	73.0	87.8	68.0	76.9	85.3	75.3

Tab. 5: Prozentuale Zustimmung/Ablehnung (dichotomisiert) der Leistungsgruppen an den einzelnen Schulformen zu den Items der Skala "Prüfungsangst im Englischunterricht" und Zusammenhang zwischen der Leistungsgruppenzugehörigkeit und der Stellungnahme zu diesen Items

		Orientierungs-stufen			Alle Schüler		Zusammenhang mit der Leistungs-gruppenzugehörigkeit an			
0 N≈120	+ N≈90	- N≈260	0 N≈490	+ N≈270	N≈1900		HS N≈230	RS N≈330	GY N≈300	OST N≈1020
64.7	76.5	68.1	73.5	75.4	71.1	tau	-.20	-.29	-.18	-.09
35.3	23.5	31.9	26.5	24.6	28.9	p	.0003	<.0001	.0004	.0008
76.5	87.2	59.7	70.4	80.0	71.3	tau	-.02	-.06	-.07	-.21
23.5	12.8	40.3	29.6	20.0	28.7	p	.39	.098	.078	<.0001
48.3	25.6	49.2	43.3	38.4	45.5	tau	.09	.26	.28	.07
51.7	74.4	50.8	56.7	61.6	54.5	p	.07	<.0001	<.0001	.008
59.2	70.6	69.3	70.9	71.1	69.0	tau	-.13	-.16	-.06	-.02
40.8	29.4	30.7	29.1	28.9	31.0	p	.01	.0006	.13	.20
71.7	48.8	65.6	68.4	56.5	66.0	tau	.04	.22	.23	.07
28.3	51.2	34.4	31.6	43.5	34.0	p	.25	<.0001	<.0001	.006
18.3	12.8	25.6	20.1	16.6	21.1	tau	.096	.15	.096	.10
81.7	87.2	74.4	79.9	83.4	78.9	p	.037	.0019	.036	.0001

Schwarzer (1975, S. 80-83) fand bei seiner Untersuchung des Zusammenhangs zwischen Leistungsangst und Schulleistungen in Deutsch und Mathematik im 4. Schuljahr die höchsten Angstwerte bei Schülern mit der Zensur 4; Schüler mit den Zensuren 5 und 6 zeigten geringere Angs "Eine mögliche Interpretation wäre die Charakterisierung dieser Schüler als eine relativ homogene Gruppe von 'Dauerversagern', die sich nach einer Reihe von Mißerfolgen mit einer deprimierenden schulischen Karriere abgefunden hat. Demgegenüber könnten die Schüler mit der Zensuren-Gruppe 4 als 'Risikoschüler' bezeichnet werden, die durch ihre marginale Lage schulischen Streß ertragen müssen und ständig in 'Furcht vor Mißerfolg' leben, was energetisierend wirkt ('drive') und in hohen Leistungsangstwerten zum Ausdruck kommt" (Schwarzer, 1975, S.83). Jacobs/Strittmatter (1979, S.78) finden diesen Befund in ihrer Untersuchung der Klassen 5 bis 10 im allgemeinen nicht bestätigt. Eine Ausnahme jedoch konnten sie feststellen: "Bei unserer Untersuchungsstichprobe zeigt sich lediglich im Fach 1. Fremdsprache ein geringfügiger Abfall der Schulangstwerte bei den leistungsschwächsten Schülern" (ebd.).

Eine erste Überprüfung der Hypothese, daß die Schüler mit den Zensuren 5 und 6 in Englisch geringere Angstwerte haben als die mit der Zensur 4, an unseren AMTB-Daten führte nicht zu ihrer Bestätigung. Der Zusammenhang zwischen der Angst bzw. Prüfungsangst im Englischunterricht und der Englischnote ist linear. Nach anderthalb Jahren Englischunterricht scheint sich noch keine deutliche Gruppe der "Dauerversager" herausgebildet zu haben,[45] die den Englischunterricht gleichgültig-resignativ über sich ergehen läßt. Daß Lehrer teilweise von solchen Schülern berichten, liegt zum einen vermutlich daran, daß sie aus Angst geborenes aggressives Verhalten fälschlicherweise als Gleichgültigkeit dem Fach gegenüber interpretieren, zum anderen daran, daß sich solche Gruppen langfristig tatsächlich herausbilden und erste Anfänge schon früh zu beobachten sind. Die Ergebnisse von Jacobs/Strittmatter, die wiederum auf die Sonderrolle des Fremdsprachenunterrichts aufmerksam machen, belegen diese Vermutung. Echte "D a u e rversager" im Fremdsprachenunterricht resignieren, wenn sie spüren, daß es für sie unmöglich ist, die Lücken wieder aufzuholen, zumal wenn sie und ihre Eltern diesen Fremdsprachenunterricht als unwichtig ansehen (vgl. Krohn/Langemeyer/Strottmeister, 1981).

Dieser Interpretationsansatz kann im Zusammenhang mit der Erkenntnis, daß die schulische Leistungs- und Prüfungsangst mit ansteigender Klassenstufe generell abnimmt (Nickel et al., 1973, S. 8), erklären, warum in einigen Untersuchungen die Bedeutung der Angst für die Fremdsprachenleistung in höheren Klassen geringer ist als in unseren eigenen Untersuchungen in der 5./6. Klasse (Krohne, 1980a, S. 231f; Vagt/Kühnt, 1976, S. 170f; Wieczerkowski et al., 1975, S.38). Diese Erklärung zeigt jedoch auch, daß uns geringere Zusammenhänge zwischen Angst und Leistung in den höheren Klassen unter pädagogischem Aspekt nicht beruhigen können, solange angenommen werden muß, daß sie aufgrund größerer Gleichgültigkeit der Schüler gegenüber der Schule zustandegekommen sind. Eine Verringerung der Angst in den unteren Klassen könnte somit langfristig zu einer positiven Einstellung der Schüler zur Schule und zu einer ernsthafteren Beschäftigung mit den Inhalten des Unterrichts der Inhalte wegen führen.

(3) Wenden wir uns nun unserer dritten Hauptfrage zu, die sich darauf richtet, ob sich der Einfluß der Angst auf einzelne Leistungsdimensionen im Englischunterricht unterschiedlich auswirkt.[46] Mit dem Begriff der Leistungsdimension soll in bewußter Einengung seines möglichen Inhalts zunächst das gemeint sein, was in den einzelnen Subtests des "Diagnostischen Leistungstests für den Englischunterricht (DLE 5-6)" erfaßt wird.[47] Zum besseren Verständnis daher zunächst eine knappe Beschreibung dieser acht Subtests:

"1. Leseverständnis (durch Zuordnung)

Im LVZ-Teil zeigen die Schüler ihr Leseverständnis durch das Zuordnen von zueinander passenden Fragen und Antworten. Sie finden in ihrem Testheft drei Blöcke mit je 6 Fragen und 9 Antworten und schreiben hinter jede Frage den Kennbuchstaben derjenigen Antwort, die sie als passend erkannt haben.

2. Leseverständnis (durch Antwortauswahl)

Der LVA-Teil besteht aus einer Geschichte und 9 sich anschließenden Fragen mit je 4 Antworten zur Auswahl. Die Schüler lesen sich die Geschichte durch und kreuzen dann bei jeder Frage die passende Antwort an.

3. Sätze umformen

Im SU-Teil enthält jede Aufgabe zwei Bilder, von denen das erste mit einer Bildunterschrift versehen ist. Die Schüler müssen analog zu dieser Unterschrift das zweite Bild mit einer entsprechenden versehen. Dadurch wird die Fähigkeit, grammatische Strukturen richtig zu verwenden, geprüft. Dieser Teil enthält 16 Aufgaben.

4. Brief schreiben

Im BS-Teil besteht die geforderte Leistung darin, daß die Schüler einem englischen Jungen einen Brief schreiben, wobei sie inhaltlich dadurch gebunden sind, daß sie vier Informationen selbst geben und vier Informationen von dem Adressaten einholen müssen.

5. Hörverständnis

Im HV-Teil werden den Schülern vom Tonband her 20 Sätze vorgesprochen. Die ersten 8 dieser Sätze beziehen sich auf ein vorgelegtes Bild, die übrigen 12 auf kurze, ebenfalls per Tonband dargebotene Geschichten. Die Schüler müssen nun entscheiden, ob die Sätze in Bezug auf das Bild bzw. auf die Geschichten richtig oder falsch sind oder ob man dies aus der Vorlage nicht ersehen kann.

6. Antworten auf Fragen

Im AF-Teil antworten die Schüler auf 16 Fragen, die ihnen vom Tonband her gestellt werden. Die Fragen beziehen sich auf 16 Bilder im Bilderheft. Die Äußerungen der Schüler werden auf Tonband aufgezeichnet.

7. Fragen stellen

Im F-Teil werden die Schüler künstlich in eine Gesprächssituation mit zwei englischen Kindern gestellt. Sie hören vom Tonband 12 Aussagen des ersten Kindes und werden aufgefordert, sich durch Fragen von dem zweiten Kind die entsprechenden Informationen einzuholen. Die Fragen der Schüler werden auf Tonband aufgezeichnet.

8. Sprechen zu einer Bildserie

Im SBS-Teil wird den Schülern eine Serie von 9 Bildern vorgelegt, und sie haben die Aufgabe, die in diesen bildern dargestellte Geschichte zu erzählen. Ihre Äußerungen werden wiederum auf Band aufgenommen."

Die einzelnen Subtests des DLE 5-6 lassen es darüberhinaus durch Zusammenfassen zu, schriftgebundene Leistungen wie das Leseverstehen und Schreiben (kurz: schriftliche Leistungen) von den nicht-schriftgebundenen (Hörverstehen und Sprechen; kurz: mündliche Leistungen) zu unterscheiden und die rezeptiven von den produktiven zu trennen. So lassen sich die Subtests LVZ, LVA, SU und BS zum Bereich der schriftgebundenen Leistungen, HV, AF, F und SBS zu dem der mündlichen Leistungen zusammenfassen. LVZ, LVA und HV erfassen die rezeptiven, SU, BS, AF, F und SBS die produktiven Fertigkeiten.

Die Ergebnisse in den einzelnen Subtests des DLE 5-6 und die Gesamtwerte im mündlichen bzw. im schriftlichen Teil und in beiden Teilen wurden zu den Werten der Schüler bei den Skalen "Prüfungsangst" und "Manifeste Angst" des AFS in Beziehung gesetzt.[48]

Die Tabelle 6 gibt die Zusammenhänge zwischen der Prüfungsangst und den DLE-Werten für die Selektionsstichprobe insgesamt und die Jungen und Mädchen getrennt wieder. Alle Korrelationskoeffizienten sind auf dem 1 %-Niveau signifikant.

Englischleistungs-dimension (DLE 5-6)	Prüfungsangst (AFS-PA)		
	alle Schüler N=280	Jungen N=135	Mädchen N=145
HV	-.29	-.31	-.32*
AF	-.40	-.38	-.46
F	-.37	-.36	-.46
SBS	-.30*	-.30*	-.34*
DLE mdl. ohne HV	-.41	-.39	-.49
DLE mdl. insges.	-.39	-.38	-.48
LVZ	-.30	-.36	-.31*
LVA	-.25	-.30	-.28*
SU	-.32	-.31*	-.41
BS	-.28	-.35	-.27*
DLE schriftl. insges.	-.33	-.38	-.37
DLE insgesamt	-.38	-.40	-.44

Tab. 6: Zusammenhang (Produkt-Moment-Korrelation nach Pearson) zwischen der Prüfungsangst (AFS-PA) und verschiedenen Englischleistungsdimensionen (DLE 5-6)
(*Diese Korrelationskoeffizienten können etwas nach oben korrigiert gedacht werden.[49])

Folgende Erkenntnisse lassen sich aus der statistischen Analyse der Zusammenhänge zwischen der Prüfungsangst und den verschiedenen Englischleistungsdimensionen ziehen:[50]

1. Die von den Schülern geforderten Leistungen werden in unterschiedlichem Ausmaß von der Prüfungsangst beeinflußt.[51]

2. Die stärksten Zusammenhänge mit der Prüfungsangst zeigen sich beim Antworten auf Fragen (AF) und beim Fragestellen (F) im Bereich der mündlichen Leistungen.

3. Die geringsten Zusammenhänge finden sich beim Leseverstehen, beim Hörverstehen und beim Briefschreiben.

4. Die mündlich-produktiven Leistungen werden in größerem Ausmaß als die schriftgebundenen von der Angst beeinträchtigt.

5. Die rezeptiven Leistungen stehen in der Regel in einem schwächeren Zusammenhang mit der Prüfungsangst als die produktiven.

Bevor eine Erklärung für die unterschiedlich starke Beeinträchtigung der Schülerleistungen in den verschiedenen Sprachleistungsdimensionen durch die Angst versucht wird, sollen ergänzend Ergebnisse bezüglich der Skala "Manifeste Angst" des AFS angeführt werden. Die Zusammenhänge zwischen den Englischleistungen und der Manifesten Angst (AFS-MA) sind durchgängig schwach (r .2). Lediglich für die Jungen zeigten sich bei den Subtests "Antworten auf Fragen (AF)", "Fragenstellen (F)" und "Sätze umformen (SU)", auch bei den Werten für den mündlichen und schriftlichen Teil und den gesamten Test, Korrelationen von .15 bis .19, die auf dem 5 %-Niveau signifikant sind.[52] Insgesamt bestätigen die Ergebnisse bezüglich der manifesten Angst zum einen das aus anderen Untersuchungen bekannte Bild von dem relativ geringen Zusammenhang zwischen einer allgemeinen Ängstlichkeit und fachspezifischen Leistungen, zum anderen wird an ihnen die besondere Anfälligkeit der mündlich-produktiven Fremdsprachenleistungen gegenüber der Einflußnahme der Angst deutlich.

Die Ergebnisse unserer Analyse des Zusammenhangs zwischen der Angst und den Schülerleistungen in den verschiedenen Sprachleistungsdimensionen lassen sich im Einklang mit den Erkenntnissen der bisherigen Schulangstforschung interpretieren (vgl. Gärtner-Harnach, 1972, S. 103-121; Gage/Berliner, 1977, s. 395; Jacobs/Strittmatter, 1979,

S. 49; Krohne, 1980a, S. 233; Spandl, 1979, S. 41, S. 46; Walter, 1977, S. 5). Danach wirkt sich die Angst besonders stark leistungsvermindernd aus, wenn a) Aufgaben in Prüfungssituationen zum Zwecke der Leistungsbeurteilung gelöst werden müssen, b) Rückfragemöglichkeiten ausgeschlossen sind, c) Ausweichmöglichkeiten nicht vorhanden sind, d) unter Zeitdruck gearbeitet werden muß, e) der Schwierigkeitsgrad der Aufgaben hoch ist und f) hochkomplexe feinmotorische Aktivitäten gefordert sind.

Die Bedingungen a) und - mit einer gewissen Einschränkung - b) waren bei der Durchführung des DLE 5-6 generell gegeben; sie wirkten sich also nicht unterschiedlich stark auf die Leistungen in den einzelnen Sprachleistungsdimensionen aus.

Fassen wir den Begriff des Rückfragens etwas weiter, etwa im Sinne des individuellen Überprüfens einer Leistung mit der Möglichkeit der nachträglichen Korrektur, so finden wir dies nur bei den schriftgebundenen Subtests gewährleistet. Beim Leseverstehen z.B. kann der Schüler sich stets durch mehrmaliges Nachlesen rückversichern, ob seine Lösung tatsächlich richtig sein kann. Es ist allerdings grundsätzlich festzuhalten, daß die Schüler zu einer besseren und ihrer tatsächlichen Kompetenz eher entsprechenden Sprachperformanz gelangen, wenn die Bedingungen a) und b) vermieden werden. Das sollte bei Umstand und Art der Ermittelung der Schülerleistungen im Fremdsprachenunterricht bedacht werden.

Beim Sprechen zu einer Bildserie (SBS) und beim Briefschreiben (BS) hatten die Schüler noch am ehesten die Möglichkeit, Schwierigkeiten auszuweichen. Es gab nicht nur eine richtige Lösung. Waren sie unsicher, ob eine bestimmte Wortschatzeinheit oder grammatische Struktur korrekt wäre, konnten sie auf andere ausweichen oder auf die Produktion einer gewünschten Aussage gänzlich verzichten. Angst als ein spezifisches Reaktionsmuster entsteht im Schüler angesichts einer durch ein mögliches Versagen gegebenen Bedrohung. Aber "nicht nur die Bedrohung, sondern vor allem die Hilflosigkeit angesichts einer Bedrohung, das Gefühl, nichts gegen die Bedrohung unternehmen zu können, löst Angst aus" (Jacobs/Strittmatter, 1979, S. 49, in Anlehnung an kognitive Angsttheorien). Dieses Gefühl der Hilflosigkeit bzw. Unausweichlichkeit ist vermutlich bei den Subtests AF, F und SU am stärksten vorhanden gewesen.

Einem deutlichen Zeitdruck waren die Schüler beim Antworten auf Fragen und beim Fragenstellen im mündlichen Teil des DLE 5-6 unterworfen. Die mündlichen Stimuli vom Tonband forderten eine unverzügliche Reaktion. Zögerte der Schüler zu lange, überschnitten sich seine Reaktion und der nächste Stimulus, so daß er die nächste Aufgabe nicht vollständig zur Kenntnis nehmen oder seine Reaktion nicht zu Ende bringen konnte. Kein oder ein kaum merklicher Zeitdruck war bei den Subtests LVZ, LVA, BS und SBS gegeben.

Die Schwierigkeit der einzelnen Sprachleistungen läßt sich an den Verteilungen der Rohwerte in den einzelnen Subtests des DLE 5-6 (vgl. Buchholz, 1976, S. 134-141) ablesen. Den geringsten Schwierigkeitsgrad hatten demnach die Aufgaben, die die rezeptiven Leistungen messen sollten (HV, LVA, LVZ); relativ schwierig waren die Subtests SU, SBS und BS (für die Jungen).[53]

Von den im DLE 5-6 erfaßten Sprachleistungsdimensionen stellt zweifellos der mündlich-produktive Bereich (Af, F und SBS) hochkomplexe Ansprüche nicht nur an die Sprachplanung, sondern auch an die Feinmotorik der Sprachproduktion. Aus der Literatur wissen wir, daß gerade solche Aktivitäten extrem störanfällig gegenüber emotionaler Erregung wie der Angst sind (Arndt, 1980, S. 77; Krope/Viehöfer, 1978; Spandl, 1979, S. 41, S. 46; Walter, 1978, S. 147 u. S. 175f).

Die unterschiedlich stark angstinduzierenden Bedingungen (a bis f) haben sich für die verschiedenen Sprachleistungsdimensionen teilweise ergänzt, teilweise gegenseitig abgeschwächt. Betrachtet man sie in ihrem interaktionalen Zusammenhang, liefern sie allerdings - wie gezeigt werden konnte - einen tragfähigen Interpretationsansatz für den in unserer Untersuchung gefundenen Zusammenhang zwisch Angst und Leistung in den verschiedenen Sprachleistungsdimensionen. Dem Lehrer mögen die Befunde helfen, Formen der Leistungsmessung im Fremdsprachenunterricht kritischer zu analysieren, bewußter auszuwählen und anzuwenden und die Leistungen seiner Schüler zutreffer der einzuschätzen.

Eine besondere Aufmerksamkeit verdienen die hochängstlichen Schüler. An den Ergebnissen im DLE 5-6 soll dieser Gedanke belegt werden, wodurch zwei Themen, die in diesem Beitrag schon diskutiert wurden, nämlich der Zusammenhang von Angst und Leistung und die unterschiedliche Einwirkung der Angst auf die verschiedenen Leistungsdimensionen im Englischunterricht, aus einem anderen Blickwinkel noch einmal vertieft werden.

Für Extremgruppenvergleiche wurde unsere Stichprobe (vgl. Fußnote 48) in die drei Gruppen der Hoch-, Niedrig- und Mitteländstlichen eingeteilt.[54] Die Mittelwerte der drei Angstgruppen in den einzelnen Subtests des DLE 5-6, im mündlichen oder schriftlichen Teil und im Gesamttest konnten sodann verglichen werden. Einige ausgewählte Unterschiede sind in den Abbildungen 1 (Seite 166) und 2 (Seite 167) dargestellt.[55]

Die graphisch dargestellten Leistungsunterschiede zwischen den drei Prüfungsangstgruppen sind sehr deutlich.[56] Die schwächsten Leistungen weisen die hochängstlichen Schüler im mündlichen Teil, und dort besonders im mündlich-produktiven Bereich, und im Gesamttest auf. Der Leistungsunterschied zwischen den niedrig- und mitteländstlichen Schülern ist geringer als der zwischen den mittel- und hochängstlichen. Besser als bei den o.a. korrelativen Analysen zeigt sich an diesen Mittelwertvergleichen die besonders große Benachteiligung der Schüler mit extrem großer Prüfungsangst.

Die Abbildungen, die sich auf die Leistungen der Schüler mit hoher, mittlerer oder niedriger manifester Angst beziehen, belegen noch einmal den vergleichsweise geringen Zusammenhang zwischen manifester Angst und Schulleistung.

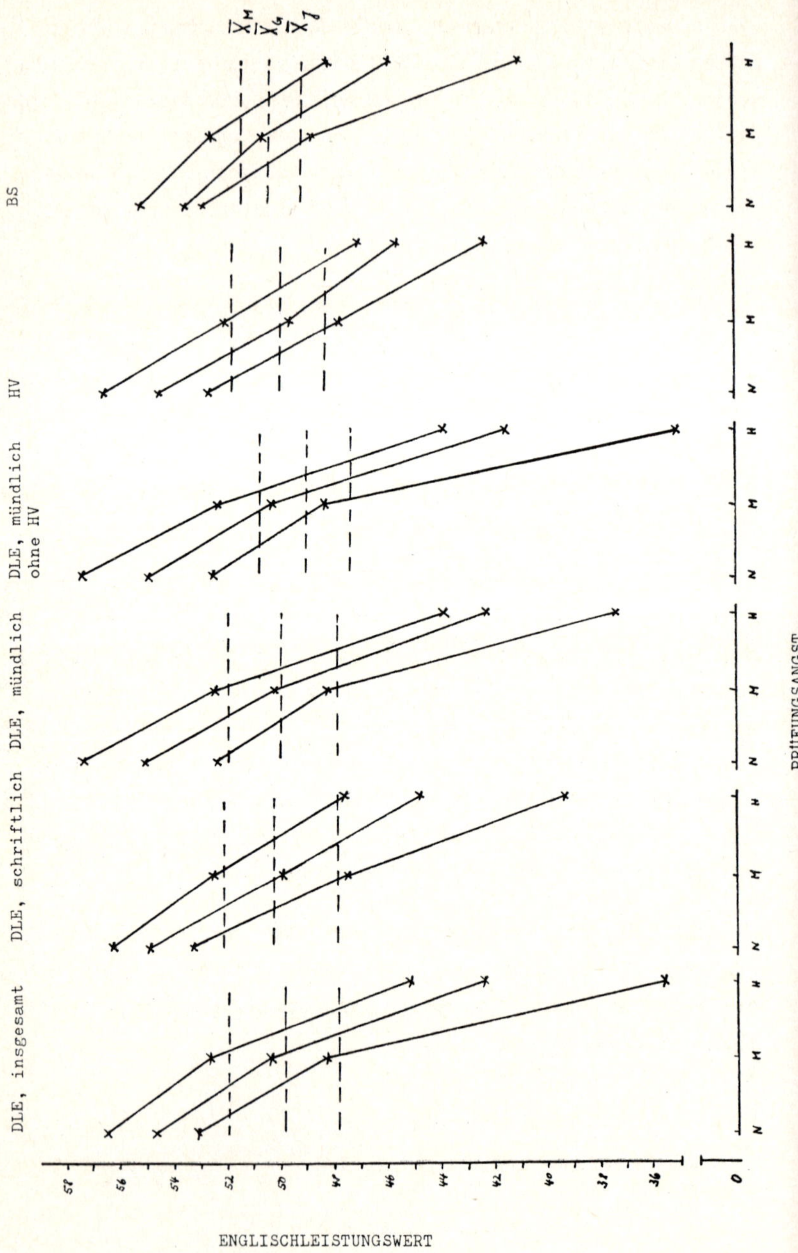

Abb. 1: Die Englischleistungen von Schülern mit mittlerer und extrem hoher bzw. niedriger Prüfungsangst

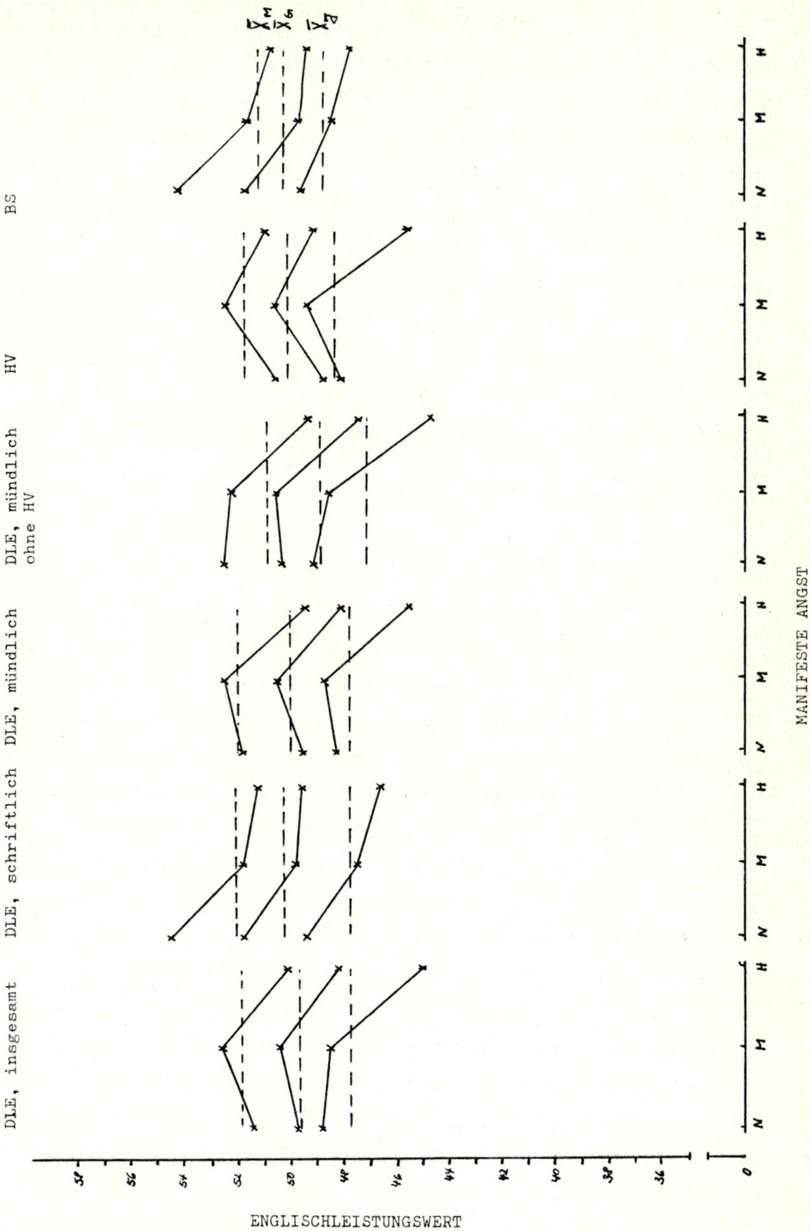

Abb. 2: Die Englischleistungen von Schülern mit mittlerer und extrem hoher bzw. niedriger manifester Angst

Sie machen darüberhinaus allerdings auch auf ein Dilemma aufmerksam, dem sich der Lehrer manchmal gegenübergestellt sieht: Die Schüler mit extrem niedriger manifester Angst zeigen in einigen Bereichen schlechtere Leistungen als die Mitteländstlichen. Das wird besonders deutlich beim Subtest "Hörverstehen" und kann vermutlich durch zu geringe Aufmerksamkeit oder Anstrengungsbereitschaft der niedrigängstlichen Schüler erklärt werden (vgl. Gage/Berliner, 1977, S. 397). Eine größere Belastung dieser Schüler könnte ihre Leistungen vielleicht verbessern. Da aber solche Maßnahmen in der Schule selten individualisierend ergriffen werden können, ist die Gefahr, daß sie bei den anderen Schülern verstärkt angstinduzierend und damit leistungsmindernd wirken, zu groß, als daß man zu ihnen raten dürfte.

IV

Bei der Interpretation der Zusammenhänge zwischen Angst und Englischleistung wurden bereits einige Bedingungen genannt, unter denen es zu einem hohen Angstniveau bei Schülern kommen kann. Wir wollen nun der Frage nach den Ursachen der Angst in der Schule und speziell im Englischunterricht weiter und umfassender nachgehen.[57] Zwar werden dabei die einzelnen Elemente des Unterrichts im Mittelpunkt stehen, jedoch wäre es kurzsichtig, seine Rahmenbedingungen darüber zu vergessen. Schule ist eine Veranstaltung der Gesellschaft, in der wir leben, und kann sich von deren Gesetzmäßigkeiten nicht gänzlich befreien. Unsere Gesellschaft ist auf Leistung ausgerichtet. Schulleistungen haben Konsequenzen für den späteren gesellschaftlichen Status des Schülers. Der sogenannte angsterzeugende Leistungsdruck in der Schule besteht daher selten in willkürlich von Lehrern ausgeübten und von Eltern geforderten bzw. unterstützten Maßnahmen; er kann deshalb auch nicht allein durch Willensentscheidungen dieser Personengruppen abgeschafft werden. Das Anspruchsniveau zu senken, kann angesichts der gesellschaftlichen Realität kein verantwortbarer Ratschlag sein (Jacobs/Strittmatter, 1979, S. 197ff). Es ist jedoch zu zeigen, daß ein Abbau der angsterzeugenden Bedingungen und Elemente des Fremdsprachenunterrichts nicht nur zu positiveren affektiven Ergebnissen, sondern auch zu besseren fachspezifischen Leistungen auf den Ebenen der Kenntnisse und Fertigkeiten führt.

In dem angedeuteten gesellschaftlichen Kontext ist die Rolle der Eltern zu sehen, die von vielen Lehrern als verantwortlich für die Angst der Schüler genannt werden. Die Eltern ängstlicher Schüler hätten eine übersteigerte Erwartungshaltung gegenüber den Leistungen ihrer Kinder, sie verlangten oft eine ungerechtfertigte Einstufung in die leistungsstärkeren Kurse und strebten eine unangemessene Schullaufbahn mit unerreichbaren Abschlüssen an. Zur Durchsetzung ihrer Ziele übten sie z.B. über die Hausaufgabenkontrolle oder Zusatzunterricht Druck auf ihre Kinder aus; besonders Klassenarbeiten bzw. Tests würden von ihnen extrem wichtig genommen.

In wissenschaftlichen Untersuchungen, die sich mit dem Zusammenhang von Schulangst und elterlichem Verhalten beschäftigt haben, wurden die soeben referierten Einschätzungen der Lehrer bestätigt. Wieczerkowski et al. (1975, S. 41) berichten davon, daß Schüler mit hoher Prüfungsangst bzw. manifester Angst ihre Eltern in stärkerem Maß kontrollierend und leistungsfordernd wahrnehmen (vgl. auch Gärtner-Harnach 1972; Groeben, 1978). Auch Jacobs/Strittmatter haben eine signifikante Beziehung zwischen einem strengen Erziehungsstil der Eltern und der Schulangst ihrer Kinder festgestellt; sie betonen jedoch - ganz im Sinne der kognitiven Angsttheorien -, daß strenge Erziehungsmaßnahmen nur dann negative Auswirkungen auf die Schulangst haben, wenn die Schüler den Erziehungsstil auch selbst als streng interpretieren (1979, S. 114).

Eine weitere Determinante der Angst des Kindes kann die Ängstlichkeit seiner Eltern selbst sein. Dabei ist es schwierig zu entscheiden, ob die Ursache eher in der Vererbung dieser Persönlichkeitseigenschaft oder in den Einflüssen der häuslichen Umwelt (z.B. über das Modellernen) liegt (vgl. Jacobs/Strittmatter, 1979, S. 102).

Einige der Lehrer, die sich zu den Ursachen der Angst im Englischunterricht äußerten, reflektierten sehr selbstkritisch ihre eigene Rolle. Als angsterzeugendes oder -steigerndes Verhalten wurden sehr persönliche negative oder ironische Bemerkungen gegenüber einzelnen Schülern, launenhaftes und inkonsequentes Handeln, Drohen z.B. mit dem Absteigen in einen leistungsschwächeren Kurs, mangelnde Bereitschaft, auf Fragen einzugehen, und geringere Fehlertoleranz mit ständigem und undifferenziertem Korrigieren genannt. Auch die Schüler mit stärkerer manifester Angst und Prüfungsangst berichten von erhöhten negativen Erfahrungen mit Lehrern (Wieczerkowski et al., 1975, S. 34) Und aus einer anderen Untersuchung: "Konkret bedeutet dies, daß der Schulängstliche glaubt, die Lehrer würden ihn gegenüber anderen Kameraden benachteiligen, ihn vor der ganzen Klasse blamieren, zuviel strafen und sich keine Mühe geben, den Stoff verständlich darzustellen" (Jacobs/Strittmatter, 1979, S. 153f; dort auch Verweise auf weitere Untersuchungen mit ähnlichen Ergebnissen).

Das Verhalten des Lehrers wirkt sich prägend auf das Verhalten der Mitschüler aus. Zeigt der Lehrer eine geringe Fehlertoleranz, korregiert er ständig und undifferenziert, so reagieren auch die Mitschüle in angststeigernder Weise auf fehlerhafte Äußerungen ihrer Klassenkam raden. In ihren schriftlichen Äußerungen und in Diskussionen berichteten die Lehrer häufig davon, daß die Angst einiger Schüler, sich vor der Klasse zu blamieren und von Mitschülern ausgelacht zu werden (besonders bei Aussprachefehlern), erkennbar leistungshemmend wirke. Auch eine ständige Unruhe, eine zu große Lautstärke in der Klasse und die Ungeduld der Mitschüler, die nicht abwarten wollen, bis ein langsameres Mitglied der Klasse sich geäußert hat, wurden von den Lehrern als Quellen der Angst genannt.

Das Verhalten der Eltern, Lehrer und Mitschüler muß nicht nur im allgemeingesellschaftlichen Kontext, sondern auch im Rahmen der Institution Schule gesehen werden. Auf die Frage nach den Ursachen für die Angst gibt Hermann (1980, S. 597) eine sehr grundsätzliche Antwort. Er "möchte S c h u l e s e l b s t a l s z e n t r a l e D e t e r m i n a n t e f ü r d i e E n t s t e h u n g v o n A n g s t in die Diskussion einbringen, unabhängig von Einzelphänomenen wie Leistungsdruck, Konkurrenzerleben, Selbstbild, Fremdbild, Erfolgserleben, elterliche Erziehungsstile, Lehrerverhalten und dergleichen mehr". Seine These lautet: "Die Schule krankt an ihrer Inhaltslosigkeit, und diese wirkt sich zerstörend auf den psychischen Zustand aller aus, die mit Schule zu tun haben" (ebd., im Original kursiv). Diese schulkritische These kann hier nicht diskutiert werden es lohnt sich aber zweifellos, sie auf den Englischunterricht hin zu durchdenken. Welche inhaltliche Bedeutung hat eigentlich für den

Schüler das, was er im Englischunterricht tun soll? Kann ihm vermittelt werden, daß ihn der Englischunterricht mit seinen Zielen und Inhalten, auch mit den in ihm täglich erfahrenen Aktivitäten, persönlich etwas angeht? Kann spürbar werden, daß die Fremdsprache für das Leben tatsächlich bedeutsam ist?

Daß die Fremdsprachen als Unterrichtsfächer von besonderer Wichtigkeit für den schulischen Erfolg sind, bedeutet für die grundsätzliche Problematik der Inhaltslosigkeit schulischen Lernens im Sinne von Hermann überhaupt nichts. Wie andere Untersuchungen ergeben haben, ist diese besondere Wichtigkeit eines Faches eher eine zusätzliche Ursache für Schulangst (vgl. Spandl, 1979, S. 47). Die Fremdsprachen sind nachgewiesenermaßen an unseren Schulen von ausschlaggebender Bedeutung für eine erfolgreiche Schullaufbahn (vgl. Krohn, 1981, S. 65 - 68). Die Gefahr, in ihnen zu versagen, wird also mit grösserer Wahrscheinlichkeit als bedrohlich und damit angsterzeugend wirken, als in den sogenannten Nebenfächern unzureichende Leistungen zu erbringen.

Das Zeugnis- und Zensurenwesen ist eine weitere institutionelle Bedingung, die mit der Schulangst in Verbindung steht (Jacobs/Strittmatter, 1979, S. 198). Die übliche Verwendung der sozialbezogenen Norm für die Zensurenvergabe, d.h. die implizite Zuweisung eines bestimmten Rangplatzes innerhalb einer abgrenzbaren Gruppe (meist die Schulklasse) an jeden einzelnen Schüler, bedeutet für die relativ leistungsschwächeren unter ihnen nur zu oft eine Beeinträchtigung ihres Selbstwertgefühls und daraus erwachsende Schulangst. Lernzielorientierte Formen der Leistungsmessung und -bewertung (vgl. Klauer et al., 1972; Ch. Schwarzer, 1980, S. 61f; Schwarzer, 1979a, S. 165) könnten bereits ein Schritt in die richtige Richtung sein, wenn schon eine Verwendung der individuellen Norm, d.h. die Ausrichtung an den früheren Leistungen eines Schülers und damit allein eine Dokumentation seines persönlichen Lernfortschritts, in unserem Schulsystem utopisch ist.

Unter demselben Gesichtspunkt wie die Zensurenvergabe ist die äußere Leistungsdifferenzierung im Englischunterricht zu sehen, die in vielen Bundesländern vorgeschrieben ist. Lehrer haben in unseren Diskussionen und in ihren schriftlichen Stellungnahmen immer wieder auf die Angst hingewiesen, die die Schüler vor der Erstzuweisung in einen Leistungskurs oder vor dem Absteigen in einen leistungsschwächeren Kurs zu erkennen geben. Auf der anderen Seite ist jedoch auch der Bezugsgruppeneffekt von ihnen beobachtet worden, der bei leistungsschwächeren Schülern zu einer Verringerung ihrer Schulangst geführt hat, sobald sie abgestuft worden waren.[58]

Schließlich wird von einigen Autoren als ein weiteres Beispiel institutionellen Zwangs, der für Angst in der Schule mitverantwortlich ist, auf die Stoffülle hingewiesen, die in einigen Fächern bewältigt werden muß (Jacobs/Strittmatter, 1979, S. 199; Ungerer, 1980, S. 309). Besonders laut scheint diese Klage in bezug auf die Fremdsprachen erhoben zu werden. Die Richtlinien und - da sie die Forderungen der Richtlinien aller Bundesländer kumulieren - die Lehrwerke für den Fremdsprachenunterricht enthalten mehr, als vom Schüler in der dafür vorgesehenen Zeit tatsächlich gelernt werden kann. Lehrer, die sich diesem institutionellen Zwang beugen, vergrößern die beim Schüler dadurch notwendigerweise entstehenden Lücken in den Kenntnissen und Fertigkeiten. Die vom Schüler geforderten Leistungen sind von ihm immer weniger zu erfüllen. Die Folgen sind Angst vor dem unausweichlichen Versagen bei vielen, damit neben den Defiziten auf der kognitiven und pragmatischen Ebene auch sich schnell verstärkende auf der affektiven. Wenn wir im folgenden näher auf die Elemente des Unterrichts eingehen, die ursächlich für die Entstehung oder Steigerung der Schulangst sein können, werden wir auf diesen Zusammenhang zurückkommen.

Die von den Lehrern angeführten Beobachtungen über Angstursachen im Englischunterricht lassen sich in Übereinstimmung mit Erkenntnissen der empirischen Schulangstforschung interpretieren; sie sollen deshalb in diesem Kontext vorgestellt werden.

Besonders häufig weisen die Lehrer auf Situationen der Leistungskontrolle hin, die Angst auslösen. Wir sind darauf bereits im einzelnen eingegangen (vgl. III) und wollen an dieser Stelle lediglich darauf aufmerksam machen, daß es im Englischunterricht als einem übungsintensiven Fach sehr darauf ankommt, Übungs- und Prüfungsphasen für den Schüler deutlich erkennbar zu trennen (Ungerer, 1980, S. 307). Walter (1977, S. 5) weist darauf hin, daß "unterrichtliche

Konstellationen, welche direkt oder indirekt eine Ähnlichkeit mit Prüfungssituationen aufweisen" angstinduzierend wirken.

Unvertraute und mehrdeutige Situationen, die verschiedenartige Verhaltensalternativen bieten, führen vor allem bei Schülern mit latenter Angstbereitschaft zu einer Aktivierung dieser Emotion (vgl. Walter, 1977, S. 5). Die von uns befragten Lehrer nannten wiederholt freie Formen der Sprachanwendung ("Rollenspiele, freies Sprechen, freie Einsetzübungen, Tests ohne Zielangabe") als angsterregend.

Auch die Einhaltung der Einsprachigkeit - einer sehr konsequenten Verwendung der englischen Sprache in normalem bis schnellem Sprachtempo, wie die Lehrer ausdrücklich hervorhoben - wurde als belastend für ängstliche Schüler genannt. Nicht allein ihre Befürchtung, das Gesagte nicht eindeutig dekodieren zu können, sondern auch der Zwang, in einem streng einsprachig geführten Unterricht selbst nur auf Englisch nachfragen zu dürfen, wenn Unklarheiten geblieben sind, läßt ihre Angst wachsen.

Ähnlich wie eine mehrdeutige Unterrichtssituation oder eine Aufgabenstellung, die den Schülern eine Fülle von Reaktionsmöglichkeiten bietet, wirkt die Unstrukturiertheit des Lernangebots einzelner Unterrichtsphasen oder ganzer Unterrichtsstunden (vgl. Gage/Berliner, 1977, S. 397; Krohne, 1980a. S. 234). Je unstrukturierter und damit undurchschaubarer für die Schüler der Unterricht wird, desto enger wird der Zusammenhang zwischen Angst und Leistung, d.h. ängstliche Kinder werden durch einen unstrukturierten Unterricht stärker benachteiligt als weniger ängstliche.[59]

Im Zusammenhang mit den bisher genannten Merkmalen angstinduzierender unterrichtlicher Situationen steht die Erkenntnis, daß es vom Grad der Vorbereitbarkeit von geforderten Schulleistungen abhängt, wie stark sich die Angst auf die Leistung auswirkt (vgl. Krohne, 1980a, S. 234f). Zum einen entfällt bei gut vorbereitbaren Aufgaben die Unsicherheit über das zu Erwartende, zum anderen können ängstliche Schüler vor dem Zeitpunkt, zu dem die Leistung erbracht werden soll, so viel Übungszeit investieren, wie sie zu ihrer eigenen Sicherheit brauchen, Krohne (1980a, S. 235) berichtet von einer Untersuchung in der Mittelstufe des Gymnasiums über die "Beziehung zwischen Prüfungsangst und Grad der Vorbereitbarkeit von Klassenarbeiten hinsichtlich des resultierenden Ergebnisses". Dabei ergab sich "für eine gute vorbereitbare Grammatikarbeit im Fach Englisch erwartungsgemäß keine bedeutsame Korrelation zwischen Prüfungsangst und Fehlerzahl (r=.12). Demgegenüber konnte für eine schlecht vorbereitbare Englisch-Nacherzählung ein, allerdings nicht sehr hoher Wert von r=.29 ($p<.05$) ermittelt werden" (ebd.).

Immer wieder wurden von den Lehrern unterrichtliche Situationen genannt, in denen die Schüler Angst entwickelten, weil sie die von ihnen geforderte Leistung als zu schwierig empfanden. So scheuen sie sich vor der Artikulation schwieriger Laute der englischen Sprache, verlieren den Mut vor sehr langen und ungegliederten Lehrwerktexten, zeigen Angst vor der Anfertigung oder der Präsentation von Hausaufgaben, die sie nicht verstanden haben. Ausdrücklich wird die fehlende Übung für die geforderte Leistung als Ursache für solche Schülerängste genannt.

Selbstverständlich führen die bisher diskutierten Elemente des Unterrichts nicht automatisch zur Schulangst. Die kognitiven Angsttheorien haben deutlich gemacht, daß der Schüler selbst der entscheidende Faktor in einem interaktionalen Gefüge ist. "Angst wird dann ausgelöst, wenn das Individuum eine Situation als bedrohlich bewertet. Entscheidend ist *die bedrohliche Bewertung der Situation*, die selbstverständlich auch dann vorgenommen werden kann, wenn objektiv keine Gefahr besteht" (Jacobs/Strittmatter, 1979, S. 61). Das bedeutet allerdings nicht, daß nun die Verantwortung für die Angst beim ängstlichen Schüler liegt. Auch der Lehrer hat sich zu fragen, was er an der Situation verändern kann, damit sie als weniger bedrohlich bewertet wird.

V.

Bei der Interpretation der empirischen Befunde zur Rolle der Angst im Englischunterricht (vgl. III) und bei der Reflexion der Gründe für diese Angst sind - zum Teil implizit - Hinweise gegeben, wie verhindert werden kann, daß Schulangst entsteht oder sich steigert, auch wie sie vermutlich abgebaut werden kann. Zum Schluß unseres

Beitrags wollen wir diese Hinweise ergänzen, ohne Vollständigkeit anzustreben.[60]

Der Lehrer ist auf zwei Ebenen gefordert, wenn er gegen das Phänomen der Schulangst ankämpfen will: auf der eher persönlichen und der eher "handwerklichen".[61] Er muß seinen Schülern gegenüber eine warme, akzeptierende, ermutigende Haltung entwickeln (Schiffler, 1980, S. 334) und sensibel ihre Ängste wahrnehmen können. Diese Fähigkeiten können geschult werden (s. Wieczerkowski et al., 1969); schon sehr einfache Techniken der Ermutigung von Schülern haben erfolgreich zum Angstabbau beigetragen. So berichten Wieczerkowski et al. (1975, S. 41) von einer Untersuchung, bei der die Schüler in elf Schulklassen des 5. und 6. Jahrgangs zufällig einer Experimental- und Kontrollgruppe zugeteilt wurden. "Unter die Klassenarbeiten der 'Experimentalschüler' in Rechnen bzw. in Englisch schrieben die Klassenlehrer zusätzlich zur Zensur noch einen ermutigenden Kommentar. Die Behandlung erfolgte innerhalb von 8 Wochen bei durchschnittlich 3 Klassenarbeiten. Im Vergleich zur Kontrollgruppe, bei der im Retest keine Veränderungen zu beobachten waren, zeigte sich in der Experimentalgruppe eine statistisch bedeutsame Abnahme der Prüfungsangst und der Schulangst". Solange allerdings solche Maßnahmen "Technik" bleiben und nicht von der ehrlichen Einstellung des Lehrers getragen werden, dürfte der Erfolg nur vorübergehend bleiben.

Auch die für einen effektiven Angstabbau wünschenswerte Kooperation zwischen Elternhaus und Schule (vgl. Jacobs/Strittmatter, 1979, S. 155 - 164) hängt weitgehend von der Persönlichkeit des betreffenden Lehrers ab, obwohl auch auf diesem Gebiet erfolgreiche Verhaltensweisen gelernt werden können.

Die "handwerklichen" Fähigkeiten des Lehrers sind jedoch gefordert, wenn es um den vermutlich aussichtsreichsten Weg zur Bewältigung der Schulangst geht. Der scheint in der Vermeidung des Leistungsversagens zu liegen. "Die generelle Prävention gegenüber Schulleistungsschwierigkeiten, sobald der Lehrer dafür zuständig ist, zielt jedoch auf 'guten Unterricht'" (Ch. Schwarzer, 1980, S. 178).[62]
Als 'guter Unterricht' ist ein Unterricht im Sinne des zielerreichenden Lernens (Carroll, 1973; ders., 1974; Bloom, 1976) zu verstehen.[63]

Gerade ein Unterrichtsfach wie Englisch mit einer so hohen Sequentialität, d.h. einer so hohen "Abhängigkeit der Lernerfolge von vorausgegangenen Lernerfolgen als einer Bedingung für neue Lernerfolge" (Sauer, 1971, S. 136; vgl. auch Pimsleur et al., 1964), steht in der Gefahr, daß - angesichts der durch Lehrpläne und Lehrwerke bedrängenden Stoffülle - eine ständig wachsende Zahl von Schülern Defizite aufweist. Die Kluft zwischen den Leistungsforderungen und den Leistungsmöglichkeiten der Schüler vergrößert sich. Das Gefühl der Bedrohung, der Hilflosigkeit auf der Seite der Schüler wächst, entwickelt sich zur Angst und schlägt eventuell in Aggression, dann in Resignation um.

Will man einen solchen Prozeß verhindern, kommt es darauf an, von der ersten Stunde des Englischunterrichts an dafür zu sorgen, daß die Lernziele von allen Schülern erreicht werden und neue Lernziele erst dann gesetzt werden, wenn diese notwendige Grundlage gesichert ist. Da die Praxis rauher ist, als diese Empfehlung durchscheinen läßt, werden wir in den Schulklassen immer wieder Defizite in den Englischleistungen vorfinden. In diesen Fällen ist lückenschließendes, d.h. remediales Unterrichten angezeigt. Auf längere Sicht ist dann ein wiederholender und übender Englischunterricht unter Einsatz von Zusatzmaterialien in bezug auf j e d e Lernzieldimension effektiver als ein vermeintliches "Voranschreiten im Stoff".

4.4. Der Unterricht und der Lehrer

Wir sahen in den vorhergehenden Kapiteln, daß gesellschaftliche Präferenzen und institutionelle Rahmenbedingungen das Unterrichtsgeschehen in hohem Maße determinieren. Auch der Schüler als Individuum und als Teil einer Lerngruppe bestimmt das Unterrichtsgeschehen nachdrücklich mit, auch wenn diese Tatsache oft weder dem Lehrer noch ihm selbst ganz bewußt ist und auch, wenn "Mitbestimmung" kein Teil der offiziellen Unterrichtsstrategie ist.

Damit ist zwar das Geschehen im Unterricht bis zu einem gewissen Grade, nicht aber zur Gänze festgelegt. Der verbleibende (im Individualfall unterschiedlich große) Spielraum wird vom Lehrer und seiner Unterrichtsführung ausgefüllt, die vor allem für die vom Unterricht gebotenen A n r e g u n g s b e d i n g u n g e n verantwortlich sind.

Allgemein gesprochen bestehen diese Anregungsbedingungen im unterrichtlichen Verhalten des Lehrers und den von ihm eingebrachten Materialien und ihren Inhalten. Auch auf diesem Gebiet liegen bisher relativ wenige Untersuchungen vor, die sich speziell auf den Fremdsprachenunterricht beziehen. Die nachfolgenden Arbeiten können daher kein umfassendes Bild der Problematik liefern, sondern lediglich einige Teilbereiche näher beleuchten.

H. Düwell befaßt sich in allgemeinerer Form mit den motivationalen Auswirkungen der Unterrichtsfaktoren Unterrichtsziele, Unterrichtsgegenstand, Unterrichtsmethoden, Sozialformen des Unterrichts, Lehrer und Lerner.

G. Radden erfragte Schülermeinungen zu dem im Unterricht benutzten Lehrwerk und kann durch die erhaltenen Antworten interessante Schlaglichter auf dessen Bedeutung als Motivationsfaktor werfen und darüber hinaus Anregungen für die Verfasser zukünftiger Lehrwerke geben.

H. Heuer untersucht die Zusammenhänge zwischen verschiedenen Arten von Lehrerfragen und den Charakteristika der auf sie erfolgenden Schülerantworten.

M. Schratz geht von Beobachtungen im Unterricht aus und stellt Überlegungen an, in welcher Weise der Fremdsprachenunterricht mehr als er es bisher getan hat, die individuellen Voraussetzungen der Schüler berücksichtigen kann. Die Überlegungen führen über allgemeine Praxishinweise zur Skizze eines Unterrichtsmodells, das die theoretischen Vorschläge für die Praxis zu realisieren versucht.

Henning Düwell

4.4.1. Motivierung im Fremdsprachenunterricht in Abhängigkeit einzelner Unterrichtsfaktoren

1. Anmerkung zur Methode der Untersuchung

Die Schwierigkeit, aufgrund der Vielzahl zu berücksichtigender Variablen die Ursachen für Motivationserhaltung, Motivationssteigerung oder Motivationsschwund im Fremdsprachenunterricht zu bestimmen, muß bei den folgenden Analysen stets mitbedacht werden. Hinzukommt, daß die empirischen Untersuchungsergebnisse zur Motivation in Abhängigkeit von der jeweiligen Sprache und von der Reihenfolge des zeitlichen Einsatzes der betreffenden Sprache im Unterricht gesehen werden müssen, wenn es sich um die Vermittlung mehrerer Fremdsprachen handelt.

Die Gründe für Motivationserhaltung, Motivationssteigerung oder Motivationsschwund dürfen nicht als jeweils monokausale Wirkungen einzelner Motive des Lernenden bzw. einzelner Faktoren der Unterrichtsmotivierung gesehen werden. Vielmehr handelt es sich um ein komplexes Zusammenwirken vieler Anreize und Motive. Die vom Unterricht ausgehenden Anregungsfaktoren dürfen somit auch nicht als alleinentscheidend für die Entstehung, Erhaltung, Steigerung bzw. für den Schwund von Motivation gesehen werden. Vielmehr gilt es, im Sinne der Definition von Motivation als "Interaktion von motivierender Situation und motiviertem Subjekt" (Graumann 1974:125) die Faktoren der Lerndisposition des Schülers mitzuberücksichtigen. Somit können nicht allein die vom Unterricht ausgehenden Einflußfaktoren die Motivation des Lernenden steuern, sondern ebenso entscheidend sind die mit ihnen interagierenden Faktoren auf der Seite des Lernenden (vgl. Grzesik 1976:87).

Für eine Analyse der Lernmotivation und der Motivierungsstrategien werden die folgenden relevanten Unterrichtsfaktoren berücksichtigt:

- Unterrichtsziele,
- Unterrichtsgegenstand,
- Unterrichtsmethoden,
- Sozialformen des Unterrichts,

- Lehrer,
- Lerner.

Die folgenden Ausführungen zu diesen Faktoren beziehen sich sowohl auf theoretische Aussagen als auch auf empirische Untersuchungsergebnisse. Inhaltlich wird dabei nicht nur auf motivationsverhindernde, sondern auch auf motivationsfördernde Auswirkungen einzelner Faktoren eingegangen. Nicht immer sind die folgenden Ausführungen rein fremdsprachenspezifisch orientiert, gelegentlich enthalten sie auch fächerübergreifend relevante Aussagen. Eine Verallgemeinerung der im folgenden zitierten empirischen Untersuchungsergebnisse dürfte wegen zu kleiner, nicht repräsentativer Stichproben oder wegen spezifischer Bildungssysteme anderer Länder nicht immer statthaft sein. Entsprechendes gilt für die Möglichkeit des Vergleichs solcher Befunde, die oft unter nicht vergleichbaren Untersuchungsbedingungen zustandegekommen sind. Wir beschränken uns bei den empirischen Untersuchungen im wesentlichen auf die Sekundarstufe im deutschsprachigen Raum (mit dem Schwerpunkt Bundesrepublik) und weisen darauf hin, daß die aus anderen Ländern zitierten Untersuchungen aufgrund der jeweils unterschiedlichen Relevanz des Verhältnisses von eigener Sprache zur jeweiligen Fremdsprache und aufgrund anderer Bildungssysteme den Vergleich mit Untersuchungen im deutschsprachigen Raum erschweren.

Aufgrund einer noch fehlenden Theorie der Motivation im Fremdsprachenunterricht - das Motivationsmodell von Gardner und Lambert erwies sich als unzureichend[1] - kann ein M o t i v i e r u n g s - konzept als Korrelat einer fremdsprachenerwerbsspezifischen Motivationstheorie noch nicht entwickelt werden. Angesichts dieser Forschungslage können die folgenden Ausführungen lediglich einzelne Hinweise auf mögliche Motivierungsstrategien sein. Diese Strategien werden auf Bereiche des Fremdsprachenunterrichts bezogen, die in der Fachdiskussion häufig als besonderer Gegenstand der Schülermotivierung erwähnt werden. Die folgenden Aspekte der Motivierung sind entweder Aussagen einer allgemeinen Theorie der Lernmotivation, oder sie beruhen auf (individuellen) Unterrichtserfahrungen bzw. -beobachtungen, oder es handelt sich um Befunde der empirischen Unterrichtsforschung.

2. Unterrichtsziele

Fachübergreifend wird der Zusammenhang zwischen den Unterrichtszielen und der Motivation des Schülers häufig damit begründet, daß hinsichtlich der Zeitperspektive zwischen aktuellem Lernen und zukunftsgerichteter Verwendungmöglichkeit das aktuelle Lernen nur dann motivierend wirken kann, wenn jeder aktuelle Lernschritt seine Bedeutung im Hinblick auf zukünftiges Handeln erhält. Es gilt folglich, "die aktuelle und prospektive Valenz pädagogischer Elemente (gleich welcher Art) in ihrem Zusammenhang theoretisch wie praktisch zu erfassen" (Rosenfeld 1974:33). Dem Lernenden muß nicht nur die Bedeutung des einzelnen aktuellen Lernschritts für die Unterrichtsziele bewußt gemacht werden, sondern diese Ziele selbst müssen für ihn auch subjektiv bedeutsam sein, d.h. sie müssen in ihm ein Lernbedürfnis auslösen können. Die Perspektive zukünftigen Handelns und die damit verbundenen einzelnen zielorientierten Lernschritte müssen vom Schüler bewußt erlebt werden (vgl. Petrowski 1974^{b}:130 f.).

Überträgt man diese fachübergreifenden Aussagen zur zukunftsgerichteten Verwendungsmöglichkeit des aktuellen Lernens auf die Situation des Fremdsprachenunterrichts, so muß dem Lernenden sowohl bereits zu Beginn als auch im weiteren Verlauf seines schulischen Fremdsprachenerwerbs die Bedeutung der jeweiligen Fremdsprache in verschiedenen Bereichen, wie z.B. im Beruf sowie in Politik, Kultur und Handel, bewußt gemacht werden (vgl. Apelt 1976:137 f.). Weniger bei jüngeren als vielmehr bei älteren Schülern kann sich besonders die Perspektive beruflicher Verwendungsmöglichkeiten auf den Erwerb von Fremdsprachen motivierend auswirken (vgl. Walker 1976:141). Entscheidend für das Erreichen der Unterrichtsziele ist es, daß der Schüler die Perspektive seines Handelns in ihren einzelnen Phasen positiv, d.h. ohne Mißerfolgserlebnisse, erfährt.

Wie in den folgenden Ausführungen zur Frage der Selektion der Sprachmittel, zur Sequentialität, zum l o n g - t e r m e f f o r t und zur Staffelung der Lernziele noch zu zeigen sein wird, sind aufgrund der besonderen Struktur der fremdsprachlichen Unterrichtsfächer besondere Vorgehensweisen erforderlich, um die Motivation des Lernenden im Hinblick auf die Zielperspektive zu erhalten.

Zur Vermeidung von Mißerfolg beim schulischen Fremdsprachenerwerb sind dem Lernenden die folgenden Fakten und Prozesse bewußt zu machen:

- daß sein Fremdsprachenerwerb sich auf die Selektion eines relativ kleinen Korpus von Ausdrucksmitteln aus der fremden Sprache bezieht,
- daß die Lernziele, gestaffelt nach Nah-, Mittel- und Fernzielen, für ihn jeweils erreichbar sind.

Fremdsprachenerwerbsspezifisch läßt sich eine derartige induzierte Erfolgs- und Leistungsmotivation wie folgt begründen: Die Komplexität der zu lernenden Sprache muß dem Schüler, besonders im Anfangsunterricht, als ein kaum überschaubares und schwer strukturierbares Phänomen erscheinen. Der Schüler dürfte außerdem von der Erwartung ausgehen, die fremde Sprache einmal "beherrschen" zu müssen. Eine derartige Erwartung muß ihn zweifellos überfordern und zu Mißerfolgserlebnissen führen. Zur Förderung der Erfolgsmotivation im Fremdsprachenunterricht muß deshalb beim Lernenden von Anfang an die Vorstellung von der "Beherrschung" einer fremden Sprache korrigiert werden, indem man ihm bewußt macht, daß er aus dem umfangreichen Korpus von Ausdrucksmitteln der anderen Sprache lediglich eine sehr kleine Auswahl von Ausdrucksmitteln erwerben wird (vgl. Jakobovits 1971:64 f.). Eine solche Bewußtmachung dürfte die Lernmotivation des Schülers positiv beeinflussen. Damit verbunden ist ein Lehrerverhalten, das die Leistung des Schülers in der fremden Sprache nicht nach dem Vorbild des *native speaker* beurteilt, sondern das bei der Leistungsbeurteilung Maßstäbe anlegt, die dem begrenzten, allmählich sich vollziehenden Fremdsprachenerwerb *als Prozeß* gerecht werden (vgl. ebd., S. 249).

Im Gegensatz beispielsweise zu den naturwissenschaftlichen Fächern sind die fremdsprachlichen Fächer durch *Sequentialität* gekennzeichnet (vgl. Sauer 1971:136, in Anlehnung an Pimsleur/Sundland/McIntyre 1964). Dies bedeutet, daß im Fremdsprachenunterricht der Lernerfolg zukünftigen Lernens immer stark vom bereits gelernten Stoff abhängt. Dieser für die fremdsprachlichen Fächer typische "Aufbaucharakter" verlangt vom Lernenden ständige Mitarbeit und einen *long-term effort* (Gardner/Lambert 1972:16), wenn er die Lernziele erreichen will. Der fachimmanente "Aufbaucharakter" des Fremdsprachenunterrichts macht es folglich erforderlich, daß die sequentielle Organisation des jeweiligen fremdsprachlichen Faches dem Lernenden überschaubar gemacht wird, indem die miteinander verbundenen Lernaufgaben durch die Setzung von Nah-, Mittel- und Fernzielen für ihn sukzessive erreichbar werden (vgl. Wendt/Pohnert 1970:371 ff., Solmecke 1973:85). Mit Apelt (1976:141) läßt sich hierzu feststellen: "Entscheidend ist, daß die Schüler die wesentlichen Ziele des Fremdsprachenunterrichts sukzessive erfassen, die einzelne Stunde als Glied des Ganzen sehen und nicht 'häppchenweise' lernen." Ein derartig gestalteter Fremdsprachenunterricht dürfte den Lernenden weitgehend vor Mißerfolgserlebnissen bewahren und zur Anregung der Leistungsmotivation beitragen.

3. Unterrichtsgegenstand

Werden die Lernmotivation des Schülers und Fragen der Motivierung beim schulischen Fremdsprachenerwerb auf den Unterrichtsgegenstand bezogen, so haben für diesen Zusammenhang die folgenden Aspekte des Unterrichtsgegenstands besondere Bedeutung:

- die Auswahl von Themen,
- der Schwierigkeitsgrad der Lernaufgabe,
- das Lehrwerk.

3.1. Die adressatengerechte Auswahl von Themen

Ein möglicher Grund für Motivationsschwund ist in der nicht adressatengerechten Wahl von Themen zu sehen, die dem Schüler keine Möglichkeit zur Identifikation[2] bieten. Das Anknüpfen an die Schülererfahrung hingegen gibt dem Lernenden Gelegenheit, seine außerschulische Lebenserfahrung zum schulischen Lernangebot in Beziehung zu setzen. Damit ist der Unterrichtsgegenstand nicht mehr lediglich als Mittel zum Zweck zu sehen, nämlich "um Leistung oder Erfolg, die als Werte an sich betrachtet werden, zu erreichen" (Vogel/Vogel 1975:47).

Die Realisierung der Forderung, im Fremdsprachenunterricht an die

Schülererfahrung anzuknüpfen, dürfte sich zwar auch auf den sprachlich-formalen Bereich beziehen - der jeweilige individuelle eigensprachliche und fremdsprachliche "Entwicklungsstand" muß zweifellos bei der Auswahl des Unterrichtsgegenstandes mitberücksichtigt werden -, vor allem aber ist der Anknüpfungspunkt an die Schülererfahrung in der Auswahl der Themen zu sehen, die im Fremdsprachenunterricht dargeboten werden sollen. Dabei dürfte es schwierig sein, allen individuellen Erfahrungen gerecht zu werden; Anknüpfungspunkte bieten aber allen Schülern gemeinsame Lebenserfahrungen aus den Bereichen "Familie - peer group (Altersgruppe, Freundeskreis) - Schule - Arbeit - Freizeit - Öffentlichkeit"[3]. Indem bei der Auswahl von Themen aus diesen Bereichen der soziokulturelle Kontext der anderen Sprachgemeinschaft zugrundegelegt wird, lernt der Schüler den ihm aus seiner eigenen Umwelt vertrauten Lebensbereich in einer anderen Sprachgemeinschaft kennen. In dieser Auseinandersetzung mit dem anderen soziokulturellen Kontext reflektiert er seine eigenen Erfahrungen in dem betreffenden Lebensbereich und kann gegebenenfalls Lösungsmöglichkeiten zur Bewältigung eigener Probleme erhalten. Der Unterrichtsgegenstand wirkt motivierend, weil er für den Lernenden eine "subjektive Bedeutung (Valenz)" (Rosenfeld 1974:209) hat.

Die Bedeutung dieser Beziehung von Unterrichtsgegenstand - Schülererfahrung - Möglichkeit zur Identifikation wird auch von der Lernpsychologie und von der Sprachpsychologie bestätigt. Carroll (1966: 105) stellt in diesem Zusammenhang fest, daß ein Lerngegenstand um so leichter gelernt und behalten wird, wenn er für den Lernenden besonders bedeutsam ist, und Engelkamp bemerkt (1974:89):

> Man fand, daß die Rückbeziehung von sprachlichen Informationen auf die individuelle Erfahrung bzw. Wahrnehmung die Verarbeitung von sprachlichem Material erleichtert.

Wenn der Unterrichtsgegenstand "Neuigkeitsgehalt" hat, kommt es zu einer zusätzlichen Anregung der Lernmotivation. Nach Heckhausen (1974:196) wird diese Anregungsvariable immer dann wirksam, "wenn der Lernstoff thematisch so eingebettet und dargeboten wird, daß die Erwartungsschemata des Schülers (das Vertraute) in einem mäßigen Grade durchbrochen werden". Diese Anregungsvariable, die im

Fremdsprachenunterricht durch die Themen und damit auch durch die soziokulturellen Informationen über die andere Sprachgemeinschaft bestimmt wird, dürfte jedoch weniger die Leistungs- als vielmehr die Neugiermotivation des Lernenden ansprechen.

Ein bloßes Anknüpfen an die Erfahrung des Lernenden macht nicht allein den Lernanreiz des Gegenstandes aus. Vielmehr muß dieser, wie bereits oben erwähnt, einen Neuigkeitsgehalt aufweisen. Vogel/Vogel (1975:48) haben die Bedingungen der "Beschaffenheit des Lernmaterials" analysiert, wenn es die Erwartungsschemata des Lernenden durchbrechen soll. Demnach müssen Lerngegenstände so beschaffen sein, daß sie:

einen Sachverhalt anzweifeln / verschiedene Behauptungen so darstellen, daß sie nicht zueinander passen / zwei Eigenschaften eines Gegenstandes oder eines Individuums als unvereinbar darstellen / die Implikationen einer Sache unklar lassen / Lösungen vorschlagen, die aber keinen erkennbaren Bezug zum Lösungsziel haben / Behauptungen aufstellen, die einander widersprechen.

Aufgrund dieser Strukturmerkmale kann die Auswahl von Themen nicht beliebig sein, wenn diese einen motivierenden Neuigkeitsgehalt haben sollen. Als thematische Füllungen der genannten Strukturbedingungen motivierender Lerngegenstände bieten sich im Fremdsprachenunterricht besonders die soziokulturellen Informationen über die fremde Sprachgemeinschaft an. An ihnen kann der Schüler im Fremdsprachenunterricht z.B. erfahren, daß in der anderen sozialen Realität ihn betreffende Probleme eventuell anders als in seiner eigenen Umwelt gelöst werden. Der Erklärungsansatz für Motivation im Fremdsprachenunterricht von Disick/Barbanel (1974:194), daß Schüler in der Adoleszenz aufgrund einer Identitätskrise die Vorbilder ihrer sozialen Umwelt nicht mehr anerkennen wollen, macht deutlich, daß dem Lernenden durch die im Fremdsprachenunterricht vermittelten soziokulturellen Informationen aus der anderen Sprachgemeinschaft für seine Probleme Lösungsalternativen aus einer anderen sozialen Realität angeboten werden können.

3.2. Der Schwierigkeitsgrad der Lernaufgabe

Die Lernmotivation ist nicht nur in Abhängigkeit vom Thema, sondern auch vom Schwierigkeitsgrad des Unterrichtsgegenstandes zu sehen. Dieser dürfte sich vor allem auf die sprachlich-formale Seite der jeweiligen Aufgabenstellung beziehen.

Angeregt werden kann die Leistungsmotivation nach Heckhausen (1974: 195) durch den "Erreichbarkeitsgrad des in der Lernsituation gestellten Leistungszieles für den individuellen Schüler". Damit in Zusammenhang steht der Schwierigkeitsgrad der gestellten Aufgabe. Vom Schwierigkeitsgrad der Aufgabe hängt ihr "Anreiz" ab. Zur Wahl des Schwierigkeitsgrades mit dem "höchsten Motivierungswert" hat nach Heckhausen (ebd.) die Forschung festgestellt, "daß mittlere Schwierigkeitsgrade, bei denen ein Erfolgs- oder Mißerfolgsausgang ungefähr gleich wahrscheinlich ist, den höchsten Motivierungswert habe, d.h. die überdauernde Leistungsmotivation am stärksten anregen." Heckhausen (ebd., S. 195 f.) schließt hieraus:

> Demnach ist die Dosierung eines mittleren Erreichbarkeitsgrades das bedeutendste Mittel der Schule, um die Lernmotivierung des individuellen Schülers in einer gegebenen Unterrichtssituation zu steigern.

Diese fachübergreifende Aussage bedeutet für die Schülermotivation im Fremdsprachenunterricht, daß die Auswahl, Vermittlung und Progression von fremdsprachlichen Phänomenen in Abhängigkeit von der jeweiligen Lerngruppe an einem "mittleren Schwierigkeitsgrad" orientiert sein sollte. Eine neue Lehrwerkeinheit z.B. darf aufgrund dieser motivationspsychologischen Erkenntnis weder in ihrer neuen Lexis noch in der Zahl neuer grammatischer Phänomene überfrachtet sein. In der Vermittlung neuer lexikalischer oder grammatischer Phänomene in der Einzelstunde ist die Auswahl ebenfalls zu dosieren, und hinsichtlich der Progression der zu vermittelnden sprachlichen Phänomene über einen längeren Zeitraum ist so vorzugehen, daß sich der Erwerb der Fremdsprache für den Schüler als ein überschaubarer und verständlicher Aufbau sprachlicher Phänomene darstellt.

3.3. Schülermotivation und Lehrwerk

Die bisherigen Ausführungen zum Unterrichtsgegenstand - die Auswahl der Themen und der Schwierigkeitsgrad der jeweiligen Lernaufgabe -

betreffen die für die Motivation des Schülers im Fremdsprachenunterricht allgemeinwichtigen Aspekte der Qualität des Unterrichtsgegenstands. Da im Fremdsprachenunterricht, insbesondere im Französischunterricht auf der Sekundarstufe I, das Lehrwerk über einen längeren Zeitraum der wichtigste Unterrichtsgegenstand ist, stellt sich die Frage, inwieweit Fremdsprachenlehrwerke die Lernmotivation positiv bzw. negativ beeinflussen.

In den folgenden Ausführungen wird der Zusammenhang von Schülermotivation und Lehrwerk zunächst hinsichtlich der Ausgangsmotivation des Lernenden in der Anfangsphase des Fremdsprachenunterrichts, sodann ausgehend von den Merkmalen eines Fremdsprachenlehrwerks erörtert. Es folgen ein Bericht zu Schülerurteilen über Fremdsprachenlehrwerke und eine Diskussion über Alternativen der Lehrwerkarbeit.

Die Motivation des Lernenden im fremdsprachlichen Anfangsunterricht läßt sich mit Solmecke (1976b:14) wie folgt realistisch einschätzen:

> Ein echtes Bedürfnis für den Erwerb einer zweiten Sprache wird man bei den meisten Schülern zu Beginn des Kurses nicht feststellen können. Die Motivierung der Schüler liegt also weitgehend in der Hand des Lehrers, wobei er sich möglicherweise auf die allgemeine Lernbereitschaft der Schüler und die evtl. vorhandene Wertschätzung der Umwelt für den Fremdsprachenerwerb stützen kann.

Wenn ein Bedürfnis zum Fremdsprachenlernen nicht bei allen Schülern vorausgesetzt werden kann, es vom Fremdsprachenlehrer vielmehr erst geweckt werden muß, so ist die motivierende Ausgangssituation des Lernenden jedoch nicht völlig negativ zu sehen. Trotz des Fehlens einer fremdsprachenerwerbsspezifischen Motivation bei vielen Schülern dürfte die motivationale Ausgangssituation des schulischen Fremdsprachenerwerbs durch eine allgemeine Neugiermotivation und eine "allgemeine Lernbereitschaft" (Solmecke 1976b:14) begünstigt werden. Es kommt hinzu, daß der Schüler in dem neuen Fach über einen längeren Zeitraum noch keine Mißerfolgserlebnisse hatte. Die motivationale Ausgangssituation ist insofern im allgemeinen noch nicht durch negative Einflußfaktoren bestimmt und somit weitgehend als "neutral" und "offen" zu bezeichnen[4].

Mit dem Lehrwerk wird diese "offene" motivationale Ausgangssituation von einem Unterrichtsgegenstand geprägt, der aufgrund seines sprachlich-formalen Aufbaus nicht als offene, sondern als geschlossene, linear verlaufende Materialvorgabe gekennzeichnet ist. Die schematische Gliederung des Lehrwerks in "abhandelbare" und "ablegbare" "Lektionen" oder "Einheiten" mag den Schüler in den ersten Wochen des Fremdsprachenunterrichts in seiner allgemeinen Lernbereitschaft und in seiner Neugierhaltung gegenüber dem neuen Fach noch kaum negativ beeinflussen. Spätestens am Ende des zweiten Unterrichtsjahrs aber dürfte dem Lernenden die vom Lehrwerk ausgehende Monotonie des Unterrichts bewußt geworden sein und diese dann seine Lernmotivation negativ beeinflussen. In einer Schülerbefragung aus dem Jahre 1973 zum Französischunterricht an hessischen integrierten Gesamtschulen und an Gymnasien begründeten Schüler der 8. Klasse ihre nachlassende Motivation im Französischunterricht am häufigsten mit der "Monotonie in der Methode" und mit "Lernschwierigkeiten" (vgl. Düwell 1979:97 ff.). Schülerurteile zu Französisch-Lehrwerken kritisieren an diesen Materialvorgaben (vgl. ebd., S. 124 ff.), daß:

- "(es) immer dasselbe Schema ist",
- "nach jeder Lektion immer genau dasselbe ist: Lesestück, Fragen darüber, Grammatik über das Stück, nächste Lektion, Lesestück...",
- "immer nur dumme Geschichten von erfundenen Leuten und Familien vorkommen".

Der Schwerpunkt, den das Lehrwerk im Unterricht einnimmt, wird noch verstärkt durch das Lehrerhandbuch zum jeweiligen Lehrwerk, wenn ein solches Handbuch vom Lehrer nicht als bloße Empfehlung, sondern als obligatorische Handlungsanweisung verstanden wird (vgl. von Ledebur 1979:45). Besonders wenn ein Lehrerhandbuch kaum auf inhaltliche und methodische Variation für unterschiedliche Lernvoraussetzungen abhebt, muß es in Frage gestellt werden.

Die Dominanz des Lehrwerks im Fremdsprachenunterricht auf der Sekundarstufe I hat nicht nur eine negative Rückwirkung auf die S c h ü l e r motivation, sondern auch auf die L e h r e r motivation. Die sich für den Unterrichtenden in verschiedenen Klassen mehrmals wiederholende Arbeit mit demselben "Buch" kann dazu führen, daß die unterrichtliche Tätigkeit, gefördert durch den Schematismus des Lehrwerks, zur Routine wird. Eine solche routinemäßige Arbeit kann beim Fremdsprachenlehrer Motivationsverlust für die unterrichtliche Tätigkeit verursachen; dies wiederum kann eine negative Rückwirkung auf die Schülermotivation haben, da ein wenig motivierter Lehrer seine Schüler kaum zu motivieren vermag.

Welche Konsequenzen sind aus dieser "Bilanz" der Lehrwerkarbeit zu ziehen, um die negative Auswirkung, die ein Fremdsprachen-Lehrwerk auf die Motivation von Lehrer und Schüler haben kann, zu verhindern?

Dem Lehrwerk ist eine neue Rolle im Fremdsprachenunterricht zuzuweisen, um seine dominierende Stellung abzubauen. Kursartige Materialvorgaben in Form von Lehrwerken müssen zwar auch weiterhin Bestandteil des Fremdsprachenunterrichts sein und werden benötigt werden, um den Lernenden in eine Fremdsprache und ihre Verwendung e i n z u f ü h r e n. Das Fremdsprachen-Lehrwerk sollte sich dabei auf die Vermittlung von Grundwissen und Grundfertigkeiten beschränken. Es sollte verständlich und übersichtlich genug aufgebaut sein, um dem Lernenden auch als "Nachschlagewerk"[5] für individuelles Arbeiten (z.B. für Wiederholungen) dienen zu können. Das setzt voraus, daß der Schüler im Unterricht angeleitet wird, die jeweilige Fremdsprache bewußt zu lernen und seinen Lernprozeß zu reflektieren. Das Lehrwerk sollte folglich lediglich Einführungs- und Referenzcharakter haben, indem es Grundwissen und Grundfertigkeiten vermittelt und dem Lernenden als Nachschlagewerk zur Verfügung steht.

Aufgrund dieser neuen Funktionsbestimmung des Lehrwerks entstehen im Fremdsprachenunterricht Freiräume für die Arbeit mit lehrwerkunabhängigen Materialien. Diese Materialien müssen im Sinne des sogenannten Baukastensystems verschiedene aufeinander beziehbare, themenorientierte Bausteine enthalten (vgl. hierzu Edelhoff 1973). Die Arbeit mit derartigen Materialien kann bereits nach dem zweiten Unterrichtsjahr beginnen. Durch den Übergang von der zumeist linear verlaufenden Lehrwerkarbeit zum Baukastensystem im Sinne des "offenen Curriculum" (vgl. Becker/Haller/Stubenrauch/Wilkending 1975: 239 ff.) entsteht eine neue Lehr- und Lernsituation, die sowohl auf den Lernenden als auch auf den Lehrenden motivierend wirken kann, weil:

- der Schüler aus seiner lehrwerkbezogenen Objektrolle herausgeführt wird, indem er aufgrund des differenzierten Materialangebots des Baukastensystems und der entsprechenden Wahlmöglichkeit eine Entscheidungskompetenz erhält und seinen Interessen nachgehen kann; der Lernende erhält somit eine Subjektrolle;

- der Unterricht "prozeßorientiert" ist, d.h. daß der Unterricht nicht wie bei der Lehrwerkarbeit eindimensional verläuft, sondern aufgrund heterogener Materialvorgaben mehrdimensional und "offen" ist. Die Ziele des Unterrichts sind dabei lediglich in einem Orientierungsrahmen abgesteckt. Aufgrund ihrer Offenheit bietet eine derartige Lehr- und Lernsituation Lehrern und Schülern einen Freiraum für die Behandlung zusätzlicher Fragen, die sich erst im Verlauf der Arbeit an den verschiedenen Materialien ergeben (vgl. ebd., S. 242);

- der Lehrende aufgrund der Materialvielfalt mehr Möglichkeiten zur Erprobung neuer Unterrichtsmaterialien hat und sich somit fortbilden kann.

Fremdsprachenunterricht im Sinne des offenen Curriculum kann folglich motivierend wirken, da er anwendungsbezogen ist, die Kreativität der Schüler fördert und an ihren Erfahrungshorizont anknüpft. Unterrichtsmaterialien nach dem Baukastensystem stellen einen Zusammenhang zwischen schulischem Erwerb und realitätsbezogener Anwendung einer Fremdsprache her, indem sie z.B. Orientierungs- und Planungshilfen für eine Klassenfahrt nach Frankreich geben, Aufgaben enthalten, bei deren Lösung der Schüler kreativ ist (z.B. bei Spielen), oder indem sie mit Themen, wie z.B. "Freizeitgestaltung von Jugendlichen in England", an den Erfahrungshorizont der Schüler anknüpfen[6].

Da Fremdsprachenunterricht im Sinne des offenen Curriculum für den Unterrichtenden arbeitsaufwendiger ist als der lehrwerkbezogene Unterricht, müssen schulorganisatorisch die entsprechenden Voraussetzungen für einen solchen Unterricht für den einzelnen Fremdsprachenlehrer gegeben sein.

Die "Offenheit" des Fremdsprachenunterrichts im Sinne des offenen Curriculum bedeutet keineswegs "Orientierungslosigkeit". Die Komplexität eines solchen Fremdsprachenunterrichts verlangt vielmehr einen "Orientierungsrahmen" mit "Leitzielen" für den Unterricht. Diese Rahmenvorgabe läßt den einzelnen Lerngruppen jedoch einen "internen Handlungsspielraum" (vgl. Becker/Haller/Stubenrauch/Wilkending 1975:243).

4. Unterrichtsmethoden

Der Zusammenhang von Unterrichtsmethoden[7] und Schülermotivierung im Fremdsprachenunterricht läßt sich anhand von Aussagen aus der Fachliteratur in der Auswahl der folgenden Grundsätze zusammenfassen, deren unterrichtliche Realisierung als motivationsfördernd angesehen wird:

- Variation in der Methodenwahl (vgl. Apelt 1976:143);

- Bevorzugung einer kommunikationsorientierten Methode gegenüber einer Grammatikmethode (vgl. Hickey 1972:163);

- Bevorzugung von Methoden, die die Selbständigkeit und Selbsttätigkeit des Lernenden fördern (vgl. Apelt 1976:145);

- Einsatz von Spielen[8] und Förderung kreativen Sprachverhaltens (vgl. Apelt 1976:149 ff.; Stanislawczyk/Yavener 1976; Macht/Arnold/Geppert/Hösl 1977; Carê/Debyser 1978; Mohr/Vollmer 1978; Haase/Mengler 1979);

- Verwendung von Medien (vgl. Apelt 1976:148 f. sowie Nostrand 1974:291 und Gritter 1975b:28).

Die Variation in der Methodenwahl ist innerhalb dieser Auflistung als oberster Grundsatz anzusehen, da jeder Methodenmonismus aufgrund seines mehr oder minder schematischen "Ablaufs" sowohl beim Lehrenden als auch beim Lernenden eine Abwehrreaktion hervorruft. Die Wahl der Methoden und die Art ihrer Variation hängt von den Lerndispositionen in der jeweiligen Lerngruppe ab.

Durch den verstärkten Einsatz einer kommunikationsorientierten Methode sollen die Schüler die jeweilige Fremdsprache möglichst häufig in (simulierten) Kommunikationssituationen anwenden.

Mit der Anwendung der Fremdsprache können Aufgaben verbunden werden, die die Schüler selbständig arbeiten lassen. Die Selbständigkeit und Selbsttätigkeit kann z.B. medial unterstützt werden, indem die Schüler die Fremdsprache in der sogenannten Kassettenkorrespondenz mit einer gleichaltrigen Lerngruppe aus dem Land der Zielsprache anwenden (vgl. Nostrand 1974:291 und Grittner 1975b:28).

Dem Spiel im Fremdsprachenunterricht und den spielähnlichen Verfahren zur Förderung von kreativem Verhalten in der Fremdsprache (vgl. z.B. Open-ended-Übungen und das Finden geeigneter Anschlußäußerungen zu einem vorgegebenen Statement) ist von der Fremdsprachendidaktik in jüngster Zeit besondere Beachtung geschenkt worden (vgl. hierzu die oben angegebene Literaturauswahl). Im Rahmen des vorliegenden Beitrags kann auf diesen die Schüleraktivität unmittelbar ansprechenden und motivationsfördernden Bereich nur allgemein hingewiesen werden. Die Möglichkeiten für kreatives Lehren und Lernen sind auf diesem Gebiet besonders groß. Die motivierende Kraft dürfte beim Spiel z.B. von seinem Bewegungsablauf, von seiner zweckfreien[9] Tätigkeit und von seiner "Ambivalenz" ("Binnenspannung", "Offenheit des Ausgangs", vgl. Scheuerl 1975:342, 347) ausgehen.

5. Sozialformen des Unterrichts

In Nachbarschaft zum Zusammenhang von Methoden und Motivierung ist der Zusammenhang von Schülermotivierung und Sozialformen des Unterrichts zu sehen. Auch hier dürfte der Grundsatz der Variation Gültigkeit haben, wenn der Unterricht nicht nur auf die Form des Frontalunterrichts beschränkt bleiben soll, sondern auch die Gruppen-, Partner- und Individualarbeit in den Unterricht integriert werden sollen. Die Häufigkeit des Einsatzes der einzelnen Sozialformen hängt von den Lehr- und Lernbedingungen sowie von den Lerndispositionen in der jeweiligen Lerngruppe ab. Die Motivierungsmöglichkeiten dürften nicht nur in der Variation der Sozialform des Unterrichts, sondern auch in den Gestaltungsmöglichkeiten innerhalb der einzelnen Sozialformen liegen, wie z.B. besonders in der Gruppenarbeit (vgl. hierzu die Arbeit von Schwerdtfeger 1977).

Mit der Abkehr von einem ausschließlich frontal geführten Unterricht und der Öffnung zu einem Wechsel in der Sozialform geht ein Bewußtsein von Lehren und Lernen einher, das ein partnerschaftliches Lehrer-Schüler-Verhältnis voraussetzt, bei dem der Lernende an den Entscheidungsprozessen des Unterrichts teilhat.

Auch vom Gegenstand (Fremd) Sprache her erscheint die Variation in der Sozialform des Unterrichts für die Schülermotivierung geboten: Der Sprachunterricht verlangt Interaktion sowohl zwischen Lehrer und Schüler als auch zwischen den Schülern zum Austausch der Mitteilungsabsichten der Beteiligten. In einem überwiegend frontal geführten Unterricht jedoch verläuft der Kommunikationsprozeß hauptsächlich zwischen Lehrer und Schüler, wobei der Lehrer im Mittelpunkt eines derartigen Kommunikationsprozesses steht. Allen (1975:7) beschreibt diesen Prozeß wie folgt:

Most of the "talk" in a foreign language class is done by the teacher. Even in a directed dialogue, the conversation is teacher controlled. To check the veracity of this statement, make an audio or video tape of several language classes. Seldom is there a real, free exchange of expression between teacher and student, and almost never between students. Students have learned that it is not necessary to listen to one another; the teacher will repeat a student's response, and after all, the teacher is the only person who says it correctly. Under these conditions, how can we motivate students who have their own ideas and opinions?

In einem derartigen Kommunikationsablauf, wie er von Allen beschrieben wird, bleibt wenig Raum, um die Schüler zu Äußerungen in der Fremdsprache zu motivieren. Ein Wechsel in der Sozialform des Unterrichts ist deshalb nicht nur aus Gründen der Variation, sondern allein schon vom Gegenstand der sprachlichen Unterrichtsfächer her erforderlich.

6. Lehrer

Das oben bereits angesprochene Lehrer-Schüler-Verhältnis, in dem der Lernende eine an den unterrichtlichen Entscheidungsprozessen teilhabende Rolle einnimmt, setzt eine "kooperative Arbeitsathmosphäre" (Dietrich 1976:62) voraus, in der der Lehrende eine neue Rolle einnimmt. Für die Schülermotivierung bedeutet dies, daß "ein Vertrauensverhältnis zwischen Lehrer und Schülern" (Zimmermann 1977:81) geschaffen werden muß.

Ingrid Dietrich (1976:59 ff.) hat die aus dem partnerschaftlichen Lehrer-Schüler-Verhältnis resultierende Mitbestimmung des Lernenden unter dem Aspekt der Motivation untersucht:

Die Bearbeitung von Lerninhalten, die von den Schülern vorgeschlagen oder ausgewählt wurden, stellt insofern den Idealfall primär motivierten Lernens dar, als es sich hierbei nicht um Leistungsanforderungen handelt, die "von außen" an den Schüler herangetragen werden, sondern um Lernbedürfnisse, die der Schüler selbst anmeldet. Das setzt voraus, daß solche Bedürfnisse überhaupt existent sind (ebd., S. 65).

Wenn der Fremdsprachenlehrer auf ein partnerschaftliches Verhältnis zu seinen Schülern hinarbeitet und sie durch ein heterogenes Unterrichtsangebot an unterrichtlichen Entscheidungsprozessen beteiligt, sind wesentliche Voraussetzungen für einen Unterricht im Sinne des offenen Curriculum erfüllt. In einem solchen Unterricht hängt das Gelingen der Schülermotivierung auch von der Motivation des Lehrers ab. Diese dürfte durch den größeren Handlungsspielraum gefördert werden können, der dem Fremdsprachenlehrer genügend Freiheit und Zeit für die Entwicklung und Erprobung (im Hinblick auf das Lehrwerk) alternativer Unterrichtsmaterialien läßt.

Wenn die Motivation des Lehrenden zu seinem Unterricht als wesentliche Voraussetzung für die Schülermotivierung angesehen werden darf, so ist nach den möglichen Einflußfaktoren zu fragen, die die L e h r e r m o t i v a t i o n fördern bzw. beeinträchtigen können:

- die Qualität der Einstellung des Fremdsprachenlehrers zu seinem fremdsprachlichen Schulfach, zur Fremdsprache selbst und zur zugehörigen Sprachgemeinschaft. Von Bedeutung ist dabei auch die Frage, inwieweit die jeweilige Einstellung über einen längeren Zeitraum konstant bleibt bzw. sich ändert;

- die Intensität des Kontakts des Fremdsprachenlehrers mit Angehörigen der Sprachgemeinschaft der Zielsprache;

- die kritische Selbsteinschätzung der eigenen fremdsprachlichen Fähigkeit, damit verbunden die ständige Auseinandersetzung mit der Fremdsprache, und das Interesse an der eigenen fremdsprachlichen Fortbildung. Es wird hierbei ein d y n a m i s c h e s V e r h ä l t n i s z u r F r e m d s p r a c h e vorausgesetzt, durch das der Lehrende nicht nur seine Kompetenz in der Fremdsprache festigt und erweitert, sondern auch seinen Lernprozeß in der eigenen fremdsprachlichen und fachdidaktischen Weiterbildung reflektiert. Ein solches dynamisches Verhältnis zur Fremdsprache dürfte das Interesse des Lehrenden sowohl an der Fremdsprache als auch an didaktischen Fragestellungen wachhalten und seine Motivation zur Fremdsprachenvermittlung in der Schule positiv beeinflussen;

- die Bereitschaft, Innovationen innerhalb des Fachs in den eigenen Unterricht zu integrieren;

- die schulorganisatorischen und finanziellen Voraussetzungen für eine regelmäßige Teilnahme an Veranstaltungen der Lehrerfortbildung in Fachdidaktik und Sprachpraxis;

- der Grad der Belastung durch Unterricht und schulorganisatorische Aufgaben;

- die Beteiligung von Fremdsprachenlehrern an Forschungsprojekten durch Zusammenarbeit von Schule und Hochschule.

Ohne den motivierten Fremdsprachenlehrer dürften die Schüler nicht zum Fremdsprachenerwerb motiviert werden können; die Frage der Schülermotivierung ist folglich eng an die der Lehrermotivation gekoppelt. So wie die Lehr- und Lernbedingungen und die außerschulischen Faktoren beachtet werden sollten, die die Schülermotivation beeinflussen können, so sollte man auch auf die Lehrermotivation durch entsprechende Arbeitsbedingungen und durch ein Schulklima einwirken, in dem der Lehrende sich wohlfühlt und für seine Arbeit Bestätigung und Anerkennung finden kann (vgl. Strasheim 1975:XII, Allen 1975:7 ff. und Savignon 1976:295 ff.). Die Forschung zur Motivation und Motivierung im Fremdsprachenunterricht darf sich daher künftig nicht mehr allein dem Lernenden und seiner Motivation zuwenden, sondern sie muß sich auch mit der Motivation des Fremdsprachenlehrers auseinandersetzen.

Die Fähigkeit des Lehrenden, seine Schüler zu motivieren, wird nicht nur vom Grad der eigenen Motiviertheit abhängen, sondern auch von der Fähigkeit, die Motivationslage der Schüler richtig einschätzen und hieraus die entsprechenden unterrichtlichen Konsequenzen ziehen zu können. Gerade aber die Analyse und Diagnose des Lernverhaltens von Schülern beim Fremdsprachenerwerb ist nach dem derzeitigen Forschungsstand der Fremdsprachendidaktik noch zu wenig entwickelt, als daß dem Fremdsprachenlehrer für diesen Bereich umfassende Handlungsempfehlungen gegeben werden könnten.

7. Lerner

In Anbetracht der oben angesprochenen Unsicherheiten in der Bestimmung der Motivationslage des Lernenden sind Analysen zur Schülermotivation und den mit ihr zusammenhängenden Persönlichkeitsmerkmalen von besonderer Bedeutung. Im folgenden werden daher personale Faktoren aufgezeigt, die die Motivation des Lernenden beeinflussen können.

7.1. Personale Faktoren als mögliche Einflußfaktoren der Schülermotivation

Unter den personalen Faktoren (vgl. hierzu auch Zimmermann 1973), die die Motivation des Lernenden beeinflussen können, nimmt das Alter eine für den Anfangsunterricht wichtige Rolle ein. So kann sich die offene Haltung von Kindern gegenüber fremden Völkern positiv auf den Erwerb einer Fremdsprache auswirken. Lambert/Klineberg (1967:217) haben festgestellt, daß die Einstellung gegenüber fremden Völkern bei Kindern im Alter von etwa zehn Jahren besonders positiv ist und danach im Zuge einer immer stärker werdenden Fixierung auf die eigene ethnische Gruppe abnimmt. Bezieht man diesen Befund auf den schulischen Fremdsprachenerwerb, so könnte man daraus schließen, daß das Alter von zehn Jahren für den affektiven Bereich des Fremdsprachenerwerbs eine günstige motivationale Ausgangsposition schafft. Besonders im Hinblick auf den Erwerb mehrerer Fremdsprachen, deren Unterricht bei unterschiedlichem Lebensalter der Schüler einsetzt, dürfte man zu Beginn des Erwerbens einer zweiten Fremdsprache bei etwa zwölfjährigen Schülern nicht so günstige Bedingungen im affektiven Bereich vorfinden wie zu Beginn des Unterrichts in der ersten Fremdsprache bei Schülern von etwa zehn Jahren.

Neben dem Faktor Alter ist auch die Art der Einstellung zum Fremdsprachenerwerb relevant. Gegenstand der fremdsprachenerwerbsspezifischen Einstellung können dabei außer dem anderen Volk und seiner Sprache auch die unterrichtsbezogenen Bereiche sein, wie z.B. die Vermittlungsmethoden und die Sozialformen des Unterrichts.

Für die Schülermotivierung ist die Einflußnahme auf die Einstellung des Lernenden im Unterricht immer dann wichtig, wenn es gilt, Vorurteile gegenüber der anderen Sprache und ihren Sprechern abzubauen[10], da sich eine negative Haltung ungünstig auf die Lernbereitschaft auswirken kann. Ebenso bedeutend ist die Einflußnahme auf die fremdsprachenbezogene Einstellung, wenn diese indifferent oder nur schwach positiv ausgeprägt ist. Als Orientierungshilfe für den Aufbau positiver Einstellungen gegenüber dem Fremdsprachenerwerb mag die Taxonomie für den affektiven Lernzielbereich dienen, die Valette/Disick (1972) in Anlehnung an Krathwohl/Bloom/Masia[11] entwickelt haben. Valette/Disick haben für die Entwicklung von Einstellungen zum Fremdsprachenerwerb die folgende Taxonomie aufgestellt[12]:

- A u f n a h m e b e r e i t s c h a f t: Der Lernende hat eine weitgehend neutrale Einstellung zur Fremdsprache; er ist jedoch bereit, sie zu lernen.

- P o s i t i v e s R e a g i e r e n: Der Lernende reagiert positiv auf den Fremdsprachenunterricht.

- W e r t s c h ä t z u n g: Der Lernende weiß den Wert des Fremdsprachenerwerbs zu schätzen.

- I n t e r n a l i s i e r u n g: Der Lernende verbindet mit dem Fremdsprachenerwerb Wertvorstellungen.

- B e s t i m m t s e i n: Der Lernende wird aufgrund seiner intensiven fremdsprachlichen Aktivitäten in seinen Wertvorstellungen und in seinem Handeln durch die Fremdsprache bestimmt.

Zu dieser Taxonomie muß einschränkend gesagt werden, daß sie auf den Fremdsprachenerwerb im Bereich der Sekundarstufe lediglich bis einschließlich der dritten Stufe ("Wertschätzung") übertragbar ist, während die beiden letzten Stufen ("Internalisierung" und "Bestimmtsein") hauptsächlich auf Personen zu beziehen sind, die einen Fremdsprachenberuf ausüben. Der Aufbau von Einstellungen zum Fremdsprachenerwerb bis zur dritten Stufe ("Wertschätzung") dürfte vor allem in einem Fremdsprachenunterricht gelingen, in dem der Lernende den Fremdsprachenerwerb ohne Mißerfolgserlebnisse erfährt und der an die Erfahrungen und Wertvorstellungen des Lernenden anknüpft.

In Verbindung mit den Einstellungen sind als weitere personale Faktoren X e n o p h i l i e und X e n o p h o b i e zu sehen. Dabei darf man vermuten, daß eine xenophile Haltung eher den Fremdsprachenerwerb begünstigt als eine xenophobe Haltung. Persönlichkeitsmerkmale wie E x t r a v e r s i o n und I n t r o v e r s i o n können den Fremdsprachenerwerb insofern beeinflussen, als daß Extraversion, d.h. im Kontext des Fremdsprachenunterrichts die Bereitschaft, die fremde Sprache zu sprechen, die Kontaktbereitschaft des Lernenden gegenüber Angehörigen der anderen Sprachgemeinschaft begünstigen kann. Introversion hingegen dürfte eher die mit dem Fremdsprachenerwerb verbundenen kognitiven Lernprozesse positiv beeinflussen (vgl. Düwell 1979:22).

Besonders bei der mündlich-produktiven Verwendung einer Fremdsprache dürften auch Faktoren wie Soziabilität, Empathie (die Fähigkeit, sich in andere Menschen hineinzuversetzen, vgl. Brown 1976: 75 f.) und Sprechangst eine Rolle spielen und den Grad der Bereitschaft des Lernenden mitbestimmen, die fremde Sprache gegenüber Angehörigen der anderen Sprachgemeinschaft bzw. in der schulischen Lernsituation zu gebrauchen. Die genannten Faktoren können den Lernerfolg beeinflussen. So berichtet Pritchard (1952:148) von einem positiven Zusammenhang zwischen Sprechflüssigkeit und Soziabilität bei englischen Schülern des Französischunterrichts. Zum Zusammenhang von Sprechangst und Lernerfolg haben Gardner/Smythe/Clément und Gliksman (1976:199 ff.) bei ängstlichen Schülern schwache Sprechleistungen festgestellt.

Methodische Hinweise zur Überwindung von Sprechangst beim schulischen Fremdsprachenerwerb nennt McCoy (1979:185 ff.). So kann die motivationshemmende Sprechangst z.B. durch entsprechende Übungen in simulierten angstverursachenden Situationen oder, wenn die Sprechangst durch Mitschüler hervorgerufen wird, durch ein Gespräch in der Lerngruppe über das betreffende Schülerverhalten abgebaut werden (vgl. ebd.). Die genannten Persönlichkeitsmerkmale können einzeln oder in Verbindung mit anderen die Lernmotivation des Schülers beeinflussen.

Die hier nur der besseren Übersicht halber durchgeführte isolierte Behandlung einzelner Unterrichtsfaktoren ist mit ihren Handlungsanweisungen für die konkrete Unterrichtssituation nur dann brauchbar, wenn die motivationsrelevanten Faktoren in der für die jeweilige Unterrichtssituation spezifischen Interaktion gesehen werden.

Günter Radden

4.4.2. Schülermeinungen zu ihrem Englischwerk

0. Einleitung

0.1. Der Schüler im Curriculum

Das pädagogische Prinzip des schülerorientierten Unterrichts gegenüber dem traditionellen lernzielorientierten Unterricht hat bereits in schulpolitischen Richtlinien als Anspruch des Schülers auf Selbstverwirklichung Eingang gefunden. So nennt Bernhard Vogel im Vorwort zur M a i n z e r S t u d i e n s t u f e (1973) als Orientierungspunkte dieses Modells bereits "die Ansprüche der w i s s e n - s c h a f t l i c h e n D i s z i p l i n e n wie das I n t e r - e s s e d e s S c h ü l e r s, der Qualifikationen erwarten kann, die seine künftige Situationsforderung tatsächlich treffen," und die hessischen R a h m e n r i c h t l i n i e n N e u e S p r a - c h e n, S e k u n d a r s t u f e I (1980: 11, 12) führen zur Entwicklung der Persönlichkeit des Schülers an: " Der Schüler hat ein Recht darauf, in eigener, individuell bestimmter Entscheidung seine Ansichten und Einstellungen zu entwickeln."

Für die Unterrichtspraxis bedeutsamer ist zweifellos aber die motivationspsychologische Erkenntnis, daß ein Lernerfolg umso größer ist, je mehr sich der Schüler mit den Lernzielen identifizieren kann. Wheeler (1967: 172-177) begründet das Erfordernis der Schülerbeteiligung in der Curriculumplanung sehr einsichtig aus der psychologischen Situation des Schülers, der aus den ihm angebotenen Lernerfahrungen immer eine Selektion trifft, die sich nach seinen eigenen Zielvorstellungen richtet. Stimmen diese nicht mit denen des Lehrers überein, findet nur ein unvollkommenes und unökononisches Lernen statt. "Was", so folgert auch Solmecke (1973: 83) für die Bestimmung der Lernziele im Englischunterricht, "liegt hiernach näher als eine Berücksichtigung der beim Schüler bereits vorhandenen eigenen Zielsetzungen im Unterricht?"

Die Zielsetzungen des Unterrichts werden in den ersten Jahren des Fremdsprachenunterrichts vornehmlich durch die benutzten Lehrwerke bestimmt, in denen Heuer/Buttjes (1979: 7) "die wenig sichtbaren und kaum erkannten Träger der Ziele" erkennen. Von ihnen geht nämlich "ein direkter Weg bis zu den Lernzielen der einzelnen Englischstunde, die in ihren Grob- und Feinlernzielen ein spezielles Ergebnis globaler Zielvorstellungen verkörpert." Es ist somit zunächst empirisch zu prüfen, inwieweit die Zielvorstellungen des Lehrbuchs mit denen des Schülers übereinstimmen. Da zu der Rezeption der Lehrwerke durch den Schüler bisher kaum empirische Erhebungen vorliegen,[1] sind Lehrer und Lehrbuchautor bisher noch auf Vermutungen über die Zielvorstellungen, Interessenstruktur und Motivationslage des Schülers angewiesen. Erst wenn, wie Düwell (1979: 122) anregt, "stärker als bisher die Adressaten der Lehrwerke selbst, die Lernenden, in die Reihe derer miteinbezogen werden, die Lehrwerke beurteilen," könnten ihre Urteile über Lehrwerke "dann für die Erstellung neuer oder für die Revision bereits eingeführter Lehrwerke nutzbar gemacht werden." Die vorliegende Schülerbefragung möchte dazu beitragen, in seiner Kritik am Lehrwerk die Welt des Schülers besser zu verstehen.

0.2. Die Schülerbefragung

Die meisten Befragungen zur Ermittlung von Motivation, Einstellungen und Interessen von Schülern stützen sich auf standardisierte Fragebögen, deren Antworten operationalisierbare Auswertungen gestatten. Um jedoch auch unerwartete und vor allem spontane, offene und kritische Stellungnahmen der Schüler zu evozieren, wie sie der Schüler einem Mitschüler gegenüber äußern würde, wurde als methodisches Vorgehen eine mündliche Befragung in Kleingruppen von fünf bis acht Schülern gewählt, die unter der Diskussionsleitung eines oder zweier Studenten standen. Da die Studenten selbst vor noch wenigen Jahren Schüler waren, konnten sie sehr viel offenere und verständnisvollere Gespräche mit den Schülern führen, als es sicherlich ältere und beruflich etablierte Befrager hätten ermöglichen können. Die etwa einstündigen Gespräche wurden mit Videoband aufgezeichnet, wobei die Gegenwart des Aufnahmegerätes die Natürlichkeit der Gesprächssituation kaum beeinträchtigte. Die freimütigen und involvierten Aussagen der Schüler verdeutlichen ihr echtes Anliegen, ihre Unzufriedenheit - gelegentlich auch ihre Zufriedenheit - mit dem Lehrwerk zum Ausdruck zu bringen, wie sie es wohl kaum in dieser Deutlichkeit in Fragebögen niedergeschrieben hätten.

Die Befragungen wurden im Rahmen zweier linguistischer Seminare an der Universität Trier durchgeführt. Es wurden bisher eine 5., eine 7., eine 9., eine 11. Klasse[2] sowie zwei achte Klassen aus Trierer Gymnasien zu ihrem Englischlehrwerk und angrenzenden Themen befragt. Die vorliegende Untersuchung bezieht sich lediglich auf die Äußerungen der Schüler der beiden achten Klassen.[3] Als Lehrwerke wurden benutzt L e a r n i n g E n g l i s c h - M o d e r n C o u r s e, G y m n a s i u m, Bd. 4, Klett Verlag (=LE) in der Mädchenklasse (mit Ausnahme eines Jungen) und E n g l i s c h f o r T o d a y, Bd. 4, Lensing-Schroedel (=EfT) in der Jungenklasse. Die Fragen bezogen sich auf die Inhalte, Grammatikdarstellungen und Übungen dieser Lehrwerke bis zur gegenwärtig behandelten Lektion sowie auf ihren Aufbau und ihre äußere Aufmachung. Darüber hinaus wurden die Erfahrungen der Schüler in der Fremdsprache, ihre Sprachfertigkeit, ihre Erwartungen, Motivation und Lernziele sowie ihre Vorstellungen und Einstellungen zu England und Amerika angesprochen. Nur insoweit diese Themen mit dem Lehrwerk in Beziehung stehen, werden die Schüleräußerungen hierzu dargeboten. Die Aussagen werden der Anschaulichkeit halber wortgetreu zitiert, wobei dem mit Analysen gesprochener Sprache nicht vertrauten Leser gesagt werden soll, daß die in der Transkription oft chaotisch wirkenden Sätze in der Gesprächssituation völlig natürlich waren und auch die Transkription der Gespräche "gebildeter Sprecher" einen kaum weniger chaotischen Eindruck machen würde.

Die Assoziationsketten in den Schüleräußerungen verdeutlichten immer wieder, daß sich für den Schüler der Fachunterricht als eine Globaleinheit bestehend aus der Person des Lehrers, seiner Unterrichtsmethodik und dem Lehrbuch darstellt und daß es ihm schwerfällt, die einzelnen Unterrichtskomponenten zu trennen, die natürlich auch nicht zusammenhanglos betrachtet werden dürfen. In der folgenden Analyse werden die Schüleräußerungen unter dem Aspekt allgemeiner Prinzipien von Lernerfahrungen betrachtet, wie sie von Wheeler (1967: 147-177) aufgestellt worden sind. Von seinen sieben lernpsychologischen Kriterien für die Wahl von Lernerfahrungen dienen hier als Klassifikationsschema:[4]

1. Lebensnähe der Lernerfahrungen (relevance to life)
2. Angemessenheit der Lernerfahrungen (suitability)
3. Ausgewogenheit der Lernerfahrungen (pattern)

Diesen lernpsychologischen Kategorien lassen sich fachdidaktische Analysekriterien entgegenstellen, wie sie von Sauer (1975: 10-17) für die Beurteilung landeskundlicher Inhalte von Lehrwerken für den Englischunterricht vorgeschlagen worden sind, so daß dieselbe Erscheinung von lernpsychologischen und fachdidaktischen Gesichtspunkten aus betrachtet werden kann.[5]

1. Lebensnähe der Lernerfahrungen

Das Erfordernis lebensnaher Lernerfahrungen ergibt sich bereits aus lernökonomischen Erwägungen:

> Because transfer ist greatest when the learning situation is most like the situation in which the learning is to be used, contexts must be chosen which will enable the learner to make life applications. Only in this way does learning become meaningful. (Wheeler 1967: 169).

Die Realsituation, der die fremdsprachliche Lernsituation möglichst ähnlich sein soll, läßt sich wesentlich durch die Merkmale der Authentizität und Aktualität charakterisieren, auf Grund derer die Anwendbarkeit der Fremdsprache beurteilt wird.

1.1. Authentizität

Es geht hier weniger um die von Sauer (1975: 10) zu diesem Kriterium spezifizierte Prüfung, ob "Fakten und Informationen authentisch, richtig" sind, was ohnehin Selbstverständlichkeit für eine objektiv zutreffende Darstellung sein sollte, sondern um die für den Schüler subjektiv bedeutsamen Aspekte der Wirklichkeit. Entwicklungspsychologisch läßt sich für die hier vertretene Altersgruppe 13- und 14-jähriger anhand ihrer bevorzugten Buchlektüre eine bedeutsame Änderung der Grundeinstellung erkennen, "und zwar in Richtung einer größeren Wirklichkeitsorientierung, Nüchternheit und Sachbezogenheit" sowie eines zunehmenden Interesses des Jugendlichen "an der Erfassung und Durchdringung seiner Umwelt auf der

Basis einer sachbezogenen, realitätsgerechten Auseinandersetzung" (Nickel 1975: 388, 87).[6] Diese alle Verhaltensbereiche des Schülers gleichermaßen betreffende Grundeinstellung und Interessenlage gilt auch für den Fremdsprachenunterricht, in dem der Schüler nicht mehr fiktive Texte, sondern authentische und problematische Themen erwartet. Mit fiktiven Texten fühlen sich 14-jährige intellektuell unterfordert, wie es die folgende Äußerung einer Schülerin verdeutlicht:

Also im letzten (Buch, Jahr), da waren noch mehr so erfundene Geschichten, also wo unreel so, wo gar nicht stimmt, und jetzt ist zum Beispiel so'n Report (über Fußball) und so was alles, das ist schon mehr so Wirklichkeit, das waren immer alles so Babygeschichten so.

Die Schule hat im Fremdsprachenunterricht dieser Altersstufe eine einmalige Chance, dieses starke Realitätsbedürfnis der Schüler durch das Angebot authentischer Materialien und der Auseinandersetzung mit ihnen auch wirklich zu erfüllen, um so Verzerrungen der Wirklichkeit, die durch den Einfluß der Medien, durch Vorurteile und Emotionen entstanden sind, entgegenzuwirken. Besonders das Lehrbuch verzerrt die Wirklichkeit auch, wenn es die Geschichte der Indianer so darstellt, daß ihnen von der amerikanischen Regierung Land gegeben wurde (EfT), während die Schüler ein echtes Bedürfnis haben, über die Indianer authentisch informiert zu werden,

aber nicht so blöd, wie in den Filmen immer dargestellt, mal wirklich realistisch, also wie es wirklich war, nicht immer so wie in den Filmen, und, da rennen 'nen paar Indianer, die bringen sich gegenseitig um, ich meine mal wirklich realistisch so, so wie sie wirklich gelebt haben.

Gelingt es dem Lehrbuch, in einer Lektion ein solches realistisches Bild zu vermitteln und dabei Probleme aufzuzeigen, die eine Auseinandersetzung erfordern, so fühlt sich der Schüler auch sofort angesprochen. Als besonders gut wurden so im Lehrbuch LE Lektionen mit sozialkritischen Inhalten beurteilt, und zwar eine Lektion über einen Prozeß eines britischen Jugendgerichts (At a Juvenile Court: Case 17) und eine andere Lektion über das Leben der Schwarzen in amerikanischen Stadtghettos (Life in a Ghetto):

Vorher waren da immer nur so Geschichten, aber hier sind auch P r o b l e m e, zum Beispiel mit den Schwarzen oder vor'm Gericht oder so, und vorher war das immer nur so die heile schöne Welt, jetzt werden auch mal die schwarzen Seiten der schönen Welt gezeigt, ich find' das besser.

Eine wesentliche Funktion einer realistischen Darstellung liegt darin, dem Leser die Vorstellbarkeit zu ermöglichen, "dann hat man auch mehr einen Einblick von denen, Leuten, wie sie leben und was sie tun". Ein schwer vorstellbares Thema wie das der Weltumseglung von Chichester, von dem die Lehrbuchautoren sicherlich annahmen, daß es eine dieser Altersgruppe angemessene spannende Lektüre sei, findet bei den Schülern nicht die gleiche Resonanz wie Themen aus ihrer eigenen Erlebnis- und Erfahrungswelt:

Ja, zum Beispiel da bei dem ersten, dat ganz erste Thema da mit den Schiffen da, wo der Typ da um die Erde gesegelt ist oder, da, ich weiß nicht, da konnte ich dat (mir vorstellen) überhaupt nit, aber da zum Beispiel, "Life in a Ghetto", da hat's geklappt, da ging dat. Ich weiß nicht, ob das an dem Thema lag oder an mir oder, ich weiß nicht, auf jeden Fall k o n n t e i c h m i r d a t n i c h t v o r s t e l l e n, daß er da in dem Bötchen sitzt und da rumsegelt.

Die Vorstellbarkeit wird erheblich durch Illustrationen gefördert, wobei eindeutig Photos gegenüber anderen Visualisierungsmöglichkeiten wie Skizzen, Zeichnungen oder Comics der Vorzug gegeben wird.

Es sollten vielleicht mehr Photographien drin sein und nicht so gezeichnete Bilder. Das irritiert auch, dann meint man, es wär' mehr so'n Comic oder so, aber Bilder von also so r i c h t i g Amerikanern oder Engländern, dann weiß man auch, daß, wie sie aussehen, es gibt ja auch Unterschiede (Lachen).

Ebenso wie mit fiktiven Texten fühlen sich Schüler dieser Altersgruppe mit Comics und Zeichnungen unterfordert:

Also in den ersten Büchern, da sind auch mehr so Skizzen immer drin. Ich kann mich erinnern, im fünften, sechsten Schuljahr war kein einziges Bild (Photo) so drin. Mein, also ich weiß nicht, irgendwie meinen die, im fünften, sechsten Schuljahr würden wir noch keine Bilder verstehen oder so.

Zu den Comics wird geäußert:

In den ersten Bildern vielleicht, wenn man 'nen bischen kleiner ist, aber wenn man schon größer ist, dann findet man es auch langsam 'nen bischen blöd.

Photos haben deutlich mehr Informationswert für den Schüler und beschäftigen ihn mehr als eine Zeichnung:

Man guckt sich das Photo auch irgendwie mehr an wie die Skizze, und 'ne Skizze überfliegt man einfach mehr, aber da guckt man, "Was ist denn da?", "Was ist denn da?" versucht man, irgendwie herauszufinden, wie das zustande kam.

Eine Zeichnung hat keinen Hintergrund, keine Kontraste, vermittelt keine Vorstellung, wie etwa eine Bildserie aus L E (S. 22):

Hier is die Hauptperson und das Auto ist b l a u, da haben sie da so'n, ihren Koffer, dann ist wieder das Geld b l a u, alles ist wieder nur b l a u (Lachen), und der Hintergrund ist immer nur w e i ß, ist kein richtiger Hintergrund oder so, so was, nur die Hauptsachen, die sind immer 'nen bischen oder wenigstens etwas erkennbar.

Das Bedürfnis an Authentizität und Konfrontation mit der Wirklichkeit auch im Bild ist so ausgeprägt, daß Schüler selbst ein so abschreckendes Bild wie das eines Verkehrsunfalls mit einem Unfallopfer (LE, S. 71) lieber in Form eines realistischen Photos als in Gestalt einer weniger authentischen Zeichnung sehen möchten:

- Ja, vielleicht ist es abschreckend, aber, das ist ja eigentlich überall so (...)

- Überall in der Zeitung sieht man auch so Bilder. Im Englischbuch, warum denn das nicht sein soll (...)

- Wenn die da Skizze oder so was hingemalt hätten, das wäre auch denn unwirklich gewesen.

- 'Ne Skizze wäre vielleicht, merkt man auch, daß es nur so hingestellt ist (...)

Der begleitenden Visualisierung der Inhalte des Lehrbuchs durch authentische Photos kommt in dieser Phase des Fremdsprachenunterrichts eine nicht zu unterschätzende Bedeutung zu als Informationsquelle, als Hilfe zur Vorstellbarkeit und als Beleg der Glaubwürdigkeit.[7] Es verwundert daher nicht, daß die Beurteilung eines gesamten Lehrwerks wesentlich durch den Bildrealismus bestimmt ist:

Vor allem finde ich an dem Buch (LE) gut, daß da richtige Photos drin sind, nicht nur so Zeichnungen.

1.2. Aktualität

Die den Jugendlichen kennzeichnende größere Wirklichkeitsorientierung richtet sich naturgemäß vorwiegend auf seine erlebte Gegenwart; gleichzeitig entwickelt sich aber auch ein "wachsendes Interesse an Ereignissen der Vergangenheit" und damit der "Anfang eines geschichtlichen Bewußtseins" (Nickel 1975: 90, 388).

Im Englischunterricht geben Schüler allerdings aktuellen Themen deutlich den Vorzug, so daß die vorwiegend historisch orientierten Themen des Lehrwerks E f T den Interessen des Schülers geradezu zuwiderlaufen. Zu den Darstellungen der englischen Könige Henry VIII, Elizabeth I und James I (E f T, Chapter 7) äußert sich ein Schüler:

Ja, ich weiß nicht, also grad hier die Geschichten, und ich find' sind zu trocken und so, ich find', wenn es zum Beispiel etwas wär', wo man besseren Kontakt zu hat, also was im Moment passiert ist oder so, ich find' also, das da, das kann man genauso gut im Geschichtsunterricht, grad hier mit dem Henry dem Achten, ich find', das muß man nicht immer grad im Englischunterricht durchkauen.

Die ältere Geschichte liegt der Interessenlage der Schüler ebenso fern wie etwa die Darstellung des Aufbaus englischer Kommunalregierungen, mit der E f T (Chapter 3) vierzehnjährige Schüler konfrontiert:

(...) hier, da haben sie was mit den (blättert), wo war's, "Local Government in England", da war das alles mit diesen "Committees" und all dieser Scheiß pi-pa-po, und der Aufbau von den, von Britannien, wie das da, das fand ich wirklich langweilig, und auch diese, die Belagerung da, die englische Geschichte, die, ich meine, die interessiert, wie die Sprache entstanden ist, die interessiert, meine ich, nicht jeden.

Die historischen Themen, über die sich dieser Schüler etwas geringschätzig äußert, sind die dem englischen Philologen so vertrauten und zum unumstößlichen Bildungskanon gehörige geschichtlichen und kulturellen Ereignisse der normannischen Eroberung und der Figur Wilhelm des Eroberers sowie deren Darstellung im Teppich von Bayeux und im Anglo-Saxon Chronicle (Chapter 4). Das immer wieder vorgebrachte Argument gegen die Behandlung von Geschichtsthemen im Englischunterricht ist, daß sie in den Geschichtsunterricht gehören und "man da nicht extra in Englisch drüber zu reden braucht." Das wachsende Interesse an der Vergangenheit zeigt sich in dieser Altersphase zunächst beschränkt auf die jüngste Geschichte, nicht auf "das alte Zeug":

Die historische Geschichte, also echt vom dem Land, das wäre schon ganz interessant, aber ich mein', das ist hier ja auch so, liegt etwas zu lang zurück, diese alten Eroberungen und so was (...)

Das historische Interesse erstreckt sich in dieser Altersstufe etwa auf die letzten zehn Jahre, d.h. auf die Zeit, an die sich der Schüler noch zurückerinnern kann und damit in einen Zusammenhang mit seinen eigenen Erfahrungen gebracht werden kann (vgl. auch Hess. Rahmenrichtlinien 1980: 27).

Die Geschichte dieses Zeitraumes kann bei interessanter Aufmachung den Jugendlichen sogar so stark faszinieren, daß für ihn die Sprachbarriere unerheblich wird und er das tut, von dem jeder Pädagoge träumt, nämlich sich ohne Auftrag des Lehrers in seinem Fach eigenständig weiterbildet:

Ja, ich habe zu Hause, da hat, meine Mutter ist irgendwie an diesen "Newsweek", dieses Magazin herangekommen, das war jetzt die letzte Ausgabe von 79, und da waren das ganze siebzigste Jahrhundert, Jahrzehnt, das wurde da beschrieben, Rekorde, wer alles gestorben ist, und das hab' ich, Filme, die entstanden sind, und das wurde da alles beschrieben, und ich habe alles da schön durchgelesen, und ich habe auch im Buch nachgeschlagen, was da für Wörter sind, das war unheimlich interessant, mich hat das schon interessiert.

Das Bedürfnis nach Aktualität des Stoffes betrifft auch die Bilder und Lieder im Lehrbuch. Schülerinnen bemängeln z.B., daß die abgebildeten Mädchen fast nie Hosen tragen, sondern "immer nur 'nen Rock anhaben", und daß diese Röcke dann so "altmodisch kurz" sind und die Mädchen so brav aussehen, daß ihnen berechtigte Zweifel an der Aktualität der Bilder kommen. Ähnliches gilt auch für Lieder im Lehrbuch, an denen das Interesse nicht nur deswegen so gering ist, weil die Englischstunde als der ungeeignete Rahmen zum Singen empfunden wird, sondern vor allem auch, weil es "ja meistens so Volkslieder", d.h. keine modernen Songs sind.

Auf welche möglichen alternativen Weisen sich die Forderung nach Aktualität im Fremdsprachenunterricht erfüllen läßt, soll an dieser Stelle nicht diskutiert werden, da in der gegenwärtigen Situation offensichtlich ohnehin kein Weg am Lehrbuch vorbeiführt, für das diesbezüglich die Feststellung von Hühn (1978:266) zutrifft: "Aktualität ist dabei wegen der relativ langen Gebrauchsdauer von Lehrbüchern durchaus keine leicht zu verwirklichende Forderung."

1.3. Applizierbarkeit

Der unmittelbare Nutzen einer lebenden Fremdsprache wird vom vierzehnjährigen Schüler fast ausschließlich (noch) im Bereich einer touristischen Elementarkommunikation gesehen und nicht etwa, was Lehrer und Lehrbuchautoren vielleicht gern glauben, im Bildungswert der Sprache oder als Schlüssel zum besseren Verständnis der fremdländischen Kultur, Literatur oder Wesensart. Der Schüler möchte vorbereitet werden auf "Situationen, in die man selber auch reinkommen kann."

Etwas wissenschaftlicher drücken denselben Gedanken die H e s s i - s c h e n R a h m e n r i c h t l i n i e n (1980:32) aus: "Ziel des Fremsprachenunterrichts ist die Vorbereitung des Schülers auf die Bewältigung von außerschulischen Realsituationen, in denen er die Fremdsprachen anwenden muß." Es müßten somit zunächst "wahrscheinliche Anwendungssituationen" (Benecke 1979:247) erkannt werden und dem Schüler "fremdsprachliche Sprechstrategien" zu ihrer Bewältigung vermittelt werden. Dem Schüler fällt die Anwendbarkeit seiner durch das Lehrbuch vermittelten Sprachkenntnisse besonders beim Vergleich verschiedener Lehrwerke auf:

Ja, ich find', das Französischbuch, erstens sind da die ganzen Geschehen, die da also geschildert werden, sind Sachen, die man gebrauchen kann, zum Beispiel 'ne Szene im Geschäft - ja - oder eine Autopanne oder im Café oder so was, das kann man gebrauchen, da bei den französischen Sachen, da kann man was l e r n e n, ich find' hier die Geschichten im Buch - ja, das stimmt - die kann man, die liest man runter, die Vokabeln, die wichtig sind, behält er sich vielleicht, das andere, das braucht man die ganze Zeit lang nicht mehr.

Bemerkenswert an Schüleräußerungen wie dieser ist die Semantik des Verbs l e r n e n als etwas, das unmittelbar mit dem Gebrauchswert des Gelernten zu tun hat. Ein Beispiel für die Unzahl beliebter Lehrbuchvokabeln mit geringem kommunikativen Gebrauchswert ist k i t e, zu dem eine Schülerin sagt:[8]

Ja, k i t e, also Drachen, das brauchst Du doch gar nicht, also wenn Du Dich mit einem Engländer unterhältst. Mit wem unterhältst Du Dich schon über Drachen?

So verwundert auch nicht, daß auf die Frage, ob man das Englisch aus dem Unterricht für eine Unterhaltung gebrauchen kann, verneinendes Gelächter als Antwort gegeben wird, denn "das ist ja was ganz anderes als das, das Schulbuchenglisch". Der Unterschied zwischen einem authentischen, kommunikativen Sprachgebrauch und dem Schulbuchenglisch wird auch pragmatisch-textuell begründet:

Vor allen Dingen, im Buch wird, wird nur was erzählt, und die Dialoge kommen selten vor, höchstens in Geschichten, und in der Sprache, wenn Du sprichst, bist' ja angewiesen, Dialoge, also, Du sprichst sie ja nur, Du erzählst ja nicht, und Du mußt verstehen, was der andere sagt, aber dann gleich auch wieder antworten, das ist ja das Schwierige.

Auch diese Äußerung läßt sich unmittelbar beziehen auf fremdsprachendidaktische Neuansätze, hier auf das übergeordnete Lernziel der pragmatisch orientierten kommunikativen Kompetenz. Eine lediglich mittelbare Bedeutung zur Erreichung einer kommunikativen Kompetenz in der Fremdsprache kommt nach Aussage aller Schüler dabei der Grammatik zu. Hierbei ist zu bedenken, daß in der europäischen Bildungstradition, die sich von dem Lehrer auf den Schüler überträgt, ein Fremdsprachenstudium ohne Priorität der Grammatik offensichtlich völlig undenkbar ist, auch wenn neue Erkenntnisse über den natürlichen Zweitsprachenerwerb und ihre Übertragung auf den Schulunterricht die Bedeutung der Grammatik für den Erwerb einer kommunikativen Sprechfertigkeit längst relativiert haben.[9] In der Fremdsprache wird der Grammatik in verstärktem Maße dieselbe wissenschaftlich nicht nachgewiesene, zentrale mittelbare Bedeutung zuerkannt, die Wheeler (1967:170) für die Muttersprache feststellte:

The mediate significance of experience is illustrated by the fact that it was once thought, and is still fairly commonly held, that a knowledge of grammar is necessary for writing English, and that the ability to parse and analyse sentences produces clarity and accuracy of thought in English prose.

Da der Grammatikunterricht auf eine sehr viel später zu erreichende, "perfekte" sprachliche Kompetenz hinzielt und durch ihn in der gegenwärtigen Übergangslernphase keinen nennenswerten situationsangemessenen Sprachfertigkeiten erworben werden, an denen der Schüler ja vorwiegend interessiert ist, ergibt sich hier durch "ausschließliche Vertröstung auf später" das Problem der "Unehrlichkeit der permanenten Propädeutik", das Heuer (1978:23) sogar für "pädagogisch verhängnisvoll" hält. Dies gilt sicherlich auch dann, wenn der Schüler die unbegründete Bereitschaft mitbringt, an die mittelbare Bedeutung der Grammatik zur Erreichung einer kommunikativen Sprachfertigkeit zu glauben. Hier soll natürlich nicht für einen grammatiklosen Sprachunterricht plädiert werden, sondern mit Heuer (1978:23) für ein Fremdsprachencurriculum, in dem "kurzfristige Zwischenergebnisse abrufbar werden", d.h., in dem sich der Schüler auch mit den jeweils begrenzten Sprachkenntnissen bereits kommunikativ betätigen kann.

2. Angemessenheit der Lernerfahrungen

Das Prinzip der Angemessenheit besagt, daß die Lernerfahrungen dem Stand der kognitiven Entwicklung der jeweiligen Altersstufe angepaßt werden sollen. Lernpsychologisch läßt sich dieses Prinzip aus der größeren Effektivität sinnvollen Lernens begründen:

"When an experience is meaningful to a child and when he is conceptually ready, then it is likely that he will learn more easily and economically and retain material longer" (Wheeler 1967: 156 f.).

2.1. Altersadäquatheit

Jugendliche der hier vertretenen Altersstufe zeichnen sich durch eine "zunehmend kritisch-distanzierte Haltung gegenüber Objekten und Bezugspersonen der Umwelt" aus (Nickel 1975:91), die sich fundamental von der vorangehenden Phase des "unkritischen Neugierverhaltens" unterscheidet. Ganz offensichtlich gehen die Lehrbücher auf dieses erwachte Problembewußtsein der Jugendlichen zu wenig ein, die sich zu Recht von den meisten Themen unterfordert fühlen:

Die Texte auch selbst, die sind eigentlich zu einfach manchmal, also, ist zwar auch gut, daß man sie versteht, aber mehr so kindlich geschrieben, so Kindergeschichten, also, wo 'nen Baby verstehen könnte. Aber ich glaube, wir haben auch 'nen Anspruch, s c h w i e r i g e Texte zu lesen, also, da könnte, also, wenn es übersetzt wär', dann, also, Babies würden das vorgelesen bekommen, aber nicht, also, Dreizehn- Vierzehnjährige.

Hieraus läßt sich sicherlich mit Düwell (1979:33) weiter folgern: "Was die Inhalte betrifft, so dürften die Einstellungen älterer Lernender (anders als beim Frühbeginn) dann negativ sein und sich ungünstig auf die Motivation auswirken, wenn die in der Fremdsprache dargebotenen Themen ein zu kindliches Niveau haben." Der Vorwurf der intellektuellen Unterforderung im Fremdsprachenunterricht taucht in den Schüleraussagen häufig auf und sollte Lehrbuchautoren zu denken geben. In den Lehrbuchtexten vermissen die Schüler Anregungen zum Mitdenken sowie vor allem Phantasie, Spannung und Humor, denn "wenn das alles ein bischen witziger ist, da bleibt auch mehr hängen."

Ja also, ich finde, daß die Texte überhaupt viel zu phantasielos sind, ich finde so Texte auch viel schöner, wo man mitdenken kann und wo spannende Stellen sind oder wo man selbst mal weiterspinnen kann (...) oder daß man auch am Ende mal lachen kann.

Statt einer bloßen Faktendarstellung verlangt der Schüler nach Erklärungen und Zusammenhängen, wobei gerade die Unkenntnis von historischen Hintergründen und Entwicklungen, zu denen das Lehrbuch z.B. bei der Behandlung der Rassenproblematik in L E, Lektion 13, nichts aussagt, verdeutlicht, wie wichtig dieser Aspekt ist:

Nee, wie sich's (die Rassenproblematik in den U.S.A.) von Grund auf entwickelt hat, war ja nicht da geschrieben. War ja einfach nur so, wie's heute so war. Aber wie's früher war, wie da überhaupt, mich würd's mal interessieren, wie das alles gekommen ist, wie die, Amerika war ja früher immer nur Indianer, und warum die Weißen die Schwarzen unterdrückt haben, wie das gekommen ist, ich meine, die Schwarzen waren ja vor den Weißen da (!)

Diese Gefahr sieht auch Hühn (1978:271) bei der Behandlung landeskundlicher Gegenwartsthemen, die natürlich nicht unbedingt in einer "vergangenheitslosen Aktualität", sondern in ihrem Funktionszusammenhang dargestellt werden sollten.

Größere Zusammenhänge lassen sich eben nicht auf der "Erscheinungsebene" aufzeigen, sondern nur auf der "Erklärungsebene" (Hessische Rahmenrichtlinien 1980:39, 40), die im allgemeinen auch historische Entwicklungen einbezieht. Insoweit die "historische Dimension" im Fremdsprachenunterricht zur Erklärung der gegenwärtigen Realität herangezogen wird, steht sie - im Gegensatz zur oben angesprochenen losgelösten Geschichte - auch durchaus im Einklang mit dem von Piepho (1975:85) bei Schülern des 9. Schuljahres festgestellten "Interesse auf die geistige Bewältigung von thematischen Informationsfeldern (...), die nicht mehr an geschlossene Texte, sondern an thematische Einheiten geknüpft sind, die aus einer Zusammenstellung verschiedener Denkanstöße bestehen."

Vom Fremsprachenunterricht erwartet der Schüler weiterhin nicht nur Information über die anglo-amerikanischen Länder, sondern auch Zugang zu anderen, weniger bekannten Ländern, ein Gedanke, den inzwischen auch die Hessischen Rahmenrichtlinien (1980:140) aufgenommen haben.

Ich würd' sagen, also, hier die Themen, die handeln alle von Amerika oder England, da müßte mal was von anderen Ländern noch rein, so Indien oder, oder UdSSR oder von anderen Ländern, davon weiß man so wenig, und hier wird einem alles vorgekaut, und das muß man halt schlucken und davon, die sind auch näher an einem dran, davon weiß man sowieso schon mehr als von den anderen Ländern, die müßten auch mal was von denen bringen.

Das wachsende Problembewußtsein des Jugendlichen kann durchaus auch auf sprachliche Probleme gerichtet sein, deren Lösung vom Schüler als intellektuelle Herausforderung verstanden werden kann:

Latein macht mir Spaß, weil, ich weiß nicht, wenn ich da im Lateinischen einen Satz hab', den will ich gern rauskriegen, ich will das jetzt rauskriegen, wie det richtig ist. Irgendwie ist Englisch da nicht so schwer drin. Deswegen macht mir Latein mehr Spaß.

Auf ein bestehendes Problemlösungsinteresse gehen die Englischlehrwerke im Bereich der Grammatik und der begleitenden Übungen tatsächlich nicht ein. Die aufgelockerte, indirekte, "weiche" Darstellung der Grammatik erreicht bei den Schülern geradezu das Gegenteil einer Verständniserleichterung, wie es sich die Lehrbuchautoren sicherlich vorgestellt haben:

Hier in dem Buch (L E), ich weiß nicht, wenn ich Grammatik da durchstudiere und so, dann kapiere ich überhaupt nicht, was die damit so richtig meinen, aber trotzdem kann ich dann das aus den Beispielen heraus, kann ich dann in anderen Übungen so die Grammatik richtig einsetzen, richtig verwenden, aber ich weiß überhaupt nicht richtig, was damit gemeint ist. Ich glaube, ich glaub', die sollten das mal übersichtlicher machen, daß man das auch so versteht, ohne daß man dann schwer danach arbeiten muß und so.

Es sollte Lehrbuchautoren auch zu denken geben, wie wenig ihre Grammatikdarstellungen das doch allgemein angestrebte Lernziel selbständigen Arbeitens fördert, wie es in dem folgenden Erlebnis eines Schülers der Fall war, das der Anschaulichkeit halber in voller Länge zitiert wird:

Vor allen Dingen, ich hab' letztens bei mir einen solchen fremden Text, da bekam ich so'n Buch, das war von was anderem, das sollt' ich übersetzen zu Hause, und das war von meinen Eltern aufgegeben, und da stelle ich also fest, daß ich da so sämtliche Formen, grammatische Formen nicht richtig beherrsche, und da hab' ich mir die ganzen vier Bücher (von E f T) noch mal angeguckt, und da hab' ich auch nichts da drin gefunden, wodrin ich das irgenwie noch mal durch-, nachschlagen, nachschlagen konnte, ja, und da bin ich also an ein anderes Buch gegangen, "Einführung in die englische Sprache" hieß das Buch, das hat meine Mutter mal von früher gehabt, und da sind immer rote Kästchen, da stand die Form, "to have", da stand alles da drin, und dann auf Deutsch erklärt, dann die Ausnahmen, stand alles da drin, man konnte das prima nachschlagen, vom Anfang bis zum Ende, und das find' ich hier nicht, das wird irgendwie verschleiert erklärt, man geht auf das Eigentliche, was man will, geht man hier in dem Buch nicht direkt drauf.

Zum besseren Verständnis der englischen Grammatik verlangen die Schüler übersichtlichere Darstellungen, die als Nachschlagehilfen leicht verwendbar sind, sowie Erklärungen auf Deutsch, "denn die deutsche Grammatik versteht man ja auch." In dem Bereich der Grammatikdarstellung liegt offensichtlich eine Fehleinschätzung der intellektuellen Fähigkeiten dieser Altersstufe vor; besonders augenfällig wirkt sich diese mangelnde Altersadäquatheit jedoch im Bereich der grammatischen Übungen aus, die zu Recht von den Schülern allgemein als Unterforderung ihres Intellekts kritisiert werden.

Eine Übung zur Inhaltsvertiefung, bei der die Schüler jeweils eine auf den Text bezogene Aussage als richtig oder falsch erkennen sollen, wird u.a. wie folgt beurteilt (zu L E, S. 40, Übung 1):

Vielleicht hier zum Beispiel auf Seite 40, da ist oben so, man soll sagen, daß es falsch ist und so, da braucht man einfach nur zu sagen "ja, das ist richtig" oder "yeah, that's right", und dann die Begründung, also umgekehrt wie's da steht. Ist überhaupt nichts dabei eigentlich, also, ist keine Schwierigkeit, nur so.

Vielleicht erwarten die Lehrbuchautoren hier auch, daß der Schüler eigene Antworten frei formuliert, aber:

Wer macht sich denn schon die Mühe und also macht denn selber Sätze, denn es ist doch viel einfacher, wenn man da aus dem Text 'nen Satz rausholt.

Welche Alternative zu solchen Übungen denkbar ist, kommt in der folgenden Schüleräußerung zum Ausdruck:

Also, die Fragen, das ist immer noch mal dasselbe, und wenn man den Text jetzt zweimal lesen würde und man würd' da untereinander diskutieren oben die Fragen, dann käme man vielleicht weiter als hier, wenn man immer nur stur die Fragen beantwortet.

Diese Schülermeinung steht durchaus im Einklang mit der pädagogischen Forderung nach einem kommunikativen Fremdsprachenunterricht, der nach Heinevetter/Völker (1979:326) "die Lernenden dazu befähigen (muß), sich als sie selbst auszudrücken, d.h. ihre ganz individuellen Anliegen, Bedürfnisse, Meinungen und Neigungen zu artikulieren" und in dem "die Lehrwerke Übungsmaterial zur Verfügung stellen, das den Schüler als 'Person' berücksichtigt, d.h. ihm vor der Thematik der Übungen die Möglichkeit bietet, seinen Erfahrungsbereich miteinzubringen und Sprechsituationen oder Ausgang der Aufgaben subjektiv zu gestalten."[10]

Am unsinnigsten erscheinen Schülern Übungen in Form von m a t c h i n g t a b l e s, da sie rein mechanischer, d.h. inhaltsloser Drill sind (zu L E, S. 40, Übung 2):

- Ja, ist genauso dämlich.

- Ich meine, ich find' das auch. Da braucht man ja nur ordnen, also man braucht nur den Sinn zu verstehen, das hat ja nicht mit dem übrigen Sinn zu tun, da liest man ganz von selbst, da liest man das erste Wort, und da hinten da so was, in der Mitte ist klar, nur es bleibt immer, und man müßte mal selbst so was bilden, richtig die Grammatik bilden, das ist hier wenig drin.

- Ist irgendwie gar kein Bezug, sondern man macht die Sätze, die dazu passen, und dann hat sich der Fall.

Auf ähnliches Unverständnis stoßen bei Schülern auch offensichtliche Scheinprobleme, wenn nämlich etwa ein Hinweis auf die Lösung der Aufgabe bereits vorgegeben wird (zu L E, S. 40, Übung 3):

Also, hier steht ja, auf der Seite 141 könnt' man dann gucken, was dahin kommt, und braucht man ja eigentlich nur zusammenzusetzen, das ist doch sinnlos, finde ich, schreibt man das eigentlich nur ab.

Die didaktische Intention von Übungen liegt sicherlich nicht darin, dem Schüler das unbefriedigende Gefühl einer intellektuellen Unterforderung zu geben, daß "die Fragen fürs erste Schuljahr noch zu einfach sind." Auch Heinvetter/Völker (1979:327) kommen nach ihrem Vergleich der Übungsformen in drei Englischlehrwerken zu dem Ergebnis, daß selbst bei dem ansonsten positiv hervorzuhebenden Lehrwerk Learning English Modern Course "die Anzahl dieser (kommunikativen) Übungen wie ihre Variationsbreite zu gering (ist), um der Forderung ausreichend zu genügen, den Schüler durch Thematik und Form der Übungen als Interaktionspartner ernstzunehmen." Der Bereich der fremdsprachlichen Übungen bedarf wahrscheinlich mehr als jedes andere Gebiet von Lernerfahrungen einer grundlegenden schülerorientierten Neugestaltung. Dabei ist zunächst auch hier das Prinzip der Lebensnähe der Lernerfahrungen zu beachten, "daß Grammatikübungen und die Erarbeitung von Regeln stets aus Kommunikationssituationen erwachsen und auf diese aktuell bezogen sein müssen" (Hessische Rahmenrichtlinien 1980:64, 65). Vor allem ist aber auch die lernpsychologische Erkenntnis zu beachten: "Learning which involves problemsolving relationships and higher level mental processes is relatively permanent, while that which involves unrelated facts and more information is comparatively temporary" (Wheeler 1967: 166 f.).

2.2. Identifikationsmöglichkeit

Ein Schüler ist zweifellos dann am stärksten für einen Lernprozeß bereit, wenn er sich sozial und psychologisch mit den Personen des Lehrwerks identifizieren kann und die Situationen seinem Erlebnis- und Erkenntnishorizont entsprechen. Vgl. hierzu auch Sauer (1975:15): "Eine besonders intensive Lernmotivation ergibt sich, wenn sich die Lernenden mit Personen des Lehrbuchs, ihren Lebensformen und Ansichten identifizieren können und der Bezugswelt gegenüber 'verständnisvolle Sympathie aufbringen'."

Sozialpsychologisch ist die Entwicklungsphase dieser Altersgruppe durch eine allmähliche Loslösung von den Eltern und die Wahl neuer Bezugspersonen gekennzeichnet: "Er (der Jugendliche) löst sich zunehmend von den Eltern und strebt nach Selbständigkeit und Selbstbestimmung. Gleichzeitig sucht er in seiner durch Rollenunsicherheit gekennzeichneten Situation nach neuen Bindungen in der Gruppe der Gleichaltrigen" (Nickel 1975:347).

Die traditionellen Lehrbuchpersonen sind leblose Gestalten und erlauben daher auch keine Identifikationsmöglichkeit: "On the whole the people in the textbooks are not three-dimensional" (Speight 1975:21). Das Lehrwerk L E zeichnet sich erfreulicherweise durch die häufig verwandte Methode der didaktischen Personalisierung mit der Sichtweise eines Gleichaltrigen aus. So kann Funks (1975: 89) Annahme, daß in der Behandlung der Rassenfrage in den U.S.A. der Transfer zumindest dadurch wahrscheinlicher wird, daß "hier die Situation eines schwarzen Mädchens im Alter der Schüler thematisiert" wird, durch die große Begeisterung der Schüler für diese Lektion ("Life in a Ghetto") als bestätigt angesehen werden. Allerdings ist die Gleichaltrigkeit der Lehrbuchpersonen natürlich allein noch kein Garant für eine Identifikationsmöglichkeit, wenn diese nämlich nicht mit dem Selbstverständnis des Jugendlichen übereinstimmt. Dies ist z.B. der Fall bei der so eindringlichen Lektion "At a Juvenile Court: Case 17" aus L E, bei der sich ein straffällig gewordenes 14-jähriges Mädchen vor dem Jugendgericht verantworten muß.

Sch. a) Ja, ich finde, die richten sich, also, mehr nach den Eltern, als es in der Realität ist. Ich würde mich zum Beispiel nie so stark nach meinen Eltern richten. Zum Beispiel hier, in dem "Juvenile Court", das kann ich mir gut vorstellen mit der Mutter, wie der da sagt, sie hat nie so etwas Schlimmes gemacht, ich weiß gar nicht, wie sie so es machen können, kann ich mir gut vorstellen, aber das Mädchen benimmt sich dann auch so, als zum Teil reumütig, also, ich weiß nicht, ob das in der Wirklichkeit auch so ist, kann zwar sein, aber ich bin mir nicht so sicher.

Sch. b) Ich meine, wir machen eigentlich einfach mehr, also, wenn, in dem gleichen Alter jetzt, würde ich sagen, also, wir sind unabhängiger von unseren Eltern.

Sch. a) Kann zwar sein, daß es in England noch so ist, aber ich finde das nicht gut... Wenn ich mir vorstelle, daß sie sich mit 15, 16 noch so nach den Eltern richten, also, wie hier in dem Buch geschildert wird, also, ich kann mir das einfach nicht vorstellen.

Themen, bei denen sich die Schüler mit den Personen identifizieren können, müßten zu allererst von Jugendlichen handeln,

Sch. a) aber jetzt nicht so, also, über so ganz brave, sondern auch mal über die, die nicht mehr so brav sind, (Lachen)

Sch. b) die aber s e l b s t ä n d i g machen und auf eigene Faust was riskieren, o h n e daß immer G e w a l t oder so was dabei ist.

Stud.: Hier sind die Kinder zu brav?

Sch. b) Die machen keine Streiche, die machen keinen Lärm oder so.

Sch. c) Also ich kann mich nicht mit denen identifizieren.

Sch. b) Und da kommt man sich irgendwie vor, als ob man ein Musterkind sein müßte, wenn man da nach dem Buch gehen würde.

Bemerkenswert an diesen Äußerungen ist, daß die Schüler nicht nur den unselbständigen, sondern auch den gewalttätigen Jugendlichen als nicht mit ihrem Selbstbild vereinbar ablehnen. Aus diesem Grunde stößt etwa auch das Thema über "Football Hooligans" in L E auf ebenso großes Unverständnis wie traditionelle familienidyllische Themen und hätte besser im Lehrbuch fehlen sollen.

2.3. Interessen

Die Interessen, die psychologisch als "selektive Verhaltensdeterminanten" bzw. "selektive Organisatoren des psychischen Feldes" angesehen werden, sind beim Jugendlichen außer auf die bereits im Zusammenhang mit ihrer Grundeinstellung angesprochenen Gebiete hauptsächlich auf Bereiche wie Sport, Musik und Technik im allgemeinsten Sinne gerichtet: "Eine Analyse der einzelnen Interessenrichtungen (...) zeigt, daß die Jugendlichen vor allem an jenen Bereichen interessiert sind, die in ihren Alltag hineinwirken, und zwar sowohl durch praktische Erfahrung (z.B. Auto, Moped, Foto, Funk und Fernsehen) als auch durch indirekte Vermittlung, etwa über die Massenmedien" (Nickel 1975:397).

Obwohl die Schüler die Inhalte ihrer Lektionsthemen ständig an dem Kriterium ihres Interesses an ihnen messen, fällt es ihnen doch erstaunlich schwer, sich interessante "Alternativthemen" selbst vorzustellen. Zwar werden Interessensgebiete wie Sport, Musik etc. genannt, aber eher als alterstypische und nicht als eigene Interessen wie in der folgenden Äußerung zum Themenwunsch:

Sportliche Ereignisse oder überhaupt für Jugendliche bezogen, also, mal, irgendwas über, zum Beispiel, Musikthemen oder so was, jetzt keine Lieder, aber zum Beispiel, daß so mal, mal 'nen Bericht schreiben so über 'ne Rockshow oder so was, ich meine, ich interessiere mich nicht dafür, aber viele interessieren sich ja dafür.

Individuelle Interessenunterschiede spielen in dieser Altersgruppe offensichtlich nur eine untergeordnete Rolle, solange die Gruppe insgesamt diese Interessen vertritt oder von bestimmten Problemen betroffen ist. So wird die Behandlung eines Themas wie Fußball auch von Nicht-Fußballenthusiasten befürwortet, nicht jedoch das für die Gruppe atypische Thema des "Hooliganism" nach einem Fußballspiel. Die Gefahren von Drogen betreffen ebenfalls die gesamte Gruppe, "geht halt alle an," und sollten daher im Lehrbuch auch thematisiert werden.

Für die Interessen des Lernenden im Fremsprachenunterricht nimmt Düwell (1979:30) an, daß ein schwerpunktartiges Interesse an der Form der Sprache im Anfangsunterricht mit wachsender Sprachbeherrschung von einem stärkeren Interesse an Themen abgelöst wird.

"Dabei dürfte das Interesse des Lernenden besonders auf die soziokulturellen Informationen über die andere Sprachgemeinschaft gerichtet sein, besonders dann, wenn die Informationen Anknüpfungspunkte zu seinen eigenen Erfahrungshorizonten bieten." Die Annahme des Interesses an Themen deckt sich mit den Aussagen unserer Schüler, die etwa an dem sozialkritischen Thema der Ghettoisierung der Schwarzen in den Vereinigten Staaten besonders stark interessiert waren. Je stärker das Interesse an dem Thema ist, umso mehr wird sich der Schüler allerdings auch seiner sprachlichen Beschränkungen bewußt, die ihn daran hindern, sein Bedürfnis nach vertiefender Auseinandersetzung mit dem Thema zu befriedigen:

So Themen wie "Life in a Ghetto", ich find' die ganz toll, also wirklich, das hat mich interessiert, und es gibt viele Themen, die mich interessieren würden, aber die sind auf Englisch, lesen sich schwerer, also, ich weiß, darüber kann man nicht so gut reden wie im Deutschen.

Das Lernen einer Fremdsprache legitimiert sich vorwiegend aus der mit ihr gegebenen Möglichkeit, Kommunikationsbarrieren abzubauen. Entsteht durch sie wie in diesem Fall eine Verständnis- und Kommunikationsbarriere, so ist pädagogisch durchaus vertretbar, auf die Schülerinteressen über die Muttersprache einzugehen. Natürlich sollte auch wiederum nicht, wie Wheeler (1967:153) bemerkt, der Unterricht auf den oft trivialen und ephemeren Interessen der Kinder aufgebaut sein, aber "it is necessary to start from the present interests. It is a matter of working with, rather than against, the interest of the learner."[11]

3. Ausgewogenheit der Lernerfahrungen

Unter dem Prinzip des p a t t e r n versteht Wheeler (1967:158) die unvermeidbare Wechselbeziehung der einzelnen Lernziele bzw. Lernerfahrungen untereinander. Von den verschiedensten Aspekten dieses Prinzips sollen hier am Beispiel des Aufbaus des Lehrwerk auf den Aspekt der b a l a n c e und im Zusammenhang mit dem England- und Amerikabild auf den Aspekt des m u l t i p l e l e a r n i n g eingegangen werden.

3.1. Aufbau des Lehrwerks

Das Problem der Balance im Curriculum ergibt sich nach Wheeler (1967:159) aus zwei Quellen: "the developmental needs of the child, and the demands of his society". Wird das Curriculum nach den Anforderungen der Gesellschaft geplant, kommen die entwicklungsmäßigen Bedürfnisse des Lernenden zu kurz, und wird das Curriculum auf den jeweiligen Bedürfnissen der Entwicklungsstufe des Lernenden aufgebaut, lassen sich die Lehrinhalte kaum angemessen und sinnvoll organisieren.

Hinsichtlich des Aufbaus des typischen fremdsprachlichen Lehrwerks offenbart sich diese Bedürfnisdiskrepanz am auffälligsten am Verhältnis von Textteil gegenüber Grammatik- und Übungsteil. Die Gesellschaft hat, wie oben unter Kap. 1.3. erwähnt, offenbar ein besonders ausgeprägtes Bildungsinteresse an der Grammatik, was der 14-jährige Schüler im allgemeinen nicht teilt, besonders wenn die Grammatik wie in E f T einen so beträchtlichen Umfang im Lehrwerk einnimmt:

Sch.: Grammatik ist überhaupt nicht gut. Also ich weiß, daß es notwendig ist, aber so fünf Seiten Grammatik ist ein bischen viel.

Stud.: Nach jeder Geschichte?

Sch.: Ja, dann kommt 'ne kleine Geschichte, und dann kommt wieder viermal so viel Grammatik, dat ist nicht gut.

Die Ablehnung der Grammatik in unseren Schüleraussagen deckt sich mit den Ergebnissen von Piephos (1975:83) Schülerbefragungen in der Klasse 9, wo auf die Frage nach dem "miesesten im Englischunterricht" die Grammatik mit 66,3% vor Tests (51,9%), Arbeitsbogen (27,6%), Übungen (22%), Texten (15,4%) etc. weitaus am ungünstigsten beurteilt wurde.

Die Grammatik nimmt nicht nur im Lehrbuch einen unverhältnismäßig großen Raum ein, sondern ist auch das zweifelsohne schwierigste Gebiet der Fremdsprache und weiterhin der Bereich, aus dem die Hausaufgaben gestellt werden:

Also, mir stinkt's, das, die Grammatik, die wird von unserem Lehrer einmal durchgemacht, und dann hat die kapiert zu sein (...), und dann sagt er, ich gebe Euch das und das als Hausaufgabe auf, und dann wird grad die Hausaufgabe noch wiederholt, und dann geht er schon weiter.

Die Verständnisbarriere der Grammatik wird noch durch die englischsprachige Darstellung erhöht:

Ich finde auch schlecht an dem Buch, dat hier überhaupt nichts Deutsches drinsteht, nur manchmal, wenn man da übersetzen muß, ooch in der Grammatik, da ist's ja besonders wichtig, dat man da ooch kapiert auf Deutsch, wie dat da ist.

Diese Verständnisschwierigkeiten besonders im Bereich der Grammatik- und Übungsteile führen bei dem leistungsschwächeren Schüler zwangsläufig zur Resignation:

Ik hab auch so dat Gefühl, dat dat Buch da (E f T) eigentlich nur für so ziemlich gute Schüler da ist.

Die aufgegebenen Hausaufgaben werden zwar gemacht, aber "die schreibe ich eben morgens in der Schule ab."

Demgegenüber befriedigen die Textteile der Lektion viel eher die Bedürfnisse der Schüler, auch wenn sie sich inhaltlich keineswegs immer angesprochen fühlen, "so gut sind sie auch mal wieder nicht." Vor allem bemängelt wird die fehlende thematische Kontinuität innerhalb des Lehrwerks:

Sch.: Die wechseln 'nen bischen zu viel in dem Buch (L E), also, die sind immer so grundverschieden die Themen, zum Beispiel das von der Rassentrennung von den Negern gleich wieder zu Sport umspringen, zu Fußball so, ich meine, das ist 'n bischen hart der Unterschied, also, man sieht keine Verbindung zu den Themen so.

Stud.: Ja, zwischen den Lektionen.

Sch.: Ja, sobald das 'ne neue Lektion ist, dann (...) ein anderes Thema ist eben da, also dann wird überhaupt nichts mehr aufgegriffen von der alten Lektion, nur die Wörter werden vorausgesetzt, daß man sie kann.

Der Schüler hätte gern größere Textzusammenhänge besonders zu Themen, die ihn interessieren.

Hier im Buch, da sind auch, wenn da so'n Text kommt, dann, dann, also dann ist er, dann liest man den gerade so und, danach dann ist er abgeschlossen, dann wird er überhaupt nicht weiterbehandelt, und das find' ich nicht so gut; wenn da so'n Text aufgegriffen wird, der also wirklich aus dem Alltag kommt, den sollte man auch dann weiter im Buch behandeln und den nicht einfach auf der Seite liegen bleiben.

Ebenso wie das Fehlen eines Zusammenhangs zwischen den einzelnen Lektionen bemängeln die Schüler die Zusammenhangslosigkeit von Text und Grammatik innerhalb derselben Lektion:

Das ist eben grad, jetzt muß die Grammatik gemacht werden und so, find' ich nicht besonders gut. Sollten die in den Text mit einbauen.

Für den Schüler stellt sich das Englischlehrbuch somit dar als eine zusammenhanglose Sammlung von mehr oder minder interessanten, englischsprachigen Texten mit sich jeweils zusammenhanglos anschließenden, meist unverständlichen Grammatikdarstellungen und Grammatikübungen. Seine entwicklungsgemäßen Bedürfnisse kommen zweifellos zu kurz, so daß die folgende Schüleräußerung zum Aufbau des Lehrbuchs nur allzu verständlich wird:

Ooch wie das Buch aufgebaut ist, sie könnten, da sind immer so Pädagogen, die daran arbeiten, könnten ja auch mal Schüler fragen, wie die sich das so vorstellen.

3.2. England- und Amerikabild

Eine Lernerfahrung besteht nicht allein aus einem kognitiven Aspekt, sondern auch aus einem emotionalen Aspekt, auf den Wheeler (1967: 102) im Zusammenhang mit der intellektuell orientierten Schulwelt aufmerksam macht: "However great the attempt to establish the school's task as being that of intellectual discipline, it is impossible to escape the conclusion that learning of all kinds has emotional counterparts which must be considered in relation to the socio-cultural field. The emotional quality of any learning experience is at least as important as the content or the process." Durch dieses "multiple Lernen" finden in dem Lernenden als Gesamtorganismus verschiedene Lernprozesse gleichzeitig statt, z.B.: "Though the focus of attention may be on the cognitive aspect, learnings occur in the affective field, too. Attitudes are being engendered or strengthened, emotion generated, beliefs changed, and values called into play" (Wheeler 1967:167). Hier sollen unter diesem Gesichtspunkt das bei den Schülern entwickelte England- und Amerikabild sowie die Einstellungen zu diesen beiden Ländern bzw. Nationalitäten angesprochen werden.

Nachdem der Schüler vier Jahre lang über das Lehrbuch mit Themen aus dem anglo-amerikanischen Kulturraum konfrontiert worden ist, wäre zu erwarten, daß er sich ein Bild dieser Länder und ihrer Einwohner hat aufbauen können. Die meisten Schüler geben jedoch unumwunden zu, keine bestimmte Vorstellung von einem Engländer oder Amerikaner zu haben. Das Lehrbuch hat zwar in einer Lektion das englische Schulleben zum Thema (E f T, Chapter 1), aber aus dieser Beschreibung kann sich der Schüler noch kein Gesamtbild machen, "man kriegt irgendwie kein ganzes Bild mit, immer nur so 'ne Hälfte."

Also mit den Schulen und so was, das steht schon drin, aber jetzt zu dem Tagesablauf vom Engländer, wie die arbeiten gehen oder wann die essen, was die essen und so was alles, das ist eigentlich weniger.

Die Schüler können sich aus dem Lehrbuch kein Bild von den Engländern machen, denn:

Ja, also direkt konfrontiert mit denen wird man ja eigentlich nicht, außer da bei dem "football", daß sie da alles zerstören und so.

Oft ist das dargebotene Teilbild des Landes darüber hinaus unglaubwürdig, besonders dann natürlich, wenn der Schüler eigene Erfahrungen in dem Lande machen konnte:

Sch.: Ich find', wie der Engländer hier in dem Buch beschrieben wird, da ist alles ziemlich steif. Ich kann mir nicht vorstellen, daß die Engländer wirklich so sind. Ich kann mir irgendwie, die sind doch auch irgendwie viel gelöster und so.

Stud.: Glaubst Du, Du hast ein falsches Bild durch das Buch?

Sch.: Hm ja, auch wenn, wie ich mit der Gruppe da in England, die waren ganz anders. Zum Beispiel, die, alles so förmlich ist es da (in dem Buch), und kein Streit, nichts, da muß man mal 'nen Streit vom Engländer mitbekommen, aber 'nen wirklich richtigen, da kriegt man 'n ganz anderes Bild rein, und nicht, daß es steif ist da, irgendwie so förmlich immer.

Der Schüler ist sich sehr wohl der unrealistischen Überzeichnung des Engländers im Lehrbuch bewußt, "wer nach dem Buch geht, so ist 'n Engländer, der hat ein Vorurteil, das ist nicht gut", verfügt andererseits aber, außer wenn er sich auf eigene Auslandserfahrungen stützen kann, kaum über genug Informationen, um das unglaubwürdige Lehrbuchbild des Engländers zu ergänzen oder zu korrigieren. Wenn dieses Auslandsbild außerdem noch durch traditionelle Nationalklischees bestätigt wird, wie sie dem Schüler aus Fernsehfilmen vertraut sind, prägt es trotz evtl. besseren Wissens des Stereotyps doch entscheidend die Einstellung zu den Ländern und ihren Bewohnern. So erscheinen die Engländer im Bild der Schüler als "so feine Menschen" oder sogar "ein bischen unheimlich fein und so", und insgesamt ist alles dort "triste". Die Amerikaner sind dagegen "mehr so normale Typen", sind "viel fröhlicher", und "es geht dort auch viel lustiger zu." Typischerweise lassen sich in einer Aussage zu einem Nationalbild immer wieder die folgenden argumentativen Elemente erkennen: A: Beispiel eines typischen Nationalattributs, B: Evaluation, C: Relativierung und D: Bekenntnis der letztlich fehlenden Vorstellung:

Ja, also, ich find', wie die essen so, die essen immer so Eier und Speck so morgens und so (= A), ich meine, ich finde das scheußlich (= B), also das ist irgendwie so, andere Tradition vielleicht (= C). Also so'n Engländer stelle ich mir immer so mit Stock und Hütchen, so, so Melone und so was vor (= A), aber es gibt ja auch Frauen so (= C), und irgendwie, ich weiß nicht (= D).

Also, wir haben mal drüber gesprochen, bei uns in der Familie zu Haus, da kam so raus, 'n Engländer ist immer schön fein angezogen, wenn der einen anrempelt, sagt er "Excuse me", der andere sagt "sorry" (= A). Das ist natürlich dämlich, das ist irgendwie 'n Vorurteil, ich meine positiv oder negativ, kann man ja holen wie man will (= C), aber, ich weiß nicht, so besonders stelle ich mir die eigentlich nicht vor (= D). Halt nur, daß die meisten, die ich getroffen habe, die war'n 'ne Lulatsch, also furchtbar groß, und blonde Haare oder so (= A), ich weiß nicht, können genauso gut braune haben (= C). So besondere Vorstellung hab' ich da eigentlich nicht (= D).

Sicherlich trifft die Vermutung von Solmecke/Boosch (1981:2) zu, "daß sich nicht bei jedem Lernenden mit der englischen Sprache automatisch ein spezifisch britischer oder US-amerikanischer Hintergrund assoziiert, womit auch Einstellungen gegenüber den betreffenden Nationen ihr in der einschlägigen Forschung immer wieder betontes Gewicht als Motivationsfaktor mehr oder weniger verlieren dürften." Das so entstandene England- und Amerikabild prägt jedoch zumindest den Grad des Bedürfnisses, mit dem anderen Land in Kontakt zu kommen.[12] Während der Wunsch, Amerika kennenzulernen, allgemein sehr groß ist, denn dort ist man "lustiger, allein schon vom Wetter", dort "ist was los" und dort ist das Land "groß, schön interessant und abenteuerlich", bietet England dem Schüler außer einigen Schlössern keinerlei Attraktionen, "ist mehr wat für zwei, drei Wochen, aber mehr könnt' ich da absolut nicht aushalten." Das Bild wird aus allen zugänglichen Informationsquellen aufgebaut, wobei einem persönlichen Kontakt besondere Authentizität zukommt:

Meine englische (amerikanische) Brieffreundin, die wohnt da so mitten drin, und die, die schreibt mir so tolle Sachen, ich weiß nicht, vielleicht tut die auch nur aufschneiden, ich weiß das nicht, auf jeden Fall, vielleicht liegt dat dadran, vielleicht liegt dat auch an allgemeinen Vorurteilen, daß ich mir einen Amerikaner als unbewußt so schön, lustig, froh und happy vorstelle, und daß ich deswegen lieber dahin fahre. Engländer sind ja korrekt und ordentlich und, deswegen, dat paßt nicht zu mir, korrekt, deswegen würd' ich (Lachen)

Partikeln wie hier j a im Zusammenhang mit Beschreibungen von Nationaleigenschaften sind besonders aufschlußreich, da der Sprecher mit ihnen ein Attribut als eine bekannte Allgemeingültigkeit hinstellt. Eine wesentlich erzieherische Aufgabe des Fremdsprachenunterrichts besteht in dem "Verstehen fremder Bezugspersonen", das sich darin ausdrückt, "vorhandene und sich bildende Allgemeinurteile über Fremdgruppen zu differenzieren, zu relativieren und bewußt zu machen" (Sauer 1975:12). Wenn es dem Lehrbuch nicht gelingt, nationalen Stereotypen entgegenzuwirken oder es sie sogar noch weiterpflegt, darf man über die Reaktion der Schüler, nämlich eine negative Einstellung gegenüber Engländern zu entwickeln, nicht verwundert sein: "Amerikaner könnte ich mich schon dran gewöhnen, aber jeden Morgen mit Schlips und Krawatte zur Schule gehen müssen", wie es nämlich im Lehrbuch (E f T, Chapter 1) die englischen Schüler tun. Sicherlich trifft die folgende Erklärung für das negative Englandbild leider zu:

In England, ich stelle mir das so triste vor. Ich weiß auch nicht, kann vielleicht sein, daß es auch vom Lehrbuch kommt oder so.

4. Schlußbemerkung

Für die Generation der Englischlehrwerke, "die zwischen 1956 und 1975 entstanden und heute die Unterrichtspraxis weitgehend bestimmt,' stellt Neuner (1979:23) u.a. eine "'Stoff'lastigkeit im formal-sprachlichen Bereich" und ein Defizit im "Planungsbereich, der mit dem 'Schüler' zu tun hat (Inhalte/Motivation)", fest. Eben diese Kritik wurde auch berechtigterweise von den Schülern an ihren Lehrwerken vorgebracht. Da Lehrwerke, wie anfänglich dargestellt, einen überragenden Platz als Träger von Lernzielen einnehmen, ist es für Lehrer und Schüler umso wichtiger, sich ihrer Schwächen bewußt zu sein, deren größte offensichtlich darin liegt, den Schüler als wichtigsten Beteiligten im Unterrichtsprozeß zu vernachlässigen.

Eben dieses Problem spricht bezeichnenderweise auch Frederic Vester (1979:134) in seinem faszinierenden Buch über D e n k e n, L e r - n e n, V e r g e s s e n unter dem Kapitel "Schulbücher, die das Lernen verhindern" an:

> Solange Schulbuchautoren es nicht verstehen oder nicht für nötig halten, ihre eigentliche Aufgabe zu erfüllen - nämlich das Buch für den Schüler zum Gesprächspartner zu machen und Neugier, Staunen, Begeisterung, Beziehung zum Leben, Spaß und Spannung bei ihm zu wecken -, so lange ignorieren sie die Gesetze der Gehirnfunktion, und so lange müssen Schüler mit Büchern vorliebnehmen, die ihnen oft mehr schaden als nützen.

"Dabei gäbe es" nach Vesters (1979:132) Erkenntnissen aus der modernen Gehirnforschung "eine so einfache Möglichkeit, viele dieser grundlegenden Fehler zu vermeiden: und zwar, indem man Text und Layout von Schulbüchern grundsätzlich von den Schülern mit erarbeiten läßt."

Diese Untersuchung, der weitere folgen sollen, hat ebenso wie etwa auch Piephos (1975:88) Untersuchungen zum "Englischunterricht aus der Schülerperspektive" zeigen können, daß Schüler durchaus einen kritisch-konstruktiven Beitrag zum Unterrichtsgeschehen leisten können:

Schüler a l l e r Leistungsprofile haben erstaunlich klare und nach dem Bild der quantitativen Auswertung auch hinsichtlich der durch Sozialisation und Erfahrung geprägten Konsistenz typische Urteile, die nur zum geringen Teil in Einklang mit den thematischen Angeboten und den Übungsformen der Lehrwerke stehen, aber verblüffend stark mit Ergebnissen der Sprachtätigkeits- und Sprachbedürfnisforschung übereinstimmen. Motivation, so lautet unsere Hypothese, ist relativ leicht und durchaus in Einklang mit objektiven Erkenntnissen über Bedeutsamkeit und Häufigkeit zu Themen und Sprachaktivitäten zu wecken, wenn man den "natürlichen" Bedürfnissen der Schüler folgt.

Wenn sich diese Hypothese belegen läßt, was durchaus anzunehmen ist, wäre es unverantwortlich und unverständlich, wenn man diesen natürlichen Bedürfnissen der Schüler nicht folgt; denn nicht nur den Schülern kommt ihre größere Motivation zugute, sondern mit ihnen auch dem Lehrer, der sich nicht mehr an den Spruch halten muß: "Was den Unterricht so schwierig macht, ist, daß Schüler daran beteiligt sind."

Helmut Heuer (unter Mitwirkung von Klaus Bräuer,
Christiane Hesse und Bernd Nielsen)

4.4.3. Die Fragestellung im Fremdsprachenunterricht

1. Zielsetzung

Die vorliegende Untersuchung soll die Lehrerfrage im Fremdsprachenunterricht problematisieren und ihre Funktion unter kommunikativer Zielsetzung betrachten. Mit Hilfe empirischer Daten und unter Formulierung konkreter Empfehlungen soll der Problemkreis der Wirkung der Lehrerfrage auf Schüleräußerungen systematisiert werden. Unter Zugrundelegung der Prinzipien einer lernerzentrierten Pädagogik soll die Fragestellung des Lehrers in ihrem Stellenwert beschrieben und auf eine zeitgemäße Fachdidaktik bezogen werden, in der die Offenheit der kommunikativen Bezüge dem Fremdsprachenunterricht neue Impulse verleiht. Bei der Formulierung der Empfehlungen wird von intuitiver Erfahrung und expliziter empirischer Forschung ausgegangen.

2. Zur Konzeptfindung und Forschungslage

Die Erkenntnisse der Spracherwerbsforschung zeigen, daß die in Kinderfragen angelegten Sprachpotentiale einen starken Bezug zur persönlichen Erfahrung und zur eigenen Persönlichkeit besitzen (Tough 1977:81-82). Besonders die Fragekategorie "s e l f - m a i n t a i n i n g" weist auf die mögliche Verbindung der Fragen mit tiefer liegenden Schichten der Persönlichkeit hin. Kinder werden zum Sprechen und Selbstausdruck geführt, indem Fragen in Gestalt von Impulsen und Informationsvorgaben mit persönlichen Aufforderungen das Interesse wecken und das langfristige Gedächtnis entfalten. Fragen sind gleichsam Aufforderungen zum Handeln. Oberflächenstrukturell können sie in der Form von Aussagen oder Anordnungen erscheinen. In ihrem semantischen und pragmatischen Kern sind sie Impulse, die Bereiche des Vorgewußten, des Halbvergessenen und des noch nicht ganz Gelernten ansprechen und über Sachinhalte und Gefühlslagen die sprachliche Entwicklung fördern.

Die Frage besitzt illokutive Kraft. In der Form der Frage üben Sprech- und Handlungsabsichten bestimmte Zwänge aus. Zusammen mit Befehlen, Aufforderungen und Einladungen bildet die Frage eine Gruppe von Impulsen, die von Searle (1976:1 ff) als "Direktiva" bezeichnet wird. Im Klassenzimmer besitzen die Direktiva aufgrund der Interaktionsverhältnisse eine besondere Wirkkraft in der Hand des Lehrers.

Amidon und Hunter (Hanke u.a. 1973) unterscheiden zwischen Wissensfragen, konvergenten, divergenten und evaluativen Fragen. Eine konvergente Frage ist z.B.: "Welche Bedeutung hat die Lage von New York City?" Die Antwort verlangt eine Analyse von Daten und wird in dem Grad ihrer Schwierigkeit von der Frage gesteuert. Eine divergente Frage ist z.B.: "Wie würde sich das Leben der New Yorker ändern, wenn die Stadt in den Tropen läge?" Die Antwort verlangt eigenständige Überlegungen und eine Denkbewegung in eine neue Richtung.

Amidon und Hunter (Grell 1977) unterscheiden ferner zwischen weit und eng gefaßten Fragen. Beispiele:

Enge Fragen	Weite Fragen
Wieviel ist 3 mal 7?	Könnt ihr mir erzählen, was ihr über die Zahl 3 wißt?
Wie heißt die Hauptstadt von Frankreich?	Aus welchen Gründen wurde Paris die Hauptstadt von Frankreich?
Hat dir dieser Plan gefallen?	Was hälst du von diesem Plan?

Brophy und Good (1974) geht es um die Beeinflussung des Schülerverhaltens durch die Lehrererwartungen. Sie differenzieren u.a. zwischen folgenden Fragearten:

Produktfragen:	Der Schüler gibt eine faktische Antwort oder ruft ein Stück Information aus dem Gedächtnis ab.
Wahlfragen:	Der Lehrer gibt den Schülern Reaktionsalternativen.

Meinungsfragen:	Vom Schüler wird eine persönliche Meinungsäußerung erwartet.
Prozeßfragen:	Der Schüler stellt sich einem Problem, das er durch eine Antwort lösen will.
Selbstbezugsfragen:	Der Schüler äußert sich über persönliche Erfahrungen und Einstellungen.

Tausch und Tausch (1977) untersuchen die Frequenz der Lehrerfragen. Sie unterscheiden zwischen breiten und engen Fragen je nach Reaktionsraum des Schülers, ferner zwischen echten und unechten. Nach einer empirischen Erhebung folgern sie, daß der Schüler durch häufiges Fragen des Lehrers nicht zu selbständigem Denken angeregt wird und deshalb selbst nur selten Fragen stellt. Die Leistung der Schüler in Kurzantworten und Kurzreaktionen wird als wenig kreativer Vorgang und als geringe kognitive Leistung angesehen. Der Zusammenhang zwischen Häufigkeit von Lehrerfragen und Einwort-Antworten der Schüler wird von Weber (1972) gestützt.

Seit den Dialogen Platos ist die Frage ein Instrument zur Erkenntnisgewinnung und sprachlichen Interaktion. Sie wird für Lernprozesse und Lernkontrollen verwendet. Die Lehrerfrage nimmt einen großen Teil der Lehreräußerungen ein. Im Fremdsprachenunterricht führt die Steuerung zu einer primär didaktischen Verwendung der Frage.

Die unterrichtsmethodische Literatur der Fremdsprachenfächer stellt auf der Frageoberfläche gefundene Einteilungskategorien zusammen (Leisinger 1966; Pohl u.a. 1978). Eine Einteilung in Gruppen wie Entscheidungs- und Bestimmungsfragen oder Einfachfragen und Komplexfragen verfolgt systematische Zwecke.

Die Fragetechnik ist eine Lehrerfertigkeit, die zusammen mit anderen Unterrichtstechniken als s k i l l bezeichnet werden kann (Krumm/Müller 1976:22). Die Unterscheidung zwischen "lenkenden" und "offenen" Fragen hebt auf eine grundsätzliche Auswirkung der Lehrerfrage auf die Schülerantworten ab.

3. Empirische Analyse zur Auswertung der offenen und geschlossenen Lehrerfrage auf den Umfang der Schülerantwort

3.1. Hypothesenbildung und Untersuchungsmethode

3.1.1. Hypothese I

Die offenen Lehrerfrage veranlaßt die Schüler, eigene Gedanken und Gefühle zu einem Sachverhalt auszudrücken. Ihre Beteiligung wird im besonderen Maße angeregt. Die Struktur der Frage kann nur selten in der Antwort übernommen werden. Die Schüler müssen ihre Entscheidungen auf den syntaktischen und lexikalischen Ebenen selbst treffen. Beispiele für den offenen Fragetyp:

How would you decide?
Why do you think so?
What are you going to do about it?

Die geschlossene Frage führt die Schüler zu einer eng umgrenzten Antwort. Oft handelt es sich um das Erfragen faktischer Einzelheiten. Geschlossene Fragen rufen Teile einer Reihe ab, wie z.B. Namen, Farben, Wochentage. Beispiele für den geschlossenen Fragetyp:

What's your name?
What's the capital of Great Britain?
What day is it today?

Im Hinblick auf die beiden Grundtypen der Fragestellung wird folgende Hypothese aufgestellt:

Offene Lehrerfragen bewirken eine größere Äußerungsmenge der Schülerantworten als geschlossene Lehrerfragen.

3.1.2. Untersuchungsmethode zu Hypothese I

30 Englischstunden wurden in den Jahren 1972-1974 in 12 Gesamtschulen in Nordrhein-Westfalen auf Tonband mitgeschnitten und in Schriftform übertragen. Sechs Stunden fielen auf das 5. Schuljahr, je acht auf das 6. und 7. Schuljahr, zwei auf das 8., vier auf das 9. und zwei auf das 10. Schuljahr.[1]

Die Lehrerfragen und Schülerantworten jeder Unterrichtsstunde wurden gekennzeichnet und gezählt. Bei den Lehrerfragen wurden die offenen und geschlossenen unterschieden. Die Antworten der Schüler auf offene und geschlossene Fragen wurden hinsichtlich ihres Umfangs, ausgedrückt durch die Anzahl der Silben, erfaßt und ausgewertet. Die Silbenzählung wurde angewandt, weil die Silbe eine Minimaleinheit des Sprechens ist und in enger Verbindung zum Atemrhythmus steht. (Vgl. das Problem der Silbe als Auswertungseinheit bei Fodor u.a. 1974). Die Tabelle für Lehrerfragen und Schülerantworten im statistischen Anhang gibt einen Überblick über den Umfang der Antworten auf den offenen und geschlossenen Fragetyp.

Die Zusammenhänge zwischen verschiedenen Variablen wurden festgestellt, und zwar zwischen

a) Lehrerfrage und Silbenanzahl der Schülerantworten

b) Lehrerfrage und Anzahl der ganzen Sätze der Schülerantworten

c) Lehrerfrage und Anzahl der Satzteile der Schülerantworten.

Diese drei Zusammenhänge führten zu drei Hypothesen, die einzeln getestet wurden und Schlußfolgerungen zur Nullhypothese ergaben.

Die Nullhypothese wird im Sinne einer Zufallserwartung formuliert und anschließend mit den erhobenen Daten in einem statistischen Test gegen die Zufallserwartung abgetestet. Der Signifikanztest entscheidet über Annahme oder Ablehnung der Nullhypothese.[2]

Die Nullhypothese besagt:

"Offene Lehrerfragen bewirken keine größere Äußerungsmenge der Schülerantworten als geschlossene Fragen."

Diese Nullhypothese wird unterteilt in:

H_{OA} = Der Fragetyp 'offen' entscheidet nicht über die Anzahl der Silben in den Schülerantworten.

H_{OB} = Der Fragetyp entscheidet nicht über die Anzahl der ganzen Sätze in den Schülerantworten.

H_{OC} = Der Fragetyp entscheidet nicht über die Anzahl der Satzteile in den Schülerantworten.

Das statistische Rechenverfahren, das aus Platzgründen nicht abgedruckt werden kann, ergibt, daß H_{OA} und H_{OB} verworfen werden, während H_{OC} beibehalten werden muß. Die Ablehnung der Nullhypothese H_{OA} zeigt, daß die Falsifizierung der Hypothese I nicht gelungen ist und infolgedessen die oben formulierte Hypothese über die umfangreicheren Schülerantworten (gemessen in Silben) bei offener Fragestellung weiterhin Geltung beanspruchen kann.

3.1.3. Hypothese II

Die Klassifizierung der Lehrerfragen in dem Verfahren zur Hypothese I zeigt eine bestimmte Tendenz im Frageverhalten des Lehrers. Es fällt auf, daß der Lehrer, nachdem er eine geschlossene oder offene Frage gestellt hat, bei der nächsten Fragestellung den gleichen Fragetyp bevorzugt. Eine Skizze soll diese Tendenz illustrieren.

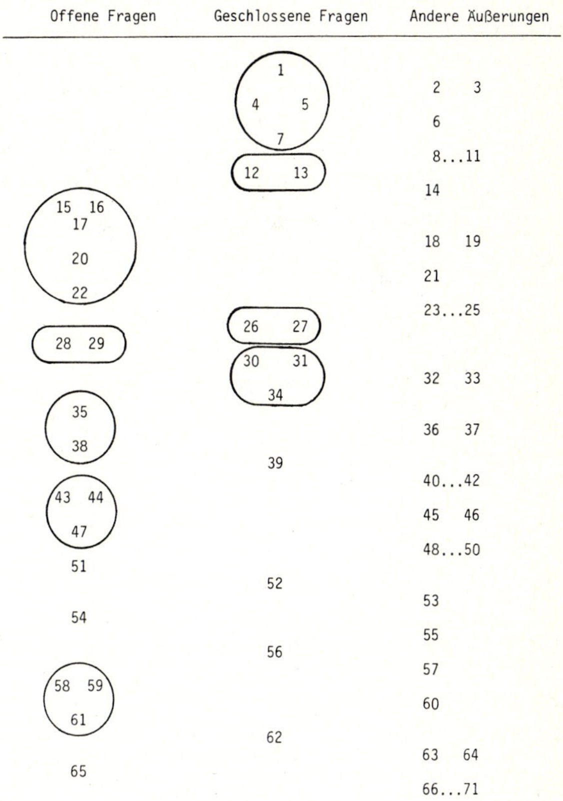

Beispielskizze: Stundendokumentation Nr. 14

Die Ziffern geben die Nummern der Lehreräußerung an. So z.B. ist die Lehreräußerung Nr. 15 eine offene Frage (linke Spalte), die Lehreräußerung Nr. 26 eine geschlossene Frage (mittlere Spalte). Es ist ersichtlich, daß der Lehrer eine offene oder geschlossene Frage nicht ohne weiteres isoliert stellt, sondern häufig weitere Fragen des gleichen Typs folgen läßt. Es zeigt sich, daß die Fragen eines bestimmten Typs gehäuft auftreten.

Folgende Hypothese läßt sich daraus ableiten:

Die Fragetypen "offen" und "geschlossen" erscheinen gehäuft und bilden typenbezogene Frageblöcke.

Der Frageblock wird folgendermaßen definiert: Ein Frageblock ist eine Gruppe von zwei oder mehr Fragen gleichen Typs, die direkt aufeinander folgen oder von nur einem Aussagesatz, höchstens von zwei Aussagesätzen, unterbrochen werden.

3.1.4. Untersuchungsmethode zur Hypothese II

Mit Hilfe der Definition von Frageblock werden die Blöcke der offenen und geschlossenen Fragen für jede der dreißig Unterrichtsstunden gezählt.

Zahl der Frageblöcke des offenen Typs				Zahl der Frageblöcke des geschlossenen Typs			
D	Z_o	D	Z_o	D	Z_g	D	Z_g
1	5	16	4	1	0	16	1
2	3	17	8	2	1	17	2
3	3	18	3	3	6	18	1
4	4	19	10	4	5	19	2
5	9	20	9	5	9	20	0
6	2	21	4	6	1	21	8
7	0	22	2	7	0	22	4
8	0	23	10	8	0	23	6
9	2	24	11	9	0	24	3
10	3	25	4	10	0	25	0
11	3	26	6	11	3	26	0
12	4	27	2	12	4	27	2
13	5	28	7	13	0	28	0
14	11	29	1	14	9	29	2
15	6	30	7	15	3	30	4

(D = Nummer der Stundendokumentation
Z_o = Zahl der Frageblöcke des offenen Typs
Z_g = Zahl der Frageblöcke des geschlossenen Typs)

Zur Durchführung des Signifikanztests und zum Annehmen oder Verwerfen der Nullhypothese wird diese in zwei Hypothesen unterteilt. Folgende Nullhypothesen werden abgetestet:

H_{OX} = "Offene Fragen erscheinen nicht in Blöcken, sondern treten rein zufällig in diesem Typ auf."

H_{OY} = "Geschlossene Fragen erscheinen nicht in Blöcken, sondern treten rein zufällig in diesem Typ auf."

Das Rechenverfahren ergibt, daß die beiden Nullhypothesen beibehalten werden müssen. Somit ist die in der Dokumentation Nr. 14 auftretende Bildung von offenen und geschlossenen Frageblöcken zufällig und kann nicht als typische Erscheinung des Frageverhaltens nachgewiesen werden.

3.2. Zusammenfassende Auswertung

Die ausgewerteten 30 Unterrichtsstunden bestehen insgesamt aus 5.185 Lehreräußerungen und 5.755 Schüleräußerungen. Der Lehrer besitzt also ca. 50% der Sprechanteile.

Im Hinblick auf den Zusammenhang zwischen der Häufigkeit der Lehrerfrage und dem Alter der Schüler stellt sich heraus, daß in der untersten Jahrgangsstufe die wenigsten und in der obersten Jahrgangsstufe die meisten Fragen gestellt werden. Die folgende Tabelle zeigt den durchschnittlichen Anteil der Lehrerfragen pro Unterrichtsstunde:

Schuljahr	5	6	7	8	9	10
Fragen	25	33	48	52	51	58

Die Lehrerfragen in dem 30-Stunden-Korpus bestehen aus einem Drittel offener Fragen und zwei Dritteln geschlossener Fragen mit ungefähr 10% Grenzfällen.

Die Auswirkung der offenen und geschlossenen Fragen auf die Schüleräußerungen zeigt, daß die Schüleräußerungen bei offenen Fragen zweimal so lang sind wie bei geschlossenen.

Es fällt auf, daß die Schüler auf offene Fragen eher in strukturierten Sätzen antworten als auf geschlossene Fragen. Bei geschlossenen Fragen liefern die Schüler oft nur ein Stichwort oder einen Satzteil. Die offenen Fragen führen die Schüler zum selbständigen Sprechen und bieten ihnen einen größeren Äußerungsspielraum als geschlossene Fragen.

Des weiteren zeigt die Auswertung, daß mit wachsender fremdsprachlicher Kompetenz der Lernenden die Länge der Antworten zunimmt, wenn die Antworten auf offene Fragen hin erfolgen. Bei geschlossenen Fragen jedoch bleibt der Umfang der Antworten ohne nennenswerten Zuwachs im Verlauf der Kursprogression.

Obgleich die Lehrerfragen häufig Gruppen des Typs "offen" oder "geschlossen" bilden, konnte eine empirische Überprüfung nicht zwingend beweisen, daß die Lehrerfragen in zusammenhängenden Gruppen des Typs "offen" oder "geschlossen" in Erscheinung treten und somit systematisch typbezogen sind.

4. Empfehlungen zur Lehrerfrage im Fremdsprachenunterricht

Unter der Leitlinie, daß Lehrerfragen für die Schüler Bedeutung besitzen müssen und den Lernprozeß dann fördern, wenn Bedürfnisse der Lernenden mit den Sachansprüchen der Aufgaben in Verbindung gebracht werden, sollen folgende fünf Empfehlungen im Sinne der schülerorientierten Unterrichtsführung formuliert werden:[3]

(1) Wenn die Frage als Impuls und Denkanstoß erscheint, gewinnt sie an Breite und Offenheit und wird eine größere Denk- und Sprechtätigkeit der Lernenden bewirken.

(2) Wenn Fragen vermehrt auf Arbeitstätigkeit und Initiierung von Handlungen abheben, rufen sie eine größere Beteiligung der Schüler hervor und bauen langfristig wirksame Motivationskräfte auf. Nicht kurzschrittiges Abfragen ist entscheidend, sondern in größeren Schritten vollzogenes Anregungsverhalten des Lehrenden.

(3) Wenn die Fragen den persönlichen Erfahrungshorizont der Schüler einbeziehen, bewirken sie eine intensivere Reizung des Äußerungspotentials. Es kommt darauf an, die Lernenden bei ihren Interessen "abzuholen", sie anzuregen, ihre Einstellungen, Gefühle und persönlichen Gedanken zum Ausdruck zu bringen.

(4) Wenn die Lehrerfrage zur Schülerfrage führt und eine größere Fragetätigkeit auf der Seite der Lernenden bewirkt, ergibt sich eine unmittelbar funktionale Verwendung der Fremdsprache. Die Schüler werden zu Fragenden und wollen etwas wissen, auf das sie durch den Unterricht hingeführt werden sollen. Aus den Fragen zu einem Lehrbuch- oder Lektüretext werden Fragen eines persönlich geführten Gesprächs in richtig verstandener "symmetrischer Kommunikation" (Watzlawick u.a., 1974). Der Unterricht kann als Frageaktivität der Schüler gestaltet werden. Verfahren eines solchen Interview-Unterrichts sind von Sonka (1977) beschrieben worden.

(5) Wenn der Lehrer mehr offene als geschlossene Fragen stellt, vermehrt sich die Sprechtätigkeit der Schüler. Zwar können offene Fragen, besonders im Anfangsunterricht, die Zahl der Fehler steigern, so daß sie stets im Hinblick auf die sprachliche Leistungsfähigkeit der Schüler abgestuft werden müssen. Im Hinblick auf das Ziel, die Schüler frei und selbsttätig sprechen zu lassen und die Lehrersprechanteile zu reduzieren, muß die Empfehlung auf häufige Verwendung der offenen Frage ausgesprochen werden, und das umso nachdrücklicher, je mehr es um die Verwirklichung des Lernziels des kommunikativen Sprachgebrauchs geht.

5. Statistischer Anhang

Tabelle für Lehrerfragen und Schülerantworten (Erläuterungen zu V im Anschluß an die Tabelle)

D	V 1	V 2	V 3	V 4	V 5	V 6	V 7	V 8	V 9	V 10	V 11	V 12
1 (6)	173	211	50	2	48	0	10	1	1	253	28	23
2 (6)	158	168	23	6	17	0	41	4	3	94	8	8
3 (5)	157	167	41	23	18	0	59	18	6	30	5	8
4 (5)	207	260	53	24	29	0	160	20	4	162	24	5
5(10)	134	131	72	37	33	2	365	27	39	154	7	26
6 (6)	84	103	16	7	9	0	71	6	6	24	3	6
7 (5)	134	164	4	1	1	2	8	1	0	5	1	0
8 (5)	191	196	3	0	2	1	0	0	0	12	0	3
9 (5)	246	284	25	2	23	0	16	2	0	98	12	13
10 (7)	68	42	30	1	29	0	4	0	1	53	4	19
11 (6)	221	209	54	13	12	29	66	6	7	45	10	0
12 (6)	177	138	46	14	32	0	107	11	9	162	21	26
13 (6)	204	276	19	1	18	0	13	1	2	91	14	12
14 (7)	146	148	67	33	34	0	205	21	25	145	8	32
15 (7)	251	381	41	12	26	3	75	7	9	103	15	30
16 (7)	167	255	70	5	35	30	26	4	1	160	29	10
17(10)	125	158	45	9	31	5	73	9	3	136	6	27
18 (7)	223	252	27	14	12	1	72	11	6	78	11	6
19 (7)	225	233	58	11	43	4	85	11	3	180	25	18
20 (7)	138	157	54	0	41	13	0	0	0	139	8	36
21 (8)	207	223	62	24	22	16	220	21	8	82	5	19
22 (9)	258	174	42	25	10	7	336	21	28	40	1	9
23 (9)	206	221	75	27	43	5	400	22	53	245	11	52
24 (9)	197	282	67	15	42	10	152	4	21	172	12	28
25 (5)	185	196	28	0	26	2	0	0	0	107	5	24
26 (6)	132	105	34	3	28	3	20	3	0	101	12	7
27 (6)	149	168	28	10	8	10	57	8	2	32	0	10
28 (7)	132	137	40	2	32	6	28	5	0	178	25	12
29 (9)	139	163	22	14	8	0	204	13	10	41	2	5
30 (8)	151	153	43	17	25	1	92	10	5	101	2	22

Erläuterungen der Bezeichnungen

D : Nummer der Stundendokumentation (Schuljahr in Klammern)

V1 : Zahl der Lehreräußerungen

V2 : Zahl der Schüleräußerungen

V3 : Zahl der Lehrerfragen

V4 : Zahl der offenen Lehrerfragen

V5 : Zahl der geschlossenen Lehrerfragen

V6 : Nicht kategorisierbare Lehrerfragen

Diese Fragen rufen keine Schülerreaktionen in Form einer Antwort, die analysiert werden könnte, hervor. Sie werden zwar zahlenmäßig erfaßt, jedoch nicht in die Untersuchung einbezogen.

Hierzu gehören u.a. auch:

- Schülerfragen, die der Lehrer wiederholt oder korrigiert;

- Fragen, auf die der Lehrer sofort selbst antwortet.

V7 : Zahl der Silben der Schülerantworten auf die offenen Fragen

V8 : Zahl der ganzen Sätze der Schülerantworten auf die offenen Fragen

V9 : Zahl der Satzteile der Schülerantworten auf die offenen Fragen

V10: Zahl der Silben der Schülerantworten auf die geschlossenen Fragen

V11: Zahl der ganzen Sätze der Schülerantworten auf die geschlossenen Fragen

V12: Zahl der Satzteile der Schülerantworten auf die geschlossenen Fragen

Michael Schratz

4.4.4. Fremdsprachenunterricht als Identitätsstütze

1. WOLLEN oder SOLLEN: Ein Annäherungsversuch
Interesse und Motivation als Ausgangspunkt fremdsprachendidaktischer Überlegungen

"Bei der Grammatik ..., sagen wir so, ich verstehe was nicht. Ich frag ' nicht gleich oder ich komme nicht gleich dran, und das geht weiter ... und ich verstehe was nicht. Nachher habe ich überhaupt keine Lust mehr das zu machen, sondern habe das Buch vor mir, schaue hinein, habe nicht einmal eine Ahnung von dem. Weil ich genau weiß, das kapiere ich nicht, ich kann es nicht einmal probieren ..."

(14-jähriger Hauptschüler über seinen Englischunterricht)

Daß Fremdsprachenunterricht motivierend und abwechslungsreich gestaltet werden soll, ist eine triviale Feststellung. Daß dem in der Schulpraxis durchaus nicht immer so ist, macht vorangestellte Schüleräußerung (übrigens: beispielgebend für viele) deutlich. Dahinter stecken aber mehr als nur Fragen zu Motivation und Interesse; nämlich Hinweise auf ein Verständnis von Fachdidaktik, das den Schüler nur soweit ernst nimmt, als er in das dahinterstehende didaktische Konzept paßt. Darüberhinaus liegt jeder Beschäftigung mit Fremdsprachendidaktik explizit oder implizit eine bestimmte Definition von Sprache zugrunde.

Diese Überlegungen bilden den Ausgangspunkt einer mehrjährigen Forschungsarbeit, die sich um Kommunikationsprobleme sog. schwer motivierbarer Schüler im Fremdsprachenunterricht angenommen hat. Dazu sind über hundert mehr oder weniger relevante Titel zur Motivationspsychologie und Fremdsprachendidaktik an- oder durchgelesen worden, aber alle gegenstandsorientierten Ansätze genügten als Basis für unsere Arbeit nicht. Sehr oft wurden von uns in diesem Zusammenhang Sprachhandlungskonzepte in realen Fremdsprachensituationen anhand übergeordneter pädagogischer Kriterien untersucht, und wir haben darauf Rücksicht genommen, "daß die Lernziele eine eindeutige Priorität auf Inhalte, Themen und Kommunikationssituationen legen, in denen die Schüler primär (in der Unterrichtssituation) und sekundär (simuliert in Vorwegnahme oder Nachgestaltung von Lebenssituationen außerhalb der Schule) stets als sie

selbst fremdsprachlich handeln sollen" (Edelhoff 1981, 17).
Diese Erkenntnisse haben uns in Einzelbereichen zu fruchtbaren Denkprozessen angeregt, sie haben Einsichten erleichtert, sie haben geholfen, Zusammenhänge zu verstehen. Theoretische Erkenntnisse haben uns oft die Beobachtung, die wir an Schülern gemacht haben, bestätigt, sie haben uns da und dort einen neuen Blickwinkel für unsere Beobachtungen eröffnet. Aber weder ein theoretisches Modell von kommunikativem Englischunterricht allein, noch mehrere Modelle gemeinsam, ermöglichten ein Theorie-Praxis-Verhältnis, auf dem wir unsere Arbeit hätten aufbauen können. Wir sind daher von der Frage ausgegangen, was Kinder mit einer bestimmten Lebensgeschichte in einer bestimmten sozialen Situation an Erfahrungen mit der Fremdsprache in einem kommunikativen Englischunterricht überhaupt mitbringen. In erster Linie sind es daher die Kommunikationsphasen in der Klasse, die hier interessieren, nicht so sehr die Produkte. Letztere haben uns ohnehin lange - nicht zuletzt durch den schulischen Leistungsdruck - den Blick für die Schülerbedürfnisse und deren motivationale und reale Befriedigung versperrt. In der bisherigen Auseinandersetzung mit diesem Problem sind wir folgenden Fragestellungen und Zielsetzungen gefolgt:

Hypothesen bisheriger kommunikativer Fremdsprachendidaktik(en) zum Thema Motivation und Einstellung sollen überprüft und kontrolliert werden. Sie betreffen Fragen wie: Was ist eigentlich ein Motiv? Wodurch werden Schüler und Klassen im Fremdsprachenunterricht motiviert? Wie hängen Motive mit sozialisationsbedingten Prägungen und lebensgeschichtlichen Fixierungen zusammen? Wo kann nicht motiviert werden? Usw.

Darüber hinaus haben wir auch ständig an die praktische Umsetzung und Anwendung unserer Erfahrung und Gedanken gedacht, ohne das Praxisfeld durch ein distanzschaffendes Forschungsinstrumentar 'klassischer' Empirie von unserem handlungsleitenden Interesse zu entfremden. Hypothesenbestätigung erfolgt daher nur durch die aktive Beteiligung der Betroffenen und nicht als eine bloße Festlegung durch die Lehrer- bzw. Forschergruppe.

Bevor ich im Anschluß an diese Vorüberlegungen auf die individuellen Voraussetzungen im Bereich Motivation und Einstellung im Fremdsprachenunterricht selbst eingehe, sei noch kurz die Strukturierung dieses Beitrags selbst skizziert.

Inhaltsskizze

Im ersten Teil soll - unter Berücksichtigung der bereits angestellten Vorüberlegungen - die Situation bisheriger (Nicht-)Berücksichtigung des lernenden Individuums unter Zuhilfenahme motivationspsychologischer Kategorien in der Fremdsprachendidaktik beschrieben werden. Dabei ist sowohl auf die Beziehung zwischen Lehr- und Lernverhalten als auch auf das organisatorische Umfeld fremdsprachlicher Vermittlung einzugehen. Dieser Teil schließt mit der Feststellung, daß auch im kommunikativen Fremdsprachenunterricht noch durchweg subjektive Erfahrungen ausgeklammert und notwendige übergeordnete Ziele dadurch 'heimlich' unterlaufen werden. Anhand von Praxisbeispielen wird im folgenden Teil die notwendige Verknüpfung motivationaler Überlegungen mit der Mikrostruktur von Sprachleistungen im Fremdsprachenunterricht abgeleitet, für die ein Theorie-Modell entwickelt und vorgestellt wird. Ein daraus abgeleitetes Unterrichtsmodell bildet in der Skizzierung fremdsprachlicher Interaktion die Grundlage für eine ausführliche Beschreibung individueller Voraussetzungen im Bereich Motivation und Einstellung auf interaktionistischen Überlegungen. Dieser Teil schließt mit der These, daß strukturelle Bedingungen der Unterrichtssituation über die Konstruktion 'geheimer Lehrstrategien' nicht selten motivationsfeindliche Elemente enthalten. Dieser These wird im folgenden Teil als Antithese gegenübergestellt, daß Sprachenlernen bzw. die Motivation dazu allemal mit dem Konzept des eigenen Ich zu tun hat - nicht nur das Erlernen der eigenen, sondern auch das Erlernen der fremden Sprache. Dabei geht es mir vor allem um einen interaktionistischen Standpunkt, für den Sprach- und Handlungsfähigkeit die Voraussetzung von Identitätsbildung sind. Denn der Schüler fügt sich - wie als Heranwachsender in der Muttersprache - durch die Aneignung (fremdsprachlich-)symbolischer Vermittlungsformen in ein soziales System ein. Die Berücksichtigung der lebensgeschichtlichen Bedeutung des Fremdsprachenlernens enthält eine Menge von Lernpotentialen, die es zu aktivieren gilt, wenn Motivations- und damit Lernchancen nicht unnötig vergeben werden sollen.

Allerdings - und hier setzt der Ausblick meines Beitrages an - besteht nur dann Optimismus in bezug auf das Zustandekommen eines identitätsorientierten Fremdsprachenunterrichts, wenn die Unterrichtsorganisation mit entsprechenden Materialien dem notwendigen Handlungsaspekt fremdsprachlicher Lernprozesse Rechnung tragen und der Lehrer bereit ist, herkömmliche 'heimliche' Unterrichtsstrategien aufzudecken. Indentitätsorientierter Fremdsprachenunterricht könnte dann ein durchaus notwendiges und wichtiges Korrektiv bisheriger Vernachlässigungen im Bereich des lernenden Individuums darstellen.

2. Weg oder Irrweg fremdsprachlicher Kommunikation? Handeln, Lernen, Steuern, Bewerten als Manipulationsmomente kommunikativen Fremdsprachenunterrichts

Zeitgemäße Ansätze in der Fachdidaktik des Fremdsprachenunterrichts setzen durchweg den Schüler als Ausgangspunkt methodischer Maßnahmen in das Zentrum planerischer Überlegungen; darüber herrscht gemeinhin einhellige Zustimmung. Dazu hat nicht nur die Curriculumeuphorie des letzten Jahrzehnts mit der Ausrichtung von Unterrichtszielen nach den (künftigen) Verwendungssituationen aus dem privaten und öffentlichen Leben des Schülers beigetragen, sondern auch die × unter Didaktikern und Lehrern übliche Annahme einer (fast) beliebigen Manipulierbarkeit des Lerners. Das 'offene' Curriculum als pädagogische Antwort auf die Verordnung von Ziel- und Inhaltsentscheidungen durch sog. Experten (vgl. Garlichs u.a. 1974), in dem Lehrer wie Schüler Entscheidungsfreiräume für die konkrete unterrichtliche Situation vorfinden und Prozeßerfahrungen im Mittelpunkt stehen sollen, hat in fremdsprachendidaktischen Lehrwerken noch wenig Echo gefunden (vgl. Piepho 1979a) und läßt sich in der Schulwirklichkeit des Fremdsprachenunterrichts eher selten registrieren.

Die Entwicklung der kommunikativen Fremdsprachendidaktik strebte allerdings danach, subjektive und situative Belange miteinander zu vereinbaren, nicht aber Selbsttätigkeit des Schülers zu standardisieren. Sie ist danach mehr als die Summe methodisch-didaktischer und sozial-regulierender Techniken, über die ein Lehrer, eine Schule verfügen. Auch nicht die Folge gewisser Inhalte, die fast automatisch so etwas hervorrufen. Nämlich dann, wenn der Schüler

× geht nur, wenn man Schüleridentität außer Acht läßt. Schratz ist dagegen.

selbst in seinen Erfolgen und Mißerfolgen im Leben, seinen Fortschritten und Hemmungen, seinen Hoffnungen und Ängsten für den Lehrplankonstrukteur und Didaktiker fast völlig verschlossen bleibt.
Eine Fremdsprachendidaktik, die ihren sozialpsychologisch begründeten Ansprüchen gerecht werden und sich biographischen Schülermerkmalen nicht verschließen will, verlangt Aufmerksamkeit für die individuelle Ausprägung von Sprache in spezifischen Sprechsituationen. Die Vernachlässigung solcher Situationen (oder des Lebenskontextes der Schüler) "hängt mit dem erklärten Ziel zusammen, den Erwerb der Grammatik - also eines von den spezifischen Anwendungsbedingungen unabhängigen Regelsystems - zu untersuchen" (Käsermann 1980,16). Sie würde sich der jeweils wirksamen gesellschaftlichen, organisatiorischen, sozialen und personalen Spannungsmomente beschneiden, die j e d e n Vermittlungsprozeß prägen. Dennoch werden pädagogische Theorien selten am Lehren und Lernen einer Fremdsprache exemplifiziert - vielleicht weil sie als Anlaß zur Menschenbildung von unterrichtspraktischer bis zu bildungspolitischen Ansprüchen[1] außerordentlich vielseitige Anforderungen an die Erziehungswissenschaftler stellen, die hier womöglich selten den Mut aufbringen, "ihre Ideen dem Test der Praxis durch persönlichen Einsatz zu unterwerfen" (von Hentig 1979,248). Umso mehr bleibt für den Fremdsprachenlehrer ein Rest von individuellen Eigenschaften und Bedingungen auf Seiten des Schülers, die in den allgemeinen Aussagen der Motivationsforschung nicht vorkamen. Diese I n d i v i d u a l l a g e, wie sie sich im Unterricht als sozialer Lehr- und Lernsituation äußert, bildet in der Praxis den Ausgangspunkt für die Organisation des Fremdsprachenunterrichts, läßt sich aber kaum befriedigend abgrenzen oder gar klären.
Zu unscharf erscheint ohnehin der Begriff der Motivation. "Er läßt nämlich bezeichnenderweise in der Schwebe, ob es sich bei dem Ausdruck 'die Motivation des Lernenden' um einen subjektiven oder um einen objektiven Genitiv handelt, das heißt, ob der Lernende die Motivation von sich aus in den Unterricht einbringt oder ob er mühsam motiviert werden muß." (Weinrich 1981,176) Erstere Bedeutung scheint in der Didaktik von der letztgenannten lange Zeit vernachlässigt worden zu sein. Die Folgen der Vernachlässigung dieser Bereiche zeigen sich besonders deutlich, wenn der Fremdsprachenunterricht, wie häufig feststellbar, von einer beliebigen

und als folgenlos angenommenen Manipulierbarkeit von Schüleridentität ausgeht. Daher läßt sich für das von uns beobachtete Schülerverhalten ein hypothetisches Konstrukt als Arbeitsbegriff am besten handhaben, das alle "Vorgänge und Zustände, die auch als Affekt, Antrieb, Bedürfnis, Drang, Gefühle, Interessen, Trieb usw. beschrieben werden, sowie bewußte Vorgänge, die man zur Erklärung oder zum Verstehen des Verhaltens einführt und von denen man annimmt, daß ihnen eine entsprechende Funktion zukommt"(Drever; Fröhlich 1970, 1979).

Trieb und Affekt als innere Faktoren (fremd)sprachlicher Äußerungsbedürfnisse

Diese vielfältige Bündelung von Handlungsauslösern läßt die Zweifelhaftigkeit eines Motivationsmodells als Ausgangspunkt didaktischer Überlegungen erkennen, um Langeweile und deren Folgen im Sprachunterricht zu verhindern. Nicht ohne Grund sprechen Vertreter der Psychoanalyse von ihr als einer chronischen Libidostauung, die sich als Spannung bemerkbar macht, während das Triebziel verdrängt ist (vgl. Fenichel 1974). Weinrich (1981) beschreibt einfühlsam den Einfluß dieser Verdrängung auf den Fremdsprachenunterricht, indem er die Erfindungen der Linguisten in den letzten Jahren aufzeigt, die ein fremdsprachliches Lernerverhalten steuern sollten. Daß sie bislang zu unhinterfragten Steuerungswerkzeugen für den Lehrer wurden, liegt nicht nur an einer vorbehaltlosen, aber durchaus verständlichen Lehrbuchabhängigkeit, sondern auch einer dem förderlichen Lehrerbildung. Dennoch gibt es natürlich in diesem Zusammenhang, und das hat unsere Projektarbeit im Kontext einer kooperativen Lehrerfortbildung gezeigt (vgl. Pädagogisches Institut Tirol 1981), nicht nur selbstgesetzte und akzeptierte Grenzen von Motivation und Motivierbarkeit, sondern auch solche, die wir akzeptieren, in den weiteren Überlegungen vielleicht sogar berücksichtigen müssen (etwa biologische, kulturelle, geschichtliche, gesellschaftliche u.a.m.).

Unbefriedigt aber bleiben dabei Antworten auf die grundlegende Frage nach der unterrichtlichen Motivierbarkeit der Schüler überhaupt. Es fehlt dazu eine 'umfassende' Theorie der Lernmotivation und des Lernverhaltens. Vorhanden sind wohl Ansätze behavioristischer Prägung, Motivationskonzepte, sozialpsychologische Ansätze, sozialisationstheoretische Dimensionierungen und Ansätze der Curriculumtheorie, nicht aber f r e m d s p r a c h e nspezifische Verwirklichungsversuche einer Integration der von den verschiedenen Forschungsrichtungen ausgehenden Bemühungen. Sie wird auch (derzeit) nicht zu leisten sein und kann hier nicht erfolgen. Vielmehr soll hier der Versuch unternommen werden, hinter die Oberflächensymptome von Äußerungsformen im Fremdsprachenunterricht vorzustoßen, tieferzugehen in der individuellen Ausprägung von Sprache in Kommunikationssituationen. 'Tiefergehen' heißt hier, über das Pauschalurteil der Lernunwilligkeit und Faulheit hinaus Möglichkeiten aufzuzeigen, die Formen, Bedingungen, Funktionen und Folgen des Symbolgebrauchs in der Fremdsprache zum Gegenstand des Lernens zu machen. Die Vernachlässigung eines solchen, interaktionistischen Verständnisses - und das wirkt sich vor allem in untergeordneten Leistungsgruppierungen aus - führt nicht nur zu oft erschreckend geringen Fremdsprachenleistungen, sondern äußert sich in letzter Zeit öfter in Form von 'abweichendem' Schülerverhalten. Aggressivität (gegenüber Mitschülern), Resignation (Apathie und Passivität) und Regression (Verspieltheit, Flucht in außerschulische Interessen) sind meist die Folgen, die als Verhaltensweisen beim Schüler oft als mangelnde Motivation und fehlende positive Einstellung interpretiert werden. Sie können im Fremdsprachenunterricht aber letztlich nur als Konsequenzen einer Didaktik verstanden werden, deren Erkenntnisinteresse nicht in der Berücksichtigung von Kommunikationssituationen unter biographischen und sozialen Bedingungen liegt.

Erwartungshaltungen und Wertstrukturen als externe Bestimmungsstücke für fremdsprachliche Handlungsfähigkeit

Motivationale Fragen nehmen daher im Fremdsprachenunterricht eine zentrale Rolle ein, denn ohne adäquate Lernbereitschaft wird der Schüler nicht zum kompetenten L2-Sprecher. Mir geht es beim Darstellen des Problems eines lernenden Individuums, seiner Lernbereitschaft, seinen biographischen Dispositionen und seinen Attitüden darum darzulegen, daß das einzelne Kind vor und neben dem Eintritt in fremdsprachliche (Vor-)Schulung vor allem von seelischen, wirtschaftlichen und kulturellen Zusammenhängen geprägt wird. Sie lassen sich in ihrer Allgemeinheit auch leicht dem wissenschaftlichen Zugriff öffnen und über Lehrbücher einem grammatisch, notional, funktional oder wie immer orientierten Fremdsprachenunterricht unterordnen, um, ganz global gesprochen, den Anforderungen der Gesellschaft an den Fremdsprachenunterricht gerecht zu werden:

- "Er (der Fremdsprachenunterricht; M.S.) muß die Entwicklung der Persönlichkeit des Schülers fördern;

- er muß den Schüler befähigen, politische Verantwortung zu tragen und das Gemeinwesen mitzugestalten;

- er muß einen Beitrag zur beruflichen Qualifikation des Schülers leisten." (Hess. Kultusminister 1980,11)

Wenn nun aber Lehrer bei Sozialwissenschaftlern nachfragen, wie diese anspruchsvollen - unbedingt aber gerechtfertigten - Ziele im Fremdsprachenunterricht erreicht werden könnten, erfahren sie, daß das Lernverhalten ihrer Schüler von einer Vielzahl von Bedingungen abhängt: "von Motivationsgefügen, überdauernden Wertstrukturen, Zielsetzungsstrategien, Attribuierungsmustern, dem Begabungsselbstbild und der subjektiven Erfolgswahrscheinlichkeit; es sei abhängig von der bisherigen Lebensgeschichte, die überwiegend eine Erfolgs- oder Mißerfolgsbilanz aufweisen könne, von Arbeitstechniken und dergleichen mehr" (Knörzer 1978,266).
Abgesehen von schulinternen und gesellschaftlichen Bedingungen ist diese Auskunft für den Englischlehrer nicht sehr ermutigend; sie überfordert ihn vielmehr. Hier können, insbesondere wenn man an die Vermittlung fremdsprachlicher Strukturen denkt, Lehrpläne und sozialwissenschaftliche Forschungen immer nur a l l g e m e i n e Vorschreibungen bzw. Erkenntnisse erbringen. Dennoch lassen sich im Rahmen interaktionaler Erwartungshaltungen des Lehrers und ihrer Realisierung im Lehrer-Schüler-Verhältnis bestimmte Verhaltensweisen ableiten, die den Lehrer im Fremdsprachenunterricht die genannten Bedingungen berücksichtigen lassen. Sie werden besonders aufgrund niedriger Erwartungen im Umgang mit schwer motivierbaren Schülern vom Lehrer oft nicht wahrgenommen, da sie insbesondere bei gegebenen Klassenschülerzahlen schwer kontrollierbar sind. Solche Verhaltensweisen sollten, wenn sie auftreten, dem Lehrer gezielt rückgemeldet

werden, denn sie produzieren geradezu die motivational gesteuerte Abwehr schulischer Leistungsanforderungen. Zu solchen Verhaltensweisen gehören nach Brophy und Good:

- "dem schwachen Schüler weniger Zeit zum Antowrten geben,

- mit schwachen Schülern in der Versagenssituation verweilen,

- unangemessenes Verhalten schwacher Schüler belohnen,

- schwache Schüler häufiger kritisieren als gute Schüler,

- schwache Schüler weniger häufig loben als gute Schüler,

- kein Feedback geben bei öffentlichen Antworten schwacher Schüler,

- schwachen Schülern weniger Aufmerksamkeit zukommen lassen,

- schwache Schüler weniger oft aufrufen,

- unterschiedliche Interaktionsmuster bei schwachen und guten Schülern (z. B. gute Schüler freundlicher ansprechen als schwache),

- schwache Schüler weiter vom Lehrer wegsetzen,

- von schwachen Schülern weniger fordern." (Masendorf 1979,48)

Aber auch die Berücksichtigung dieser Verhaltensweisen als kognitive Bestimmungsstücke einer motivationsfördernden Unterrichtshaltung kann nicht darüber hinwegtäuschen, daß Lernende in einem Vermittlungskonzept sprachlicher Funktionssysteme - seien es nun Grammatikbeispiele in der traditionellen Übersetzungsmethode oder funktionale Redewendungen im kommunikativen Fremdsprachenunterricht - zu Objekten, subjektive Erfahrungen ausgeklammert und dadurch übergeordnete Ziele wie Mündigkeit korrumpiert werden. Die Forderung nach spontanem fremdsprachlichem Verhalten des Lehrers in den ohnehin nicht gänzlich planbaren Unterrichtssituationen wiederstrebt oft dem Ansinnen, genannte Verhaltensweisen systematisch im Klassenverband wahrzunehmen. Solmecke warnt in diesem Zusammenhang anhand von symptomatischen Praxisbeispielen vor den Ernüchterungen eines einseitig gesteckten Lernziels mündlicher Kommunikationsfähig-

keit in der Fremdsprache, die das Mißverständnis deutlich machen, "das aus dem Bündnis von noch immer nicht ausgestorbenen Vorstellungen der traditionellen Grammatik-Übersetzungsmetholde mit Prinzipien und Prioritäten des kommunikativen Ansatzes und sprachlichen Defiziten des Lehrers entsteht" (Solmecke 1981,13).
Auch ich möchte im folgenden von konkreten Beispielen aus dem Englischunterricht in der Sekundarstufe I ausgehen, um diese Überlegungen im Kontext einer praktischen Auseinandersetzung mit motivationspsychologischen Grundvoraussetzungen einer kommunikativen Fremdsprachendidaktik weiterzuführen.

3. Verhaltenssteuerung vs. Persönlichkeitsorientierung: Kommunikationspotentiale im Spannungsfeld von Erfolg und Mißerfolg im Fremdsprachenunterricht

Die Englischlehrerin versucht zum wiederholten Mal die Besonderheiten der Past Tense im Gegensatz zum Gebrauch des Present Perfect anhand eines integrativen Unterrichtsmodells aus der kommunikativen Fremdsprachendidaktik zu erläutern. Ein Teil der Schüler beginnt sich zu unterhalten, darauf zu lärmen und kurz darauf sich aggressiv gegen andere Kinder zu verhalten. Was kann die Lehrerin tun? Diese Störung ignorieren, in der Hoffnung, daß sie sich von selbst wieder geben wird? Oder mehr freundlich als vorwurfsvoll die Schüler an die bevorstehende Klassenarbeit erinnern? Die Konsequenzen einer schlechten Note für das spätere Berufsleben aufzeigen? Oder ihnen ernsthaft ins Gewissen reden? Soll sie von neuem die im Overlaysystem ausgetüftelte Folie - Obstbaum ohne Blätter, mit denselben, zusätzlichen Blüten, Äpfel am Baum, Äpfel am Boden und weggetragen von einem Mädchen und Jungen - auflegen und nochmals im pairwork erarbeiten lassen? Soll sie die Schwierigkeit mit den slow learners allein ausmachen? Die Eltern beiziehen? Soll sie abwarten oder rasch konsequent reagieren, um eine weitere Eskalation zu verhindern?

Kein Didaktiker, auch nicht ein Motivationspsychologe, kann mit Sicherheit sagen, welches Verhalten in der speziellen Situation richtig ist. Forschungserkenntnisse geben hier Entscheidungshilfen, bleiben aber immer abstrahiert vom fremdsprachenspezifischen Handlungsfeld. Diese Feststellung scheint banal, hat aber für den Fremdsprachenunterricht aufgrund der Problematik mehrerer Sprachebenen, die den Unterrichtsablauf mitbestimmen, einen wichtigen Stellenwert. Zum einen muß hier ja die Sprache als Träger des Unterrichtsgeschehens, zum anderen aber auch als Unterrichtsgegenstand Berücksichtigung finden: "Sprachunterricht als Thema, als Problem und als

Leistung" (Nissen 1974,186).

Denken, Sprechen, Handeln als Orientierungspunkte identitätsorientierten Fremdsprachenlernens

Für den Schüler bedeutet diese dreidimensionale Verknüpfung von lernspezifischen Anforderungen im Fremdsprachenunterricht - neben den bislang bekannten äußeren und inneren Situations- und Persönlichkeitsvariablen aus der Pädagogischen Psychologie (vgl. etwa Leontjew 1973, Brunner 1974) - eine oft unterschätzte Tatsache. Sie ließ sich übrigens in unseren Versuchen auch erst durch Detailanalysen in der Auswertung von Unterrichtsaufzeichnungen (vgl. auch Black; Butzkamm 1977) nachweisen. Das Diagramm soll die dabei graphisch aufgelöste (und damit in ihrer Komplexität reduzierte) Mikrostruktur der Triade von D e n k e n, S p r e c h e n und H a n d e l n aufzeigen, welche das Lernverhalten der Schüler im Fremdsprachenunterricht entscheidend beeinflußt.

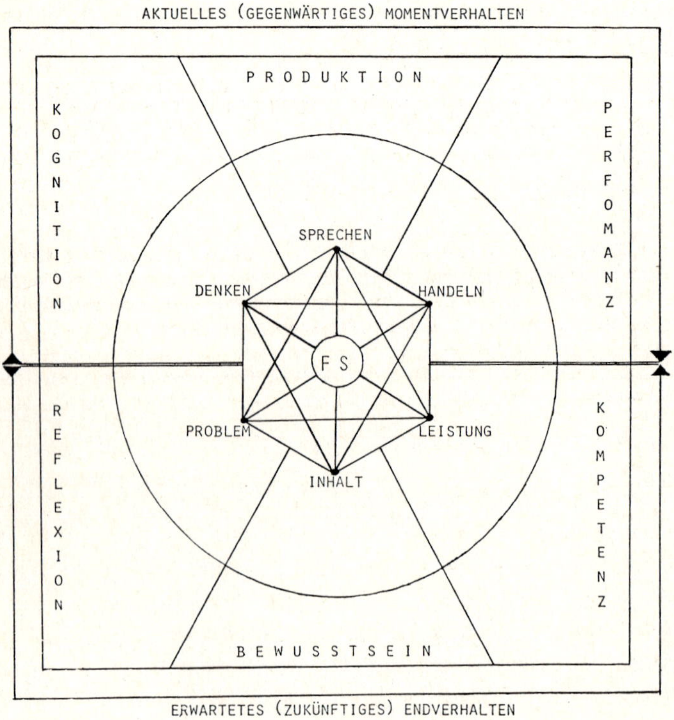

Daran läßt sich die Verwobenheit der Lernvariablen in ihrer fremdsprachlischen Determiniertheit erkennen. In der oberen Hälfte sind die drei Wirkungsbereiche (fremd)sprachlicher Handlungsweisen in ihrer Abstrahierung (Kognition, Produktion, Performanz) und Konkretisierung (Denken, Sprechen, Handeln) angeführt, wie sie sich in der Unterrichtssituation gewöhnlich äußern. Demgegenüber lassen sich die Erwartungen aus der Lehrersicht ablesen (Reflexion, Bewußtsein, Kompetenz bzw. Problem, Inhalt, Leistung), die als Vorgabe bzw. Input die Lehr-/Lernsituation im Fremdsprachenunterricht beeinflussen.

Diese modellhafte Vereinfachung im obigen Schema darf aber nicht auf jenen Bereich reduziert werden, der für die Ausprägung von Motivation und Interesse von Bedeutung ist. Dies entspricht nämlich der von uns in Beobachtungen festgestellten Tendenz der Lehrer, sinnliche Erfahrungen im Englischunterricht zu vermeiden und durch eine affektneutrale Distanz emotionale Konflikte gar nicht erst aufkommen zu lassen. Das wirkt sich aber, wie noch zu zeigen sein wird, sehr negativ auf die Lernattitüden und damit die Motivation der Schüler aus. Gerade das Lernpotential, das (Sprachlern-)Situationen emotionaler Betroffenheit gewöhnlich bergen, könnte als Korrektiv für die Nachteile traditioneller Fremdsprachenvermittlung nutzbar gemacht werden. Möglicherweise spielen hier solche Momente eine Rolle, die in der Werbepsychologie unter der Bezeichnung 'emotionale Konditionierung' bekannt geworden sind:

"So wird die Erinnerungsleistung einer Werbebotschaft dadurch gesteigert, wenn es gelingt, dem Emotionsgehalt der betreffenden Werbebotschaft zu erhöhen. Dies geschieht durch gleichzeitige Darbietung der Werbebotschaft mit Bildmotiven, denen (experimentell zuvor ermittelte) erhöhte Aktivierungsgrade zugeordnet können (zwischen Gedächtnisleistung und dem Grad der psychischen Aktivierung besteht ein unmittelbarer Zusammenhang). Es scheint die emotionale Aktivierung zu sein, die erreicht werden muß, um erkennbare Lernerfolge zu erzielen." (Masendorf 1979, 76)

Diese Gedanken gewinnen gerade im Unterricht mit schwer Motivierbaren an Bedeutung, da Schüler mit geringen kognitiven Interesse eher zum Resignieren neigen als mehr über Inhalte und Probleme erfahren zu wollen (vgl. Kossak 1977, 252). Umso mehr haben motivierende Maßnahmen im Fremdsprachenunterricht dort anzusetzen, wo noch konstruktive Überlegungen und Implikationen möglich sind, d.h.

in der engen Verzahnung mit der Ich-Identität des Individuums. Daneben ist die emotionale Seite des Fremdsprachenlernens angesprochen, um die Sprache als ein Mittel der affektiven Verstärkung zu erfahren. Die Fremdsprachendidaktik sollte für identitätsbedeutsame Szenen empfindlich werden, wenn sie die Schüler aufmerksamer und handlungsfähiger machen will.

Erfolg und Mißerfolg: Krücken motivierenden Fremdsprachenlernens?

Die Lehrerin im zitierten Beispiel hat aufgrund der empirischen Befunde aus der Unterrichtswissenschaft ein deutlicheres Bild von den Möglichkeiten, die ihr zur Verfügung stehen, etwa von Lob und Strafe und den zahlreichen Verwirklichungsmöglichkeiten im Fremdsprachenunterricht, sowie auch daraus wahrscheinlich resultierende Wirkungen. Nehmen wir nun an, sie entschließt sich aufgrund von Aussagen über den geringen Wert von Strafen und die größere Bedeutung der Hinwendung und des Lobes (vgl. Probst u.a. 1978), die 'Fremdsprachenverweigerer' aus dem Beispiel einige Tage lang zu beobachten und auf einen Augenblick kooperativen Verhaltens zu warten, um sie dann durch nachdrückliche Anerkennung - Well done! That's right! Splendid! Good gracious! Oh, I didn't know! Super! o.ä. - auf diese (interessenorientierte) Verhaltensweise festzulegen. Eine pädagogisch durchaus sinnvolle Maßnahme, denn meist lassen wir die Schüler ohne Kommentar gewähren, solange uns *ihr* Verhalten richtig erscheint. Der lautstarke Zwischenruf, etwas zu unterlassen oder sich anders zu verhalten, erfolgt dann meist zu spät - und wenn, in der Muttersprache.

Und trotz dieser lern- und motivationspsychologisch richtigen und wichtigen Intervention, bleibt es der Lehrerin nicht erspart,

- den einzelnen oder die Gruppe im Auge zu behalten, was bei der Größe einer Durchschnittsklasse und bei voller Konzentration auf die fremdsprachliche Unterrichtssituation kein leichtes Unternehmen ist;

- den richtigen Zeitpunkt auszuwählen, d.h. zu entscheiden, ob muttersprachliche Reaktionen, grammatikalisch unsaubere Antworten oder auch nur teilnehmende Gesten im nonverbalen Ausdruck als so kooperativ zu beurteilen sind, daß ein Lob auch sachlich

- einigermaßen begründet erscheint;

- das fremdsprachliche Lob in Worten, Tonfall und Gesten so zu formulieren, daß es bei den betroffenen Schülern ankommt. Hier spielen im Fremdsprachenunterricht vor allem Momente des (Sprach-) Registers, der Verständlichkeit und der Variation eine Rolle. Was nutzt die Vermittlung eines anerkennenden 'Gut gemacht!' als Vorgabe zur Aneignung von Kompetenzen des classroom discourse oder 'You have done this very well!' zur Imitation situationsgerechten Sprachverhaltens, auch wenn die Lehrerin damit offentsichtlich die adäquate Anwendung des Present Perfect exemplifizieren will.

Auf die Tatsache der daraus resultierenden Vereinheitlichung im fremdsprachlichen Verhalten zum Ausdruck von Lob und Bewunderung sei nur noch hingewiesen, sie wird aber hier nicht individualpsychologisch erläutert. Erwähnenswert sei allenfalls die Ausgangslage, daß jedes Kind aufgrund seines Alltagsverständnisses vielleicht eine andere Tonart bräuchte und diese Vorgehensweise bei kognitiv-impulsiven, nicht jedoch bei schwer motivierbaren Kindern, zum Erfolg führt. Wagner (1976) kommt deshalb zum Schluß, bei betreffenden Schülern die Hinwendung zur Verbesserung der Aufmerksamkeitsfunktionen mit großem dynamischen Engagement und stark nuanciertem mimischen und gestischen Ausdruck (sozusagen 'enthusiastisch') durchzuführen. Hier zeichnen sich bereits die pädagogischen Grenzen einer didaktischen Planung ab, die in ihrer Zielsetzung darauf hinausläuft, die Schüler zur autonomen und kompetenten Bewältigung von Lebenssituationen zu befähigen. Dann nämlich, wenn sich die inhaltlichen Aspekte der Ziele im Fremdsprachenunterricht an jenen Problemen orientieren, mit denen die Schüler in ihren inner- und außerschulischen Lebensbereichen konfrontiert werden. Erstere sind gewöhnlich muttersprachlich determiniert, letztere in einer fremdsprachlichen Zukunft plaziert, was sich im geschilderten Beispiel verdeutlicht, nicht zuletzt die Interessenslage der Schüler. Diese kognitive Dissonanz, die Unvereinbarkeit gegensätzlicher Motivationsimpulse, zeigt folgendes Beispiel, in dem der Lehrer im Englischunterricht näher auf die sozialen Bedürfnisse der Schüler eingeht.

Anhand von ausgeteilten Arbeitsblättern versuchen je zwei Schüler in Partnerarbeit darauf fehlende Informationen gegenseitig üder die erarbeiteten Redemittel (I have got - have you g o t?) nach situationsadäquaten Sprachfunktionen (a s k i n g f o r und g i v i n g i n f o r m a t i o n) zu erfragen. Vergleiche zur eigenen Lebenssituation werden gezogen, und bald entsteht in durchaus akzeptabler Geräuschentwicklung eine angeregte Auseinandersetzung unter den Partnern. Gefundenes wird abgehakt, Neues eingetragen und Überflüssiges ausgestrichen. Allerdings bleiben die englischen Sprachleistungen auf einfache Kollokationen beschränkt, während der Großteil des Partnergesprächs in der Muttersprache abläuft.

Obwohl die didaktische Lösungsskizze im Englischunterricht der Lehrerin (Beispiel 1) zur fremdsprachlichen Schüleräußerung motiviert, reicht sie - und da unterscheidet sie sich von einer bloßen behavioristischen Intervention - bestenfalls zur (sprachlichen) Äußerung beim Schüler, und zum entsprechenden Bewußtsein. Somit werden jeweils nur zwei Segmente im Kreisdiagramm (S. 250) betroffen, da der Schüler noch keine (aktive) Handlungsperformanz setzt und der Lehrer im Zuge der positiven Verstärkung die Leistungsansprüche senkt. "Bewußtsein ist bestenfalls zusätzliche, abhängige Variable, die bei der Veränderung von Verhalten (hier: das Sprachverhalten im Englischunterricht; M.S.) auch noch auftritt - nicht aber die entscheidende, unabhängige Variable, von der die zu erklärenden Verhaltensweisen, Handlungen etc. abhängen" (Groeben 1981,19).

Interaktionen als bewährender Erfahrungsraum fremdsprachlicher Äußerungen

Im zweiten Beispiel wird die simulierte Kommunikationssituation unter den gegebenen Lernbedingungen zur realen. Dabei hat sich der Lehrer in der Planung bemüht, die (Fremdsprachen-) Situation so anzulegen, "daß der Schüler möglichst als er selbst empfinden und agieren kann, d.h. daß das von ihm erwartete Sprachverhalten an Verhaltensweisen anknüpft, die ihm aus seinem Erfahrungsbereich vertraut sind, und/oder ein für ihn einsichtiges zukünftiges Verhalten vorbereitet" (Hess. Kultusminister 1980,35), wie es der aktuelle Rahmenlehrplan fordert. Hier handeln - gemäß graphischer Darstellunge - die Lernenden zwar und erreichen die Leistungsvorgabe des Lehrers, vernachlässigen aber die zentrale Dimension, nämlich die fremdsprachliche Äußerung: "Indem die Schüler ihre Interaktion in der Fremdsprache regeln, zielsprachlichen Texten Informationen entnehmen oder sich über Sachverhalte verständigen, wird die Brauchbarkeit der Fremdsprache als Instrument zum sozialen Handeln unmittelbar einsichtig: sie benutzen die Fremdsprache zu bestimmten Verständigungszwecken und nicht um bestimmte sprachliche Formen zu üben." (Hess. Kultusminister 1980, 34)

Motivationspsychologisch hat das fremdsprachliche Problem für sie durchaus einen Sinn, wird durch Denkleistungen gelöst und zielgerichtet im Handlungszusammenhang erörtert bzw. weiter entfaltet. Warum bleibt aber die als Problemlösungsmittel erwartete fremdsprachliche Leistung auf der Strecke? Eine Erfahrung übrigens, die zahlreiche Lehrer im Fremdsprachenunterricht - zumindest in der Anfangsphase - erleben, wenn sie versuchen, die Interaktionsformen in der Klasse zugunsten von Schülerkontakten zu verändern. Ich habe andernorts (vgl. Schratz 1980 und Puchta; Schratz in diesem Band) Unterrichtsmodelle bzw. -skizzen zur Integration fremdsprachlicher Fertigkeiten vorgestellt, die in ihrer thematischen und interaktionalen Orientierung durch die damit verbundene 'innere' Strukturierung eine Brücke zur Realisierung offener Sozialformen im Fremdsprachenunterricht schlagen sollen. Hier sehen die Schüler nicht nur den Sinn ihrer Handlung im Hier und Jetzt, sondern auch eine gewisse Geltung ihres fremdsprachlichen Verhaltens für den eigenen Lebensbereich. Von dieser Geltungsfrage ist natürlich jeder einzelne Schüler betroffen, was einen motivierenden Fremdsprachenunterricht allgemein so schwierig erscheinen läßt. Für die weitere Arbeit bedeutet dies, daß die Auseinandersetzung mit der eigenen Identität über den Fremdsprachengebrauch eine Reaktion darstellt, bei der das Ich divergierende Forderungen und Erfahrungen wahrzunehmen und prüfend in Beziehung zu setzen versucht, "denn das Antasten von Identitäten in neuen, fremden, irritierenden oder faszinierenden Beziehungen ist vielleicht die normale und alltägliche Provokation, etwas zu lernen" (Rumpf 1976, 165)

Die (Selbst-) Evaluation der Handlungsfähigkeit in beschriebenen Unterrichtsverfahren hat dabei deutlich gezeigt, daß Diskrepanzen im (Sprach-) Handlungsverlauf zur produktiven Diskussion über kontroverse Meinungen in der Zielfindung beitragen können, aber auch zusätzlich Licht auf die abgelaufenen Unterrichtsprozesse werfen und zur zusätzlichen Reflexion, (thematischen) Bewußtseinsbildung und (Sprach-)Handlungskompetenz anregen (vgl. dazu die Graphik auf S. 250). Die folgende Raffung der praktischen Durchführung soll den pragmatischen Nachvollzug dieser Gedankengänge ermöglichen.

Es geht um die praktische Verwirklichung eines arbeitsteiligen Verfahrens im Englischunterricht, für das der Lehrer zunächst den situativen Rahmen in Form einer gemeinsamen Hördarbietung (über die erwartete Ankunft eines Brieffreundes aus Deutschland in Großbritannien) setzt. Durch die Konfrontation mit einem zielsprachlichen Wirklichkeitsausschnitt soll die gesamte Situation ihrer Interpretation durch den Schüler zu einem bestimmten Denken, Fühlen und Handeln beitragen, mit dem er in der Gruppensituation durch das ähnliche Erleben der Mitschüler fremdsprachlich umgehen lernen muß. Durch die zielgerichtete Arbeitsweise erhält jeder einzelne Schüler die Möglichkeit der referentiellen Verarbeitung des Gehörten, über das er sich auch gruppenintern vergewissern kann, womit die inhaltlichen Vorgaben im sozialen Arrangement der Gruppe zur nötigen Eigendynamik des Unterrichtsprozesses beitragen. Der Schüler erhält als Arbeitsblatt eine (authentische) Orientierungsgrundlage, die ihm das Einordnen von Vorwissen aufgrund fremdsprachlicher Signale innerhalb eines Bedeutungszusammenhangs erleichtert und weiters als Folge für folgende Sprechanlässe dient.

Bei der Durchführung des skizzierten Unterrichtsmodells zeigt sich in den Schülereintragungen die durchwegs uneinheitliche Vorgangsweise beim Versuch, die Wohnungseinrichtung des englischen Brieffreunds im Grundriß einzuzeichnen:

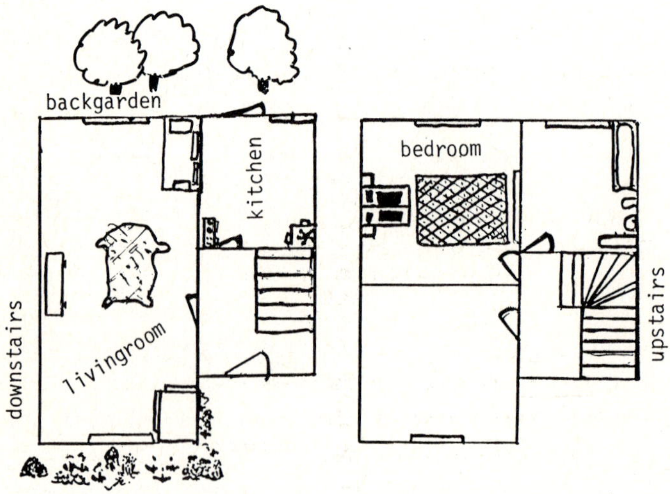

Kitchen / hall / living-room / windows?

bedrooms / bathroom / toilet?

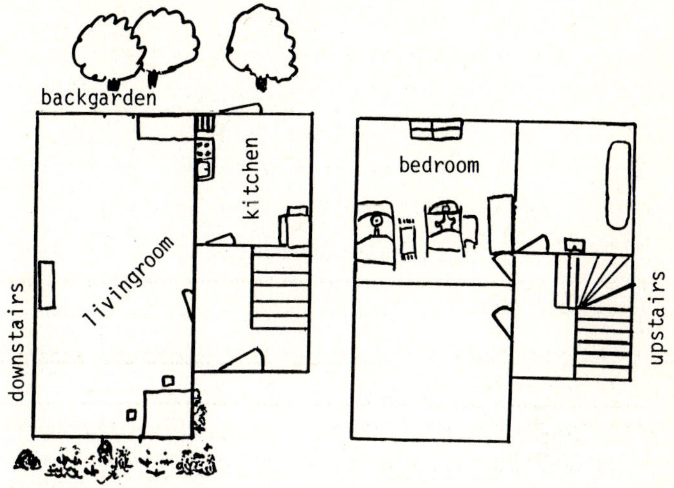

Kitchen / hall / living-
room / windows?

bedrooms / bathroom /
toilet?

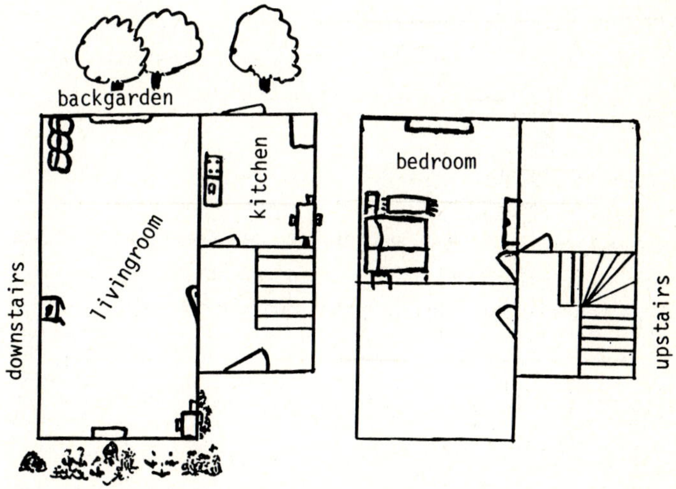

Kitchen / hall / living-
room / windows?

bedrooms / bathroom /
toilet?

Die Kommentierung der Schülertransparente im Unterricht läßt erkennen, daß diese Eintragungen Platz für erfahrungsgeprägtes außerschulisches Eigenerleben lassen. So wird die Realisierung von Interaktionen nicht im luftleeren Raum versucht, sondern findet im Rahmen konkreter Interaktionssituationen zwischen dem einzelnen Schüler und seinem Gesprächspartner statt. Dabei erwirbt er offensichtlich bestimmte Konzepte (Repräsentationen), die er zuerst durch präverbale und später durch verbale Darstellungsmittel ausdrückt (vgl. Käsermann 1980,62-83). Die skizzenhaften Veranschaulichungen im Grundriß dienen als Orientierungshilfe (vgl. Ausubel 1978), die von den Schülern fremdsprachlich belegt und aufgrund der verschiedenen Aufzeichnungen ausgetauscht werden müssen. Und trotz - vielleicht aber auch gerade wegen - der situativen Notwendigkeit (Ausgleich gegenseitigen Informationsdefizits) kommt hier der fremdsprachliche Vermittlungsprozeß oft ins Stocken. "Kommunikationsschwierigkeiten entstehen infolge mangelhafter Überdeckung der Wirklichkeitskonzeption und/oder des Gebrauchs von Darstellungsmitteln zwischen Dialogpartnern. Diese Auffassung impliziert, daß die durch Äußerungen vermittelten Bedeutungen nicht als festumrissene, allgemeingültig definierbare Einheiten gelten, sondern jeweils durch die aktuelle Situation geprägte Sichtweisen sind. Diese Sichtweisen weichen von denjenigen des Partners ab, wenn dieser von anderen Voraussetzungen ausgeht, oder gleiche Voraussetzungen anders darstellt." (Käsermann 1980,42.)

Der 'geheime Schüler': Ein curricular notwendiger Exkurs

Unterrichtsziele von den Bedürfnissen der Betroffenen her zu entwickeln und fremdsprachlich zu entfalten heißt die Kommunikationsprozesse der Schüler mit 'geschärftem' Auge zu beobachten. Das bedeutet, die Schüler nicht von den Interessen des Lehrers her zu sehen, sondern von den Bedürfnissen der Schüler. Diese Bemerkung geht von der bekannten, aber selten diskutierten Voraussetzung aus, daß die Kriterien, unter denen curriculare Entwicklungsarbeit verläuft, selbst dieser Entwicklung unterliegen. Das heißt, bezugnehmend auf die graphische Darstellung (S. 250), daß sich im Laufe des Unterrichts im Anforderungsbereich Problem-, Inhalts- und Leistungsebene unter dem Eindruck der Situation verändern, andernteils Denken, Sprechen und Handeln auf seiten der tatsächlichen Leistung sehr disparat verlaufen[2].

Derartige Veränderungen ursprünglicher Konzepte erfolgen nicht immer wissentlich oder unter Einhaltung der selbstgesetzten Standards der Zielargumentation und Legitimation, sondern nicht selten auch 'unter der Hand', unbemerkt oder erst - wie bei uns - bei späteren Analysen deutlich werdend. Dahinter steckt das Bild eines 'geheimen Schülers', den beispielsweise jeder Lehrbuchautor im Kopf hat. Er geht als eigenwillige Variable in alle Phasen der Curriculumentwicklung ein, als potentieller Adressat in der Formulierung von Zielen (vgl. Hess. Kultusminister 1980 und Edelhoff 1981) und Lernsituationen, ebenso in die Analyse von Unterrichtsergebnissen.

Es zeigt sich etwa oft, daß der 'geheime Schüler' im Fremdsprachenunterricht über Strategien der Lernzielerreichung, deren Intention durchaus eine kommunikative sein kann, dem Inventar fremdsprachlicher Äußerungen zum Opfer fällt, d.h. daß der Schüler zwar englisch sprechen kann, nicht aber problembewußt handeln lernt (vgl. Graphik S. 250). Es sei hier nur nochmals darauf verwiesen, daß die strukturellen Bedingungen der Unterrichtssituation über die Konstruktion 'heimlicher Lehrstrategien' oft nicht selten motivationsfeindliche Elemente enthalten, die sich nicht mehr auf der Ebene der Sprachvermittlung beheben lassen, "weil in sein didaktisches Konzept erziehungs-, sozial- und lerntheoretische, linguistische und analytische Aspekte und der Versuch eingehen, den einzelnen Schüler und die soziale Gruppe der Lerner allseitig zu berücksichtigen und alle Prozesse der Interaktion, der Kommunikation und der affektivkognitiven Verarbeitung mitzubedenken" (Piepho 1979c, 114).

4 Dem Subjekt auf der Spur
Markierungen für das Konzept eines identitätsorientierten Fremdsprachenunterrichts

Aufgrund unserer bisherigen Erfahrungen im Englischunterricht mit schwer motivierbaren Schülern müssen wir Edelhoff beipflichten, daß "Wortschatzlisten, Aufstellungen von morpho-syntaktischen Strukturen, phonetische Regeln und Intonationsmuster sowie Rechtschreibangaben" (Edelhoff 1981,17) allemal Kategorien zur Beschreibung von Sprache als Form darstellen, nicht aber den lebensrelevanten Transfer ermöglichen. Wenn man die Anwendung aber 'dem Leben' überläßt, wird nicht nur Motivationsabfall und eine Vertiefung der Kluft zwischen Schule und sozialer Wirklichkeit bewußt. Denn der Zustand des Fremdsprachenanwenders ist nach Beneke ohnehin beschreibbar als "partielle, sekundäre Aphasie; er wird als Sprachstörung empfunden und führt zu ähnlichen psychischen, motorischen und sprachlichen Reaktionen" (Beneke 1979,238). Er konstatiert folgerichtig das Zusammenspiel von sozialer und (fremd)sprachlicher Kompetenz als praktisch unerforscht, das er über metakommunikative Verfahren in *real life situations* analysiert und in der Schule als implizites Lernziel als möglichst totales sprachlich-soziales Mimikry entlarvt[3].

Grammatik und Lexik als äußere Erscheinungsformen, sozusagen als 'Oberflächensymptome' von Sprache sind dabei wenig geeignet, die Verflachtheit von (Fremd-)Sprache und sozialem Handlen zu begreifen. Etwas überspitzt formuliert könnte man sagen, daß der Schüler im Hinblick auf die fremdsprachliche Verwendungssituation in einem raum-zeitlich-sozialen Vakuum anhand von relativ isolierten Äußerungen, denen er ausgesetzt ist, hauptsächlich damit beschäftigt ist, Regeln zu bilden (vgl. Käsermann 1980,41). Will die Fremdsprachendidaktik hier neue Perspektiven zur Motivierung der Schüler im Englischunterricht gewinnen, muß dieser Bereich des Fremdsprachenlernens im größeren Zusammenhang von Sprachtheorien, Spracherwerbstheorien und sozialwissenschaftlichen Theorien gesehen werden. Ich argumentiere hier von einem Fremdsprachenstandpunkt aus, der sein Vorverständnis weniger aus der etablierten Linguistik und deren Umsetzung in institutionalisierte Lehrgänge und detailliert vorstrukturierte Unterrichtsmaterialien gewinnt. Denn wer im Fremdsprachenunterricht seine ganze Aufmerksamkeit auf Grammatik und Lexik lenkt, der bearbeitet Symptome,was nur kruzfristig nützlich sein kann, nicht aber sinnvoll für den 'Lebenstransfer'. Sprachleistung wurde bislang durchwegs auf den Bereich der Oberflächensymptome des Fremdsprachenunterrichts bezogen, nicht aber auf die Tiefenstruktur, die im Lerner determinierte 'Lebensgrammatik'.

Fremdsprachenleistung heißt in diesem Sinn nicht nur, in bestimmten Situationen mit bestimmten Partnern zu ganz bestimmten Themen mit bestimmten Redeabsichten, die überdies von 'heimlichen Lehrstrategien' getragen werden, sprachliche Verständigung in der Zielsprache zu erreichen, sondern auch noch die Unfähigkeit und Angst zu überwinden, die einen befällt, wenn man eigene seelische und gesellschaftliche Erfahrung wahrnehmen und zur Sprache, zur fremdsprachlichen Beziehungsklärung bringen will. Hier zeigen bislang vorliegende Aussagen, Hypothesen, didaktische Überlegungen und Erfahrungsberichte zum Problem Motivation insgesamt, daß es nicht angebracht erscheint, "von einer theoretischen Klärung oder einer befriedigenden praktischen Voraussagbarkeit der 'Motivationslage' einer Klasse zu sprechen oder gar zu vermuten, Motivation für schulischen Fremdsprachenunterricht sei in bezug auf seine Bedingungen aus der Schülerperspektive oder auf anregende Wirkungen des 'Stoffes', seine Präsentation oder Vermittlung durch den Lehrer ein didaktisch 'griffiger' Vorgang" (Piepho 1979b, 39).

Fremdsprache als Symbolgebrauch: Beziehungsdeutung als Vermittlungsinstanz

Da die Fremdsprachendidaktik in der Motivationspsychologie bestenfalls auf ein hypothetisches Konstrukt zurückgreifen kann, machen empirische Befunde zum Englischunterricht beispielsweise wohl greifbar, fördern in ihrer didaktischen Verwertung aber wieder das verborgene Curriculum des 'geheimen Schülers'. Aus diesem Grund erscheint es hier notwenig, tiefere Ebenen im Fremdsprachenerwerb zu ergründen, die sich mit Selbst- und Rollenidentifikation befassen, kurz mit der I d e n t i t ä t des Lerners. Identität entsteht nämlich zunächst dadurch, daß sich der Heranwachsende durch die Aneignung symbolischer Vermittlungsformen im Zusammenleben mit vielen Rollenträgern in ein soziales System einfügt. Dabei geht es mir darum zu zeigen, daß Sprachenlernen allemal mit dem Konzept des eigenen Ich zu tun hat - nicht nur das Erlernen der eigenen, sondern auch das Erlernen der fremden Sprache.

Für den Fremdsprachenunterricht bedeutet dies, daß er hellhörig für die lebensgeschichtliche Bedeutung des (Fremd-)Sprachenlernens sein muß, falls der Vermittlungsprozeß nicht weiter zur Technik, zur geheimen Lehrstrategie vorkommen soll. Wird der Schüler im künftigen Realkontakt Kommunikationssituationen ausgesetzt sein, in denen er - analog zum Gebrauch der Muttersprache - Absichten, Meinungen, Gedanken, Einstellungen und Gefühle ausdrücken bzw. Gehörtes und Gelesenes entsprechend rezipieren und deuten muß (vgl. Piepho 1979b, 120), wird er zum Wesen der Sprache, zum (symbolischen) Tausch von Beziehungsdeutungen vorstoßen müssen. Demnach "lernen wir eine neue Sprache dadurch, daß wir eine repräsentationale Äquivalenz zwischen neuen fremdsprachlichen Symbolen (gesprochenen und geschriebenen) und ihren bereits sinnvollen muttersprachlichen Gegenstücken herstellen" (Ausubel u.a. 1980, 102). Und daher sollten die Formen, Bedingungen, Funktionen und Folgen dieses symbolischen Tausches zum Gegenstand des Lernens gemacht werden.

Die gemeinsame Arbeit mit Gleichgesinnten (etwa im Paar oder in der Gruppe bildet dabei für die fachdidaktische Umsetzung Sicherheit und Vertrautheit, über eine akzeptierte 'Verständigungsnorm' sich an den realsprachlichen Fremdsprachengebrauch heranzutasten und über das gemeinsame Handeln auf sprachlich-gestische Art eine Fremdsprachenkompetenz aufzubauen. Dies ist umso wichtiger, als der vom Lehrer angestrebte Sprachgebrauch erst über eine Zwischenstufe[4] erreichbar ist, in welcher der Schüler frei sein muß, ihre Wirksamkeit, d.h. ihren Mitteilungscharakter zu e r f a h r e n, "so daß der Schüler den Handlungscharakter von Sprache bereits im frühen Stadium des Zweitsprachenerwerbs noch einmal, eventuell sogar bewußter als beim Erwerb der Muttersprache erfährt" (Krumm 1974, 37).

Der Fremdsprachenunterricht kann auf diese Art in hohem Maße dazu beitragen, daß der noch durchwegs auf formalen Kriterien beruhende Instruktionsgedanke (traditioneller Fremdsprachenvermittlung), der aus informationstheoretischer Sicht und unter behavoristischen Annahmen alle an der Kommunikation Beteiligten als b l a c k b o x e s ansieht, überwunden werden kann. Neben der Neugestaltung fachdidaktischer Theoriebildung muß daher auch ein Umdenkprozeß im

Sinne zunehmender Abkehr von normativen (sog. 'objektiven') Paradigmen und einer Zuwendung zu qualitativen und verstehenden Verfahren beitragen, um Unterrichtsziele, -inhalte und -verfahren aus der Lernerperspektive zu begründen, daß sich dem Lehrer aus motivationspsychologischer Sicht Fragen stellen, wie: Wie kommt man von den curricularen Grundintentionen zu Handlungen, die Ereignisse provozieren, welche ihrerseits zu spezifischem Lernen anregen? Wie kann der Lernende einer Fremdsprache mehr sein als der passive Rezipient von vorrätigen Sprachmustern? Wie müssen Situationen aussehen, die ihm deutlich machen, daß er der (Fremd-) Sprache bedarf, um Erfahrungen überhaupt machen zu können und um mit diesen Erfahrungen fertig zu werden? Wie kommt man zu inhaltlichen Vorgaben, durch die sich die Beteiligten in bestimmten Interaktionsformen vom passiven Registrieren und Reproduzieren vorfabrizierter Sprachmuster in der Fremdsprache lösen?

Hinter diesen Fragen steckt aber bereits wieder ein 'geheimer Schüler'. Es ist ein Schüler, der am (passiven) Leben in der Schule leidet, der durch die Verwechslung von der Benennungsfunktion und der Prozeßfunktion der Fremdsprache (vgl. Ausubel u.a. 1980, 111) geschädigt ist, der an den traditionellen Interaktionsformen im Englischunterricht nichts rechtes findet, der lernen, sich ändern, über die Fremdsprache neue Erfahrungen sammeln will, was er in dieser Schule mit ihren traditionellen Lehrmaterialien nicht kann, weil sie ihm keine Anreize zu einem Lernen unter Einbezug des eigenen Lebensschicksals bietet. In jedem Fall, ob es sich im Fremdsprachenunterricht um einen angepaßten, lernwilligen und problemlosen Durchschnittsschüler, oder um einen schulverdrossenen, unlustbesetzten und störungssuchenden Aussteigertypen handelt, wird die Adressatenorientierung in den 'geheimen Lehrstrategien' zu völlig verschiedenen Auslegungen in der Relation zwischen Schule und Leben, zwischen Lebenserfahrung und Unterrichtserfahrung, zwischen Muttersprache und Fremdsprache, zwischen Lernziel und Unterrichtsereignis sowie der Motivierbarkeit diesbezüglicher Schüler führen.

Dennoch läßt sich so am ehesten die Pluralität von Verarbeitungskapazitäten für fremdsprachliche Lernprozesse wahren und eine für den Zielsprachengebrauch benötigte p r a k t i s c h e Handlungsfähigkeit aufbauen. Ihre Annäherung ist aber "nicht als linearer Prozeß im Sinne eines Lehrgangs zu denken, sondern als ständig gefährdeter, immer wieder unterbrochener und von Situation zu Situation aufzubauender Versuch, der der o f f e n e n P l a n u n g bedarf" (Popp 1976, 276). Die Berücksichtigung lebensrelevanter Interaktionsprozesse ermöglicht immerhin eine Offenheit der Lernsituation, wie sie durch detailliert vorstrukturierte, frontal gesteuerte Unterrichtsplanung nie erreicht werden kann, ermöglichen aber auch die für die Sprach- und Handlungsfähigkeit vorauszusetzende Indentitätsbildung.

(Fremd-)Sprachliches Handeln als Erfahrungsprozeß

Bereits in der Entstehung ist Sprache als Kompensation für die früheste psychische, soziale Trennung (in der Mutter-Kind-Beziehung) durch die Gebundenheit an menschlichen Beziehungsaustausch gekennzeichnet (vgl. Spitz 1970, 111), wobei Struktur, Dynamik und Identifikation einerseits, die Objektbeziehungen andererseits innerhalb der Persönlichkeit nicht voneinander getrennt werden können. "Sie bilden ein unteilbares Ganzes, sie bedingen einander, sind dauernd in Wechselwirkung begriffen." (Spitz 1970, 55). Da der institutionale Unterricht in frontaler Verordnung diese Voraussetzungen nicht alle für den Fremdsprachenunterricht einholen kann, sind bereits im frühesten Aneignungsprozeß gruppenteilige und prozeßorientierte Lernarrangements einzusetzen, die der Vielfalt des fremsprachlichen Einflußfeldes Rechnung tragen.

"Durch handelndes Lernen und kollektiv durchgeführte Erfahrungen werden den Schülern Problembewältigungsstrategien an die Hand gegeben, die, da sie auch soziologisch verobjektivierend entfaltet wurden, leichter auf außerschulische Probleme bzw. Problemsituationen übertragen werden können, als daß das ein rein kognitiver oder nur an der Selbsterfahrung orientierter Unterricht leisten könnte." (Prior 1976, 373)

Es ist nämlich anzunehmen, daß der Fremdsprachenunterricht einen Eingriff in die Identitätsbalance des Menschen darstellt (vgl.

Krappmann 1969) und die in der Aneignung der Muttersprache gewonnene Identität erneut in Frage stellt[5]. Die Fremdsprache ist dabei keine neue Muttersprache, deren ursprünglicher Erwerbsprozeß an die lebensentscheidenen infantilen Konflikte gekoppelt und in neuen Phasen des Sprachenlernens kaum mehr rekonstruierbar ist. Das Prinzip, nach dem präverbale in verbale Darstellungsmittel überführt werden, gilt aber auch für spätere Zeitpunkte der Entwicklung, an denen die verbalen Mittel durch neue (etwa fremdsprachliche) ersetzt werden können (vgl. Käsermann 1980, 63). Im Fremdsprachenlernen als Prozeß symbolischer Interaktion, dem symbolischen (Beziehungs-) Tausch im Bereich der Tiefenstruktur von Sprache, handelt es sich aber nicht nur um Vorratlernen für unbekannte zukünftige Verwendungssituationen, sondern um das Verbessern eines hier und jetzt stattfindenden Kommunikationsvorganges mit dem Ziel, den inhaltlichen Ablauf dieses Kommunikationsvorganges, nicht nur die Struktur als solche zu sichern. Denn erst durch Sprache und Symbolisierung werden die komplexesten, d.h. mit dem eigenen Ich am stärksten verzahnten Formen des kognitiven Handelns möglich:

"Die Umsetzung von Erfahrung in eine symbolische Form erschließt kraft ihrer Mittel, verborgene Beziehungen, Veränderungen und Kombinationen zustande zu bringen, ganze Reiche der geistigen Möglichkeiten von einer Größenordnung jenseits der mächtigsten bilderformenden Systeme ... Ist es dem Kind erst einmal gelungen, die Sprache als ein kognitives Instrument zu internalisieren, wird es ihm möglich, die Ordnungen der Erfahrung mit mehr Kraft und Flexibilität als vorher zu repräsentieren und systematisch umzuformen." (Bruner 1964, 13-14, zit. nach Ausubel u.a. 1980, 110)

Die bei entsprechenden Unterrichtsprozessen vom einzelnen erlebte Infragestellung der Identität kann nur dann über das fremdsprachlich eröffnete soziale Erfahrungsfeld zur angestrebten Identitätsbalance (späterer Realkontakte) führen, wenn die zugrundeliegenden, interaktionistisch geprägten Sprach- und Verhaltensmuster im Fremdsprachenunterricht Ausdruck finden können. Damit wird die in der Sicherheit der Gruppe gewonnene Erfahrung, sich auch mit neu gewonnenen Redemitteln absichtsgemäß verständigen zu können, zum praktischen Bewußtsein und der Fremdsprachenunterricht zum sozialen Erfahrungsfeld, das sich durch Identität, Toleranz, Kooperation, Kritik, Solidarität, Sensibilität und Sprache als basale Qualifikationen und zugleich Grundbedürfnisse menschlichen Sozialverhaltens charakterisieren läßt (vgl. Prior 1976, 83).

Es erscheint hier notwendig zu fragen, inwieweit Gruppenarbeit und andere kooperative Verfahren überhaupt und im Fremdsprachenunterricht speziell in der Lage sind, Lern e r f a h r u n g e n zu fördern, die in ihrem Kommunikationsprozeß disfunktional verlaufen, wie dies in der Alltagspraxis der Fall ist. Ist es im Sinne ihrer Individualisierung überhaupt möglich, den Stellenwert des einzelnen zu berücksichtigen, ohne weiterhin sozialisationsbedingte Gesellschaftsabdrücke in sprachlichen und nichtsprachlichen Symbolsystemen als fremdgesteuerte Rollenprägungen zu fördern? Ich gehe hier weitgehend konform mit der Gedankenführung des symbolischen Interaktionismus, nach dem die Beteiligung des einzelnen an verschiedenartigen Interaktionen wesentlich durch gemeinsame Symbole (hier der Sprache als bedeutendstem Symbolsystem) der Interaktionsteilnehmer beeinflußt wird, und deren Annahme, "daß die Bedeutungen aufgrund des Interaktionsprozesses des einzelnen mit sich selbst einen wesentlichen Bestandteil der Handlung darstellen" (Arbeitsgruppe Bielefelder Soziologen 1973, 84). Der einzelne bliebe wohl mehr Objekt als Subjekt sozialer Prozesse und damit unfähig für authentische fremdsprachliche Interaktion. Die Relevanz dieser Einsichten für die Motivation im Fremdsprachenunterricht ist dort zu suchen, wo er dazu beitragen kann, erstarrte Verhaltenskategorien auf dem Hintergrund ritualisiert-tradierter Bedeutungssysteme (aus der primärsprachlichen Sozialisation) aufzubrechen und den dadurch gewonnenen Zuwachs an Erfahrungskraft für den eigenen handlungsrelevanten Fremdsprachenunterricht nutzbar zu machen. Dazu muß bereits im ersten Fremdsprachenkontakt die e i g e n e Deutung von Wirklichkeit mit neuen Sprachmitteln belegt werden, indem sie als soziale Situation erlebt wird und die Erfahrung der fremden Sprache praktisches Bewußtsein schafft, sodaß Sinnlichkeit und Mittelbarkeit nicht verloren gehen, wie das beim bloßen Erlernen eines inhaltsneutralen Regelsystems der Fall ist.

Da im schulischen Unterricht meist nur konstruierte Situationen zum Erlernen der neuen Sprache zu Verfügung stehen, kann der Schüle nur indirekt Erfahrungen im Fremdsprachengebrauch machen, die ihm verdeutlichen, daß er ihrer bedarf. Bild, Schrift und Ton können als Medienbestandteile in breiter Variation dazu authentische Sprachlernsituationen und e c h t e Inhalte, Bezüge und Assoziationen liefern. Sie dürfen aber nicht bereits die Interpretation der didaktischen Situation und ihrer Lehr- und Lernprozesse vorwegnehmen, denn jeder Lerner hat im Sinne seines Vorverständnisses eigene Assoziationen und verknüpft Neues mit dem ihm eigenen Vorwissen. Der Fremdsprachenunterricht hat die Aufgabe, sich dieser Frage von Identität in ihrer neusprachlichen Bedrängung anzunehmen. Er kann durch das vermittelte Gefühl von Sicherheit und Vertrauen auch Lernerfahrungen ermöglichen, in denen das Scheitern kommunikativer Beziehungen und deren Bewältigung integraler Bestandteil sprachlicher Lernvorgänge darstellt, die durch asymmetrische Lehrerinterventionen nicht ausgeschaltet werden können und dürfen. Die Gruppensituation sollte dazu beitragen, daß die Dynamik der Fremdsprache gewährt und gefördert wird, denn durch sie "drückt sich ein Streben und Dynamik im Sprachhandeln aus. Die Hier-und-jetzt-Situation der Gruppe erfordert auch eine immer wieder an die jeweilige Situation gebundene Sprache. Sie unterliegt dauernder Veränderung, ist in den seltensten Fällen repetierend-typisiert." (Thiele 1979, 406) Die dadurch gewonnene Einsicht und das unmittelbare Erleben, daß kommunikative Prozesse nicht festgelegt, d.h. ständig der Gefahr des Scheiterns ausgesetzt sind, schafft am ehesten die Ambiguitätstoleranz, die der Lerner einer neuen Sprache zwischen seinen Mitteilungsbedürfnissen und deren (fremd)sprachlicher Realisierung ständig erlebt.

Lebensalltag + Fremdsprachennorm = 'Lebensgrammatik'? Eine Warnung zum Schluß

Es soll hier nicht der Eindruck erweckt werden, die praktische Umsetzung einer solcherart adressatenorientierten Fremdsprachenvermittlung genüge sich selbst darin, an den echten Bedürfnissen, Wünschen, Ängsten und Problemen der Heranwachsenden anzuknüpfen und sie etwa als Schaltstelle mutter- und fremdsprachlicher Sozialisation mit neuen Sprachmustern zu besetzen. Vielmehr ist die Atmosphäre in der (Peer-)Gruppe dazu angetan, dem Schüler auf seiner sensiblen Altersstufe beim Zustandekommen von fremdsprachlichen Kommunikationsprozessen über Bedürfnisse und Einsichten Denkanstöße und Lösungshilfen anzubieten. Es werden durchaus Lehr- und Lernphasen vonnöten sein, in denen er mit Fragen der Sprachnorm konfrontiert wird und sich mit semantischen und syntaktischen Besonderheiten der Fremdsprache auseinandersetzt, denn auch situativ verwendete Sprache läuft nach einem ihr zugrundeliegenden Regelsystem ab. Dieses aber ist immer der kommunikativen Absicht unterzuordnen, d.h. auch die Grammatikbeispiele sollten beispielsweise anhand von funktionalen Textsorten erarbeitet und verknüpft mit individueller und sozialer Schülererfahrung geübt werden.

"Dann ergibt sich das Problem, wie das Unterrichten so zu planen und auszuführen ist, daß die Sprache für ihre notwendigen s e k u n d ä r e n (etikettierenden) Funktionen ohne Schaden für die dynamische Qualität des Lernens selbst benutzt werden kann" (Hendrix 1961, 22, zit. nach Ausubel u.a. 1980, 112). Solche Schäden im Fremdsprachenerwerb treten vor allem dann auf, wenn triebhafte und normative Ansprüche im Fremdsprachenunterricht identitätsbedrohende Konflikte erzeugen, die das Motivationsgefüge für sinnvolles Lernen zerstören. Dazu zählt bislang das Spannungsfeld zwischen lebensgeschichtlicher Alltagssituation des Schülers und dem Normensystem der Fremdsprache. Die kognitiven Fähigkeiten, d.h. das Verfügen über ein (Fremd-) Sprachwissen, können allein nocht nicht dazu beitragen, Verständigung unter Individuen herzustellen. Dabei ist Motivation "ebensosehr ein Effekt wie eine Ursache von Lernen" (Ausubel u.a. 1980, 499) weshalb die kognitive Neugier in der Verwendung der Fremdsprache als Symbolgebrauch eine große Rolle spielt: "Symbolisches Probehandeln, Vorwegnahme realen Handelns im Denken und Sprechen mit kleineren Energiequanten, mit korrigierbaren Abläufen und revidierbaren Ergebnissen wird solchermaßen möglich" (Larcher 1979, 50). Gewiß liegen in der Zwischenzeit materiale Handlungsanweisungen vor, die den hier geforderten Ansprüchen genügen. Sie "stellen in sich noch keine kommunikative Handlungen dar, sind aber notwendiges Handwerkszeug für Lebenssituationen, in denen die Schüler mit der fremden Sprache - verstehend und mitteilend - umgehen müssen" (Edelhoff 1978, 56), und zwar nicht erst außerhalb der Schule, sondern von allem Anfang an im situativen Zusammenhang der Klasse.

Der authentische Sprachgebrauch im Klassenzimmer läßt sich allerdings nicht dadurch herstellen, daß dem Schüler eine Liste mit

Redemitteln für den c l a s s r o o m d i s c o u r s e zusammengestellt wird, die er sich im Memorierverfahren aneignen soll; vielmehr dadurch, daß der Schüler anhand von konkreten Unterrichtssituationen eine kommunikative Absicht auszudrücken lernt, deren Wirkung ihm über die Reflexion mit den eigenen Bedürfnissen und deren erfolgter oder nicht erfolgter Befriedigung deutlich wird. Leider weisen die Lehrbücher für den Fremdsprachenunterricht noch große Mängel auf, indem sie das sprachliche Material nicht funktional aufbereitet darstellen und lediglich das vom Lehrer benötigte Anweisungsvokabular (W o r k i n g r o u p s n o w! ... etc.) vermitteln, nicht aber die sprachlichen Mittel, die den Schülern das aktive Eingreifen in das Unterrichtsgeschehen und damit die 'fremde' Sprache als Symbolgebrauch ermöglichen würden.

Daran wird aber auch deutlich, daß es bei der Frage nach der Motivation im Fremdsprachenunterricht nicht nur darum geht, eine der drei Grundkonzeptionen aus der pädagogischen Psychologie, nämlich

- Lernmotivation als "Strukturzusammenhang verschiedener (möglicherweise auch heterogener) dynamischer Elemente" (Rosenfeld 1966),

- als kognitive Bestimmungsstücke im Rahmen motivationaler Abläufe (vgl. Heckhausen 1968),

- im sozialisationstheoretischen Ansatz Lernen als Ergebnis der Auseinandersetzung mit schulbezogenen Erwartungen (vgl. Knörzer 1976)

für Belange des Fremdsprachenunterrichts heranzuziehen. Denn jeder Beschäftigung mit Fremdsprachendidaktik liegt explizit der implizit eine bestimmte Definition von Sprache zugrunde. Im Bereich von Einstellung und Motivation geht es mir um die identitätsstiftende Bedeutung von Sprache, wobei "die begriffliche Organisation von Erfahrung als die primäre Funktion der Sprache" (Peller 1974, 778) verstanden wird. Es bedarf aber auch einer entsprechenden theoretischen Begründung, analytischer Stringenz und möglicher Generalisierungsfähigkeit, was hier nur in vorläufigen Skizzierungen erfolgen kann. Sie erfahren aber ihre theoretische Entfaltung aufgrund umfangreicher qualitativer Untersuchungsverfahren als fachdidaktisches Konzept (vgl. Schratz u.a. 1982) und die praktische Realisierung in Form von Anregungen zur aktiven Sprachenvermittlung im Fremdsprachenunterricht (vgl. Puchta; Schratz 1982 sowie den Beitrag in diesem Band).

Gerade die Berücksichtigung dieser vielperspektivischen Anforderungen, die eine einseitig lehrergesteuerte Instruktion zur didaktisch verantwortbaren kommunikativen Lernsituation verändern läßt, setzt Lehr- und Lernverfahren voraus, die der sozialen, emotionalen und motivationalen Dimension im Unterricht gerecht werden. Diese grundlegenden Akzente für eine vermehrte Berücksichtigung identitätsorientierter Aspekte im Fremdsprachenunterricht können hier nur festgestellt, nicht aber gründlich entfaltet werden. Dazu müßte man schon ein Curriculum erstellen, in dem die Identität mehr darstellt als nur ein szenisches Arrangement zur Leistungsmotivierung, das es zur Kenntnis zu nehmen gilt, sondern aus den gewonnenen Einsichten in ihrer situativen und pragmatischen Dimension für sozial-kommunikative Lernprozesse im Fremdsprachenunterricht verfügbar gemacht wird.

5. EIN MOTIVATIONS-HANDLUNGSMODELL FÜR DEN FREMDSPRACHENUNTERRICHT

Dieses Kapitel will die wichtigsten unserer bisherigen Erkenntnisse in Form eines rudimentären Modells zusammenfassen. Das Modell soll und kann keine Theorie der Motivation im Fremdsprachenunterricht ersetzen, sondern lediglich die Komplexität der Zusammenhänge zwischen Anregungsbedingungen des Unterrichts, Motiven des Lernenden und seinem Handeln verdeutlichen sowie als Grundlage für praxisbezogene Überlegungen dienen.

Wir gehen, wie bereits früher betont, davon aus, daß weder die Anregungsbedingungen des Unterrichts, noch die Motivation des Schülers a l l e i n sein Verhalten bestimmen, sondern beide vielschichtig interagieren. Weiterhin dürfen wir davon ausgehen, daß sich auch das Verhalten selbst wieder durch seine Geartetheit und die mit ihm verbundenen Folgen auf die Motivation des Lernenden wie auch die Anregungsbedingungen des Unterrichts auswirkt. Schließlich nehmen wir Bezugsnormen an, die Lehrer und Schüler als Kriterium für erfolgreiches Handeln dienen können. Diese Zusammenhänge sind nachfolgend schematisch dargestellt (Wir lehnen uns dabei an das "Motivations-Handlungs-Modell" von Meister, 1977, S. 86 an, das aber in einigen Punkten verändert wurde. Auch Meisters auf S. 87 ff. gegebener Kommentar wurde für die nachfolgenden Ausführungen hinzugezogen):

Motivations-Handlungs-Modell für den Fremdsprachenunterricht

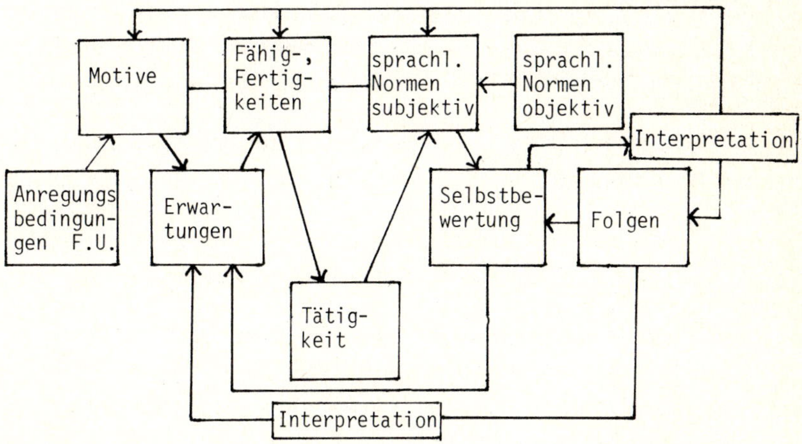

Nehmen wir, wie im Modell zu sehen ist, die A n r e g u n g s b e d i n g u n g e n des Unterrichts als Ausgangspunkt (Die Pfeile deuten die zeitliche Abfolge des Geschehens an). Darunter verstehen wir alle methodischen Maßnahmen, die lernende Tätigkeiten induzieren sollen, sowie die übrigen Bedingungen des Unterrichts. Sie treffen auf M o t i v e des Schülers, die sie (Eignung vorausgesetzt) aktivieren.

B e i s p i e l: Der Lehrer hat ein Bild in die Klasse gebracht (Anregungsbedingung), das die Neugier (Neugiermotiv) seiner Schüler weckt.

Das Zusammentreffen von Anregungsbedingungen und Motiven führt zu inneren Vorgängen, die E r w a r t u n g e n genannt werden. "Es handelt sich sowohl um kognitive Aspekte: das Abschätzen der Erfolgswahrscheinlichkeit, das Vorstellen von Zielzuständen, das Planen des Handlungsablaufs usw., als auch um emotional getönte Zustände und Prozesse: die Vorwegnahme von unangenehmen und angenehmen Erlebnissen während und nach einer Tätigkeit, die Vorfreude oder die Antizipation des Ärgers." (Meister, 1977, S. 87).

B e i s p i e l: Ein Schüler überlegt, was er zu diesem Bild und den es begleitenden Lehrerfragen sagen könnte; er erwartet ein Lob des Lehrers für seine Tätigkeit und weitere interessante Bilder. Eine Redeabsicht entwickelt sich.

Die Verwirklichungsmöglichkeit der Redeabsicht wird an den F ä h i g k e i t e n / F e r t i g k e i t e n gemessen, die das Repertoire möglichen fremdsprachlichen Verhaltens des Schülers bezeichnen.

B e i s p i e l: Abgebildete Gegenstände auf dem Bild richtig benennen können, etc.

Erst wenn diese Voraussetzung gegeben ist, kommt es zur eigentlichen Tätigkeit, der Produktion sprachlicher Äußerungen.

Die Tätigkeit selbst wird vom Schüler in ihrer Qualität an den s u b j e k t i v e n s p r a c h l i c h e n N o r m e n als Gütekriterien gemessen. Die subjektiven wurden hier absichtlich von den o b j e k t i v e n s p r a c h l i c h e n N o r m e n (die von Lehrer und Lehrmaterial für verbindlich erklärten) getrennt, da erstere zwar von letzteren deutlich abhängig sind, keinesfalls aber mit ihnen übereinstimmen müssen.

B e i s p i e l: Der Lehrer legt großen Wert auf eine möglichst korrekte Aussprache; das Gütekriterium seiner Schüler toleriert einen starken "deutschen Akzent".

Der Vergleich der Tätigkeit mit den subjektiven sprachlichen Normen führt zur S e l b s t b e w e r t u n g. Hier stellt der Lernende fest, ob seine tatsächliche Tätigkeit den Erwartungen und subjektiven Gütekriterien entspricht. Außerdem wird eine Ursachenerklärung für Erfolg oder Mißerfolg vorgenommen und auf dieser Grundlage gewertet. Das Ergebnis der Selbstbewertung beeinflußt zukünftige Erwartungshaltungen. Es übt außerdem einen Einfluß auf die Motive aus und schließlich auf die subjektiven sprachlichen Normen.

B e i s p i e l: Die sprachliche Tätigkeit eines Schülers hat den eigenen Erwartungen und den subjektiven Normen nicht entsprochen. Die Ursachenerklärung verweist auf Defizite des Schülers selbst. Folgen können sein: Verminderung der Erwartungen; Anpassung der subjektiven Normen an die tatsächliche Leistungsfähigkeit; weitere Verringerung der Fähigkeiten/Fertigkeiten; schließlich Veränderung der sachbezogenen Motive.

Ein Charakteristikum von Unterricht ist es, daß die Tätigkeit des Schülers fast immer F o l g e n hat: Lob oder Tadel des Lehrers, Zensuren, etc. Basis dieser Folgen ist die o b j e k t i v e sprachliche Norm, die vom Lehrer repräsentiert wird.

Die Folgen beeinflussen zunächst einmal die Selbstbewertung, indem sie weitere Gütekriterien zur Verfügung stellen. Sie beeinflussen über einen Interpretationsvorgang aber auch den Teil der Erwartungen, der die Folgen eigener Tätigkeit vorwegnimmt. Schließlich üben sie über einen weiteren Interpretationsvorgang zusammen mit den Ergebnissen der Selbstbewertung Einflüsse auf Motive, Fähigkeiten/ Fertigkeiten und subjektive sprachliche Normen aus.

B e i s p i e l: Der Lehrer tadelt eine fehlerhafte Schüleräußerung. Der Schüler ändert seine Erwartung an die Qualität der Lehrerreaktion auf seine Tätigkeit. Seine Anstrengungsbereitschaft erhöht sich und die subjektiven sprachlichen Normen werden korrigiert.

Gerade die Folgen bergen ein erhebliches Konfliktpotential, vor allem bei Auseinanderklaffen von Selbst- und Lehrerbewertung und unterschiedlicher Ursachenzuschreibung für normabweichende Leistungen. So ist es durchaus denkbar, daß bei positiver Selbstbewertung und negativer Lehrerreaktion der Schüler bei seiner Bewertung bleibt und dem Lehrer Inkompetenz oder gar Böswilligkeit unterstellt. Die Ursache für eine Fehlleistung kann vom Lehrer in mangelnder Aufmerksamkeit des Schülers gesehen werden, während der Schüler vielleicht schlechten Unterricht oder langweilige Übungsformen verantwortlich macht. Entsprechend werden die Reaktionen des Lernenden aussehen.

Schließlich ist noch hervorzuheben, daß die Schülertätigkeit und ihre Folgen wiederum in die Anregungsbedingungen des Unterrichts eingehen.

Der hier verbildlichte Prozeß wiederholt sich in einer Unterrichtsstunde außerordentlich häufig und nimmt meist nur sehr kurze Zeit ein. Beobachtbar an ihm sind lediglich die Anregungsbedingungen des Unterrichts, die Tätigkeit der Schüler, die Folgen und - so weit sie sich in Äußerungen manifestieren - die objektiven sprachlichen Normen.

Nicht direkt beobachtbar sind dagegen Motive, Fähigkeiten/Fertigkeiten und subjektive sprachliche Normen, die wir als Persönlichkeitscharakteristika mit Konstruktcharakter betrachten müssen.

Ebenfalls nicht direkt beobachtbar sind die inneren Prozesse Erwartungen und Selbstbewertung, die als "kognitive und emotionale Zwischenprozesse"..."in Verbindung mit den Charakteristika der Person zu sehen und als die eigentlichen Variablen der Motivation zu betrachten" sind (Meister, 1977, S. 89).

Eingreifmöglichkeiten:

Es besteht nun für den Lehrer durch die entsprechende Gestaltung seines Unterrichts die Möglichkeit, an den verschiedenen "Schaltstellen" dieses Prozesses einzugreifen, um die Motivation seiner Schüler zu fördern (Wir lehnen uns auch hier wieder eng an entsprechende allgemeine Vorschläge von Meister, 1977, S. 91 ff. an).

Zunächst ist hervorzuheben, daß dieses Eingreifen des Lehrers sowohl die kurzfristige Aktualisierung von Motiven als auch die langfristige Motiventwicklung zum Ziel hat. Beide Zielarten sollten vom Beginn des Kurses an in jeder Unterrichtsstunde im Auge behalten werden; die erstere, um die unmittelbare Tätigkeit der Schüler im Unterricht zu fördern, die letztere als Schaffung einer Basis für zukünftige Motivierungsversuche und im Hinblick auf die Bereitschaft des Schülers, sich in außer- und nachunterrichtlichen Situationen mit der Fremdsprache zu befassen.

Die wohl wichtigste Schaltstelle für das Eingreifen in das Motivationsgeschehen ist in den Anregungsbedingungen zu sehen. Möglichkeiten liegen hier vor allem in methodischer Variation. Neugier weckende auditive und visuelle Hilfsmittel, interessante Texte, abwechslungsreiche Übungsformen, Schaffung eines mittleren Schwierigkeitsniveaus sind einige einschlägige Stichwörter. Positive Wirkung haben in diesem Zusammenhang auch einsichtige Begründungen für Übungstätigkeiten sowie klare kurz- und langfristige Zielangaben.

Der kurzfristige Aufbau von Motiven ist ex Definitione nicht möglich. Längerfristig aber kann z.B. ein Interesse für das Erlernen und den Gebrauch einer Fremdsprache aufgebaut werden, etwa indem man dem Schüler Einblick in den Nutzen dieser Fremdsprache für Beruf und Freizeit verschafft, sein Interesse für die Kultur des Zielsprachenvolkes weckt, etc. Kurzfristig (also für die aktuelle Unterrichtssituation) kommt es vor allem auf die Aktualisierung bereits vorhandener Motive an. Voraussetzung ist natürlich, daß diese Motive dem Lehrer auch bekannt sind.

Klare Zielangaben im Unterricht unterstützen den Schüler vor allem auch beim Aufbau realistischer Erwartungen über die Ergebnisse seiner Tätigkeit. Zielangaben sollten also nicht nur verständlich sein, sondern auch so gefaßt, daß der Schüler sie sich möglichst zu eigen machen kann.

Gegen die Forderung nach Klarheit von Zielangaben wird immer wieder verstoßen. So schaffen z.B. viele Lehrerfragen beim Schüler den Eindruck, es gehe vor allem um die inhaltliche Angemessenheit seiner Antwort. Entsprechend sind seine Erwartungen an das Ergebnis seiner Tätigkeit. In seiner Reaktion auf die Tätigkeit signalisiert der Lehrer - etwa durch Fehlerkorrektur - dann nicht selten, es sei ihm eben nicht auf den Inhalt, sondern lediglich auf die formale Richtigkeit der Schüleräußerungen angekommen: die Erwartung ist getäuscht.

Erwartungen vereinen so kognitive und affektive Aspekte; beide wollen berücksichtigt sein.

F ä h i g k e i t e n und F e r t i g k e i t e n bilden die unabdingbare Voraussetzung, ohne die der Schüler das Ziel seiner Tätigkeit nicht erreichen kann. Vor einer bestimmten Aufgabenstellung sollte der Lehrer daher sichergestellt haben, daß der Schüler die ihrer Bewältigung zugrundeliegenden Kompetenzen auch besitzt. Der Grundsatz "vom Leichten zum Schweren" sollte nicht nur für das sprachliche Material gelten, sondern auch für die Übungsformen, wo durch entsprechende Stufung der Tätigkeit des Schülers größere Erfolgschancen eingeräumt werden können (vgl. Solmecke, 1977).

Damit ist bereits die Ebene der T ä t i g k e i t angesprochen. Hier kann nicht nur durch gründliche Vorbereitung Hilfestellung geleistet werden, sondern auch durch die Organisation geeigneter Arbeitsformen, Verfügbarmachung von Hilfsmitteln, schnelle Einhilfen bei Stockungen, etc. Grundsätzlich sollte alles getan werden, um den Schüler zu einer erfolgreichen Tätigkeit zu bringen.

In diesem Zusammenhang sind wiederum die N o r m e n von großer Wichtigkeit. Probleme entstehen vorwiegend durch Konflikte zwischen den durch den Lehrer vertretenen objektiven und den subjektiven Normen des Schülers. Klare Angaben und eigenes Modellverhalten des Lehrers können hier die Schaffung einer angemessenen bzw. Korrektur unangemessener subjektiver Normen erleichtern. Erleichterung kann umgekehrt oft auch die Überlegung des Lehrers bringen, ob eine bestimmte Normvorschrift an einem Punkt des Kurses von den Schülern nun unbedingt eingehalten werden muß, oder ob - etwa im Interesse des obersten Lernziels Verständigungsfähigkeit - ihre zeitweilige Vernachlässigung möglich ist.

Von einem klar gegliederten und in seinen Prioritäten durchschaubaren Korpus subjektiver Normen hängt u.a. die Qualität der für die Motivation höchst wichtigen S e l b s t b e w e r t u n g ab, die ja durch den Vergleich der tatsächlichen Tätigkeit mit jenen Normen zustandekommt.

Eine Untersuchung von Solmecke/Boosch (1981, Kap. 6) zeigte, daß auf diesem Gebiet bei jüngeren wie älteren Lernenden erhebliche Defizite vorliegen. Obwohl doch seit einer Reihe von Jahren das Lernziel "mündliche Verständigungsfähigkeit" an der Spitze der Lernzielhierarchie steht, scheinen - von Ausnahmen abgesehen - weder Schüler noch Studenten der Anglistik in der Lage, ihre eigenen mündlichen Leistungen in der englischen Sprache einigermaßen realistisch zu beurteilen (die Bewertung eigener Leistungen im Grammatiktest dagegen klappt ganz gut). Diese Ergebnisse unterstreichen die Dringlichkeit der Forderung nach Verfügbarmachung klarer Bewertungskriterien, ohne die der wichtige Schritt der Selbstbewertung nicht oder nicht adäquat getan werden kann.

Daß die Erwartung angenehmer F o l g e n eigener Tätigkeit bei dieser als Ansporn wirkt, ist unumstritten. Lob, Bestätigung und andere positive Konsequenzen, aber auch die klare inhaltliche Rückmeldung auf eine Äußerung durch den Lehrer (oder auch durch Mitschüler) fallen in diesen Bereich.

Es ist dabei wichtig zu wissen, daß nur diejenigen Folgen Bekräftigungswirkung haben, die an bereits vorhandene Motive anknüpfen können. Daher kann auch nicht erwartet werden, daß jedes Lob automatisch den Lernwillen fördert; wir haben dieses Problem bereits in Kap. 1 angesprochen. Insgesamt "hat es wenig sinn, allgemein zu fragen was alles als belohnung wirksam werden kann, man muß vielmehr fragen, w a s a l l e s u n t e r w e l c h e n u m s t ä n d e n, bei welcher 'motivationalen konstellation' als belohnung wirken kann..." (Fürntratt, 1976, S. 91).

Das vorstehend beschriebene Motivations-Handlungs-Modell scheint geeignet als Grundlage für die Planung und Analyse der motivationalen Aspekte des praktischen Unterrichts. Es beleuchtet sozusagen die neuralgischen Punkte der unterrichtlichen Prozesse, an denen der Lehrer ganz bewußt nach Förderungsmöglichkeiten suchen muß, die für die in seiner Lerngruppe versammelten Individuen geeignet sind.

Voraussetzung hierfür ist, daß er Kenntnisse über Einstellungen und Motive seiner Schüler besitzt, einen Plan für ihre Entwicklung hat und ein Repertoire von Möglichkeiten zur Umsetzung dieses Planes im praktischen Unterricht verfügbar hat. Die weiteren Arbeiten dieses Bandes wollen bei der Schaffung dieser Voraussetzungen Hilfestellung leisten.

6. HINWEISE FÜR DIE PRAXIS

Nachdem die Beiträge der vorhergehenden Kapitel sich weitgehend auf der Ebene verallgemeinernder Aussagen über die Rolle von Motivation und Einstellung im Fremdsprachenunterricht bewegt haben, wollen die nachfolgenden Aufsätze Hilfestellung bei dem Versuch leisten, die bisher gewonnenen Erkenntnisse für die unterrichtliche Praxis fruchtbar zu machen. Wer unseren Gedankengängen bis hierher gefolgt ist, wird erkannt haben, daß a l l e s, was im Fremdsprachenunterricht geschieht, in irgendeiner Weise mit der Motivation der Lernenden zu tun hat, sie kurz- oder langfristig behindert oder fördert. Angesichts der Vielfalt von Praxis auch in motivationaler Hinsicht kann die oben gestellte Aufgabe im Rahmen dieses Buches nur punktuell und exemplarisch bewältigt werden, wobei neben der direkten Umsetzbarkeit der hier gemachten Handlungsvorschläge das Ziel verfolgt wird, zur selbständigen Weiterarbeit im Bereich von Theorie und Praxis der Schülermotivierung anzuregen.

Im ersten Beitrag beschreibt G. Hermann unter Verwendung eigener empirischer Forschungsergebnisse eine Hierarchie überprüfbarer affektiver Lernziele, die - ähnlich wie bei den kognitiven Lernzielen - eine schrittweise und kontrollierte Annäherung an das Globalziel des Fremdsprachenkurses erlauben sollen.

H. Düwell gibt ausführliche Hinweise für die Durchführung informeller Schülerbefragungen zur lerngruppenbezogenen Gewinnung von Erkenntnissen über fachspezifische Einstellungen und individuelle Lernermerkmale, die für die Motivation von Bedeutung sind.

W. Stedtfeld untersucht die Ergebnisse von Bedarfserhebungen im Fremdsprachenbereich im Hinblick auf die darin enthaltenen Anregungen zur Förderung der Lernmotivation im Unterricht.

H. Rautenhaus gibt Anregungen für einen kommunikativen Unterricht mit "leistungsschwachen" Schülern am Beispiel einer Übungssequenz zur Grammatik.

H. Puchta und M. Schratz schließlich machen Vorschläge, wie der von Schratz in 4.4.4. erarbeitete Ansatz im praktischen Unterricht verwirklicht werden kann.

Gisela Hermann

6.1. Zum Einsatz einer Taxanomie für den affektiven Bereich innerhalb der Fremdsprachendidaktik

I

In der Fremdsprachendidaktik spielt die affektive Entwicklung des Schülers vor allem bei der Formulierung von Begründungszusammenhängen und dem Aufstellen von Lernzielkatalogen eine Rolle. Allerdings nehmen sich die hier aufgeführten Haltungen, Einstellungen, Überzeugungen im Vergleich zu den Fertigkeiten und Kenntnissen, die seine kognitive Laufbahn innerhalb des schulischen Fremdsprachenerwerbs kennzeichnen, oft recht unscharf aus.

Methodische Überlegungen zum affektiven Bereich des Fremdsprachenlerners kommen wesentlich seltener vor. Sie erschöpfen sich zumeist in punktuellen Hinweisen, wie z.B. auf den Einsatz von Lied oder Reim, die motivierend oder auflockernd wirken sollen, ohne daß darauf eine auch nur annähernd so große Aufmerksamkeit gerichtet würde wie auf die sprachliche oder inhaltliche Verarbeitung des Lernstoffes.

Vielleicht rührt die Vernachlässigung der bewußten Einbeziehung von Haltungen, Einstellungen, Überzeugungen in didaktisch-methodische Ausführungen daher, daß sie als schwer bestimmbare, von Gruppe zu Gruppe, ja Individuum zu Individuum schwankende und veränderbare Größen erscheinen: Was gehört eigentlich zu einer "toleranten Haltung", und vor allem, wie kann man sie erfassen? Wissen und Fertigkeiten lassen sich dagegen klar bestimmen und bewerten, und gerade das macht sie zu unverzichtbaren und vermeintlich zuverlässigen Konstanten des unterrichtsorganisatorischen Rahmens.

Warum aber hält man weiterhin an Zielen fest, deren Umriß verschwommen bleibt und deren Erreichen oder Verfehlen mithin im Dunkeln verläuft?

Die Theorie der Schule geht - auch wenn sie scheinbar einen aus eigener Gesetzmäßigkeit ablaufenden Entwicklungsprozeß des Lernenden beschreibt - vom Sollen aus. Die Realität des tatsächlich vorfindlichen und das Bild des gesellschaftlich erwünschten Schülers klaffen auseinander, wobei letzteres richtungsweisend die noch erforderlichen Lernschritte zur Annäherung beider festlegt.

In einer durch kriegerische Auseinandersetzungen bedrohten Welt kann es sich keine Gesellschaftsordnung leisten, friedliches Zusammenleben mit anderen Völkern oder Aufgeschlossenheit Fremdartigem gegenüber nicht ausdrücklich zu ihren Erziehungszielen zu erklären. Aus solchen Vorgaben leiten sich jene affektiven Lernziele ab, die in der Programmatik des Fremdsprachenunterrichts ein ebenso beständiges und üppig wucherndes wie von der alltäglichen Praxis losgelöstes Dasein führen. Ihre Isoliertheit ist ein Problem, das auch für den kognitiven Lernprozeß Konsequenzen nach sich zieht. Der Schüler findet sich ständig neuen Lerninhalten ausgesetzt, die er nicht nur kognitiv, sondern auch affektiv verarbeiten muß, denn er stellt nun einmal eine psychische Einheit dar, die die Wissenschaft nur zum Zwecke der übersichtlicheren Darstellbarkeit in "Bereiche" aufspaltet. So beinhaltet jede "Kognition" zugleich mit dem "Wissensbestand" auch Meinungen, Überzeugungen und Werte. Widersprechen sie den Strukturen, die im Lernenden bereits vorhanden sind, dann kann das ihre Integration beeinflussen.

Ebenso wie andere bezeichnet Piaget die Affektivität als unverzichtbare Energiequelle für den reibungslosen Ablauf von Erkenntnisprozessen.[1] Geistige und emotionale Entwicklung des Kindes verlaufen seiner Meinung nach parallel zueinander, so daß jedes Stadium der kognitiven Strukturierung einer neuen emotionalen Stufe entspricht.[2] Zwischen beiden besteht eine interagierende Verbindung,[3] und zwar eher im Sinne eines kreisförmig-dynamischen als eines linear-ursächlichen Zusammenhangs. Kognitionen lösen nicht nur bestimmte Affekte aus, sondern diese ziehen wiederum neue Kognitionen nach sich usw. Eine solche Fluktuation findet innerhalb einer Person, aber auch zwischen Personen und bezogen auf Objekte und Situationen statt, prägt also das gesamte menschliche Verhalten.

Nun führt der Fremdsprachenunterricht den Lernenden mit einer anderen Sprache und den Lebensbedingungen von deren Sprechern zusammen, also mit Kognitionen, die von seinem bisherigen Erfahrungsraum nicht unerheblich abweichen. Hier setzen fachdidaktische Überlegungen ein, die im allgemeinen davon ausgehen, die Beschäftigung mit Andersartigem fördere zugleich auch dessen Wertschätzung, so als gelänge es dem Mathematikunterricht, alle Schüler durch die bloße Begegnung mit der Mathematik zu deren Freunden zu machen. Es darf also nicht verwundern, daß die allzu oberflächliche wissenschaftliche Auseinandersetzung mit dem affektiven Bereich für viele Fremdsprachenlerner mit schmerzlichen Erfahrungen und für die Didaktik mit dem Versagen vor den eigenen Zielvorstellungen einhergeht.

Eine bedauerliche Angelegenheit, zumal die sozialpsychologische Forschung genügend Hinweise darauf gibt, daß sich Überzeugungen und Haltungen Heranwachsender gerade aufgrund ihres noch im Aufbau begriffenen und daher noch nicht in sich gefestigten Wertsystems leichter ändern lassen als die von Erwachsenen.

II

Dieses Wertsystem durchschaubar und zugänglich zu machen, bemüht sich die taxonomische Forschung. Sie will beabsichtigtes Schülerverhalten, verstanden als "Art und Weise, in der Individuen als Ergebnis der Teilnahme am Unterricht handeln, denken oder fühlen",[4] unter Berücksichtigung empirischer Überprüfungsmöglichkeiten kategorial und hierarchisch erfassen. Die von Krathwohl und Mitarbeitern entwickelte Taxonomie für den affektiven Bereich bietet sich daher an,[5] die für den Fremdsprachenunterricht entwickelten affektiven Lernziele durch die Zuordnung zu einzelnen Stufen zu präzisieren, bei der Auswahl von Meßverfahren für deren Überprüfung zu helfen, die Interpretation der Testergebnisse zu erleichtern, indem sie angibt, auf welcher Ebene seines Wertsystems sich der Lernende befindet und damit Schlußfolgerungen für weitere Unterrichtsschritte nahelegt.

Bei der Anwendung der Taxonomie sollte man sich allerdings vorab über einige Einschränkungen klarwerden:

1. Da Lernziele oft die Form von Feststellungen, Tatsachenbeschreibungen, Begründungen zu Sinn und Wert des Englischunterrichts annehmen, macht es mitunter Schwierigkeiten, die Ebene zu bestimmen, auf die sie tatsächlich zielen. Es empfiehlt sich, die

Zuordnung nicht an den Unteraufteilungen der Hauptstufen, sondern an diesen selbst zu orientieren, um "das Niveau der Klassifikation auszuwählen, das der Formulierung des Lernziels am wenigsten Gewalt antut".[6]

2. Trotz dieses Spielraumes bleiben Systematisierungsunsicherheiten und Einstufungsdiskrepanzen nicht ganz aus, da die Wertvorstellungen der Lernzielautoren oft nur ungenügend erklärt werden. Probleme verursacht infolgedessen die Klassifikation solcher Zielvorstellungen, die lediglich aus einem knappen Satz oder gar einzelnen Begriffen bestehen, so daß die darin enthaltenen Ergebnisse von der untersten bis zur höchsten Ebene reichen können.[7] Lassen sich aus den Formulierungen hinreichende Bedingungen des angestrebten Verhaltens nicht mit Sicherheit ableiten, dann wird man sich mit notwendigen Voraussetzungen begnügen müssen: was ein "Weltbürger" zu tun hat, ist schwer zu sagen, leicht aber einzusehen, daß er als solcher kaum gelten kann, wenn er Fremdartiges rigoros ablehnt.

3. Eine Taxonomie hat kaum die Absicht oder gar die Aufgabe, eventuell vorhandene Theorien der Lernzielautoren in das gleiche verhaltenstheoretische Raster zu zwängen, sondern will lediglich Grad der Internalisierung und Komplexität angeben, auf dem ein überprüfbares Verhalten steht, das sich aus einer bestimmten Zielvorgabe als für deren Erfüllung notwendig - oder besser hinreichend - ableiten läßt.

Die Verfasser der Taxonomie heben ausdrücklich hervor, die Trennung von kognitivem und affektivem Bereich sei lediglich aus analytischen Gründen entstanden. Eine grundsätzliche Trennung könne es nicht geben, da sich menschliches Verhalten immer in einem kognitiv-emotional-motivationellen Kontext abspiele.[8] Kognitive Lernziele, die z.B. Denken, Problemlösen, Begriffsbildung und in begrenztem Maße kreatives Denken betreffen, besitzen demnach auch zugleich entsprechende emotionale Komponenten, die im affektiven Bereich von der Aufmerksamkeit für bestimmte Phänomene bis zur Prägung menschlichen Verhaltens durch Einstellungen und Haltungen reichen.

III

Während sich die kognitive Dimension nach dem Prinzip der Komplexität aufbaut - d.h. einfache Verhaltensweisen verstehen sich als Teil von komplexen - folgt die Struktur der affektiven Dimension dem Prinzip der Internalisation, in deren Verlauf einfache Werthaltungen allmählich Bestandteil von Strukturen, ja des Gesamtsystems der Persönlichkeit werden.

Eine Analyse der beiden Bereiche verdeutlicht, analog zu Piagets funktionalem Parallelismus, die Verzahnung von kognitiven und affektiven Stufen. Ohne im einzelnen auf die untergeordneten Rubriken einzugehen, sehen die Hauptgliederungen folgendermaßen aus:[9]

Der in vielen Lernzielen anvisierten kognitiven Stufe "Wissen" (K n o w l e d g e) entspricht die unterste affektive Ebene "Aufnehmen" (R e c e i v i n g). Man kann diese als Voraussetzung des Wissenserwerbs verstehen, denn im allgemeinen kommt es auf die weitgehend von früheren Erfahrungen abhängende Bereitschaft an, überhaupt etwas zur Kenntnis zu nehmen, damit die Aufmerksamkeit erst einmal auf einen bestimmten Lerngegenstand oder -inhalt fällt.

Hier lassen sich Lernziele noch recht eindeutig zuordnen, weil sie vorrangig die Kenntnis verschiedenster Phänomene beinhalten und eine klare Verbindung zur Stufe "Wissen" besteht. Die Überprüfungsmöglichkeiten, zu denen die Taxonomie ja ebenfalls beitragen will, sind dementsprechend offensichtlich, was nicht für alle folgenden Kategorien gleichermaßen gilt. Die fremdsprachendidaktische Relevanz des taxonomischen Zugriffs soll auf den nächsten Seiten an einer Auswahl von Lernzielen, Meßinstrumenten und Testergebnissen illustriert werden, die auf eine vor einigen Jahren durchgeführte empirische Studie zurückgehen.[10]

Auf der Ebene "Aufnehmen" angesiedelte Lernziele wie "Die Schüler lernen Lebensformen der Mitmenschen in den Nachbarländern kennen"[11] oder die Schüler sollten "mit den wesentlichen Lebensäußerungen des fremden Volkes, mit seinen Einrichtungen auf politischem, wirtschaftlichem und sozialem Gebiet" bekannt gemacht werden,[12] lassen sich am geeignetsten mit einem Wissenstest überprüfen, der in der genannten Untersuchung Kenntnisse über England und seine Bewohner abfragt. Der nach dem Prinzip der logischen Validität erstellte und in verschiedenen Vorstudien auf Schwierigkeitsgrad und Trennschärfe hin erprobte Multiple-Choice-Fragebogen[13] enthält Fragen zu kulturellen Gegebenheiten, sozialen Einrichtungen, alltäglichen Verhaltensmustern und Gewohnheiten, geschichtlichen, geographischen und gesellschaftlichen Aspekten sowie Einstellungen und Werten.

Betrachtet man die Testergebnisse, so zeichnet sich bereits auf der untersten Stufe im affektiven Bereich eine Auswirkung des Englischunterrichts ab, die auf den höheren Ebenen noch ausgeprägter hervortreten wird und mit der fachdidaktische Experten offenbar nicht rechnen: Schüler, die sprachlich versagen und deshalb eine schlechte Note bekommen, wenden ihre Aufmerksamkeit erst gar nicht dem Volk der Zielsprache zu. Andererseits bringt viel Wissen über die Engländer nicht automatisch auch gute Englischkenntnisse und eine entsprechend überdurchschnittliche Zensur mit sich. Wissenstest und Note in Englisch, die aus Vergleichsgründen ebenfalls erhoben wurde, messen demnach bei guten, mittelmäßigen und ausreichenden Schülern verschiedene Merkmale, deuten jedoch bei denen mit den größten Schwierigkeiten in dieselbe negative Richtung.

IV

Die zweite und höher liegende taxonomische Stufe im affektiven Bereich heißt "Reagieren" (R e s p o n d i n g). Sie reicht über das bloße Beachten eines Sachverhaltes insofern hinaus, als nun eine aktive Zuwendung stattfindet, die jedoch nicht der eigenen Überzeugung zu entspringen braucht.

Im kognitiven Bereich haben wir es auf demselben Niveau mit "Verstehen" (C o m p r e h e n s i o n) zu tun, das mehr als bloßes Lernen von Inhalten erfordert: Der Schüler muß diese nun selber verarbeiten, um sie in anderen Situationen mit Hilfe bestimmter Techniken anwenden zu können.

Die für "Reagieren" in Frage kommenden Lernziele wirken bereits komplexer und abstrakter, lassen sich folglich auch nicht mit den gleichen Verfahren wie die auf der Ebene "Aufnehmen" testen. Bei ihnen geht es vor allem um utilitaristische Gesichtspunkte des Fremdsprachenerwerbs, wie die Einsicht in den Nutzwert des Englischen für beruflichen und sozialen Status, für weiterführende Ausbildungsgänge, Reisen und Handelskorrespondenz und für wirtschaftliche und politische Zusammenarbeit.

In der genannten empirischen Untersuchung kommen in Anlehnung an den von Gardner und Lambert entwickelten Index zur instrumentellen

Orientierung[14] Fragen zu solchen Nützlichkeitserwägungen vor, um herauszufinden, inwieweit Schüler diese tatsächlich nachvollziehen.

Die Daten enthüllen, daß Schüler, die sich schwer mit dem Englischen tun, Beschäftigungen vermeiden wollen, die Englischkenntnisse voraussetzen. Erfolg führt dagegen eher zur Aufgeschlossenheit gegenüber Tätigkeiten, bei denen man das Gelernte anwenden oder gar ausbauen kann. Je nach Erfolg oder Mißerfolg scheint der obligatorische Englischunterricht Zukunftsperspektiven nicht nur zu fördern, sondern auch zu hemmen. Wie sich auf den nächsten taxonomischen Stufen noch zeigen wird, setzen sich beide Tendenzen fort und wirken sich auf die Einstellungen zum Volk der Zielsprache aus, aber nicht immer im fremdsprachendidaktisch erwünschten oder erwarteten Sinne.

V

Auf der dritten affektiven Ebene, die die Bezeichnung "Werten" (V a l u i n g) trägt, wird an eine bestimmte Gegebenheit oder ein Verhalten ein Wertmaßstab angelegt. Die so gewonnenen Objektqualitäten oder -werte stellen positive bzw. negative Bezugspunkte im Umfeld der Person dar und können sowohl aus dem selbständigen Urteil des einzelnen, als auch aus der Übernahme gesellschaftlich gängiger Ansichten stammen, so daß beobachtetes Verhalten nur bedingt Rückschlüsse auf zugrundeliegende Einstellungen gestattet.

Jemand, der auf dem affektiven Internalisationsniveau in der Lage ist, zu einem Sachverhalt befürwortend oder ablehnend Stellung zu nehmen und der beginnt, sich entsprechend zu verhalten, muß kognitiv über Methoden und Prinzipien der Abstraktion verfügen, um seine Urteile auf unbekannte Sachverhalte übertragen und Wertkonflikte lösen zu können. Die hierfür erforderlichen Operationen setzen einen größeren Abstand zu den erworbenen Inhalten voraus und gehören im kognitiven Bereich zur "Anwendung" (A p p l i c a t i o n).

Nach den bisherigen Ausführungen verwundert es nicht, daß diese dritte taxonomische Stufe aufwendigere Meßinstrumente verlangt als die beiden vorhergehenden, sind doch die hier laut Lernzielformulierungen erwarteten günstigen Einstellungen zu Engländern und anderen Völkern nicht mehr unmittelbar am Verhalten überprüfbar.

Ein bekannter Einstellungstest[15] geht z.B. davon aus, daß sich die Wertschätzung, die eine Person einer bestimmten Gruppe von Leuten entgegenbringt, darin äußert, wie eng sie mit ihr zusammenleben möchte. Jedoch brauchen die geäußerten Absichten nicht in jedem Falle mit den in der konkreten Situation ausgelösten Reaktionen identisch zu sein; denn die nun wertend konstatierten Objektqualitäten sind weit vielfältiger und widersprüchlicher als diejenigen, die man sich in einer fiktiven Situation vorstellt.

Bei dem in Rede stehenden Meßinstrument handelt es sich um die Soziale Distanz Skala von Bogardus, die anhand gleichweit voneinander entfernter, repräsentativer Verhaltensabsichten die affektive, zwischen positiv und negativ liegende Beurteilung eines Bezugsobjekts feststellen will. Diese Verhaltensabsichten sind so angelegt, daß die Zustimmung z.B. zum dritten Item ohne Zustimmung zu den beiden vorhergehenden logisch nicht möglich ist. Aus dem erreichten Punktwert soll also möglichst genau die Intensität der zu messenden Einstellung hervorgehen.

Das Konzept der sozialen Distanz taucht in der soziologischen und sozialpsychologischen Literatur immer dann auf, wenn es um den Grad zwischenmenschlicher Beziehungen oder um das Verhältnis von Sozialgebilden und deren Abstand zueinander geht. Dieser äußert sich nicht nur in Raum und Zeit, sondern auch als "Erlebnistatbestand" zwischen Menschen, d.h. als das, was sie füreinander oder wie "wirklich" sie sich gegenseitig empfinden, wie nahe sie den anderen an sich heranlassen, in ihrem Lebenskreis dulden.

Zur Einstufung der Engländer im Vergleich zu anderen Völkern kann man einen Präferenzindex errechnen, der sich in der durchgeführten Studie auf Italiener, Spanier und Türken bezieht und sich ergibt aus

Punktwert Engländer : Mittelwert der Punktwerte der übrigen Völker.

Ist er kleiner als "1", kommen die Engländer schlechter als die anderen weg, ergibt er "1", genießen alle die gleiche Wertschätzung, liegt er über "1", dann stehen die Engländer in der Gunst am höchsten.

Wie bereits auf der Stufe "Reagieren" angedeutet, ziehen von den mit dieser Skala getesteten Schülern besonders die in Englisch leistungsschwachen, die auch kaum etwas über die Engländer wissen, die Aufmerksamkeit auf sich: sie halten nicht viel vom Volk der Zielsprache. Dagegen äußern sich in Englisch gute Schüler, die zugleich gute Kenntnisse über England besitzen, in Erdkunde und Geschichte ebenfalls überdurchschnittlich stehen und sich eifrig aus den Medien informieren, sehr aufgeschlossen über die Engländer.

Der Präferenzindex ergänzt diesen Befund. Während sich eine Gruppe der Befragten gleichermaßen vertraut allen ethnischen Gruppen gegenüber äußert, stuft eine andere jede von ihnen günstiger ein als ausgerechnet diejenige, deren Sprache sie nun schon im fünften Jahr lernt. Außerdem gibt es noch Schüler, die die Engländer allen anderen vorziehen und sich dabei scheinbar an gängige Klischeevorstellungen anpassen. Offenbar gelingt es ihnen nicht, eigenständig zu urteilen oder aber sie projizieren ihren Erfolg im Englischunterricht auf die Zielgruppe, ohne daß anderssprachige Gemeinschaften von dieser affektiven Zuwendung profitierten. Hier kommt es bereits auf den Zusammenhang an, in den Objektqualitäten eingehen - ein Vorgang, auf den sich das Interesse der nächsten taxonomischen Ebene richtet.

VI

Die vierte übergeordnete Stufe des affektiven Bereichs markiert den beginnenden Aufbau eines Wertsystems und nennt sich "Organisation" (O r g a n i z a t i o n). Je häufiger sich der Lernende in Situationen befindet, für die mehr als nur ein Wert gelten kann, muß er die Beziehungen einzelner Wertvorstellungen untereinander klären, sie gegeneinander abwägen und dann einordnen. Hierbei handelt es sich um ein langwieriges Unterfangen, das ständigen Veränderungen unterworfen bleibt.

Um den Stellenwert eines neu hinzukommenden Wertes innerhalb bereits vorhandener oder künftiger zu erkennen, muß er analysieren, differenzieren, abstrahieren und verallgemeinern können. Dieser

Teilprozeß von "Organisation" wird als "Begreifen eines Wertes" (C o n c e p t u a l i z a t i o n o f a V a l u e) bezeichnet und entspricht auf dem kognitiven Kontinuum "Analyse" (A n a l y - s i s) und "Synthese" (S y n t h e s i s). Hier treffen die Fähigkeiten, einen Lerninhalt in seine Aspekte zu zerlegen, diese miteinander in Verbindung zu bringen und das zugrundeliegende Ordnungsprinzip herauszufinden, zusammen.

Die zweite Teilstufe von "Organisation" heißt "Organisation eines Wertsystems" (O r g a n i z a t i o n o f a V a l u e S y s - t e m) und setzt voraus, daß man unterschiedliche Wertvorstellungen sortieren, aufeinander abstimmen und zu einem Wertsystem aufbauen kann.

Zusammen mit der höchsten und letzten Stufe des Internalisierungsvorgangs "Charakterisierung durch einen Wert oder eine Wertstruktur" (C h a r a c t e r i z a t i o n b y a V a l u e o r V a l u e C o m p l e x) verläuft sie parallel zur obersten Ebene des komplexen Prozesses "Evaluation" (E v a l u a t i o n), die alle vorhergehenden Stufen des kognitiven Bereichs integriert.

Die Zielvorstellungen aus der fremdsprachendidaktischen Literatur betreffen auf der Ebene "Organisation" nicht nur Selbstbesinnung oder Selbstbestätigung, sondern auch Toleranz, Solidarität und Friedensliebe, um nur einige Beispiele dafür zu nennen, welches Wirkungsspektrum im Hinblick auf den einzelnen und auf andere dem Erlernen einer anderen Sprache zugeschrieben wird. Es liegt auf der Hand, daß dieses ein Meßverfahren allein nicht testen kann.

Nun ist es in der Einstellungsforschung durchaus gängig, nicht so sehr isolierte Einstellungen, sondern Einstellungskomplexe zu erfassen, die aus einer Vielzahl von logisch miteinander verbundenen Merkmalen bestehen und dadurch dem Anspruch, den auf der Stufe "Organisation" beginnenden Aufbau eines Wertsystems sichtbar zu machen, gerecht werden.

Die Testinstrumente, die hier in Frage kommen, haben alle gemeinsam, daß sich die in ihnen aufgenommenen Items zwar auf einzelne Einstellungsgegenstände richten, zu denen die Befragten ihre Überzeugungen äußern, der Testgesamtwert jedoch etwas über das als Syndrom gesehene übergeordnete Phänomen aussagen soll. Er zeigt demnach an, inwieweit bestimmte Einstellungen verinnerlicht und zu einer Struktur verknüpft worden sind.

Ein solches Verfahren scheint allerdings nicht ganz unproblematisch, verlangen doch die jeweiligen Testfragen von dem, der sie beantwortet, lediglich Akte des Wertens, gehen also, für sich betrachtet, nicht über die Stufe "Werten" hinaus. Lediglich die Theorien, auf denen ihre Auswahl basiert, erlauben, einen Zusammenhang, der sich statistisch für die Gesamtheit der jeweiligen Wertungsakte eines Testteils, eines ganzen Tests oder mehrerer Tests sichern läßt, auf ein bestimmtes, einem höheren taxonomischen Niveau angehörendes Konzept hin zu interpretieren.

Auch hinsichtlich des Testwertes ist Vorsicht geboten, denn er ergibt sich im allgemeinen als Summe der auf einem Antwortdifferential zu den einzelnen Items gewonnenen Punkte. Wenn jemand z.B. Europäer sehr, Afrikaner jedoch gar nicht mag, und sich ein anderer mehr für Holländer, Angolaner und Algerier, entschieden weniger jedoch für Deutsche, Schweizer und Marokkaner begeistert, so führt das in einem Fragebogen zur Messung ethnischer Einstellungen vielleicht zu gleichen Scores, geht aber nicht auf gleiche Wertkomplexe zurück.

Didaktische Aussagen wie, der Englischunterricht fördere Selbstbewußtsein, Selbstreflexion, Selbstachtung, Aufgeschlossenheit und Unvoreingenommenheit der Schüler und baue somit deren Minderwertigkeitsgefühle, Gruppenorientiertheit und soziale Konformität ab, lassen sich durch einen Unabhängigkeitstest überprüfen.[16] Dieser will feststellen, ob jemand dem Druck der Gruppenmeinung standhält und sich von Normen lösen kann, und gründet auf Annahmen die u.a. besagen, vom Gruppendruck unabhängige Personen seien empfänglich für neue, sogar scheinbar unpraktische Ideen und interessierten sich vorrangig für deren Originalität, sie schätzten eine Person vor allem als Individuum und nicht so sehr seiner oberflächlich gefälligen Eigenschaften wegen, sie ließen sich nicht gerne Anordnungen geben oder in eine Gruppe integrieren und wollten nicht unbedingt mit jedem gut auskommen, sie neigten dazu, ihr inneres

Leben und ihre Gefühle zu reflektieren und besäßen Einfühlungsvermögen.

Die von Fremdsprachendidaktikern angenommene Steigerung der Unabhängigkeit als Folge der Beherrschung einer Fremdsprache scheint bei den befragten Schülern nicht nachweisbar. Stattdessen kommt es offensichtlich auf Kenntnisse über das Volk der Zielsprache an. Diejenigen, die viel über die Engländer wissen, gleichzeitig auch in Englisch, Erdkunde und Geschichte gut stehen und sich auch über die Medien Informationen besorgen, äußern sich ausgesprochen unabhängig. Dieser Trend zur Unanfälligkeit gegen Gruppendruck nimmt zu, wenn die Englischzensur unberücksichtigt bleibt.

Wiederum zeichnet sich eine negative Entwicklung bei denen ab, denen das Fremdsprachenlernen schwerfällt und das Interesse an der Zielkultur verlieren. Ihre Minderwertigkeitsgefühle verleiten sie offenbar zu sozialer Konformität.

Gemäß anderen Lernzielen der Stufe "Organisation" soll der Schüler durch den Erwerb der anderen Sprache aus seiner provinziellen Abgeschlossenheit und kulturellen Begrenztheit herausgeführt werden, so daß er nicht nur Ähnliches und Vertrautes, sondern auch Andersartiges akzeptiert. Man spricht in diesem Zusammenhang von einem gering ethnozentrischen Verhalten.

Ethnozentrismus gilt als wesentliches Merkmal der "autoritären Persönlichkeit"[17]. Er versteht Gruppe als jegliche Formation von Leuten, sofern sie für den Betrachter eine psychologische Einheit darstellt. Hierunter fallen nicht nur Nationen, Volksgruppen, Klassen, politische Parteien, sondern Kriminelle ebenso wie Intellektuelle, Künstler oder Politiker. Sobald sich bestimmte persönliche Einstellungen mit diesen als sozialen Kategorien verbinden, führt dies zu einer Unterscheidung von "ingroup" als der Gruppe, mit der man sich verbunden fühlt, und "outgroup", die man als der Eigengruppe entgegengesetzt sieht. Entscheidend ist dabei die Identifikation, nicht so sehr die Mitgliedschaft, denn es kann sich eine Person durchaus mit einer Gruppe identifizieren, ohne ihr anzugehören bzw. auch bei formaler Mitgliedschaft ein Gefühl der Ausgeschlossenheit entwickeln. Als Charakteristikum für die ethnozentrische Ideologie erscheint die Ausschließlichkeit, mit der Außengruppen Ablehnung erfahren.

Die Ergebnisse des in der erwähnten empirischen Studie verwendeten Ethnozentrismustests[18] weisen auf das bereits bekannte Bild hin, daß sich der Englischunterricht ganz im Gegensatz zu seinen Absichten ungünstig auf die auswirken kann, die von ihm sprachlich überfordert werden. Dagegen reagieren Schüler, die viel über England wissen und an historischen, geographischen und tagespolitischen Ereignissen Interesse zeigen, ausgesprochen gering ethnozentrisch und sind auch resistenter gegen Gruppendruck.

Jemand, der Andersartiges willig akzeptiert, neigt auch dazu, tolerant zu sein. Das bestätigt ein ebenfalls auf der Ebene "Organisation" eingesetzter Toleranzfragebogen,[19] der zur Überprüfung entsprechender Lernziele Vorurteile allgemeiner Art, Intoleranz gegenüber Menschen anderer Religionszugehörigkeit, anderer Nationalität, gegenüber Minderheiten und anderes mehr mißt.

Wie sieht nun eine "tolerante" bzw. "intolerante" Persönlichkeit im Profil der hier skizzierten Meßinstrumente aus?

Die unmittelbare Verbindung zwischen Wissen und Aufbau eines Wertsystems zeigt sich darin, daß wenn sie tolerant ist, sie auch Unvoreingenommenheit und Unabhängigkeit vom Gruppendruck besitzt, sie die Engländer auf die gleiche Stufe mit den anderen Völkern stellt und einen hohen Kenntnisstand über sie ausweist. Ist sie intolerant, dann gibt sie nicht nur leicht Gruppendruck nach und äußert sich provinziell abgeschlossen, sondern beurteilt auch das Volk der Zielsprache, über das sie nicht besonders viel weiß, auffällig distanziert und steht zudem noch schlecht in Englisch. Ein Nichterreichen von Lernzielen auf den vorhergehenden taxonomischen Stufen scheint die Vorwärtsentwicklung innerhalb der hierarchischen Struktur zu blockieren und damit insgesamt zu gefährden.

VII

Dies beweist vor allem die höchste Internalisationsstufe im affektiven Bereich, die bereits genannte "Charakterisierung durch einen

Wert oder eine Wertstruktur". Die Wertvorstellungen nehmen jetzt einen festen Platz in dem Wertsystem des einzelnen ein und steuern sein Verhalten, ja können sogar einer Lebensphilosophie gleichkommen.

Parallel dazu geht es im kognitiven Bereich um "Evaluation" oder die Fähigkeit, Materialien, Methoden, Ideen anhand bestimmter Kriterien und Normen zu beurteilen. Beide Ebenen bedingen sich gegenseitig, wie das folgende Zitat unterstreicht:

At this, the highest level of the Affective Taxonomy, the relation between cognitive and affective processes becomes very pronounced. We can say that the man who has achieved a philosophy of life - a man who knows who he is - has arrived at this truth through painful intellectual effort in which the more complex processes of the Cognitive Taxonomy are clearly functioning.[20]

Kann Schulunterricht Ziele auf diesem Niveau überhaupt erreichen? Obwohl Zweifel hierüber selbst von den Autoren der Taxonomie angemeldet werden,[21] tauchen sie in den didaktischen und methodischen Handbüchern zum Fremdsprachenunterricht immer wieder auf. Wie läßt sich bei einem Schulabgänger feststellen, ob er eine "Beweglichkeit des Geistes" erreicht hat, "die es ihm ermöglicht, den Forderungen jeder Situation gerecht zu werden"?[22]

Es ist wohl nur denkbar, jemanden in der Form zu testen, daß man seine Einstellungen und Verhaltensabsichten herausfiltert, um von ihnen aus auf sein mögliches Gesamtverhalten zu schließen. Die von Krathwohl und seinen Mitarbeitern dafür vorgeschlagenen Meßinstrumente befriedigen in dieser Hinsicht nicht sonderlich und beherzigen auch nur unzureichend das Kriterium der Objektivität.

Einen Weg aus dem Dilemma weist das Aufzeigen von Zusammenhängen zwischen einzelnen Merkmalen der Stufe "Organisation". Sie können als Indikator für eine eventuelle "Charakterisierung durch einen Wert oder eine Wertstruktur" insofern dienen, als aus ihnen hervorgeht, inwieweit Wertkomplexe bereits verinnerlicht worden sind. Krathwohls Verständnis dieser Internalisationsebene deckt sich mit einem solchen Ansatz:

The generalized set may be thought of as closely related to the idea of an attitude cluster, where the commonality is based on behavioral characteristics rather than the subject or object of the attitudes.[23]

Die Schwierigkeit besteht nun darin, Zusammenhänge zwischen Variablen differenziert und doch übersichtlich darzustellen. Gewöhnlich verwendet man dafür zwei Prüfstatistiken, und zwar die Korrelationsrechnung und die Faktorenanalyse. Die erste von ihnen hat den Nachteil, kompliziertere, wie U-förmige Zusammenhänge, entweder gar nicht zu erkennen, oder, wenn sie z.B. Rangplätze analysiert, als solche nicht deutlich zu machen. Die zweite stellt Anforderungen an die Qualität der Daten (normal verteilte, echte Intervalldaten), die bei sozialwissenschaftlichen Untersuchungen selten vorliegt.

Ein im letzten Jahrzehnt gebräuchlich gewordenes Verfahren, die Konfigurationsfrequenzanalyse,[24] ermöglicht dagegen die Untersuchung selbst großer Datenmengen auf Zusammenhänge beliebig vieler Variablen hin, wobei selbst nominal skalierte Messungen berücksichtigt werden können.

Die Verteilungen der einzelnen Variablen werden zunächst in eine überschaubare Anzahl von Klassen eingeteilt (z.B. niedrige, normale, hohe Merkmalsausprägung, wobei die Grenzen beim 33. und 67. von insgesamt 100 Rangplätzen liegen), zwischen denen sich dann Kombinationsmöglichkeiten, "Konfigurationen" genannt, ergeben. Diese können als

Anzahl der Variablen x Anzahl der Klassen = Anzahl der Konfigurationen

bestimmt werden. Die Analyse will herausfinden, welche Konfigurationen überzufällig häufig bzw. unterzufällig selten besetzt sind, um auf diese Weise typische Merkmalsausprägungen sichtbar zu machen.

Eine Zusammenschau der verschiedenen, auf der Stufe "Organisation" eingesetzten und dort besprochenen Tests, ergibt für die oberste taxonomische Ebene folgende typische Merkmalskombinationen:

Eine Gruppe von Schülern, die stark utilitaristisch orientiert ist, sich zu den Engländern hingezogen fühlt, diese auf die gleiche Intimitätsstufe wie die übrigen Völker stellt, sich unabhängig vom

Gruppendruck äußert, kaum ethnozentrische und recht tolerante Meinungen vertritt und eine andere, die genau umgekehrt reagiert.

Interessanterweise tritt viel Wissen über die Engländer durchweg zusammen mit erwünschten positiven Merkmalen auf, während der Einfluß der Sprachbeherrschung weniger ausgeprägt in diese Richtung geht. Sie scheint die Schüler zur Bevorzugung der Engländer zu veranlassen, d.h. die Vertrautheit mit ihnen nimmt bei einer überdurchschnittlichen Englischnote stärker zu, als mit den restlichen Gruppen. Die Betroffenen erreichen demnach die Voraussetzungen für die Ebene "Charakterisierung" nicht in dem erhofften Maße.

Auch aus anderen Berechnungen geht eindeutig hervor, daß Kenntnisse über England mit der Verinnerlichung eines Wertsystems, das Toleranz anderen Völkern gegenüber und in verschiedensten Situationen einschließt, wesentlich enger verknüpft sind als die Fähigkeit, Englisch sprechen zu können. Zumindest auf diesem taxonomischen Niveau kommt der kognitiven Verarbeitung von Informationen, die laut Untersuchungsergebnissen nicht nur aus dem Englischunterricht, sondern ebenso aus den Fächern Erdkunde und Geschichte sowie den Medien stammen, eine entscheidende Bedeutung zu.

Zwar existieren auf den untersten Stufen des affektiven Bereichs Verbindungen zwischen Sprachbeherrschung und einigen in den Lernzielen angestrebten Verhaltensweisen, jedoch scheint sie die Integration einzelner Einstellungen nicht gleichermaßen zu beeinflussen, da sie dafür offenbar nicht ähnlich bewußte und komplexe kognitive Prozesse benötigt wie sie die Auseinandersetzung mit Inhalten erfordert.

Fremdsprachendidaktiker und -lehrer sollten jedoch angesichts der hier geschilderten teilweise ungünstigen Auswirkungen schulischen Fremdsprachenlernens auf bestimmte Schülergruppen nicht vorschnell resignieren, sondern sich nun gerade zur Entwicklung von Gegenmaßnahmen herausgefordert fühlen, denn die erwünschten positiven Folgen bleiben unbestritten. Will man wirklich a l l e Schüler gleichermaßen fördern, dann müssen Faktoren, die Mißerfolg verursachen, isoliert, analysiert, den Lernenden bewußt gemacht und innerhalb des Sozialsystems Schule trotz des abgesteckten Rahmens allmählich ausgeschaltet werden.[25]

Henning Düwell

6.2. Inhalte und Methoden der informellen Schülerbefragung im Fremdsprachenunterricht

1. Zur Begründung des Einsatzes von Schülerbefragungen

Soziales Lernen und individuelle Förderung des Schülers als sich nicht ausschließende, interagierende Bestandteile von Unterricht verlangen vom Lehrenden, daß er sich über eine Vielzahl von Faktoren und Prozessen sowohl über das Verhalten der gesamten Lerngruppe als auch über das Verhalten des einzelnen Schülers informiert. Damit verbunden, machen es Fragen der Differenzierung von Unterricht und des schülerzentrierten Unterrichts erforderlich, Informationen zur Ausprägung unterrichtsrelevanter Persönlichkeitsmerkmale, wie z.B. zur Einstellung der Schüler zu verschiedenen Bereichen eines Schulfachs, bereitzustellen. Die Feststellung bestimmter Schülermerkmale ist eine wesentliche Voraussetzung für die Einflußnahme auf Prozesse in der jeweiligen Lerngruppe.

Für die Ermittlung individueller Lernermerkmale gewinnt die Schülerbefragung immer mehr an Bedeutung. In der Bundesrepublik werden Befragungen zum Fremdsprachenunterricht mit größeren Schülerpopulationen inzwischen häufiger durchgeführt.[1] Dabei sind Informationen, wie z.B. die Einstellung von Schülern zu einer bestimmten Fremdsprache oder das Schülerurteil über ein Lehrwerk, allgemein: jede Schüleräußerung über den Fremdsprachenunterricht ist bei der Unterrichtsplanung von Bedeutung, wenn immer man versucht, Schüler individuell zu motivieren. Ziel solcher Befragungen muß es deshalb sein, die Einstellung von Schülern zu einzelnen Aspekten des Fremdsprachenunterrichts zu erfassen.

Einstellungen sind auf ein bestimmtes Objekt bezogen, wobei das jeweilige Objekt eine Sache, ein Sachverhalt, eine Person, eine Gesellschaft u.a. sein kann. Einstellungen beziehen sich als hypothetisches Konstrukt in ihrer k o g n i t i v e n Komponente auf unser Wissen, auf unsere Urteile und Meinungen, in ihrer a f f e k t i v e n Komponente auf unsere Gefühle und Werthaltungen und in ihrer k o n a t i v e n Komponente auf unser Verhalten (vgl. Triandis 1975:4).

Nicht nur Einstellungen von Schülern sind in einer Befragung zu ermitteln, sondern auch Interessen, Erwartungen und Tätigkeiten. Es ist offensichtlich, daß die Schülerbefragung eine wichtige Informationsquelle für den Fremdsprachenlehrer ist. Der vorliegende Beitrag soll dem einzelnen Fremdsprachenlehrer für die Durchführung einer informellen Schülerbefragung Anregungen geben. In Ermangelung formeller, d.h. standardisierter Fragebögen für den Fremdsprachenunterricht in der Bundesrepublik sollen mögliche Inhalte und Methoden der informellen Schülerbefragung diskutiert werden. Die bibliographischen Hinweise auf bereits vorhandene Fragebögen sind als weitere Orientierungshilfe gedacht.

2. Die Befragungsmethoden

Schülerbefragungen können als Interviews oder mit Hilfe eines Fragebogens durchgeführt werden. Da Einzelinterviews sehr zeitaufwendig sind, setzt man im allgemeinen einen Fragebogen ein. Bei der Erstellung eines Fragebogens, besonders bei der Formulierung der einzelnen Items, sind folgende Hinweise zu beachten:

- Der Autor eines Fragebogens sollte über die inhaltlichen Bereiche seines Fragebogens klare Vorstellungen haben. Besonders ist darauf zu achten, daß für die einzelnen Bereiche des Fragebogens die jeweils r e l e v a n t e n Fragen formuliert werden. Beim Sammeln der Fragen empfiehlt es sich daher, auf die Inhalte bereits erprobter Fragebögen zu rekurrieren und/oder mit Fachkollegen die Relevanz, Verständlichkeit und Eindeutigkeit einzelner Fragen zu diskutieren.

- Die Fragen sollten verständlich und eindeutig sein, damit die Befragten sie so verstehen, wie sie vom Autor des Fragebogens intendiert sind. Die Fragen dürfen nicht suggestiv sein.

- Die Inhalte der Fragen sollten die Interessen der Befragten berücksichtigen und diese unmittelbar ansprechen.

- In der Frageform ist zu unterscheiden zwischen o f f e n e n und g e s c h l o s s e n e n Fragen. Bei der offenen Frage formulieren die Befragten ihre Antwort frei, während bei der geschlossenen Frage vorgegebene Antworten anzukreuzen sind. Die offene Frageform hat den Vorteil, daß in den Antworten unerwartete, zusätzliche Informationen geäußert werden, an die der Autor bei der Formulierung der Items nicht gedacht hat. Der Nachteil dieser Frageform ist jedoch zweifach: a) Verbalisierungsschwierigkeiten, zumeist bei jüngeren Schülern, können das

Ergebnis verzerren, b) die verschiedenen Äußerungen erschweren die Auswertung[2]. Gerade wegen dieser beiden nicht unerheblichen Nachteile der offenen Frageform gibt man der geschlossenen Frageform oft den Vorzug. Die Wahl der einen oder anderen Form hängt aber im einzelnen von der Zielsetzung der jeweiligen Befragung ab. Man kann folglich eine Frage wie: W a r u m h a s t D u F r a n z ö s i s c h s t a t t L a t e i n g e w ä h l t ? entweder offen oder aber geschlossen formulieren, d.h. Antworten vorgeben, wie z.B.

☐ weil ich gern nach Frankreich fahre

☐ weil ich es später vielleicht für meinen Beruf brauche

☐ weil es eine lebende Fremdsprache ist

☐ weil es so schön klingt

☐ weil es eine Weltsprache ist.

Die Schülerantwort für Einstellungen, Interessen, Tätigkeiten u.a. kann auch mit Hilfe einer Antwortskala[3] zu einem Statement oder zu einer Frage ermittelt werden, vgl. hierzu folgende Beispiele:

a) für Einstellungen:

S p a n i s c h i s t e i n e s c h ö n e S p r a c h e

+3 ☐	+2 ☐	+1 ☐	-1 ☐	-2 ☐	-3 ☐
Stimme vollkommen zu	Stimme zu	Stimme etwas zu	Lehne etwas ab	Lehne ab	Lehne vollkommen ab

Die an einem Punkt anzukreuzende Skala kann noch durch die Antwort "keine Meinung" oder "Weiß nicht" (= 0) ergänzt werden.

b) für Interessen:

I c h b e s c h ä f t i g e m i c h a u c h a u ß e r h a l b d e r S c h u l e m i t E n g l i s c h .

Antwortskala:

5 ☐	4 ☐	3 ☐	2 ☐	1 ☐
Sehr gern	Gern	weder gern noch ungern	ungern	sehr ungern

c) für Tätigkeiten:

H a s t D u i n D e u t s c h l a n d K o n t a k t m i t F r a n z o s e n ?

Antwortskala:

5 ☐	4 ☐	3 ☐	2 ☐	1 ☐
Sehr oft	Oft	Manchmal	Selten	Nie

Der Vorteil der Skala gegenüber einer Alternativantwort (Ja/Nein) liegt darin, daß sie dem Schüler Gelegenheit zu einer genaueren Antwort gibt und daß dadurch der interindividuell unterschiedliche Grad der Ausprägung einer Einstellung usw. besser ermittelt werden kann.

3. Probleme einer Schülerbefragung

Methodische Unzulänglichkeiten einer Schülerbefragung können ihr Ergebnis verfälschen. Die Gefahr hierzu besteht besonders dann, wenn man die oben genannten Hinweise zur Erstellung eines Fragebogens nicht beachtet, d.h. wenn z.B. im Hinblick auf den Gegenstand und/oder auf die Adressatengruppe inadäquate Aufgaben formuliert werden oder durch ungeschickte Formulierungen die Aufgaben nicht eindeutig sind. Darüberhinaus können methodische Unzulänglichkeiten bei der Durchführung der Befragung auftreten, wenn z.B. die Schüler sich bei der Bearbeitung der Aufgaben beeinflussen und somit die individuelle Meinung verfälscht wird.

Selbst wenn eine Schülerbefragung keine methodischen Unzulänglichkeiten aufweist, sind ihre Verwendung und die Konsequenzen, die aus ihr gezogen werden, zu problematisieren. Der Lehrer kann nämlich aufgrund des Befragungsergebnisses eine bestimmte Erwartungshaltung gegenüber dem Lernverhalten der einzelnen Schüler entwickeln. Die Schüler wiederum verhalten sich in ihrer Leistung nach der Erwartungshaltung ihres Lehrers, ein Mechanismus, der als Pygmalioneffekt bekannt ist.

Mit den möglichen Auswirkungen einer Schülerbefragung ist die Frage nach der Relevanz einer Schülerbefragung zu stellen. Die oben angesprochenen Probleme schränken den Wert der einzelnen Schülerbefragung in einer kleinen Lerngruppe ein. Die einzelne Schülerbefragung kann, sofern ihr nicht weitere in regelmäßigen Abständen folgen, nicht der Dynamik des Lehr- und Lernprozesses gerecht werden und hierzu aus der Schülerperspektive geeignete Informationen liefern. Um den komplexen Prozeß des Lehrens und Lernens mit seinen zahlreichen, z.T. interagierenden Faktoren in seiner Dynamik in der Wahrnehmung durch den Schüler zu ermitteln, bedarf es daher des Einsatzes von Schülerbefragungen in regelmäßigen Zeitabständen. Um die Zuverlässigkeit der Informationen zu erhöhen, sollten zur Schülerbefragung als weitere Informationsquellen das Interview und die Beobachtung im Unterricht durch den Lehrer treten[4].

Die Schülerbefragung und die genannten weiteren Informationsquellen werden zu einer wichtigen Grundlage der Schülerbeurteilung, wenn sie häufig eingesetzt und ihre Ergebnisse mit einer der Unterrichtskomplexität gerecht werdenden Umsicht interpretiert werden. Somit ist die Schülerbefragung eines der wesentlichen Hilfsmittel der Diagnostik des fremdsprachlichen Lehr- und Lernprozesses. Das Diagnostizieren und das Unterrichten sind wichtige "Handlungskategorien", die sich wechselseitig bedingen und die die Analyse und Beurteilung von Schülerleistungen in der diesen gebührenden komplexen Umsicht begreifen müssen[5].

4. Allgemeine Inhalte einer Schülerbefragung

In jeder fachspezifischen Schülerbefragung lassen sich je nach Zielsetzung pädagogisch allgemein relevante Daten miterfassen, mit deren Hilfe man das Untersuchungsergebnis in ein fächerübergreifendes und/oder außerschulisches Bedingungsfeld einordnen kann[6].

Ein möglicher allgemeiner Inhalt eines fachspezifischen Fragebogens ist z.B. die Frage nach dem Stellenwert der einzelnen Fächer im Schülerbewußtsein. Welche Bedeutung Schüler dem einzelnen Schulfach beimessen, läßt sich durch die Vorgabe von Rangplätzen ermitteln, auf denen die Schüler ihre Fächer eintragen:

Nenne Deine Fächer in der Reihenfolge, wie sie für Dich am wichtigsten sind:

1. ________ 2. ________ 3. ________

etc.

Die Schülerbefragung von A. Schütt z.B. liefert hierzu ein interessantes Ergebnis. Wie die Analyse der Fächernennungen lediglich für den ersten Rangplatz ergab, wurde Deutsch am häufigsten an erster Stelle genannt, es folgten Mathematik, Sozialkunde, Politik, Englisch, Biologie, Französisch und andere Fächer[7]. Die Bedeutung des einzelnen Schulfaches innerhalb des Fächerkanons läßt sich für eine bestimmte Schülergruppe anhand solcher Ergebnisse übersichtlich darstellen.

Die Relevanz des jeweiligen Faches kann man auch durch Gegenüberstellung zu allen anderen Fächern wie folgt erfassen:

Ich finde, Englisch ist

☐ interessanter als die meisten anderen Fächer

☐ ebenso interessant wie die meisten anderen Fächer

☐ nicht so interessant wie die meisten anderen Fächer.

Die Aussage eines solchen Befragungsergebnisses ist allerdings globaler als im vorgenannten Beispiel.

Als weitere allgemeine Daten einer fachspezifischen Schülerbefragung können Angaben zur sozialen Schichtenzugehörigkeit[8], zu Alter und Geschlecht sowie zu den Noten erfragt werden. Diese Individualdaten lassen sich bei der Auswertung des Fragebogens zu den einzelnen Antworten in Beziehung setzen. Auf diese Weise kann man feststellen, ob die Antworten z.B. alters- oder geschlechtsspezifisch sind.

Möglich sind in diesem allgemeinen Bereich auch Fragen zur Einstellung gegenüber der jeweiligen Schule, denn die Qualität der allgemeinen Einstellung gegenüber einer Schule und ihrem sozialen Klima kann sich auf die fachspezifische Einstellung übertragen[9].

Seitz/Bräth (1970:172 ff.) haben auf der Grundlage des School Inventory von Bell einen Fragebogen zur "Prüfung kritischer Einstellung gegenüber der Schule" entwickelt. Hieraus einige Items als Beispiel:

"Ich bin der Meinung, daß diese Schule zu streng mit den Schülern verfährt."

"Ich glaube, daß diese Schule zu viel Wert auf Leistungen legt."

"Ich glaube, daß diese Schule mich unglücklich macht."

Weitere allgemeine, fachübergreifende relevante Einstellungen, wie z.B. zum Leistungsdruck, zum Wettbewerb, zum Unterrichtsverlauf, zur Anonymität (vgl.: "Es gibt bei uns kaum Möglichkeiten, eine schlechte Note wieder auszugleichen" / "In unserer Klasse versucht jeder Schüler, besser zu sein als der andere" / "Es dauert bei uns meist sehr lange, bis alle Schüler zur Arbeit bereit sind" / "In dieser Schule geht man unbeachtet in der großen Schülerzahl unter") finden sich bei Schwarzer (1979:146 ff.). Wenn man wissen will, wie man von seinen Schülern wahrgenommen und beurteilt wird, so kann man ihnen z.B. ein "Lehrerzeugnis" vorlegen, das für verschiedene Verhaltensmerkmale (z.B.: "spricht klar und deutlich" / "kriegt mit, was in der Klasse los ist" / "hat selber Spaß am Unterricht") jeweils eine Notenskala und Bemerkungen vorsieht[10].

Zur Beurteilung des Unterrichtsstils des Fremdsprachenlehrers durch den Schüler hat Alun L. W. Rees (1970) einen Fragebogen entwickelt. Fragen wie die folgenden sollen den Fremdsprachenlehrer darüber informieren, in welchen Unterrichtsbereichen sein Verhalten von den Schülern als nicht situationsadäquat angesehen wird.

"How satisfactory were explanations of new material?

☐ a. confused

☐ b. a little confused

☐ c. fair

☐ d. clear

☐ e. very clear",

oder:

"What is your opinion of the teacher's articulation?

☐ a. very clear

☐ b. clear

☐ c. fairly clear

☐ d. a little indistinct

☐ e. indistinct",

oder:

"Do you think the teacher actually likes teaching?

☐ a. definitely

☐ b. probably

☐ c. perhaps

☐ d. rather unlikely

☐ e. very unlikely".

Ähnliche Fragen sind enthalten im Fragebogen von Bamberger (1955).

5. Befragungsbereiche im Fremdsprachenunterricht

Umfang und Inhalt eines Schülerfragebogens hängen von der Zielsetzung der einzelnen Befragung ab. Im folgenden werden Bereiche des Fremdsprachenunterrichts genannt, die Gegenstand einer Schülerbefragung sein können[11]:

1. Gründe für die Wahl einer Fremdsprache

2. Kommunikative Bedürfnisse der Schüler

3. Einstellung zu den Bewohnern des Landes der Zielsprache

4. Einstellung zur Fremdsprache

5. Einstellung zur Methode und das Interesse an der Methode

6. Interesse an den Themen des Unterrichts

7. Einstellung zu den Sozialformen des Unterrichts

8. Einstellung zur Unterrichtsorganisation

9. Einschätzung der eigenen kommunikativen Kompetenz

10. Study Habits

11. Anwendung der Fremdsprache in außerschulischen Realsituationen.

5.1. Gründe für die Wahl einer Fremdsprache

Sofern die Fremdsprache, die Gegenstand des Fragebogens ist, neben einer anderen Fremdsprache zur Wahl stand, kann nach den Motiven für die Wahl der betreffenden Fremdsprache gefragt werden. Diese Frage kann auch den Vergleich mit einer anderen Fremdsprache implizieren. Zu der geschlossenen Frage *Warum hast du Englisch statt Französisch gewählt?* könnte man folgende Antworten vorgeben:

☐ weil man sich mit Englisch überall verständigen kann

☐ weil ich lieber nach England als nach Frankreich fahren möchte

☐ weil ich England interessanter als Frankreich finde

☐ weil Englisch leichter ist als Französisch

☐ weil meine Eltern es wünschten.

Statt nach einer vergleichenden Stellungnahme kann man auch ex negativo nach den Motiven fragen, die zur Ablehnung der einen oder anderen Fremdsprache führten:

Warum hast Du Französisch nicht gewählt?

☐ weil ich es für meinen Beruf wahrscheinlich nicht brauche

☐ weil es zu schwer ist

☐ weil ich mich für Frankreich nicht interessiere.

Im Falle wählbarer Fremdsprachen wäre für einen Rückblick auf die Lernerfahrungen in der jeweiligen Fremdsprache auch die folgende Frage aufschlußreich:

Wenn Du noch einmal zwischen Sprache X und Sprache Y wählen könntest, würdest Du dann wieder Sprache X statt Sprache Y wählen?[12]

Da diese Frage über die Gründe für konstantes bzw. wachsendes Interesse oder aber zunehmendes Desinteresse Aufschluß geben kann, ist hier die freie Beantwortung einer bloßen Ja/Nein-Antwortform vorzuziehen.

5.2. Kommunikative Bedürfnisse der Schüler

Um zu erfahren, was Schüler mit der fremden Sprache gegenwärtig und, sofern sie dies aufgrund ihres Lebensalters bereits realistisch einschätzen können, zukünftig speziell machen wollen, welche kommunikativen Bedürfnisse sie im Hinblick darauf haben, sich in der fremden Sprache mündlich oder schriftlich mitzuteilen bzw. sie hörend oder lesend in bestimmten Kommunikationssituationen zu verstehen, können die folgenden Aufgaben in einer Schülerbefragung vorgelegt werden[13].

Für wie wichtig hälst Du es, die folgenden Äußerungen in der französischen Sprache verstehen und ausdrücken zu können?

A Mit anderen Personen Kontakt aufnehmen können	Sehr wichtig	Wichtig	Weniger wichtig
1. Jemand begrüßen und einen Gruß erwidern	☐	☐	☐
2. Sich vorstellen			
3. Jemand vorstellen	☐	☐	☐
4. Sich nach dem Befinden einer anderen Person erkundigen bzw. als Angesprochener darauf erwidern können	☐	☐	☐
5. Jemand um einen Gefallen bitten und sich dafür bedanken	☐	☐	☐

B Informationen einholen und erteilen	Sehr wichtig	Wichtig	Weniger wichtig
1. Sich nach dem Weg erkundigen bzw. einen Weg beschreiben	☐	☐	☐
2. Bei einem englischen Verkehrsbüro über eine Stadt schriftlich Prospekte anfordern	☐	☐	☐
3. In einem französischen Restaurant sich nach der Zusammenstellung eines Menüs erkundigen	☐	☐	☐

C Seine Gefühle ausdrücken	Sehr wichtig	Wichtig	Weniger wichtig
1. Freude ausdrücken	☐	☐	☐
2. Enttäuschung ausdrücken	☐	☐	☐

	Sehr wichtig	Wichtig	Weniger wichtig
3. Mitleid ausdrücken	☐	☐	☐
4. Sympathie ausdrücken	☐	☐	☐

5.3. Einstellung zu den Bewohnern des Landes der Zielsprache

Um das Schülerurteil über ein anderes Volk zu erfassen, kann man z. B. folgende Aufgaben vorgeben:

Was weißt Du über die Engländer?
oder
Wie stellst Du Dir die Engländer vor?

Man kann aber auch positive und negative Ausdrücke vorgeben, aus denen die Befragten die ihrer Meinung nach typischen Eigenschaften der Bewohner des Landes der Zielsprache auswählen. Hierzu einige Beispiele:

materiell eingestellt / gastfreundlich / konservativ / genußsüchtig / umgänglich / korrekt / Gangster / faul / fanatisch / arrogant / redegewandt / humorvoll[14].

Gegenstand einer Befragung kann innerhalb dieses Bereichs auch der Grad der Bereitschaft sein, mit den Bewohnern des anderen Landes Kontakt aufzunehmen. Hierzu gehören z.B. Fragen nach den Motiven zukünftiger Aufenthalte in dem betreffenden Ausland oder aber Fragen zum Schüleraustausch[15].

Die Aufnahme dieses sozialpsychologisch ausgerichteten Bereichs in einen Fragebogen für den Fremdsprachenunterricht läßt sich mit empirisch gewonnenen Untersuchungsergebnissen begründen, denen zufolge der Erwerb einer Fremdsprache und eine positive Einstellung gegenüber den Bewohnern des Landes der Zielsprache in einem positiven Zusammenhang stehen können[16].

Der sozialpsychologische Bereich des Fremdsprachenerwerbs in einem Schülerfragebogen ist allerdings problematisch, weil die Aufgaben stereotype Vorstellungen von den Angehörigen des Landes der Zielsprache provozieren oder festigen können. Es empfiehlt sich daher, mit den Schülern über die Entstehung und die möglichen Folgen solcher stereotypen Vorstellungen zu sprechen.

5.4. Einstellung zur Fremdsprache

In diesem Bereich können allgemeine Fragen, beispielsweise zum Gebrauchswert, zur Bedeutung als Weltsprache, zum Schwierigkeitsgrad in der Erlernbarkeit oder zum Wohlklang einer Fremdsprache gestellt werden. In Form von Statements kann man den Schülern Sätze vorlegen, die sie jeweils mit Hilfe einer Skala[17] zur Differenzierung des Grades ihrer Zustimmung bzw. Ablehnung beantworten:

F r a n z ö s i s c h k l i n g t s c h ö n .
Antwortskala:

+3 ☐	+2 ☐	+1 ☐	-1 ☐	-2 ☐	-3 ☐
Stimme vollkommen zu	Stimme zu	Stimme etwas zu	Lehne etwas ab	Lehne ab	Lehne vollkommen ab

Diese Skala kann noch durch die Antwort: "Keine Meinung" oder "Weiß nicht" (= 0) ergänzt werden.

Als weitere Items wären folgende Inhalte möglich:

E n g l i s c h i s t e i n e w i c h t i g e F r e m d s p r a c h e . (Antwortskala)

R u s s i s c h i s t s c h w e r z u l e r n e n . (Antwortskala)

S p a n i s c h i s t s c h w e r a u s z u s p r e c h e n . (Antwortskala)

E n g l i s c h k a n n m a n g u t v e r s t e h e n . (Antwortskala)

E s g e n ü g t , w e n n m a n R u s s i s c h v e r s t e h e n u n d l e s e n k a n n . (Antwortskala)

F r a n z ö s i s c h i s t w i c h t i g f ü r d e n s p ä t e r e n B e r u f . (Antwortskala)

Französisch ist nur wichtig für das Abitur. (Antwortskala)

Französisch ist leichter, als man denkt. (Antwortskala)

5.5. Einstellung zur Methode und das Interesse an der Methode

Hierzu sind folgende Beispiele möglich, für die Schülerantwort ist wiederum die in Abschnitt 5.4. genannte Skala zu verwenden:

Wenn die ganze Stunde nur Englisch gesprochen wird, komme ich nicht mehr mit. (Antwortskala)

Die neuen Wörter sollten manchmal auf deutsch erklärt werden. (Antwortskala)

Die Grammatikübungen sollten nicht immer so sinnlose Sätze enthalten. (Antwortskala)

Wenn wir eine Grammatikübung gemacht haben, weiß ich nie die Regel, wie man die neue Struktur anwenden soll. (Antwortskala)

Die Lehrbuchlektionen sollten nicht immer nach dem selben Schema eingeführt werden. (Antwortskala)

Das *Interesse* an einzelnen Unterrichtsverfahren kann man mit Hilfe der folgenden Antwortskala erfassen, die eine graduelle Differenzierung des Ergebnisses zuläßt. Bei einer Frage wie: *Machst Du gern Obungsaufgaben zur Grammatik?* kann der Schüler auf der folgenden Skala seine Antwort markieren:

5 ☐	4 ☐	3 ☐	2 ☐	1 ☐
Sehr gern	Gern	weder gern noch ungern	ungern	sehr ungern

Fragen mit dieser Antwortskala könnten z.B. sein:

Beantwortest Du im Englischunterricht gern Fragen zum Inhalt einer Lektion?

Liest Du im Englischunterricht gern laut?

Auf der Stufe des lehrwerkbezogenen Unterrichts lassen sich außerdem Fragen zur Beurteilung des jeweiligen Lehrwerks stellen. Hierzu könnten beispielsweise Fragen zur Progression, zu den Übungsmaterialien oder zur Aufmachung des Buchs gestellt werden[18].

Für Schülerbefragungen zum Medieneinsatz wird auf den Beitrag von Henrici (1973b:214 ff.) hingewiesen. Über Schülermeinungen zur Textinterpretation als Klassenarbeit berichtet Lübke (1971:89 f.).

5.6. Interesse an den Themen des Unterrichts

Da von den Themen des schulischen Lehrens und Lernens einer Fremdsprache eine wesentliche motivierende Kraft ausgeht, ist nach der Wirkung der Themen auf das Schülerinteresse zu fragen. Möglich sind in diesem Bereich die folgenden Aufgaben, wobei für die Schülerantwort wieder die Skala in Abschnitt 5.5. (Sehr gern/sehr ungern) eingesetzt werden kann:

Ich arbeite gern mit, wenn wir im Englischunterricht etwas über das Leben in London erfahren. (Antwortskala)

Ich arbeite gern mit, wenn wir uns mit innenpolitischen Problemen Englands beschäftigen. (Antwortskala)

Ich arbeite gern mit, wenn wir im Französischunterricht in unserem Lehrwerk in mehreren Lektionen etwas über das Leben einer französischen Familie erfahren. (Antwortskala)

Ich arbeite gern mit, wenn wir im Französischunterricht Texte über die Situation gleichaltriger französischer Schüler behandeln. (Antwortskala)

5.7. Einstellung zu den Sozialformen des Unterrichts

In einem kommunikativen Fremdsprachenunterricht ist der Unterricht nicht einseitig frontal durchzuführen, sondern es sollte in der Sozialform gewechselt werden. Da nicht alle Schüler bereit sind, phasenweise in Partner- oder Gruppenarbeit zu lernen, können in einer Schülerbefragung die entsprechenden Einstellungen der Schüler, etwa durch die folgenden Aufgaben (Antwortskala wie in Abschnitt 5.4.), ermittelt werden:

Ich kann im Französischunterricht nur lernen, wenn wir die ganze Stunde von unserem Französischlehrer angeleitet werden. (Antwortskala)

Ich finde, daß bei Gruppenarbeit zu viel Deutsch gesprochen wird. (Antwortskala)

Nur wenn ich mit meinem Freund Partnerarbeit machen kann, lerne ich etwas. (Antwortskala)

Ich finde, Gruppenarbeit gibt uns die Gelegenheit, selbständiger zu arbeiten. (Antwortskala)

Zu weiterführender Literatur, insbesondere zur Frage der Gruppenbildung und zur Durchführung eines Soziogramms, wird auf die Arbeiten von Schwerdtfeger (1977) und Schiffler (1980) verwiesen.

5.8. Einstellung zur Unterrichtsorganisation

In diesem Bereich sollen die Schüler z.B. den Zeitpunkt für den Beginn des Fremdsprachenunterrichts, die Stundenzahl, die Verteilung der Stunden innerhalb des Wochenplans oder aber Fragen zum Unterricht in besonders ausgestatteten Fremdsprachenräumen beurteilen:

Genügt Deiner Meinung nach die derzeitige Stundenzahl für Französisch?

☐ ja, weil ____________________

☐ nein, weil ____________________

5.9. Einschätzung der eigenen kommunikativen Kompetenz

Da der Lernende seinen Fremdsprachenerwerbsprozeß bewußt nachvollziehen können soll, was zweifellos eine Reflexion über den Unterricht voraussetzt, muß er in der Lage sein, seine kommunikative Kompetenz für die Bewältigung bestimmter Situationen selbst richtig einschätzen zu können. Der Lehrer erhält auf diese Weise eine Rückmeldung zur Wahl des Schwierigkeitsgrades bestimmter unterrichtlicher Aufgabenstellungen.

Zu diesem Bereich sind folgende Aufgaben möglich:

Du mußt in letzter Minute Deiner französischen Gastfamilie von Deutschland aus in französischer Sprache mitteilen, daß sich die Zeit Deiner Ankunft in Lyon geändert hat. Wie würdest Du diese Situation bewältigen?

Antwortskala:

4 ☐	3 ☐	2 ☐	1 ☐
Fehlerfrei und fließend	Fast ohne Fehler und annähernd fließend	Mit einigen Fehlern und langsamer Sprechgeschwindigkeit	Mit vielen Fehlern und vielen Pausen

Du bist mit deutschen Freunden, die kein Französisch können, in Frankreich in einem Restaurant und bestellst drei Menüs. Wie würdest Du diese Situation bewältigen? (Antwortskala wie oben)

Du hast Besuch aus England und zeigst ihnen Deine Stadt. Wie würdest Du diese Situation bewältigen? (Antwortskala wie oben)

Ihr habt mit Eurem Auto in Frankreich eine Panne. Da Du als einziger Französisch lernst, mußt Du der Werkstatt erklären, wie es zu dieser Panne kam. Wie würdest Du diese Situation bewältigen? (Antwortskala wie oben)

Derartige Aufgaben zur Selbsteinschätzung sollten auch auf andere Fertigkeitsbereiche bezogen werden, wie z.B. auf die schriftliche

Ausdruckfähigkeit oder das Hörverstehen. Um die Selbsteinschätzung zur sprachlichen Leistung der Schüler in Beziehung zu setzen, empfiehlt es sich, die Schüler *vor* der Bearbeitung von sprachlichen Aufgaben ihre Fähigkeit hierzu selbst einschätzen zu lassen.

Theoretische Erörterungen und weitere Aufgaben für einen Schülerfragebogen finden sich bei: Raasch (1979) und bei Vogel/Vogel (1980).

5.10. Study Habits

Schulische und außerschulische Lerngewohnheiten, der individuelle Arbeitsstil sowie Lernschwierigkeiten bilden die Inhalte dieses Bereichs. J. R. Wittenborn und R. P. Larsen (1944:420 ff. und 1945:449 ff.) haben hierzu umfangreiche Fragebögen entwickelt. Während sich ihre Fragebögen speziell auf die *Study Habits* im Fremdsprachenunterricht beziehen, ist der *Study Habits Questionnaire* von Leon A. Jakobovits (1970:278 ff.) inhaltlich verhältnismäßig allgemein und somit in vielen Items auf andere Fächer übertragbar.

Folgende Fragen sind in diesem Bereich möglich (für die Schülerantwort kann man zur stärkeren Differenzierung des Ergebnisses wieder eine Antwortskala vorgeben, diesmal bezogen auf die Häufigkeit verschiedener Tätigkeiten, Verhaltensweisen u.a.):

5 ☐	4 ☐	3 ☐	2 ☐	1 ☐
Sehr oft	Oft	Manchmal	Selten	Nie

Ich mache meine Hausaufgaben für Französisch mit Klassenkameraden. (Antwortskala)

Ich mache zuerst meine Hausaufgaben für Englisch. (Antwortskala)

Ich wiederhole zu Hause oft französische Vokabeln. (Antwortskala)

Ich höre englischsprachige Sender. (Antwortskala)

5.11. Anwendung der Fremdsprache in außerschulischen Realsituationen

Da Kontakte mit Ausländern das Interesse am Fremdsprachenunterricht fördern können, sollte sich der Fremdsprachenlehrer über derartige Kontakte seiner Schüler informieren. In diesem Bereich sind deshalb nicht nur Fragen zu Auslandsaufenthalten der Schüler, sondern auch der Eltern, Geschwister sowie der näheren Verwandten und Bekannten zu stellen, da der Schüler durch die Fremdspracheneinstellung und den Fremdsprachengebrauch innerhalb seines soziokulturellen Milieus zum Lernen einer Fremdsprache beeinflußt werden kann. Es sollten in diesem Bereich außerdem Fragen zu direkten Kontakten mit Ausländern innerhalb der Bundesrepublik sowie zu Briefkontakten[19] mit Ausländern gestellt werden.

Mögliche Fragen sind hierzu z.B. (für die Schülerantworten bietet sich hierfür die Antwortskala aus Abschnitt 5.10. an):

Warst Du schon einmal in England? (Antwortskala)

Hast Du in Deutschland Kontakt mit Amerikanern? (Antwortskala)

Hast Du einen französischen Briefpartner? (Antwortskala)

Nicht allein die während der Schulzeit ermittelte Anwendung der Fremdsprache in außerschulischen Realsituationen ist aufschlußreich, sondern auch die Anwendung der Fremdsprache nach dem Schulabgang. Man vergleiche hierzu die entsprechenden Fragen bei Stedtfeld (1976 und 1978).

6. Statistischer Selbstzweck oder Praxisrelevanz der Befragungsergebnisse?

Dienen die durch eine Schülerbefragung gewonnenen Informationen einem statistischen Selbstzweck oder lassen sich die Befragungsergebnisse in die Praxis umsetzen?

Schülerbefragungen werden von ihren Initiatoren immer mit bestimmten Zielvorstellungen durchgeführt, d.h. man will bestimmte inhaltliche und/oder methodische Bereiche des jeweiligen Unterrichts einer Revision unterziehen. Den Befragungsergebnissen kommt dabei ein hoher Informationswert zu, die einzelnen Ergebnisse der Befragung können bei Lehrenden und Lernenden zur Änderung von Meinungen und Verhaltensweisen beitragen.

Die besprochenen möglichen Inhalte eines Fragebogens für den Fremdsprachenunterricht können den Lehrer über die Existenz verschiedener Einstellungsfaktoren bei den Schülern seiner Klasse informieren. Sofern die Ergebnisse einer Befragung aussagekräftig sind, kann der Lehrer seinen Unterricht in den Bereichen, die Gegenstand einer Befragung waren, entsprechend den Befragungsergebnissen verändern. Dem Fragebogen kommt somit eine diagnostische Funktion zu, da mit seiner Hilfe die Lernmotivation und die Schülereinstellung zu verschiedenen Bereichen des Unterrichts analysiert und entsprechend individualisierende Förderungsmaßnahmen ergriffen werden können. Befragungen, die auch Anlaß für eine Analyse der gesamten Lerngruppe sein sollten, können aufgrund der Offenlegung von Informationen, die sonst ohne eine Befragung möglicherweise nicht so deutlich artikuliert worden wären, zur Verbesserung der Interaktion in der Lerngruppe beitragen.

Für die Praxis relevant und dem Unterricht förderlich scheint auch der nicht unwesentliche Begleitumstand zu sein, daß der Lernende durch die Bearbeitung eines Fragebogens zur Reflexion über den jeweiligen Fachunterricht aufgefordert wird. Eine wesentliche Voraussetzung für die Durchführung einer Befragung ist jedoch, daß die Befragten die Bearbeitung des Fragebogens ernst nehmen.

Wolfgang Stedtfeld

6.3. Lernmotivierung im Englischunterricht durch Anknüpfung an "Alltagssituationen"

1. Fremdsprachenlernbedarf - Lernmotivation

Für alle Bereiche und Stufen des Unterrichts in den neueren Sprachen versucht man in zunehmendem Maße, sprachliche Lernziele an dem tatsächlich gegebenen, grundsätzlich als empirisch ermittelbar geltenden Lernbedarf der jeweiligen Adressatengruppe zu orientieren und bei der Beschreibung der erforderlichen Kompetenz auszugehen von der Feststellung und Analyse gegenwärtiger und vorhersehbarer künftiger Nutzungsbezüge.

Informationen über die im Leben des einzelnen derzeitig eintretenden Verwendungssituationen schaffen die Grundlage für eine pragmatische, an bestehenden Erfordernissen und daraus ableitbaren voraussichtlichen Entwicklungen orientierte Auswahl und Begründung von Lernzielen. Einen zweiten Ausgangspunkt bilden die sich aus den Absichten, Wünschen und Erwartungen des einzelnen wie der Gesellschaft ergebenden Bedürfnisse.

Erklärtes Ziel aller Verfahren der Bedarfsermittlung ist also die Bereitstellung von Ausgangsdaten für curriculare Grundsatzentscheidungen. Es ist indes offenbar, daß dieser Aspekt der Curriculumkonstruktion eng mit Fragen der Motivation zusammenhängt, sind doch Intentionen und Inhalte des Unterrichts einer der Faktoren, die die fachspezifische Lernmotivation mitbestimmen. Einstellungen der Lernenden zu Zielen des Unterrichts sind unter anderem wesentlich davon abhängig, "ob die *Aufgabenbewältigung* als Lösungsverhalten im System *realer Person-Umwelt-bezüge erlebt* und geleistet wird, oder ob sie für den Schüler als *Ersatzhandlung* anstelle wirklichkeitsbezogener Lebensbewältigung tritt oder auch als Anpassungsleistungen an Schul- und Gesellschaftsanforderungen".[1] Der Informationswert kursadressaten- und situationsbezogener Lernbedarfsermittlungen auch im Zusammenhang mit motivationspsychologischen Überlegungen ist also deutlich. Resultate vorliegender Bedarfserhebungen sollen im folgenden vornehmlich unter dem Gesichtspunkt der darin enthaltenen Anregungen zur Förderung der Lernmotivierung betrachtet werden.

Dazu kann eine Reihe von Untersuchungen herangezogen werden, die verschiedene Adressatengruppen betreffen und sich unterschiedlicher Verfahren bedienen.[2] Hier soll exemplarisch auf der Grundlage dreier wegen ihrer methodischen Gemeinsamkeiten leicht vergleichbarer Untersuchungen die Frage nach ihrem Beitrag zur motivationalen Verbesserung des Unterrichts für die entsprechenden Adressatengruppen gestellt werden.

Zugrunde gelegt werden die vom Verf. 1975 durchgeführten Bedarfserhebungen.[3] 1975 wurden derzeitige Hauptschüler der 9. Klasse und im dritten Jahr ihrer Berufsausbildung stehende Hauptschulabsolventen über Ausmaß und Art ihrer tatsächlichen außerschulischen beziehungsweise nachschulischen privaten und - soweit zutreffend - beruflichen Nutzung des Englischen befragt. Am Rande wurden auch Daten erhoben, die Meinungen der Probanden zum praktischen Wert der erlernten Fremdsprache erfaßten, aus denen sich Hinweise auf jene Variante des Lernbedarfs ergeben, die sich auf die Aspirationen des einzelnen gründen. Im Jahre 1977 wurde eine entsprechende Erhebung bei in betrieblicher Ausbildung stehenden ehemaligen Realschülern durchgeführt. Die Datenerhebung erfolgte an den 18 Hauptschulen und den 5 berufsbildenden Schulen des Kreises Herford in Westfalen. Ein im gegebenen Zusammenhang hervorzuhebendes Merkmal dieses Kreises ist die Stationierung britischer Truppen in seinen Grenzen. Insgesamt wurden in repräsentativen Stichproben mehr als 900 Probanden der zusammen mehr als 2800 Jugendliche zählenden drei Untersuchungsgruppen befragt.

Wenngleich die Resultate in manchen Einzelheiten differieren, die gruppenspezifische Unterschiede deutlich werden lassen, bestehen in der Art und Weise der Nutzung und auch den über die Bedeutung von Englischkenntnissen geäußerten Meinungen keine generellen Unterschiede. Im gegebenen Zusammenhang kann also von im wesentlichen gleichen Bedarfsmerkmalen ausgegangen werden.

2. "Alltägliche" Verwendung des Englischen im Inland

Die Untersuchungen galten in erster Linie der Erkundung jener Variante des Lernbedarfs, die sich aus den vorgefundenen außerschulischen Aktivitäten des einzelnen ableiten läßt. Nahezu alle Probanden gaben an, in den dem Befragungszeitraum vorausgegangenen 12 Monaten ihre Englischkenntnisse aus privaten Anlässen in irgendeiner Form im eigenen Lande verwendet zu haben. Ein erheblich geringerer Teil nannte Nutzungsmöglichkeiten bei Auslandsaufenthalten. Dabei überwog der Gebrauch der Fremdsprache als l i n g u a f r a n c a im nichtenglischsprachigen Ausland gegenüber ihrer Nutzung im englischen Sprachraum.

Berufsbezogene Verwendungsmöglichkeiten in den Grenzen des eigenen Landes wurden von etwa einem Drittel der Hauptschul- und mehr als 40% der Realschulabsolventen bestätigt. Auslandsreisen aus beruflichen Gründen ergaben sich für die Befragten nicht.

Allein diese globalen Aussagen über die festgestellte außerschulische Verwendung des Englischen deuten die Richtung an, in der der Unterricht an Realitätsbezogenheit und die Aufgabenstellung für den Lernenden damit an innerer Bedeutsamkeit gewinnen können. Unabhängig davon, in welchem Maße empirisch ermittelter Lernbedarf seinen Niederschlag in den Lernzielsetzungen der Richtlinien findet, sollte der Unterricht, wo immer möglich, Bezüge zur außerschulischen Lebenswirklichkeit der Lernenden herstellen, und zwar zunächst einmal zu den sich in den Grenzen des eigenen Landes ergebenden "Alltagssituationen", in die das Englische in gesprochener und geschriebener Form Eingang gefunden hat.

In deren folgender Skizzierung findet die berufliche Nutzung der Fremdsprache keine nähere Beachtung. Zum einen handelt es sich dabei für den Lernenden um in der Zukunft liegende, ihn nicht unmittelbar betreffende Nutzungsbezüge. Wie weit zum anderen die allgemeinbildende Schule berufsbezogenem Lernbedarf Rechnung tragen kann, hängt von der Beantwortung der Frage ab, welcher Art gemeinsprachlicher Kompetenz gleichzeitig generellen beruflichen Erfordernissen entspricht und ob sie deswegen besondere Förderung erfahren soll. Die Vermittlung berufsspezifischer sprachlicher Mittel kann nicht geleistet werden.[4] Im gegebenen Zusammenhang ist also eine Beschränkung auf die festgestellten privaten Nutzungsbezüge sinnvoll, die gleichermaßen für alle Lernenden aktuelle Bedeutung haben.

Die Mehrzahl der inländischen Verwendungssituationen, so ergaben die Antworten auf Fragen nach dem Ausmaß der Nutzung der verschiedenen Fertigkeiten, erfordert allein Dekodierfähigkeit, d.h. die rezeptiven Fertigkeiten des Hör- und des Leseverstehens. In deutlich geringerem Maße bedurfte man der Fähigkeit zur Gesprächsführung, am wenigsten der zur schriftlichen Äußerung.

Welche curricularen Konsequenzen auch immer aus diesen Feststellungen zu ziehen sind, die motivationsfördernde Herstellung von Bezügen zur außerschulischen Wirklichkeit wird unter den Bedingungen des schulischen Alltags am ehesten durch Anknüpfung an Bereiche gelingen, in die das Englische durch die Massenmedien, durch die Propagierung und den Konsum fremder Erzeugnisse Eingang gefunden hat.

Hörverstehen

Die von interpersonaler Kommunikation unabhängige Verwendung des *listening skill* ergab sich für die Befragten in erster Linie beim Radio- und Schallplattenhören und beim Fernsehen. Beliebtestes Medium ist das Radio. Unter den empfangenen Programmen rangieren die des britischen Senders BFBS deutlich obenan. An der Spitze der Skala gehörter Sendungen beziehungsweise Aufnahmen steht, nicht erstaunlich, die Populärmusik, stehen damit Liedertexte. Soweit musikalische Unterhaltung des BFBS gehört wird, kommen die verbindenden Worte des Sprechers der Sendung hinzu. Ferner ist auch die überraschend häufig genannte Textart "Interview" vermutlich den populärmusikalischen Sendungen zuzurechnen, in die vielfach Gespräche mit *pop personalities* sowie Hörern eingeblendet werden. Gelegentlich hört man dann auch - nolens volens - auch englischsprachige Nachrichten. Weitere Einzelheiten der festgestellten Hörgewohnheiten erübrigen sich hier.

Die Untersuchungsergebnisse weisen über die schon oft ausgesprochene und unter fachdidaktischen Gesichtspunkten erörterte Empfehlung der Einbeziehung der popular music, "the material students want to understand", hinaus.[5]

Wenn die Schüler einer Region in der Lage sind, ein englischsprachiges Rundfunkprogramm zu empfangen und dies tatsächlich häufig tun, sollte sich der Unterricht diesen Realitätsbezug zunutze machen beziehungsweise sich in den Dienst der aktuellen Lebenswirklichkeit nehmen lassen und in systematischem Bemühen darauf zielen, daß die Lernenden möglichst viel des Gehörten verstehen, und zwar von der unterhaltenden Musik über die genannten Interviews bis hin zu den Nachrichten. Bei letzteren bietet sich als Einstieg ihr am leichtesten zu verstehender Teil an, der Wetterbericht.

Die motivierende Kraft solchen Materials liegt in seiner Authentizität - es ist für das Leben draußen, nicht für den Unterricht konzipiert und hergestellt - sowie darin, daß seine Inhalte den Interessen Jugendlicher entsprechen - pop music, aktuelle Themen und Probleme.

Dabei darf nicht verkannt werden, daß man sich authentischer englischer Radiosendungen nicht leichthin als gelegentlichen motivationalen Anstoßes bedienen kann; dazu enthalten sie für den Lernenden in der Regel zu viele Schwierigkeiten. Ihre Hereinnahme in den Unterricht bedarf gründlicher didaktisch-methodischer Vorarbeit. Ja, es bedarf wohl eines mit dem Anfangsunterricht einsetzenden systematischen Hörverstehenstrainings, wenn der 5- oder 6jährige Englischunterricht das Ziel einer Hörverstehensfähigkeit erreichen will, die den Zugang zum englischsprachigen Rundfunk eröffnet.[6]

Leseverstehen

Es mag überraschen, daß in der bedarfsbezogenen Rangfolge der inländischen Verwendung der vier Fertigkeiten dem sinnentnehmenden Lesen ein so hoher Stellenwert zukommt. Mehr als vier Fünftel der Befragten gaben an, aus privatem Anlaß englische Texte gelesen zu haben. Im beruflichen Bereich ist der Anteil geringer. Die Lesefertigkeit rangiert dort jedoch vor der Verwendung aller übrigen skills.

Allerdings stehen hinter diesen Daten nicht Scharen von Lesern belletristischer Erzeugnisse oder umfangreicher beruflicher Fachliteratur. Im privaten Lebensbereich sind, in Übereinstimmung mit den festgestellten Hörgewohnheiten, Texte auf Schallplattenhüllen, die neben Titel- und sonstigen Angaben auch Kurzbiographien und Liedtexte enthalten können, die am häufigsten genannten. Relativ oft werden ferner Gebrauchsanleitungen/Warenbeschreibungen, Beschriftungen/Aufschriften, Werbung und schließlich auch Zeitungs- und Zeitschriftenartikel genannt. Es sind also vorwiegend kürzere Gebrauchstexte - und darin entsprechen sich privater und beruflicher Lebensbereich -, die dem Lernenden außerhalb der Schulmauern begegnen.

In welcher Mannigfaltigkeit sich geschriebenes Englisch in der Alltagswelt der Lernenden findet, ist für den Unterrichtenden bedenkenswert. Beim Blick in die deutschsprachige Presse stößt man darauf, im laufenden Text wie in Werbeanzeigen. Beim Gang durch die Straßen einer Stadt liest man englische Geschäfts- oder Lokalbezeichnungen: Ambassador Club, Big Ben, Old Crow, Jeans Center, Disco Riverside, Second Life Shop etc. An Zeitungskiosken schon mittelgroßer Städte liegen englische und amerikanische Tages- und Wochenzeitungen aus. Besonders ergiebig sind die Warenhäuser. In ihren Regalen findet man vom Aquabowl bowl cleaner über den Jeep powered by dynamic friction, The Golden King of Rock und Tongy Meat Sauce Net Wt. 9 1/2 Oz. bis zum Zipper eine Menge importierter, englisch benannter und beschrifteter Artikel, mit englischsprachigen Gebrauchsanleitungen und Beschreibungen versehen, soweit erforderlich. Man findet sie neben der Vielfalt international bekannter Produkte, denen mehrsprachige Beschreibungen und Anleitungen beigegeben sind, und neben den zahlreichen deutschen Erzeugnissen unterschiedlichster Art, die englische oder pseudo-englische Bezeichnungen der deutschen Werbesprache tragen.

Ansatzpunkte genug, dem Lernenden außerschulische Relevanz der Fremdsprache zu veranschaulichen, ihn für Englischsprachiges in seiner unmittelbaren Umgebung zu sensibilisieren. Zugleich Veranlassung, den Lernenden zur sprachlichen Bewältigung der dort vorgefundenen Formen des geschriebenen Englisch zu befähigen, so daß aus dem Erlebnis erfolgreicher Kommunikation außerhalb des Klassenraumes dem Englischunterricht insgesamt Lernimpulse erwachsen.

Schon der Lernanfänger kann Englisches, das als Fremd- oder Lehnwort in seine Muttersprache Eingang gefunden hat, registrieren und sammeln und dadurch in außerschulischen Zusammenhängen Bewußtsein und Aufmerksamkeit für das andere sprachliche Medium entwickeln. Kenntnis der Aussprache, der Schreibweise, der genauen Bedeutung sollte ihn vor gedankenlosem Umgang mit solchen Wörtern bewahren. Er kann schon so "sachverständig" sein, sich beispielsweise durch die zur Zeit verbreitete Beliebtheit des sweat-shirt nicht zu dem Euphemismus /swi:t/ shirt verleiten zu lassen.

Für seine ersten Erfahrungen mit Gebrauchstexten bieten sich einfache Bastelanleitungen oder Instruktionen für Gesellschaftsspiele an. Informationsentnahme kann hier unmittelbar nichtsprachliche Tätigkeit auslösen und so die funktionale Bedeutung der Fremdsprache erfahren lassen.

Auch in der weiterführenden Beschäftigung mit Gebrauchstexten kann aus der Fülle authentischen Materials, das die unmittelbare Umwelt des Lernenden anbietet, ausgewählt werden. Vorstellbar ist, daß es in projektorientierten Unterrichtseinheiten von den Schülern selbst beschafft und ihren Interessen entsprechend in den Unterricht eingebracht wird.

Dort wird es zunächst darum gehen, die Arbeitstechniken (unter anderem die Benutzung von Lexika) zu entwickeln, deren man bedarf, fremdsprachigen Texten selbständig und auf zweckentsprechende Weise Informationen zu entnehmen, dann auch um die Fähigkeit des kritischen Lesens, zum Beispiel von Werbeanzeigen.[7]

Bemerkenswert ist, wie häufig Gebrauchstexte Anlaß geben, über sprachliche Phänomene hinaus landeskundlichen Implikationen nachzugehen, so schon das By appointment to Her Majesty the Queen ... in der Beschriftung eines Teebeutels oder die Verwendung des Namens Sir Winston in einer

Produktbeschreibung oder die Anspielung auf N e s s i e in einer Werbeanzeige.[8]

Sprechen

Für den privaten Lebensbereich bestätigte jeweils etwa ein Drittel der Hauptschüler und Hauptschulabsolventen und die Hälfte der Realschulabsolventen, Gelegenheit zur Gesprächsführung gefunden zu haben. Für den beruflichen Bereich lagen die Anteile bei 30% und 40% der Befragten.

Im Unterschied zu den berufsbezogenen Gesprächen, die weitgehend durch die Umgebung, in der sie stattfinden, eine von vornherein festliegende Rollenverteilung, vorgegebene praktische Zielsetzungen und auch vorgegebene Gegenstandsbereiche beschreibbar sind, ist die überwiegende Zahl privater im Inland stattfindender Gespräche nicht gleichermaßen durch einen situativen Rahmen charakterisierbar.

Sie ergaben sich, ohne an einen bestimmten Ort gebunden zu sein, außerhalb der Familie im Freundes- und Bekanntenkreis oder bei zufälliger Begegnung mit Fremden. Gesprächspartner waren, ohne daß daraus eine die Kommunikation determinierende Rollenverteilung resultierte, zu etwa gleichen Teilen Jugendliche und Erwachsene. Die Gespräche erfüllten mit Ausnahme der Erteilung von Auskünften nach dem Weg keinen praktischen Zweck. Sie dienten vornehmlich dem Gedankenaustausch, der Unterhaltung. Damit sind sie dennoch nicht völlig einer näheren Bestimmbarkeit entzogen. Denn trotz der so gut wie unbegrenzten Zahl ihrer thematischen Möglichkeiten scheint ein Kern wiederkehrender Themen feststellbar zu sein.

Die in der Befragung am häufigsten genannten waren: persönliche Daten (Name, Alter, Lebenslauf etc.), Musik (P o p M u s i c) sowie Wohnort und Umgebung (einschließlich der Erteilung von Auskünften über Lage von Straßen, Gebäuden), daneben Ferien und Reisen, Schule und berufliche Ausbildung, Freunde und Bekannte, Sport etc.

Wie in der Ausbildung der rezeptiven Fertigkeiten des Hör- und des Leseverstehens kann sich der Unterricht in der Ausbildung der Fähigkeit zu interaktiver Kommunikation wiederum der motivierenden Wirkung der naheliegenden, das heißt im Inland eintretenden außerschulischen Verwendungsmöglichkeiten bedienen. Sie erfordern in ihrer Mehrzahl die Fähigkeit - sie ist selbstverständlich auch bei menschlichen Begegnungen im Ausland von Nutzen -, sich zu im eigenen Erfahrungsbereich liegenden Dingen zu äußern. Ausgangspunkt zur Beschreibung der benötigten Kompetenz bieten die ermittelten thematischen Rahmen. Der Unterricht sollte also vom Lernenden nicht allein die rollenmäßige Identifizierung mit Kontexten eines fremden Kulturbereichs erwarten ("You're Betty, a high school student who wants to be a fashion designer..."), sondern sie auch immer wieder durch Bezugnahme auf ihnen vertraute Erfahrungszusammenhänge veranlassen, in der Fremdsprache eigenen Belangen Ausdruck zu geben.

Im Unterschied zur Ausbildung des Hör- und Leseverstehens, in der ohne große Schwierigkeiten authentisches Material aus der Umwelt der Lernenden verfügbar gemacht werden kann, ist die Herstellung entsprechender Wirklichkeitsbezüge in der Ausbildung der Sprechfertigkeit problematischer. Auch Gesprächssituationen, wie sie sich in den Grenzen des eigenen Landes ergeben, können im Unterricht in der Regel nur simuliert werden. Dennoch ist ihre Simulation der Wirklichkeitserfahrung der Jugendlichen näher und wird deshalb eher als Vorbereitung auf wirklichkeitsbezogene Lebensbewältigung empfunden als das Spielen der Rolle des Touristen *at the customs*, *at the airport*, *at the barber's*...

Schreiben

Nach den Untersuchungsergebnissen ist das Schreiben die unter den vier Fertigkeiten am wenigsten genutzte. Private Anlässe zum Schreiben ergaben sich vorwiegend in der Form persönlicher Briefe. Korrespondenzpartner waren in erster Linie jugendliche Engländer, doch auch Amerikaner und Englisch als *lingua franca* benutzende Ausländer. Thematische Aspekte der Korrespondenz blieben in der Ermittlung unberücksichtigt. Der Themenkreis mündlicher Kommunikation mag als Hinweis dienen.

Für die Herstellung von Wirklichkeitsbezügen in der Ausbildung der Schreibfertigkeit gilt entsprechend, was dazu hinsichtlich der

Sprechfertigkeit gesagt wurde. Lebenswirklichkeit läßt sich im Unterricht in der Regel lediglich im Rollenverhalten simulieren. Doch auch hier trifft zu, daß dem Lernenden die Bedeutsamkeit einer Aufgabe einsichtiger sein dürfte, die ihm die Rolle des Briefschreibers in eigener, ihn derzeitig betreffender Sache zuweist, anstatt von ihm die Identifizierung mit fernerliegenden Lebensumständen zu erwarten, die für ihn möglicherweise nie Realität werden.

3. Fernziele "Reisen" und "Beruf"

Die bisher dargestellten und unter dem Gesichtspunkt motivationspsychologischer Implikationen betrachteten Untersuchungsergebnisse informieren über die im außerschulischen Leben des einzelnen derzeitig eintretenden Verwendungssituationen. In den drei zugrunde gelegten Untersuchungen wurden außerdem - wenngleich nur am Rande - Äußerungen zum praktischen Wert englischer Sprachkenntnisse und zu den von dem einzelnen erwarteten, erhofften Nutzungsbezügen erfaßt.

Die allgemeine Frage nach der Wichtigkeit englischer Sprachkenntnisse im Hinblick auf derzeitige und vermutete zukünftige Verwendbarkeit wurde von jeweils mehr als vier Fünfteln der Befragten positiv beantwortet. Ihre über weitere Ausbildungsgänge hinausweisenden Erwartungen sehen den Wert fremdsprachlicher Kenntnisse in erster Linie in deren Verwendbarkeit als mündliches Verständigungsmittel bei Auslandsaufenthalten. Der beruflichen Nutzung wird der zweite, dem privaten Gebrauch in den Grenzen des eigenen Landes der dritte Rangplatz zuerkannt.

Ein Vergleich der erwarteten mit den sich im Leben der Probanden derzeitig realisierenden Verwendungsmöglichkeiten zeigt, daß beabsichtigte beziehungsweise erhoffte und tatsächliche Nutzung der Fremdsprache, damit zwei Aspekte individuellen Lernbedarfs, voneinander abweichen, in einem umgekehrt proportionalen Verhältnis zueinander stehen. Denn tatsächlich wird die Fremdsprache vorwiegend aus privatem Anlaß im eigenen Lande genutzt, und dabei bedient man sich vor allem der rezeptiven Fertigkeiten. In weitaus geringerem Maße gebraucht man sie im Beruf, am wenigsten bei Reisen in das Ausland. Es besteht also eine Diskrepanz zwischen Absichten, Wünschen und der Wirklichkeit.

Der Wert der "alltäglichen" Verwendung der Fremdsprache in einer Umwelt, in die sie durch die Massenmedien, durch Waren ausländischer Herkunft, durch Englisch sprechende Besucher und Mitbewohner immer stärker Eingang gefunden hat, wird nicht sonderlich hoch veranschlagt. Die Faszination der fremden Sprache geht von der durch sie zu eröffnenden Möglichkeit aus, den Rahmen des Gewohnten zu verlassen und ohne (allzu große) Behinderung durch eine Sprachbarriere das Fremde zu erkunden, zu erfahren.

Doch offenbar ist die motivierende Kraft dieser Faszination wie auch der Erwartung, Englisch im Beruf verwenden zu können, nicht stark genug, die motivationshemmenden Faktoren eines sich über mehrere Jahre erstreckenden Englischunterrichts aufzuwiegen. Solmecke sieht den Grund dafür in der Fernzielen eigenen "zeitlichen Entferntheit, ihrer mangelnden Konkretion und ihrer geringen Existenzunmittelbarkeit". Zur Stabilisierung der aus Reise- und beruflichen Erwartungen erwachsenden Antriebskräfte schlägt er die thematische Integration dieser Fernziele in den Stoff und ihre Verwandlung in für den Schüler überschaubare Nahziele vor.[9]

Die mit den dargestellten Untersuchungsergebnissen vorliegenden Informationen über die tatsächliche Nutzung der Fremdsprache verweisen auf potentielle pragmatisch begründbare Lernziele, denen der motivationsfördernde, den Lernenden erkennbare Bezug zu ihrer unmittelbaren Lebenswirklichkeit von vornherein gegeben ist. Welchen Rang curriculare Grundsatzentscheidungen den Fernzielen "Reisen" und "Beruf" auch zubilligen mögen und wie immer ihre Umsetzung in Nahziele gelingen mag, allein aus motivationspsychologischen Erwägungen sollte der Unterricht das Hier und Jetzt der Alltagswelt der Lernenden beachten.

Heike Rautenhaus

6.4. Kommunikativer Grammatikunterricht für 'leistungsschwache' Schüler

In den Kapiteln 1-5 wurde die Komplexität der Bezüge zwischen der Motivation der Schüler und ihrer schulischen Leistung deutlich. Dabei spielen außerschulische und gesamtinnerschulische Einflüsse eine ebenso wichtige Rolle wie das einzelfachliche Unterrichtsgeschehen, in unserem Falle die Anregungsbedingungen des Fremdsprachenunterrichts. Um diese geht es in dem vorliegenden Aufsatz.

Im Englischunterricht mit 'leistungsschwachen' Schülern[1] hat die Kooperations- und Leistungsbereitschaft der Schüler beängstigende Formen angenommen. Daß das Erlernen einer Fremdsprache aber auch bei geringerer intellektueller Befähigung möglich ist, beweisen die Generationen von Immigranten in allen Ländern der Welt, die in ihrer neuen Umgebung schnell gelernt haben, sich mit dem Mittel der ihnen zunächst fremden Sprache durchzusetzen. Hier werden Handlungs- und Kommunikationsdruck als wichtige Motivationsfaktoren deutlich; die Notwendigkeit bzw. Nützlichkeit der Beherrschung der Fremdsprache war den Lernenden stets gegenwärtig.

So muß auch die Schule vor allem 'leistungsschwache' Schüler erleben lassen, daß man mit der Fremdsprache handeln und elementare Bedürfnisse befriedigen kann. Der Englischunterricht muß so weit wie möglich den Handlungs- und Kommunikationsdruck simulieren. So bemüht sich ein kommunikativer Fremdsprachenunterricht in jeder konkreten Lernsituation darum, die Sprache als notwendiges Mittel zur Teilnahme an für die Schüler relevanten Kommunikationsprozessen zu präsentieren. Er benutzt Texte[2] unter Verdeutlichung der speziellen Voraussetzungen, unter denen die Kommunikationspartner in den Kommunikationsprozeß treten:

- Rolle und Status

- Wissen und Erfahrung

- persönliche Kompetenzen und Befähigungen

- Motive und Pläne.

Je nach der aktuellen Konstellation zwischen einerseits diesen Faktoren auf Seiten der Gesprächspartner und andererseits äußeren Faktoren wie Ort und Zeit ergeben diese die gegenseitigen Erwartungen der Gesprächspartner voneinander und bestimmen somit sinnvoll ihre Gesprächsstrategien. Die sprachlichen Mittel dienen der Realisierung dieser Strategien.

Wichtig für unseren Zusammenhang ist die Tatsache, daß all die genannten außersprachlichen und sprachlichen Faktoren in einem komplexen Interdependenzgefüge stehen, so daß sie sich gegenseitig bedingen, stützen und erklären. Damit wird deutlich, daß das isolierte Produzieren oder Üben von Einzelelementen, z.B. der Grammatik, einer Fremdsprache kommunikativ sinnlos ist.

Nur sehr stark leistungsorientierte Schüler, d.h. also n i c h t unsere Problemkinder, sind bereit, zum gegebenen Zeitpunkt handlungsirrelevantes und damit für sie sinnloses Einzelwissen zu rezipieren. Für den leistungsschwächeren Schüler muß bei jeder sprachlichen, auch grammatischen Übung eine entsprechende Anwendungssituation verdeutlicht werden. Daraus ergibt sich, daß in einem kommunikativen Lehrgang auch für 'leistungsschwache' Schüler von Anfang an relativ viele relativ unterschiedliche grammatische Strukturen auftauchen können, die vom Schüler nicht gleich alle durchschaut werden, sondern teilweise zunächst nur imitativ übernommen werden können.

Dem entspricht ein spiraliges Curriculum, das zwar von der einfachen zur komplexen Erscheinung fortschreitet, den Schüler aber nur allmählich, d.h. in längeren Zeiträumen, von der konkret-intuitiven zur abstrakt-systematischen Erfassung der Sprache führt. Dem Schüler wird nicht alles Wissenswerte über ein grammatisches Phänomen auf einmal vermittelt oder gar abverlangt. Er lernt es stattdessen mehrmals, d.h. in verschiedenen Situationen oder kommunikativen Bezugsrahmen. Bei jeder erneuten Übung einer grammatischen Form in situativer Einbettung vervollständigen sich gleichzeitig die Vorstellungen des Schülers von den Möglichkeiten der Funktionsübernahme dieses sprachlichen Mittels in Kommunikationsabläufen und die Sicherheit des Schülers in der Produktion der sprachlichen Form.

Entsprechend wertet ein kommunikativer Englischunterricht auch Schülerleistung. Sie besteht darin, daß der Schüler seine Mitteilungsabsicht zu verwirklichen in der Lage ist. Eine Fehlleistung sollte er selbst an der Situationsänderung, die nicht seiner Absicht entspricht, erkennen. Richtig ist, was kommunikativ funktional ist. Die formale Richtigkeit einer Äußerung erhält zunächst untergeordnete Bedeutung. Man gesteht dem Schüler also genügend Zeit und fremdsprachliche Erfahrung zu, damit er das System seiner Interlanguage allmählich dem tatsächlichen fremdsprachlichen Sprachsystem annähern kann. Modellabweichende Bildungen werden als notwendiges Element des Lernprozesses angesehen.

Zur Herausstreichung der Handlungsrelevanz der zu erlernenden Sprache ist auch die Verlagerung der Kommunikation im Klassenraum von der Lehrer-Schüler- auf die Schüler-Schüler-Interaktion notwendig; z.B. werden in Partner- und Gruppenarbeit Dialoge erarbeitet, in denen die Schüler ihnen naheliegende Rollen übernehmen. Parallel dazu ist der 'classroom-discourse' auszubauen; die Schüler bekommen die sprachlichen Mittel zur Verfügung gestellt, die im täglichen schulischen Umgang mit Lehrer und Schüler (z.B.: 'Who's absent today?') und unter den Schülern (z.B.: 'Let's try it again.') notwendig sind und daher echte Kommunikation ermöglichen.

Trotz des übereinstimmenden Bekenntnisses sämtlicher Lehrbuchautoren zur Kommunikationsfähigkeit und -bereitschaft als übergeordnetes Lernziel ist es schwierig, mit traditionellen Lehrwerken dieses Ziel zu erreichen. Die in den Lehrwerken vorgegebenen Situationen sind auf die Einübung lexikalischer und struktureller Elemente ausgerichtet; es wird streng vermieden, den Schüler mit Konstruktionen, die in der gegebenen Situation an sich funktional notwendig wären, zu konfrontieren, solange er diese noch nicht grammatisch analysieren kann. Dadurch sind häufig inhaltsleere Texte entstanden, die den Schüler nicht interessieren können, so daß wir uns über fehlende Lernmotivation nicht zu wundern brauchen.

Das im folgenden aufgeführte Beispiel einer Übungssequenz für einen kommunikativen Grammatikunterricht mit 'leistungsschwachen' Schülern entstand aufgrund der Auseinandersetzung mit einem solchen traditionellen Lehrwerk, und zwar in Zusammenarbeit mit Jutta Krüger, Lehrerin an der Orientierungsstufe in Westoverledingen (Leer). Es handelt sich um den Ausdruck des futurischen Zeitbezugs. Dafür stehen im Englischen die folgenden Hauptbedeutungsträger zur Verfügung:

- will + V inf.	Come on, I'll do it.
- going to + V inf.	I'm going to visit my aunt.
- Simple Form pres.	The train leaves at ten.
- EF pres.	I'm leaving in a minute.
- will + EF inf.	Don't call her at seven, she'll be eating dinner.

Wir wählen als erste einzuführende Form für unsere Schüler nicht die objektiv am häufigsten auftretende (nämlich die Form 'will + V inf.)[3], sondern die Form 'going to + V inf.', und zwar

- weil diese Form besonders in der gesprochenen Sprache auftritt und diese uns für den Anfangsunterricht speziell mit 'leistungsschwachen' Schülern wichtig erscheint,

- weil diese Form zum Ausdruck von geplantem Vorhaben verwendet wird und der Schüler damit ein wichtiges sprachliches Mittel zur Ichdarstellung erhält,

- weil diese Form einen starken Kontrast zum Deutschen bildet und das dem Schüler Fremde prinzipiell besonders viel geübt werden muß,

- weil die alternative Form (nämlich 'will + V inf.') dem Deutschen sehr ähnlich ist und deswegen weniger Übungszeit in Anspruch nimmt.

Für die Hauptschule können außerdem die beiden Formen 'EF pres.' und 'will + EF inf.' wegen ihres relativ seltenen Auftretens in Verbindung mit ihrer relativ unproblematischen Ersetzbarkeit durch andere Formen entfallen.

Wir reduzieren die den Schüler zu vermittelnde Regel für die Anwendung von 'going to + V inf.', auf die Formulierung: "Mit 'going to' kann man sagen, daß jemand etwas vorhat." oder signalgrammatisch:

...going to... plan for the future

Die Übungssequenz zu 'going to + V inf.', die hier dargestellt wird, muß der Leser sich a) auf die ersten zwei Jahre des Englischunterrichts in Lerngruppen mit 'leistungsschwachen' Schülern verteilt vorstellen und b) parallel zur Einführung und Übung ergänzender grammatischer Phänomene ablaufend denken.

Die Sequenz ist in den folgenden Schritten aufgebaut:

Übung 1: Schaffung einer allgemeinen Orientierungsgrundlage

Übung 2: Analyse und Abstraktion

Übung 3: Gelenkte Anwendung und Automatisierung

Übung 4 und 5: Zunehmend freier Transfer

Übung 6: Konfrontation (Analyse und Automatisierung)

Übung 7: Konfrontation (Analyse und Transfer)

Zu Übung 1: Schaffung einer allgemeinen Orientierungsgrundlage

Die neue Struktur 'going to + V inf.' ist in eine Situation eingebettet, die vor allem ihre Funktion verdeutlicht; die Absicht, der bereits vollzogene Entschluß etwas zu tun, ist in der Gegenwart (aus den Utensilien der dargestellten Kinder) zu erkennen.

Von den Situationselementen sind angegeben:

- die Personen Dick und Nick in symmetrischem Rollenverhältnis
- der Ort (Dick und Nick sitzen am Fenster und unterhalten sich über das Geschehen draußen)
- die Zeit (Dick und Nick können aus gegenwärtig Sichtbarem die Vorhaben der Kinder draußen ableiten)

- die Intention des Sprechers (Nick bestätigt Dick, daß er die von Dick genannte Person draußen erkennt, indem er sie genauer beschreibt).

Die Form 'going to + V inf.' kann hier vom Schüler vorläufig im Sinne von 'auf dem Wege sein, etwas zu tun' verstanden werden; eine exakte Regel wird ihm nicht gegeben.

Zunächst führt der Lehrer die Schüler mit Hilfe der Folie und durch ein Gespräch in die Situation von Dick und Nick ein, dann spielt er den Dialog mit einem Schüler vor. Ein identisches Arbeitsblatt hilft den Schülern, den Dialog in Partnerarbeit zu üben, so daß er anschließend der Klasse vorgespielt werden kann.

Für die Konstruktion 'How do you know?' ist von den Schülern nur Globalverständnis und imitative Reproduktion zu erwarten.

Tim
Jim
Mac
Betty
PET SHOP
Tom
Mary
Jane
DICK
NICK
Look, there's ...
How do you know?
Oh, yes.
He's / She's going to buy a ...
He's / She's got a ...

Zu Übung 2: Analyse und Abstraktion

Die Schüler lernen nun, daß 'going to + V inf.' anzuwenden ist, wenn jemand eine Absicht für zukünftiges Handeln hat, etwas vorhat, das er vor der Ausführung denkt.

Da die Schüler in dieser Übung als sie selbst handeln, d.h. keine fremde Rolle zu übernehmen brauchen - sie beschreiben, was die dargestellten Jungen und Mädchen vorhaben (erkennbar aus den Gedankenblasen) - ist die Angabe weiterer situativer Parameter nicht notwendig.

Zunächst führt der Lehrer mit Folie 2a in die Situation ein: 'Look, these children are at school; they are not listening to the teacher, but they are dreaming of all sorts of nice things. What do you think are they dreaming of?' Die Schüler stellen Vermutungen an. Der Lehrer: 'Yes, they are dreaming of what they are going to do when they come home after school.' Der Lehrer legt Folie 2b auf. 'Here you can see what they are going to do in the afternoon. Can you tell me?' Der Lehrer übergibt das Gespräch in die Schülerkette, so daß die Schüler Frage und Antwort üben.

Die Regel "Mit 'going to' kann man ausdrücken, was jemand vorhat." wird erarbeitet. An der Tafel erscheint:

...going to... plan for the future

Nach der frontal-mündlichen Phase kann, wieder mit Unterstützung eines Arbeitsblattes, eine Übung in Partnerarbeit und dann die schriftliche Übung folgen.

(Die etwas unglücklichen Beispiele 'sack-race' und 'wheelbarrow-race' haben sich aufgrund des vom Lehrwerk vorgegebenen Wortschatzes ergeben.)

Ben
Jim
Sam
Molly
Nat
Joe
Bess
Sally

What's ___ going to do in the afternoon?

He's } going to ______.
She's }

What about ___ ?

Zu Übung 3: Gelenkte Anwendung und Automatisierung

Die Schüler wenden die neue Struktur ihren eigenen Absichten entsprechend an; dazu wird durch die Vorgabe von 'I'm certainly not going to...' auch die negative Aussage ermöglicht. Die Angabe weiterer Situationsparameter erübrigt sich.

In der Schülerkette werden die Frage und die Antwort geübt. Die Regel zu Funktion und Bildung der Form wird wiederholt.

Contacts 6 **Unit 1** **Transparency 4**

What are you going to do after school?
tonight?
this afternoon?
on Sunday?

I'm going to...

I'm certainly not going to...

Zu Übungen 4 und 5: Zunehmend freier Transfer

Hier wird die Form 'going to + V inf.' zur Realisierung neuer Sprechakte verwendet.

In Übung 4 wird mit der Angabe eines Vorhabens (in Verbindung mit 'Anyone else?') ein Vorschlag gemacht. Neben dieser Angabe der Funktion sind auch der Ort (im Hause) und die Zeit (während es draußen regnet) verdeutlicht. Ansonsten können die Schüler sich selbst spielen.

Der Dialog kann - da er logisch aufgebaut ist - von den Schülern eigenständig mit Hilfe der Schnipseltechnik (dialogue restoration) erarbeitet und in Dreiergruppen geübt werden. Dabei ist Rollenwechsel möglich. Das anschließende Vorspiel vor der Klasse gibt zusätzliche Motivation, die im Text unterstrichenen Beispiele durch andere passende zu ersetzen.

In Übung 5 wird mit der Angabe eines Vorhabens (in Verbindung mit 'Sorry') eine Absage erteilt. Hier muß durch ein Unterrichtsgespräch zunächst der Handlungsort (z.B.: zufällige Begegnung von Kindern im Garten) und die Tatsache, daß A einen Vorschlag macht und B eine Absage erteilt (weil sie etwas anderes vorhat), geklärt werden.

Die Übung wird erst frontal, dann in Partnerarbeit durchgeführt, bevor die Schüler einige Dialogbeispiele aufschreiben.

A: What terrible weather.
It's raining again.

B: Too bad. What can we do?

A: Let's play table tennis.

B: Oh no! Not table tennis again.
I'm going to play darts.
Anyone else?

C: Me.

B: Great. Come on.

Contacts 5 BC Unit 4 Transparency 40

She doesn't feel like it!

A: Come on. Let's ...	**B:** Sorry. I'm just going to ... I want to ...

play | football, cards, volleyball, in the garden, ...

go to the | playground, swimming pool, kiosk, ...

buy some | comics, lollies, sweets, ...

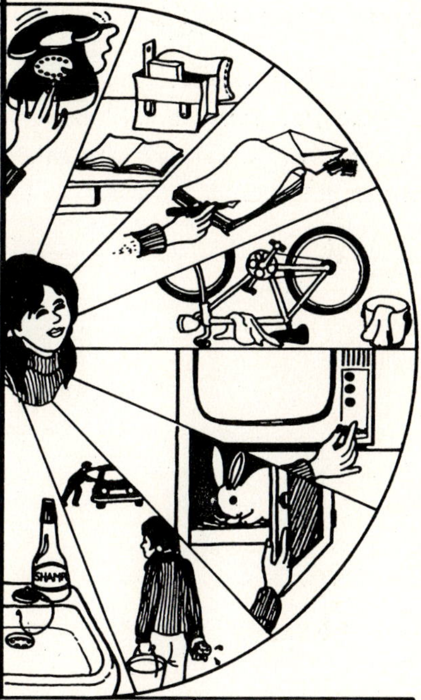

	help my father	clean my bike
wash my hair	write a letter	watch the news
make a telephone call	do my homework	feed my rabbit

Zu Übung 6: Konfrontation (Analyse und Automatisierung)

Diese Übung erweist sich als notwendig wegen der möglichen intrasprachlichen Interferenz zwischen der Present Progressive Form und der Form 'going to + V inf.' in futurischer Bedeutung. Die Folien 6a und 6b werden zunächst getrennt (Automatisierung), dann vermischt (bewußte Entscheidung: Wiederholung der Regeln zu beiden Formen) bearbeitet, zunächst mündlich, dann schriftlich (mit Hilfe entsprechender Arbeitsblätter).

(Bei der isolierten Bearbeitung der Folien wird durch den Lehrerimpuls 'What is...going to do?' bzw. 'What is...doing in the picture die Schüleraufmerksamkeit auf die entscheidenden Punkte in den Zeichnungen gelenkt, so daß diese an Eindeutigkeit gewinnen.)

_____ is going to _____.

—— is ——ing.

___ is ___ing.
Pit
Chris
Sandy
Mike
Tom
Sam
the sheriff
the witch
Tim
Jack
Ann
the angel
Joe
Jim
Mac
Andy
___ is going to ___.

Zu Übung 7: Konfrontation (Analyse und Transfer)

Die Schüler machen Aussagen zu den Bildern unter Verwendung von

- going to-Future

- Present Progressive

- Simple Present

- Simple Past

- Present Perfect.

Sie begründen die Anwendung der Formen, indem sie die relevanten Parameter den Bildern entnehmen. Auf diese Weise werden die Regeln für alle verwendeten Zeitformen wiederholt. Das Unterrichtsgespräch kann in deutscher Sprache geführt werden. Die Übung wird zunächst frontal mit Hilfe der Folie, dann schriftlich in Einzel- oder Partnerarbeit mit Hilfe eines entsprechenden Arbeitsblattes durchgeführt.

What do these pictures tell you?

Use the following verbs:

collect, get up, find, break, learn, ride, become, read, spend, eat, clean, travel, meet, buy, fall off, sleep, come, lie, be, like, dream

Herbert Puchta, Michael Schratz

6.5. Motivieren im Unterricht - Praktische Hinweise für den täglichen Unterricht

Einführung

Jeder, der Lehr-/Lerneinheiten curricular erschließt, muß Entscheidungen treffen. Darüber etwa, was man mit Materialien bezweckt, wer so etwas liest, damit arbeitet, was für ein Bild vom Unterrichten und der Fremdsprache im besonderen sich im Material spiegelt, welcher 'geheime Schüler' sich im Schnittmuster verbirgt und und und ...

Wir haben uns entschieden, einiges draußen zu lassen, was man üblicherweise in Lehrbüchern findet. Dafür aber mehr Augenmerk darauf gelegt, was andernorts nicht steht, und vielleicht gerade deshalb - gemeint ist das lernende Individuum - neue Anknüpfungspunkte für Motivierung und Aktivierung im täglichen Fremdsprachenunterricht aufzuzeigen. Für uns war entscheidend, daß ein Thema im Fremdsprachenunterricht so behandelt werden kann, daß der einzelne Schüler mit seinen Lebenserfahrungen im Mittelpunkt des Lernprozesses steht. Damit stehen hier auch veränderte Akzente in der Zielsetzung an, nämlich pädagogisch-motivationale, wie sie eigentlich alle (auch Lehrpläne und Richtlinien!) unterstützen - nicht aber praktisch verfolgen.

Einerseits geht das mit den meisten (herkömmlichen) Lehrwerken schwer, andererseits müßte die Lehreraus- bzw. -fortbildung strukturadäquate Veränderungen durchmachen. Daher haben wir in diesen praktischen Vorschlägen und Hinweisen auf eine inhaltliche Belehrung weitestgehend verzichtet. Das geschieht andernorts ohnehin fast lückenlos. Solche (Sprach- und Sach-) Informationen sind wichtig, aber immer vor dem Hintergrund des für wen? wozu? mit welchen Mitteln? etc. zu sehen. Sie gehen hier aber nicht verloren, sondern gewinnen eine neue (Erfahrungs-) Qualität. Der Einbezug dieser Dimension, die Akzeptanz und u.U. sogar Stützung der Schüleridentität im Kontext sozialen Miteinanders im Fremdsprachenunterricht, verdient hier eine vermehrte

Berücksichtigung, zumal sie üblicherweise im Schulbetrieb auf der Strecke bleibt.

Ein solcher Ansatz erfordert Experimentierfreude, aber auch Geduld. Wir bieten nicht Vorschreibungen - sie würden sich mit diesen Zeilen auch nicht vertragen -, aber Realisierungsmöglichkeiten, die sich bewährt haben. Wir skizzieren hier unsere Intentionen, damit sich auch eine andere Verwirklichung erreichen läßt. Insbesondere vor dem Hintergrund des sprachlichen und entwicklungspsychologischen Niveaus, des verwendeten Lehrwerks und der vorhandenen Eigenmaterialien (Bilder u.ä.). Wir haben letztere selbst zusammengesucht, um authente Redeanlässe aus der Schülerwelt zum Ausgangspunkt unserer Überlegungen zu machen. Da helfen die Schüler auch gerne mit - und sollen es z.T. sogar. H a n d e l n d e s L e r n e n beginnt frühestens dort, wo Möglichkeiten und Impulse dazu eröffnet werden. Daß es dazu keine thematische Eingrenzung gibt, zeigt schlicht der Lebensalltag. Ebensowenig eine altersbedingte ("Kids and Pets", was hier thematisch bestimmend ist, entstammt einem Projekt der 6./7. Schulstufe)!

Ein Wort zur Theorie dahinter: Hier wird ein fachdidaktisches Konzept praktisch eingelöst (vgl. Puchta, Schratz 1982), das bestimmte Handlungstypen fremdsprachlicher Interaktion verknüpft (handelnde Themenerschließung, Distanzveränderung, Wahrnehmungsvertiefung, Vermittlungstransfer, Identitätsspiegelung, Einstellungsreflexion ...), um das individuelle Motivationspotential des einzelnen Schülers zu aktivieren. Dazu gibt es keine vorgeschriebene Reihenfolge, sondern ein Herantasten an die Möglichkeiten (und vielleicht auch Grenzen) identitätsorientierten Fremdsprachenunterrichts und ein Experimentieren mit neuen Interaktionsformen im täglichen Unterrichtsalltag.

KIDS AND PETS

Realisierungsmöglichkeiten

Die Schüler ordnen in Gruppenarbeit je ein Kinderfoto einer dargestellten Wohnsituation bei (ausschneiden - dazukleben).
Nun werden Pflegeplätze für die Tiere auf der linken Seite gesucht. Zuordnen nach Eignung des Pflegeplatzes, wobei Übereinstimmung mit den Gruppenmitgliedern Voraussetzung für die Zuteilung ist (verbinden durch Linien).

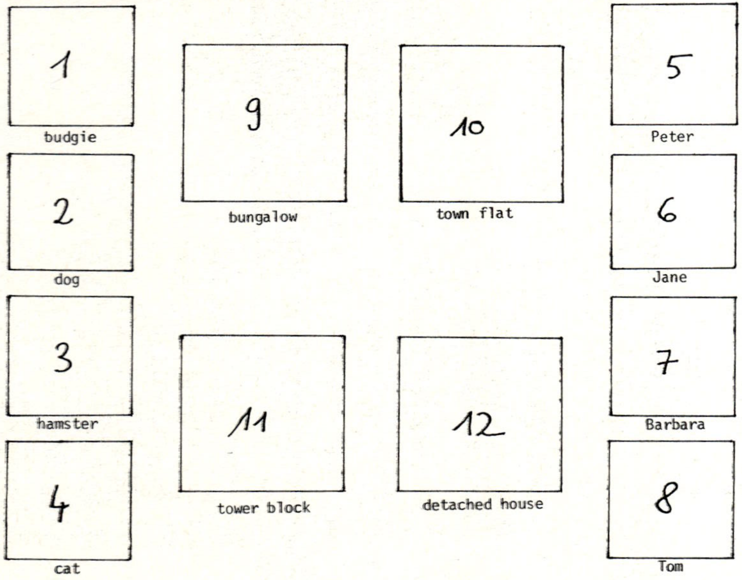

Didaktischer Kommentar (Intentionen)

Von Anfang an stellt aktives Gestalten im Kontext der Gruppe oberstes Prinzip dar.
Für die Auswahl und Zuornung der Wohn- bzw. Plfegeplätze gibt es offene Entscheidungsmöglichkeiten, die im Aushandeln mit den Mitschülern zum Übungsfeld sozialen Verhaltens (zuhören können, argumentieren, tolerant sein können usw.) werden.

Üben heißt experimentieren - und Fehler machen. Fehler müssen daher auch im Sozialverhalten gemacht werden können. Ein Ansatz zu ihrer Behebung liegt im wiederholten Anbieten solcher Arbeitsformen und im offenen (nicht moralisierenden) Gespräch über Erfahrungen in diesen neuen Prozessen.

Die Redemittel dazu müssen - falls sie nicht ohnehin (z.T.) vorhanden sind - gemeinsam mit dem Lehrer erarbeitet werden. Sie könnten sich nach folgenden funktionalen Gesichtspunkten erarbeiten lassen:
Meinung ausdrücken, begründen, erwidern, zustimmen, vorschlagen, um die Meinung anderer fragen, zweifeln ...

1

2

3

4

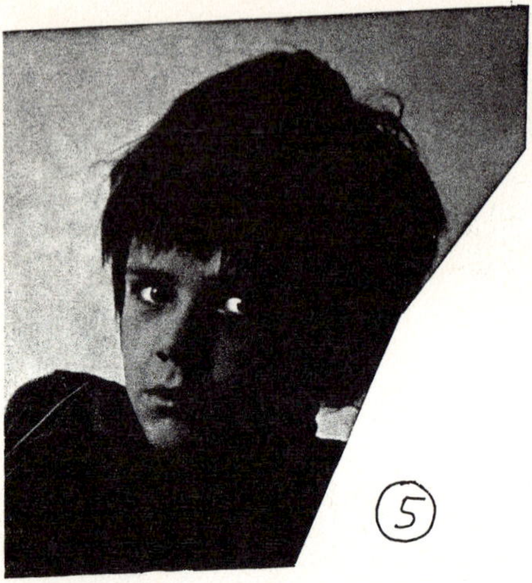

5

6

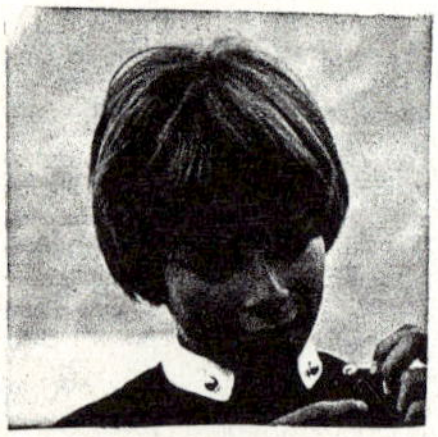

7

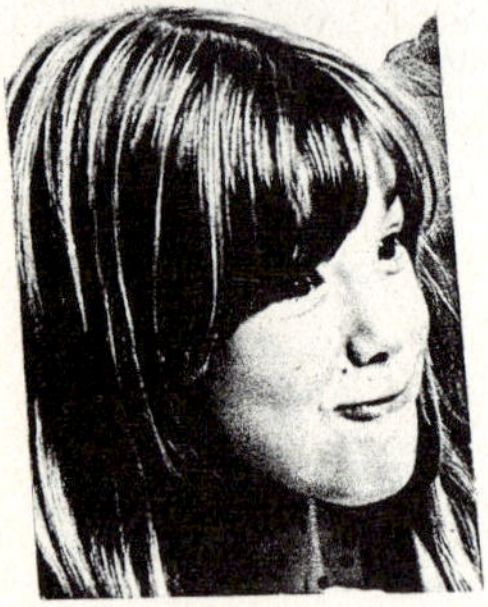

8

9

10

11

12

Realisierungsmöglichkeiten	Didaktischer Kommentar (Intentionen)
Die Schüler denken über den Lehrer nach und beantworten (für sich) die folgenden Fragen:	*Diese Phase gibt dem Lehrer Gelegenheit, Einblick in die Sichtweisen der Schüler auf sich selbst zu erhalten.* *Für den Schüler kann sie eine Distanzverringerung und damit ein beidseitiges Öffnen im Lehrer-Schüler-Bezug zugrundelegen.*
Do you think ... ... your teacher has a pet? YES → What do you think? Which pet has he got? NO → What do you think? Which pet would he like?	
Make notes ... ... about what you think where and how he lives; e.g.: flat, rooms, little garden	
Im Klassengespräch soll darauf die Möglichkeit des Informierens gegeben werden:	
Then ask your teacher: Make notes: • Have you got ....? • Which pet would ....? • Where do you ....? • Have you got a ....? • Do you like ....? • ...	*Auf sprachliche Richtigkeit der Aufzeichnungen wird auf keinen Fall Wert gelegt.* *Notizen erfolgen individuell.*
Die Schüler vergleichen Ihre Vorstellungen mit den Notizen.	

Realisierungsmöglichkeiten	Didaktischer Kommentar (Intentionen)
WHY {DO / DON'T} {PEOPLE / CHILDREN} KEEP PETS?	
Gemeinsam werden die Pros/Cons entwickelt - und damit auch die Vokabeln -, warum Haustiere gehalten werden. Die 'Ergebnisse' werden laufend auf Tafel/Overhead/Poster ... gesammelt.	*Es geht zunächst um allgemeine Gründe für und gegen Haustiere und nicht um die konkrete Situation einzelner Schüler. Zur Vermeidung frontalen Frageverhaltens ist individuelles Notieren angebracht. Kommen zuwenig Gründe von den Schülern, lassen sich eindringliche Beispiele geben (no children; only small dog - no money for more food; big family ...). Außerdem erfolgt eine erste Sensibilisierung im vorangegangenen Beispiel.*
Schüler fragen sich paarweise nach zu Hause (nicht) vorhandenen Haustieren:	*Hat ein Schüler im Paar ein Haustier, tritt eine erste Diskriminierung auf, die zur Problemorientierung des Fremdsprachengebrauchs führt.* *Begründungen sind in dieser Phase verfrüht und sollten unterbleiben.* *Oft wissen Klassenkameraden bereits gegenseitig etwas über ihre Haustiere, was hier aber neu vertieft wird.*

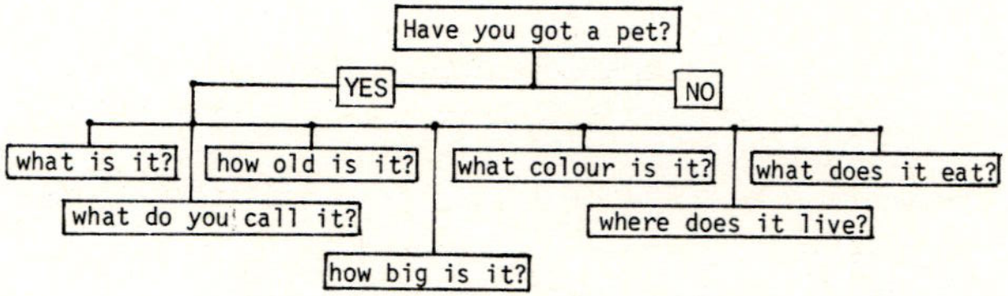

Die Schüler arbeiten paarweise. Jeder Schüler sucht nach Gründen, warum sein Partner (k)ein Haustier will/hat und notiert sie einzeln auf vorbereitete Papierstreifen. Ebenso notiert er auf getrennten Streifen seine eigenen Gründe, warum er selbst (k)ein Haustier besitzt.	*Die gesammelten Vorgaben dienen als Grundlage für die Eintragungen.* *Hier ist genügend Zeit und u.U. vereinzelt Hilfestellung (Armzeichen) nötig.*
Schüler 1 schließt die Augen, Schüler 2 nennt langsam die ihm zugedachten Pro- und Kontrameinungen. Pause nach jedem Hinweis!	*Der 'passive' (d.h. innerlich aktive) Partner versucht diese Aussagen zu 'absorbieren'. Die innere Betroffenheit aus der Sicht des anderen (Verfremdung!) schafft ein ich- und fremdbestimmtes Erfahrungspotential, das sich durch den emotiven Gehalt äußerst motivationsför-*

Realisierungsmöglichkeiten	Didaktischer Kommentar (Intentionen)
	dernd in der weiteren Lernsituation auswirkt.
Schüler 1 nennt darauf die tatsächlichen Gründe, die bei ihm für bzw. gegen eine Haustierhaltung sprechen.	*Auch hier ist entsprechend langsames Vorgehen nötig, um die Vergleichsmöglichkeit mit der Einschätzung zu schaffen.*
Austausch der gewonnenen Einblicke durch die Verfremdungssituation: • Gefühle bei geschlossenen Augen? • Was wissen die Schüler voneinander? • Warum unterschiedliche Ergebnisse beim Paar?	*Die Möglichkeiten der Verhaltens-/Gefühlreaktion werden u.U. durch fremdsprachliche Äußerungen stark eingeschränkt. Metasprachliches Verhalten (= Gespräche über eigenes Verhalten) wird oft nicht einmal in der Muttersprache systematisch entwickelt.* *Das Nebeneinanderlegen der zusammengehörenden Papierstreifen mit den Begründungen (jeweils Selbst- und Fremdeinschätzung) erleichtert die Thematisierung und Interpretation der Ergebnisse.*
Umgekehrte Vorgangsweise: Schüler 2 schließt Augen ...	*Es sollten immer beiden Partnern Gedanken zugeordnet werden.*
GROUP WORK	
Mit Hilfe der in 'Teacher and Pets' (S. 354) und 'Pros and Cons' (S. 355) erworbenen Redemittel erfolgt eine 'Bestandsaufnahme' in Form eines Gruppengesprächs. THEMEN: Die Gruppenteilnehmer und ihre Pets, Gründe für die Haltung bzw. Nichthaltung, Einstellung zu Pets, etc.	*Mitgebrachte Fotos und Bilder bilden den thematischen Bezug zum Redeanlaß; deshalb sollten die Schüler unbedingt und rechtzeitig zum Sammeln bzw. Mitbringen solcher Materialien angeregt werden.*
Auf Packpapierbogen notiert jede Gruppe Stichwörter und klebt die mitgebrachten Bilder (eigene Tiere, solche in Zeitschriften u.a.m.) dazu.	
Die Schüler jeder Gruppe verfassen gemeinsam einen Gruppenbericht, der einer anderen Gruppe gegeben werden soll.	*Es ist besonders wichtig, daß der Mitteilungscharakter des Gruppenberichts den Schülern klar gemacht wird, da sonst der Schreibgrund nicht motivierend erscheint.*
Eventuell kann den Schüler auf Folie ein Beispiel für einen solchen Report gezeigt werden (s. S. 357).	

Realisierungsmöglichkeiten

> Report (Group A)
>
> 2 boys and 2 girls in our group have pets. Petra can't have a pet, because her parents say "no". They live in a small flat. But she would like to have a little hamster. Her parents are very strict. Tom doesn't want a pet. He thinks pets are dis-gutsting. All the others think this is not right.

Didaktischer Kommentar (Intentionen)

Der Gruppenbericht soll nun an eine andere Gruppe der Klasse weitergegeben werden. Die Gruppenmitglieder sollten selbst an der Auswahl dieser Gruppe mitwirken.

Überlegungen für Entscheidungskriterien könnten sein:

- *Welche Gruppe weiß am wenigsten über uns als Gruppe?*
- *Welche Gruppe hat vielleicht andere Meinungen über uns als Gruppe?*
- *Etc.*

ROLE PLAY

Die Schüler lesen den neu erhaltenen Gruppenbericht. Dieser dient als Impuls für Rollenspiel(e).

FESTLEGUNG auf: setting, roles, Redeanlaß

z.B.: Mittagstisch in Petras Familie.

Petra, Petras Eltern, Geschwister.

Petra bringt Wunsch nach Anschaffung eines Haustiers vor, Eltern und Geschwister argumentieren pro und contra.

VORSPIELEN vor der Klasse.

Darüber reden.

Günstig wäre hier, den jeweiligen Bericht so oft zu kopieren, daß in jeder Gruppe genügend Exemplare davon vorhanden sind.

Äußerungen und Rollenverhalten sollen kurz abgesprochen, nicht aber niedergeschrieben werden, um Improvisationen zu ermöglichen.

Es kann vorkommen, daß einzelne Gruppen am Anfang ihr Rollenspiel nicht vor der Klasse vortragen bzw. -spielen wollen. Dies sollte unbedingt respektiert werden.

Realisierungsmöglichkeiten | Didaktischer Kommentar (Intentionen)

TIERISCHE IMPRESSIONEN

Die Schüler sollen die Augen schließen und an Lebenssituationen mit folgenden Tieren denken:

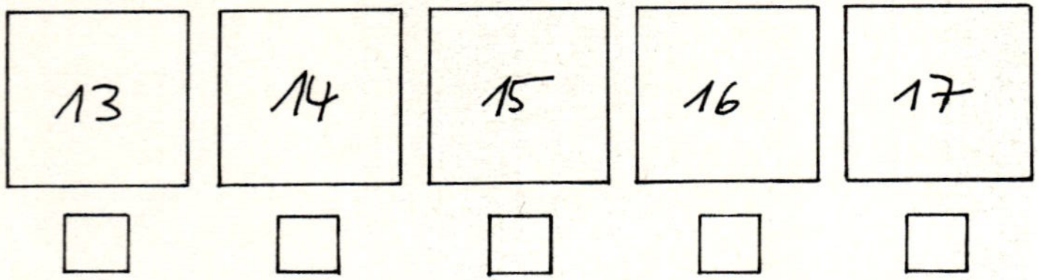

Jeder Schüler drückt nun die Stärke seiner Zuneigung zu den Tieren durch Einsetzen folgender Symbole in die Kästchen unter den Bildern aus.

Darauf redet er mit seinem Partner oder in der Gruppe über seine Einstellungen mit Hilfe der Redemittel.

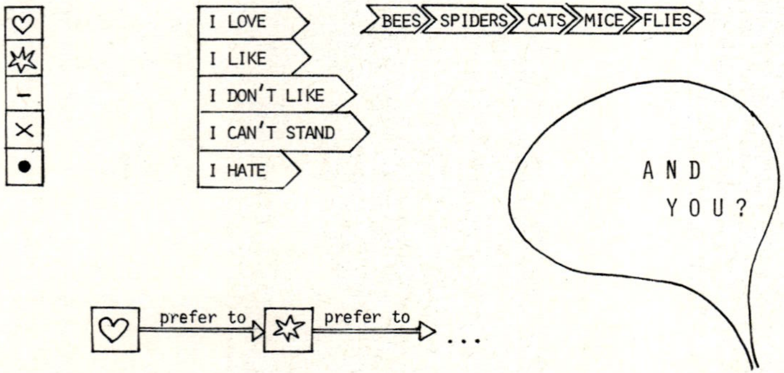

Einstellungen sind zumeist in - oft unbewußten - Vorerfahrungen begründet. Deshalb in der Besinnung die Rückführung auf emotional besetzte Alltagssituationen, die den Ausgangspunkt für Sympathie/Antipathie-Bezeugung darstellen.
Affektive Einstellungen werden als Grundlage fremdsprachlicher Äußerungen genutzt und üben einen unmittelbaren Einfluß auf Motivation und Behaltensfähigkeit aus.

Das Partner-/Gruppengespräch erfolgt im jeweiligen Gesprächsniveau, wozu nötige Frage- und Antwortmöglichkeiten zu erarbeiten sind.

Die dargestellten Redemittel bieten die nötigen Impulse und bedürfen der Anpassung und Ergänzung.

Ebenso sind die Äußerungen nicht auf die fünf vorgegebenen Tiere beschränkt (Ausweitung).

13

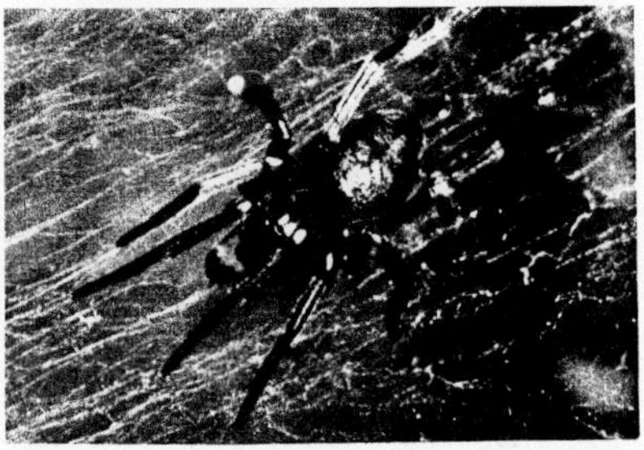

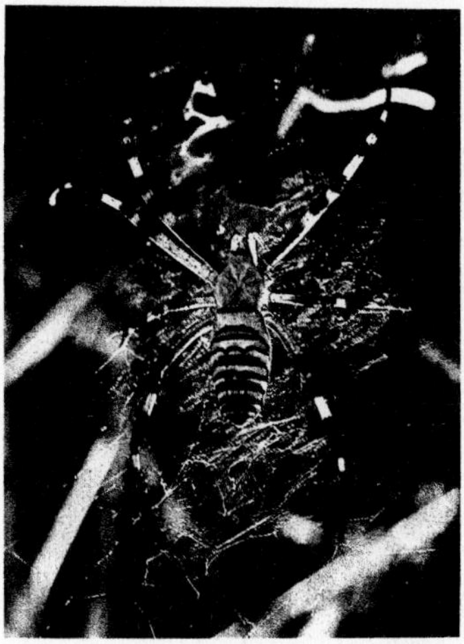

14

15

16

17

Realisierungsmöglichkeiten

Situationen mit möglichen Reaktionen graphisch verbinden (Linien) und Symbole (Sympathie/Antipathie) (S. 358) als Begründung wiederum in leere Kästchen einsetzen.

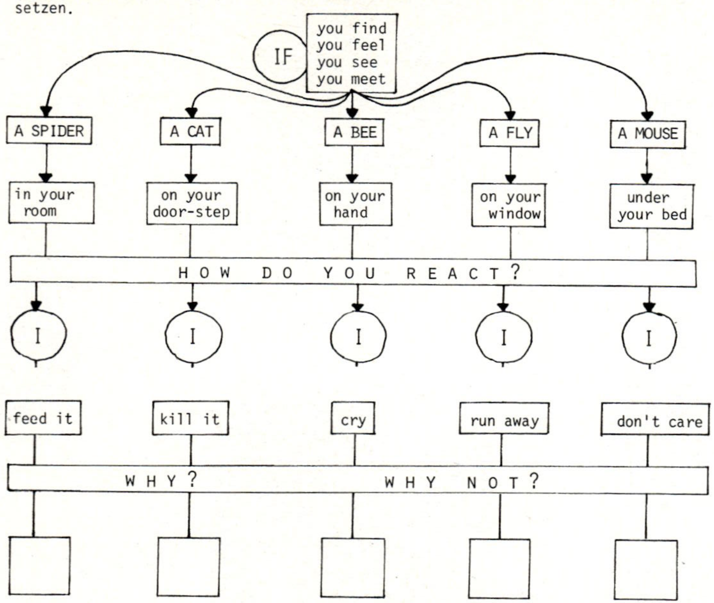

Reaktionen und Begründungen des Partners (der Gruppenmitglieder) erfragen.

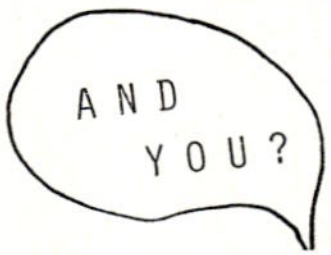

Didaktischer Kommentar (Intentionen)

Erfahrungen mit Tieren rufen verschiedene Reaktionen hervor. Wie sieht es damit bei den Schülern aus?
Durch die Verbindung von Situationen mit möglichen Reaktionen werden sie deutlich.

Durch die allmähliche Heranführung (nachdenken - sich festlegen - darüber reden) wird ein Austausch von Gedanken, Einstellungen und Erkenntnissen in der Fremdsprache möglich.

Mögliche Schüleräußerungen:

S_1: *If you find a spider on your leg. How do you react?*

S_2: *I kill it!*

S_1: *Why?*

S_2: *Because I can't stand spiders. And you?*

S_1: ...

Durch das neuerliche Einsetzen der Symbole soll klar werden, daß ein Zusammenhang zwischen diesen Reaktionen und den bereits bestehenden Gefühlen (Sympathie/Antipathie) besteht.

Schüler sind es gewohnt oberflächliche Antworten zu geben und denken deshalb ungern über sich selbst nach.
Wie kann man hier Abhilfe schaffen?

Realisierungsmöglichkeiten

Eigenschaften von Tieren finden, einsetzen und mit Partner (Gruppenmitgliedern) darüber reden.

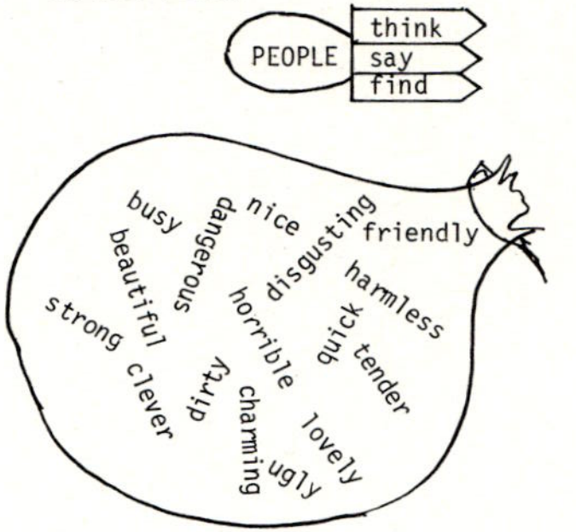

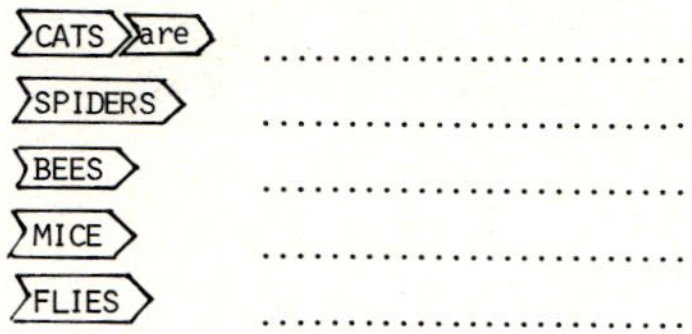

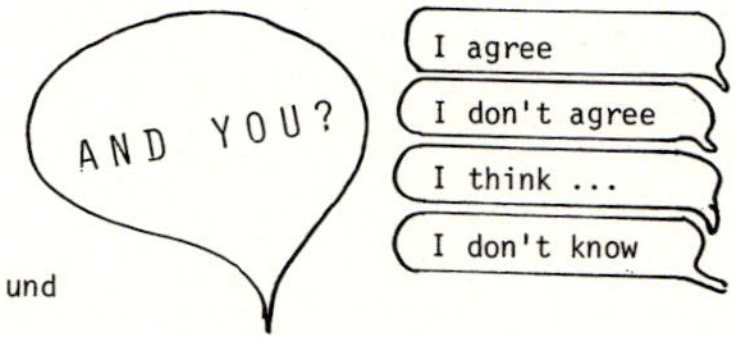

Über pauschale Meinungen nachdenken und Widersprüche formulieren.

DO YOU AGREE?
If not write down what you think:

	YES	NO	
• SPIDERS HAVE NO RIGHT TO LIVE			....
• CATS NEVER KILL OTHER ANIMALS			....
• FLIES ALSO WANT TO LIVE			....
• THE BEE IS MAN'S ENEMY			....
• A MOUSE CANNOT BE A PET			....

Plakative Gestaltungsmittel, Collagen etc. bieten eine Möglichkeit zur Weiterführung der hier gewonnenen Denk- und Sprachansätze.

Didaktischer Kommentar (Intentionen)

Der Schüler bringt durch die Eigenschaftszuschreibung tradierte Haltungen und seine eigene Meinung zum Ausdruck, die in der Reflexion mit dem Partner (in der Gruppe) von neuen Seiten beleuchtet werden.

Provokative Äußerungen ermöglichen im weiteren eine intensivere Auseinandersetzung mit tradierten Attitüden.

Eine weitere Aufarbeitung (in der Muttersprache?) erscheint hier nötig.

Das manuelle Gestalten an Collagen u.ä. ermöglicht eine weitere 'Versinnlichung' im Äußerungsbereich, was sich erfahrungsgemäß auf Motivation und Eindrucks- bzw. Behaltensfähigkeit auswirkt.

Ausblick

Einstellung und Arbeitshaltung der Schüler und Produktivität eines zeitgemäßen Fremdsprachenunterrichts hängen im hohen Maße davon ab, inwieweit es gelingt, den Schüler in seiner Sozialisationsprägung anzusprechen und diese zum Ausgangspunkt und zum Antrieb einer Lernsituation zu machen, die sich selbständig an den Forderungen eines Denken-Sprechen-Handeln-Modells (vgl. den Beitrag von Schratz in diesem Band) orientiert. In diesem Sinn wird das vorliegende Unterrichtskonzept als o f f e n verstanden; sowohl was seine Ergänzung und Änderung durch klassenspezifische Anforderungen betrifft, als auch in Hinsicht auf die Anwendbarkeit des hier vertretenen Ansatzes integrierten (Fremd-) Sprachhandelns auf andere Inhalte.

Oft werden Befürchtungen geäußert, ob nicht ein solcher Ansatz, der das - oft mühsam unterdrückte - Energiepotential der Schüler anspricht, nicht zu Disziplinlosigkeit und damit letztlich Leistungsverfall führe. Unsere Erfahrungen erhellen gerade das Gegenteil: Wir sehen hier eine Möglichkeit, neue Ansätze aus einem geänderten Lehrer-Schüler- bzw. Schüler-Schüler-Bezug zu finden, die in der Lage sind, im prozeßbewußten Miteinander auf äußeren Druck und Motivationstricks zu verzichten, weil sie selbst in höchstem Maße motivierend sind.

Trotzdem - oder gerade deswegen - soll hier bewußt gemacht werden, daß ein Unterrichtsmodell nicht völlig abbauen und öffnen kann, was oft durch Jahre eingeprägt und verdrängt wurde. Offene Prozesse bedingen und fördern Konflikte vieler Art; in diesen liegt eine Chance. Vom Anfang an wird es einer intensiven Pflege der Metaebene bedürfen, um durch Abkommen und Zeichen etwa drohenden überschwappenden Aktivitätswellen Einhalt zu gebieten. Der Schüler, der durch offene Sozialformen und die Möglichkeit des Ich-Handelns entsprechend anders gefördert wird als im herkömmlichen Unterricht, ist eher bereit, Sinn und Notwendigkeit solcher Abkommen anzuerkennen.

Um dem interessierten Lehrer die Möglichkeit zu geben, Spiele, Lesetexte u.v.a.m. im Themenzusammenhang zur Erweiterung dieser

Überlegungen und praktischen Hinweise zu finden, sind im folgenden brauchbare Materialien aufgelistet, die von Nutzen sein könnten. (Daneben bieten aber auch Illustrierte, Magazine u.ä. brauchbare Realien.)

Materialbörse 'Kids and Pets'

Murphy, A. u. D.: A Treasury of English (Grammar Through Nature Study). Junior and Middle Group. Dublin, o.J. (Mehrere Themen- und Altersbereiche).
Ladybird Key Words und andere Bücher aus englischsprachigen Reading Schemes zum entsprechenden Alters- und Themenbereich. Loughborough, versch. Jahre.
Kinder-Wörterbuch aus England verschiedener Verlage (z.B. Ridout Scheme) zu verschiedenen Themen- und Schwierigkeitsbereichen.
Help Your Child Series (Educational Books), z.B. Word Fun. London, 1981. (Bei diversen Verlagen und in breiter Vielfalt).
Lernspiele zum Bereich 'Animals': D. Byrne: Play some English Games. München, 1980. Animal Snap. Spear's Games. Enfield, o.J.. May I have the Crocodile? Päd. Zentrum. Berlin, o.J.
Lesetexte über Tiere: Readabout Series (z.B. Spiders, Birds u.v.a.m.) London, 1977. Comic-Readers (Black Beauty u.a.). Knutsford, 1978.

Einleitung

1. Natürlich soll die Betonung des Konstruktcharakters von "Motiv" und "Motivation" nicht andeuten, diese Konzepte seien reine Phantasieprodukte. Es wird damit lediglich auf die Tatsache verwiesen, daß auf ihr Vorhandensein aus beobachtbaren Daten geschlossen wird. So ist z.B. das Motiv "Hunger" bei einem Individuum nicht direkt beobachtbar, sondern wird aus bestimmten Verhaltensweisen (z.B. Nahrungssuche) erschlossen.

Kapitel 3.2.: G. Hermann, Affektive Variablen und Fremdsprachenlernen im Spiegel empirischer Forschung

1. Jordan, D., 1941

2. ib., p. 31

4. Gardner/Lambert, 1972, p. 3

5. Der nun folgende Überblick basiert auf dem in Anmerkung 4 genannten Standardwerk von Gardner und Lambert.

6. ib., p. 147

7. "... literally, anomie means being without norms or social ties", op. cit., p. 16

8. ib., pp. 16-17; cf. außerdem Lambert, 1972, bes. pp. 292-292

9. cf. Lambert et al., 1960

10. "Das heißt nicht, daß sie alle Züge dieser Charakterstruktur einbezieht, sondern nur einen annehmbaren Ausschnitt der für eine solche Struktur charakteristischen Ausdrucksweisen erfaßt". cf. Adorno, 1973, p. 46

11. cf. zum folgenden op. cit., pp. 322-327

12. Gardner/Lambert, op. cit., p. 98

13. Lukmani, 1972, bes. p. 269

14. Oller et al., 1977; zur Diskussion der Relativierung des motivationellen Einstellungsverständnisses cf. auch Hermann, 1979, bes. pp. 398-400

15. Gardner, 1980, bes. p. 264

16. Gardner/Smythe, 1975, bes. p. 229

17. Burstall et al., 1974, p. 13

18. op. cit., pp. 234-235

19. Dies bestätigen auch andere Untersuchungen, wie Gardner, 1966; Feenstra/Gardner, 1968; Feenstra, 1969; Gardner/Santos, 1970.

20. Solche Tendenzen zeigen z.B. auch auf Goodacre, 1968; Barker Lunn, 1970

21. cf. zur Empathie Guiora, 1968; Guiora et al., 1972; Bills, 1975, bes. pp. 14, 18, 42ff.

22. Burstall, op. cit., p. 244

23. cf. pp. 3-4

24. Gardner, 1980, bes. p. 268

25. cf. zum folgenden Savignon, 1972

26. cf. hierzu Wasna, 1972, pp. 23ff.

27. Savignon, op. cit. p. 63

28. ib., p. 59

29. Düwell, 1979

30. ib., p. 209

31. op. cit., pp. 210-211

32. Burstall, 1970, p. 107

33. Düwell, op. cit., p. 213

34. op. cit., p. 215

35. cf. z.B. die von Gardner u.a. als paradox gewerteten Ergebnisse eines Austauschprogramms, in dessen Verlauf die positiven Einstellungen der Teilnehmer zum Volk der Zielsprache zwar hochsignifikant zunehmen, die integrative Orientierung jedoch in ihren Meßwerten weit zurückbleibt und der Wunsch, Französisch zu lernen, sowie die Haltung zum Unterrichtsfach selbst sich nicht signifikant verändern: Gardner et al., 1974; zur Verteidigung ihres theoretischen Konzepts cf. Anmerkung 16

36. cf. die Ausführungen zur Konfigurationsfrequenzanalyse in Kap. 6.1., S. 280ff dieses Buches.

37. Hermann, 1978, pp. 215 und 237-238

38. Bogardus, 1933; id., 1967

39. cf. Hermann, op. cit., pp. 109-110; zum folgenden cf. pp. 183-186, 214-218

40. Taylor, 1961, bes. p. 389

41. "Derartige Techniken sollten vom Sozialforscher nur in Verbindung mit einem geschulten Psychologen entworfen und ausgewertet werden. In der Praxis werden sie relativ selten angewendet, weil in der Handhabung trainierte Interviewer oft nicht vorhanden sind, weil sie innerhalb des Fragebogens zuviel Raum in Anspruch nehmen und weil ihre Auswertung problematisch ist". cf. Mayntz et al., 1969, p. 111

42. Die Auswertung hängt jedoch - sieht man einmal von speziellen Laborsituationen ab - letztlich von der Überprüfung der Gefühle, die der Proband zum Zeitpunkt der Messung hegt und über die er anschließend Auskunft gibt, ab.

43. Jones/Sigall, 1971

44. cf. z.B. die Lügenitems bei Schmidt/Euler, 1966 oder bei Eysenck, 1953

45. z.B. Crowne and Marlowe, 1960 oder Schmidt und Vorthmann, 1971

46. Barron, 1953a; zum Konzept der Konformität cf. auch Cruchfield, 1962, 1962a; zur Ichstärke cf. Barron, 1953

47. Deusinger, 1972, bes. p. 58

48. Nähere Erläuterungen hierzu in Hermann, 1978, pp. 192-194, 221-222, 232-233

49. Oller/Perkins, 1978, bes. p. 91; cf. außerdem id., 1978a

Kapitel 4.2.1.: K. Schröder, Gesellschaftliche und politische Einflußfaktoren auf Motivation und Einstellung

1. Interessant ist in diesem Zusammenhang eine Textstelle bei Rautenhaus (1979a:33), die sich auf ihre 1978 publizierte Untersuchung Der lernschwache Englischschüler bezieht: Dort "wurde der Versuch unternommen, mit empirischen Mitteln eine Situationsanalyse zu erstellen, die die Frage beantwortet, welche Faktoren zur Einordnung der betroffenen Schüler in die unterste Leistungsgruppe des 5. Schuljahres geführt haben. Gefragt wurde, wie sich der den Schülern durch ihre C-Gruppenzugehörigkeit attestierte Mangel zusammensetzt, was ihnen fehlt oder sie am Lernen behindert. Auch wenn die Ergebnisse nicht im Sinne primärer Lernvoraussetzungen zu interpretieren sind, sondern als Beschreibung von bei den Schülern - unter weitgehend unbekannten Einflüssen - bereits abgelaufenen Prozessen, muß man sie doch als wirksame Voraussetzungen für den Englischunterricht mit diesen Schülern zur Kenntnis nehmen."

2. Apelt (1976:135) bringt ein Beispiel, wie es einer jungen Kollegin gelang, die Schüler für die Sprache des Klassenfeindes, das Englische, zu motivieren, ohne dabei die "aktuellen gesellschaftlichen Erfordernisse" außer acht zu lassen: "So konnte in einer Schule die Einstellung zum Englischunterricht wesentlich verbessert werden, nachdem eine Kollegin, die längere Zeit in

Tansania Mathmatik in Englisch unterrichtet hatte, einige Englischstunden übernahm. Sie berichtete mit Hilfe zahlreichen Anschauungsmaterials über ihre Erfahrungen, erläuterte die ökonomische und politische Notwendigkeit einer Unterstützung der jungen Nationalstaaten und unterstrich die wesentliche Rolle, die Englisch als Kommunikationsmittel in diesem Prozeß spielte und spielt."

3. Diese Festlegung wurde nach 1968 mancherorts durch eine ebenso enge, "fortschrittliche" abgelöst. In ihrer Ablehnung einer reflektiert-utilitaristischen Neuordnung des (gymnasialen) Fremdsprachenunterrichts reichten sich die akademische Linke und die konservativen Kräfte die Hand: sinnvoller Fortschritt wurde durch diese Allianz weitgehend verhindert.

4. Vgl. in diesem Zusammenhang Krohn 1974, bes. S. 79, dort weiterführende Literatur.

5. Vgl. hierzu bes. Nowak 1982

6. Vgl. hierzu z.B. Krohn 1974 und 1981; Rautenhaus 1978; Schwerdtfeger 1976.

7. Eine ausführlichere Darstellung findet sich bei Luukkainen/Schröder 1981. Vgl. auch den Eintrag Nowak (1982) im Literaturverzeichnis.

<u>Kapitel 4.3.1.:</u> D. Krohn, Angst und Englischunterricht

1. Für eine detaillierte empirische Analyse des Bereichs "Elternhaus und Englischunterricht" vgl. Krohn, 1980 und Krohn/Langemeyer/Stottmeister, 1981

2. Der Zusammenhang zwischen allgemeiner Ängstlichkeit und Schul- bzw. Prüfungsangst liegt in der Literatur und in unseren Untersuchungen bei Korrelationen von etwa .6 bis .7.

3. Die dafür verwendeten Verfahren können hier nicht detailliert dargestellt werden. Für den statistisch nicht ausgebildeten Leser wären sie nur mit großem Aufwand zu erklären; der Fachmann wird sich gleich den ausführlichen Informationen der Autoren zuwenden. - Generell soll in diesem Beitrag versucht werden, statistische Details im Text so gering wie möglich zu halten, um seine Lesbarkeit für eine größere Zahl Interessierter zu bewahren. Differenziertere Erläuterungen erscheinen in den Fußnoten.

4. Allerdings darf nicht übersehen werden, daß eine Übertragbarkeit von Untersuchungsergebnissen aus dem zweisprachigen Kanada auf unsere Verhältnisse nicht als von vornherein berechtigt angesehen werden darf. Erste Validitätsüberprüfungen im Rahmen unseres Forschungsprojekts lassen jedoch eine zufriedenstellende Gültigkeit der Skalen auch für unseren Raum als höchstwahrscheinlich erkennen.

5. Für die Skala "Angst im Englischunterricht" errechneten wir einen Reliabilitätskoeefizienten (Cronbachs alpha) von .77 (N = 1868), für die Skala "Prüfungsangst im Englischunterricht" von .69 (N = 1864).

6. Sie wurde von der Bund-Länder-Kommission für Bildungsplanung und Forschungsförderung und dem Kultusministerium des Landes Niedersachsen finanziert.

7. Der AFS wurde im zweiten Projekt zwar auch verwendet, die mit ihm erhobenen Daten jedoch noch nicht umfassend ausgewertet. Die Ergebnisse der bisherigen Auswertung bestätigen die Erkenntnisse aus dem ersten Projekt.

8. Es ist selbstverständlich nicht möglich, mit Hilfe der statistischen Analyse die Kausalität zu beweisen. Oftmals wird es sich bei den Beziehungen zwischen Prädikator- und Kriteriumsvariablen auch um wechselseitige Beeinflussungen handeln. Die Gefahren, die in einer notwendigerweise kurzen umgangssprachlichen Erläuterung komplexer statistischer Verfahren liegen, sind dem Verfasser bewußt. Er nimmt sie jedoch auf sich, um die Ergebnisse empirischer Forschung auch für die rezipierbar zu machen, die sie unmittelbar betreffen, nämlich die Lehrer, die nur in Ausnahmen die Möglichkeit hatten, fundierte statistische Kenntnisse zu erwerben.

9. Zu den bivariaten Zusammenhängen vgl. Krohn, 1981, S. 230ff.. Sie sollen an dieser Stelle nicht dargestellt werden, weil sie weniger aussagekräftig als die multivariaten Zusammenhänge sind, wo es um die relative Bedeutung der Angst im Vergleich mit anderen Schülermerkmalen geht.

10. Für die multivariaten Analysen, deren Ergebnisse im folgenden dargestellt werden, wurde die Rohpunktsumme im schriftlichen Teil und im Subtest "Hörverstehen" (Erläuterungen s.u.) dieses Diagnostischen Leistungstests Englisch 5-6 (DLE 5-6) von Peter Doyé und Dieter Lüttge (Westermann: Braunschweig 1977) zuzüglich des Ergebnisses im Subtest "Diktat" des Leistungstests für den Englischunterricht der 4. Klasse (LEU 4) von Peter Doyé und Dieter Lüttge (Langenscheidt-Longman: München 1973) durch Datentransformation in eine Standardnormalverteilung überführt.

11. Die in Standardnormalverteilung transformierte Rohpunktsumme des Englisch-Einstufungstests 6+ (EET 6+) von Heinrich Schrand (unter Mitarbeit von R. Portmann und G. Stark) entwickelt (Beltz: Weinheim 1973), wurde als Kriteriumsvariable verwandt.

12. Die Schüler wurden aufgrund ihrer Leistungszugehörigkeit und ihrer kursspezifischen Englischzensur in drei Erfolgsgruppen aufgeteilt. 50% der Schüler gehörten zur Mittelgruppe, je 25% zu der Gruppe mit den guten bzw. schlechten Englischleistungen. Die Grundlage für die Zuweisung zu einer der drei Erfolgsgruppen bildete somit das Lehrerurteil, nicht das Ergebnis einer objektivierten Leistungsmessung.

13. In den folgenden Fußnoten werden als Operationalisierungen der Schülermerkmale die zu ihrer Erfassung verwendeten Verfahren angegeben. Zur Begründung der Auswahl gerade dieser Lerncharakteristika und Instrumente und zu ihrer genaueren inhaltlichen Bestimmung vgl. Krohn, 1981, S. 94-116 und S. 159-178.

14. Prüfsystem für Schul- und Bildungsberatung (PSB) von W. Horn, Hogrefe: Göttingen 1969; eingesetzt zu Anfang des 6. Schuljahrs.

15. Fremdspracheneignungstest für die Unterstufe (FTU 4-6), bearb. von W. Correll und K. Ingenkamp, Beltz: Weinheim [2]1971; eingesetzt nach etwa drei Monaten Englischunterricht.

16. Für das Projekt bearbeiteter Motivationsfragebogen (nach Jordan, 1941); es wurde der Motivationswert der dritten Erhebung am Ende des 6. Schuljahrs verwendet. Bei der Interpretation der multivariaten Analysen wird sein Einfluß zusammengefaßt mit dem des Wertes, den der Schüler in der Dimension "Schulunlust" des AFS (s. nächste Fußnote) erreicht hat.

17. Angstfragebogen für Schüler (AFS) von W. Wieczerkowski et al., Westermann: Braunschweig 1974. Der Bedingungsfaktor "Angst" bei der Interpretation unserer multivariaten Analysen wird durch die "Prüfungsangst" des AFS und der Dimension VS 1 des PFK 9-14 (s. nächste Fußnote), die allgemeine Ängstlichkeit im Sinne der emotionalen Erregbarkeit miß, konstituiert. Der Fragebogen wurde von den Schülern im ersten Vierteljahr des 6. Schuljahrs gemeinsam mit dem PFK 9-14 ausgefüllt.

18. Persönlichkeitsfragebogen für Kinder 9-14 (PFK 9-14) von W. Seitz und A. Rausche, Westermann: Braunschweig 1976 (erfaßt vier nicht-kognitive Persönlichkeitsbereiche: emotionale Erregbarkeit, fehlende Willenskontrolle, aktiv-extravertiertes Temperament, Zurückhaltung und Scheu vor Sozialkontakt).

19. Ermittelt nach Kleining/Moore (1968)

20. Als Maß dient hier der Median der multiplen Korrelationskoeffizienten, die bei Regressionsanalysen der durch objektivierte Verfahren ermittelten Kriteriumsvariablen unter Verwendung der genannten Prädiktorvariablen für die vier Orientierungsstufen getrennt errechnet wurden.

21. Es sei noch einmal vor einer statischen Interpretation gewarnt. Die in der Tabelle aufgeführten Schülermerkmale stehen im zeitlichen Verlauf in Wechselwirkung miteinander und mit Elementen der schulischen Umwelt. Ein interaktionales dynamisches Interpretationsmodell ist allein angemessen (vgl. Krohn, 1981 und 1981a).
Die Prozentwerte zum Informellen Leistungstest, zum DLE 5-6 und zum EET 6+ sind aus den standardisierten Regressionskoeffizienten der Regressionsanalysen, die der Analysen der Erfolgsgruppenzugehörigkeit aus den standardisierten Diskriminanzkoeffizienten der Diskriminanzanalysen errechnet. Daß die Summe

der Prozentwerte nicht immer genau 100 beträgt, liegt an der Rundungsungenauigkeit.

22. Vgl. dazu Krohn, 1981a. Es soll, um Mißverständnissen vorzubeugen, lediglich noch erwähnt werden, daß die Einflüsse von Intelligenz und Fremdspracheneignung eher überschätzt, die der anderen Schülermerkmale eher unterschätzt sind, da die Intelligenz mit sieben, die Fremdspracheneignung mit fünf verschiedenen, aber miteinander korrelierenden Subtests in die multivariaten Analysen eingegangen sind, die anderen Merkmale jedoch durch eine geringere Zahl von Variablen repräsentiert waren (Angst: drei; Motivation: zwei; andere nicht-kognitive Persönlichkeitsmerkmale: vier). Eine in diesem Sinne korrigierte Schätzung findet sich bei Krohn, 1980, S. 29.

23. Will man die Aussage nachvollziehen, sind die folgenden Tatbestände zu berücksichtigen: a) beim DLE 5-6 sind nur die leichteren bzw. weniger angstanfälligen Subtests einbezogen (s.u.); daher ist er mit 11,9% Angstabhängigkeit vermutlich zu gering geschätzt; b) in der Erfolgsgruppe mit den unterdurchschnittlichen Englischleistungen finden sich die Hochängstlichen in überproportionalem Maße, so daß eine Diskriminanzanalyse der Extremgruppen nur mit Einschränkungen zum Vergleich mit den Ergebnissen der Regressionsanalysen herangezogen werden darf.

24. Die Stichprobe: 5. und 6. Klasse Realschule (N = 79 Jungen, für Mathematik und Englisch je 58; 66 Mädchen, für Mathematik und Erdkunde je 50).

25. Aus Krohn (1980a, S. 232): Zusammenhänge zwischen Angst und Schulzensuren (*p < .05; **p < .01)

Schulfach	Prüfungsangst		Allgemeine Ängstlichkeit	
	Jungen	Mädchen	Jungen	Mädchen
Deutsch	.36**	.08	.21	.11
Erdkunde	.34**	.07	.18	-.06
Biologie	.16	-.02	-.05	-.13
Mathematik	.42**	.18	.09	.09
Englisch	.36**	.32*	.18	.34*

26. Wir sind dieser Frage anhand unserer Daten von ca. 3000 Schülern der 5. und 6. Klasse noch nicht nachgegangen, wollen diese Möglichkeit, die sie uneingeschränkt bieten, aber möglichst bald nutzen.

27. Das konnte an der Interkorrelationsmatrix der Prädiktorvariablen und durch Faktorenanalysen mit ihnen gezeigt werden. Auch eine Betrachtung der beim PFK 9-14 - VS 1 verwendeten Items macht diese Aussage deutlich.

28. Wieczerkowski et al. (1975, S. 30) sprechen von 0,2% bis maximal 3%; Jacobs/Strittmatter (1979, S. 166) kommen nach einer Sekundäranalyse verschiedener Untersuchungen auf 0% bis 6%; in unserer Untersuchung liegen die Werte für AFS-PA bei 1,2%, für AFS-MA bei 0,7% und für PFK-VS 1 bei 1,6%.

29. Die den sechs Antwortmöglichkeiten nach gleichsinniger Polung zugeordneten Werte von 1 bis 6, die der einzelne Schüler bei den Items einer Skala angekreuzt hatte, wurden addiert. Dabei wurden nur die Schüler berücksichtigt, die auf alle Items reagiert hatten.

30. Es wurde der nicht-parametrische U-Test von Mann-Whitney verwendet, um die geschlechtsspezifischen Unterschiede auf statistische Signifikanz zu prüfen. Die wörtlichen Formulierungen der Einzelitems finden sich in den Tab. 4 und 5.

31. U-Test von Mann-Whitney: U = 404929.0; z = -3.915; p = .0001; N = 1898.

32. Vgl. z.B. Jacobs/Strittmatter, 1979, S. 117; Krohn/Langemeyer/Stottmeister, 1981

33. Der AMTB, der unseren Ausführungen in diesem Zusammenhang zugrundeliegt, wurde im zweiten Halbjahr des 6. Schuljahrs durchgeführt.

34. Dieser Interpretationsansatz ist sicherlich stark vereinfachend, läßt sich jedoch sowohl theoretisch als auch empirisch stützen.

35. Sie wird betont bei Gärtner-Harnach (1972, S. 124-127) und Schwarzer (1975, S. 66-71) und als unwesentlich angesehen von Jacobs/Strittmatter (1979, S. 124-137).

36. Es ergaben sich folgende Zusammenhänge (Pearsons Produkt-Moment-Korrelation), die wegen der großen Stichprobe (N ≈ 900) alle hochsignifikant sind, mit der Sozialschichtzugehörigkeit nach Kleining/Moore (1968): AFS-PA: .17; AFS-MA: .08; PFK-VS 1: .11.

37. Kendalls tau = -.09, p = .0001; N = 1577. Der hier wegen des Skalenniveaus der Daten verwendete Korrelationskoeffizient "Kendalls tau" ist stets niedriger als der Produkt-Moment-Korrelationskoeffizient nach Pearson oder Spearmans Rangkorrelationskoeffizient und kann daher mit diesen quantitativ nicht verglichen werden.

38. Es wurde der nicht-parametrische H-Test von Kruskal-Wallis gerechnet: chi^2 = 17,08; p = .002; N = 1546. Der mittlere Rang für die einzelnen Schichten:

Obere Schichten (OS):	913 (N = 105)
Mittlere Mittelschicht (MMS):	805 (N = 210)
Untere Mittelschicht (UMS):	786 (N = 476)
Obere Unterschicht (OUS):	743 (N = 572)
Untere Schichten (US):	721 (N = 183)

39. Differenzierte Analysen und Interpretationen in Krohn (1980) und Krohn/Langemeyer/Stottmeister (1981).

40. H-Test von Kruskal-Wallis: $chi^2 = 8,34$; $p = .08$; $N = 1528$. Der mittlere Rang für die einzelnen Schichten:

OS:	698 (N = 102)
MMS:	726 (N = 205)
UMS:	804 (N = 474)
OUS:	752 (N = 567)
US:	780 (N = 180)

41. H-Test von Kruskal-Wallis: $chi^2 = 27,49$; $p < .0001$; $N = 1868$. Der mittlere Rang der einzelnen Schulformen:

HS:	773 (N = 230)
RS:	918 (N = 320)
GY:	1005 (N = 292)
OST:	956 (N = 1026)

42. Auf unsere Untersuchungen bezogen vgl. Krohn/Stiel (in Vorbereitung).

43. H-Test von Kruskal-Wallis: $chi^2 = 4,61$; $p = .20$; $N = 1851$. Der mittlere Rang der einzelnen Schulformen:

HS:	970 (N = 234)
RS:	952 (N = 317)
GY:	943 (N = 292)
OST:	903 (N = 1008)

44. Als Kriterium diente das Lehrerurteil (Englischzensur und Leistungskurszugehörigkeit am Ende des 6. Schuljahrs).

45. Dieser Eindruck beruht bisher nur auf einer Analyse der Kreuztabellen der Englischzensur und der AMTB-Werte in den Einzelitems. Präzisere statistische Verfahren sollen zu einer genaueren Prüfung beitragen.

46. Im folgenden beziehen sich die Aussagen im wesentlichen auf statistische Analysen, die Christiane Buchholz (1976) im Rahmen ihrer Diplomarbeit vorgenommen hat. Ihr sei an dieser Stelle für ihre engagierte Mitarbeit im Forschungsprojekt ausdrücklich gedankt.

47. In unserem Kontext mag diese operationale Definition ausreichen. Für differenzierte theoretische Auseinandersetzungen mit dem Konzept der Leistungsdimension ist hier weder Notwendigkeit noch Raum genug (vgl. dazu Roeder, 1974; Sang/Vollmer, 1978).

48. Die Rohpunktwerte aus DLE 5-6 und AFS waren in Standardnormalverteilungen transformiert worden, so daß Produkt-Moment-Korrelationen nach Pearson berechnet werden konnten. Nur ein Teil der ca. 1000 Schüler der zugrundeliegenden Untersuchung konnte wegen des großen Aufwands für die Testdurchführung dem mündlichen Teil des DLE 5-6 unterzogen werden. Diese Selektions-

stichprobe (135 Jungen, 145 Mädchen) ist allerdings, wie u.a. Vergleiche der Korrelationskoeffizienten der Gesamtstichprobe und der Selektionsstichprobe bei Daten, die für alle Schüler vorlagen (alle DLE-Leistungen im schriftlichen Teil und beim Hörverstehen), gezeigt haben, repräsentativ für die Gesamtstichprobe.

49. Die außergewöhnliche Rohwerteverteilung der entsprechenden Stichprobe im jeweiligen DLE-Subtest bei geringer Zahl der Rohwertausprägungen überhaupt (hohe Besetzung einer Rohwertausprägung, dadurch extreme Schiefe bzw. extremer Exzess bis zum floor- bzw. ceiling-Effekt) konnte durch die Datentransformation in diesen Fällen nicht völlig wirkungslos gemacht werden, so daß niedrigere Korrelationskoeffizienten errechnet wurden, als es dem mit großer Sicherheit anzunehmenden tatsächlichen Zusammenhang zwischen Prüfungsangst und den jeweiligen Englischleistungen entspricht.

50. Es erübrigt sich, hier wiederum auf die Enge des Zusammenhangs und die geschlechtsspezifischen Unterschiede einzugehen. - Die oftmals geringeren Korrelationskoeffizienten für alle Schüler - verglichen mit denen für die Geschlechter getrennt - werden verständlich, wenn man sich bewußt macht, daß die Angst und die Leistungen bei den Mädchen in der Regel höher liegen, die Rohwertetransformation aber für die Gesamtstichprobe vorgenommen wurde.

51. Auf die Problematik kausaler Interpretationen von Korrelationskoeffizienten wurde bereits hingewiesen (vgl. Fußnote 8). Die statistische Signifikanz der Korrelationsdifferenzen konnte - bezogen auf alle Schüler - für die Zusammenhänge zwischen PA und den jeweils folgenden nachgewiesen werden (nach Guilford ^{4}1965, S. 190): AF ↔ LVA; HV ↔ DLE mdl. ohne HV; BS ↔ DLE mdl. ohne HV. Die anderen Unterschiede sollten vorsichtigerweise als Tendenzen interpretiert werden. Allerdings sagt die statistische Signifikanz allein, die z.B. stark von der Anzahl der Fälle abhängt, noch nichts über die praktische Relevanz der Unterschiede aus.

52. Signifikante Korrelationsdifferenzen für die Zusammenhänge mit der Manifesten Angst: HV ↔ AF; LVA ↔ AF.

53. Aus diesem Befund kann man zwar nicht schließen, daß die Leistungen der Schüler im rezeptiven Bereich im allgemeinen höher liegen als im produktiven, da dieses Ergebnis von dem verwendeten Test und der getesteten Stichprobe abhängig ist, jedoch soll in diesem Zusammenhang dafür plädiert werden, auch bei der Leistungsmessung den rezeptiven Fertigkeiten ein größere Gewicht beizumessen. Vermutlich können die Schüler dabei schon früh und häufiger als bei der Überprüfung der produktiven Fertigkeiten die angstreduzierende und damit motivierende Erfahrung machen, daß sie schon viel leisten können. Besonders wichtig dabei wäre allerdings, daß die Leistungsmessung kriteriumsorientiert und nicht normorientiert geschieht.

54. Nach Transformation der Angstwerte (AFS-PA und AFS-MA) in die Standardnormalverteilung wurden alle Schüler innerhalb einer Standardabweichung (ca. 68%) zur Gruppe der Mitteländstlichen (M) gerechnet, die Schüler außerhalb der Standardabweichung (je ca. 15%) als Hoch- (H) bzw. Niedrigängstliche (N).

55. Es sind die Englischleistungswerte (nach T-Normen mit dem Mittelwert von 50 und einer Standardabweichung von 10) der drei Angstgruppen insgesamt und für Jungen und Mädchen getrennt eingezeichnet. Die gestrichelten Linien stellen die Werte für alle Jungen ($\overline{X}_g$) und Mädchen ($\overline{X}_m$) bzw. für die gesamte Stichprobe ($\overline{X}_G$) dar.

56. Die Prüfung der Unterschiede zwischen den niedrig- und mittelängstlichen, den niedrig- und hochängstlichen und den mittel- und hochängstlichen auf statistische Signifikanz (t-Test) ergab, daß - bezogen auf alle Schüler - die Wahrscheinlichkeit, diese Unterschiede könnten zufällig sein, geringer als 0,1% ist (vgl. Buchholz, 1976, S. 175).

57. Der Verfasser kann im folgenden u.a. auf Ergebnisse zurückgreifen, die auf der Basis schriftlicher Stellungnahmen der ca. 70 Projektlehrer und aus Diskussionen zu dieser Frage mit ihnen und den Teilnehmern zweier Lehrerfortbildungskurse gewonnen wurden. All den beteiligten Kolleginnen und Kollegen sei für ihre Beiträge herzlich gedankt.

58. Die Vor- und Nachteile einer äußeren Leistungsdifferenzierung können hier nicht diskutiert oder gar gegeneinander abgewogen werden.

59. Vergleichbare Befunde gibt es auch für die Interaktion zwischen der Strukturiertheit des Unterrichts, der Intelligenz und der Schulleistung (vgl. Krohn, 1981a).

60. Wir verzichten hier völlig auf die Darstellung grundlegender Therapieansätze zur Angstreduktion (vgl. dazu Spandl, 1979, S. 106ff; Walter, 1978, S. 223ff.).

61. Diese Trennung ist künstlich und sehr problematisch. Sie soll lediglich die Darstellung der Gedanken vereinfachen.

62. Seitdem der Autor dieses Beitrags nach langer Tätigkeit an der Universität wieder an einer Haupt- und Realschule unterrichtet, fließt ihm ein solches Zitat nicht mehr so leicht aus der Feder. Er hat jedoch dessen inhaltliche Richtigkeit noch nicht verdrängen können. (Vielleicht bis zur zweiten Auflage.)

63. Eine ausführliche Erläuterung auf dem Hintergrund eines Modells schulischen Fremdsprachenlernens findet sich bei Krohn (1981a).

Kapitel 4.4.1.: H. Düwell, Motivierung im Fremdsprachenunterricht in Abhängigkeit einzelner Unterrichtsfaktoren

1. Vgl. Düwell 1979:15ff.

2. Hinsichtlich der Motivierung des Lernenden zur Identifikation mit der fremden Sprache als Schulfach ließ Lindemann (1974:82ff.) Schüler im Englischunterricht Plakate entwerfen, mit denen sie für den Nutzen des Erwerbs dieser Sprache werben sollten.

3. Hessische Rahmenrichtlinien Neue Sprachen Sek. I, zit. nach Haase/Mengler, 1977:56.

4. Die motivationale Ausgangssituation unterscheidet sich beim Erwerb der ersten Fremdsprache insofern von derjenigen beim Erwerb weiterer Fremdsprachen, als daß sie noch nicht von der Vorerfahrung des Erwerbs einer Fremdsprache beeinflußt ist.

5. Vgl. hierzu Irene J. Matthews, zit. nach Grittner 1975b:27: "It (the textbook) should serve as a ready reference".

6. Vgl. hierzu die Bausteine: Départ: Allemagne - Arrivée: France und Toujours la même chanson.

7. Mit der Verwendung des Begriffs "Methode" sind wir uns der Problematik seines Gebrauchs bewußt (vgl. Schröder/Finkenstaedt 1977:160). Der Begriff "Methode" wird in den folgenden Ausführungen nicht einheitlich abgeleitet, sondern in Abhängigkeit verschiedener Faktoren (z.B. zielabhängig (Selbständigkeit und Selbsttätigkeit der Schüler) oder abhängig von Medien) angesehen.

8. Das Spiel wird im Zusammenhang unserer Untersuchung hauptsächlich als Methode verstanden, wobei wir die Grenze zum Spiel als eigenen Lernbereich mit eigener Zielsetzung (Entwicklung der "Spielfähigkeit") als fließend ansehen (vgl. Schiffler 1976:16).

9. Wenn das Spiel als Methode benutzt wird und damit auf ein spielfremdes Ziel (z.B. bei spielähnlich aufgemachten Grammatikübungen) gerichtet ist, das außerhalb des Spiels liegt, so ist es nur bedingt zweckfrei. Das Spiel im Unterricht ist nur dann als zweckfrei anzusehen, wenn es selbständiger Gegenstand von Unterricht ist und einen eigenen Lernbereich repräsentiert (vgl. Anm. 8).

10. Vgl. hierzu die Besprechung verschiedener Theorien zur Einstellungsänderung bei Cooke 1973:215ff.

11. Vgl. hierzu die deutsche Übersetzung: Krathwohl, D. R./Bloom, B. S./Masia, B. B.: Taxonomie von Lernzielen im affektiven Bereich. Weinheim: Beltz 1975.

12. In der folgenden Wiedergabe der Taxonomie wird auf die von den Autoren vorgenommene Unterteilung der einzelnen Stufen verzichtet.

Kapitel 4.4.2.: G. Radden, Schülermeinungen zu ihrem Englischlehrwerk

1. Die wichtigsten empirischen Untersuchungen zur Schülerperspektive des Fremdsprachenunterrichts sind die von Heuer (1968) zur Motivation im Englischunterricht an siebten Schuljahren mit der Nachuntersuchung von Fengler/Fischer (1970), Piepho (1975) über Erwartungshaltungen und Urteilsstrukturen bei Schülern der Klassen 7-9, Solmecke (1975) und Heuer (1978) über Einstellungen ehemaliger Hauptschüler und vor allem Düwell (1979) über Motivation, Einstellungen, Interessen zum Fremdsprachenunterricht von Schülern der 8. und 10. Klasse.

2. Die Ergebnisse dieser Schülerbefragungen erscheinen bei L.A.U.T. (Linguistic Agency University of Trier), 5500 Trier.

3. Ich möchte an dieser Stelle den Englischlehrern dieser beiden Klassen, Herrn Dr. Hans-Joachim Kann und Frau Christiane Henning, die ihre Klassen für diese Befragung zur Verfügung stellten, den Studenten des Seminars, die diese Befragung durchführten, und besonders den Schülern der beiden Klassen für ihre Mitarbeit an diesem Projekt meinen Dank aussprechen.

4. Die vier übrigen Kriterien für die Auswahl von Lernerfahrungen sind ihre Validität, nach der eine Lernerfahrung zum Erreichen des Lernziels beitragen muß, ihre Kongruenz, nach der für jedes Lernziel eine entsprechende Lernerfahrung bereitgestellt werden muß, ihre Varietät, nach der den individuellen Unterschieden Rechnung zu tragen ist, und die Schülerbeteiligung, die dem Schüler eine Mitgestaltung der Lernziele und Lernerfahrungen ermöglicht.

5. So entsprechen sich aus Wheelers Lernerfahrungen und Sauers Analysekriterien Relevance to life und Authentizität, Pattern und Ausgewogenheit, Suitability und Schülerbezug sowie Validity und Lernzielbezug.

6. Diese Interessenverlagerung Jugendlicher ist allerdings nicht nur entwicklungspsychologisch zu sehen, sondern auch im soziokulturellen Gesamtkontext. In der ersten Hälfte dieses Jahrhunderts galt das dominierende Leseinteresse derselben Altersgruppe z.B. noch Abenteuerbüchern.

7. Da die Schüler durch Medien über die Probleme Großbritanniens und der U.S.A. ohnehin vorinformiert sind, schadet es der Glaubwürdigkeit der Darstellung besonders, wenn ein zu positives Bild des Landes gegeben wird. Vgl. Speight (1974:209): "As pupils get older they are bound to feel that a too-favourable account of another country lacks credibility."

8. Diese Schüleraussage verdanke ich Nicola Drengenberg.

9. Vgl. hierzu den einsichtsvollen Beitrag von Terrell (1977), der ausgehend von der hilfreichen Unterscheidung von language aquisition als eines unbewußten Absorbierens der Grammatik einer Sprache und language learning als eines bewußten, intellektuellen

Verstehens der Grammatik zur Rolle der Grammatikkenntnisse in einer Fußnote (S. 326) sagt: "Unfortunately not only is the knowledge of grammar not necessary for basic communication, it is definately not sufficient for successful interaction with a native speaker in the language."

10. Auch in Heuers (1978:22) Schülerbefragungen kam dieser Gedanke zum Ausdruck, der daraufhin fordert: "Das Buch sollte die Schüler mehr damit konfrontieren, eigene Gedanken und Sätze zu bilden und Gedankengänge erkennen zu lassen."

11. Ähnlich begründet Dietrich (1976:64) ihre Forderung nach Schüler mitbestimmung u.a. durch die größere Lernbereitschaft bei Primärmotivation, die durch Eingehen auf die Interessen der Schüler erreicht wird. So "sollte der Unterricht ein offenes Forum für die Bearbeitung, Klärung und Durchdringung der Interessen der Schüler bieten, wo immer es im Rahmen der notwendigerweise auch vom Lehrer und den Lehrplänen gesteuerten Lernprozesses möglich ist. Eine Steuerung des Unterrichts, die ständig nur "gegensteuert" (...), muß jedoch Lehrer und Schüler zermürben."

12. Heuer (1968/1976:109) konnte bei Schülern des 7. Schuljahres auf die Fragen "Möchtest Du lieber nach England oder in die U.S.A.?" ein erheblich stärkeres Gesamtinteresse für die U.S.A. feststellen, das allerdings aufgegliedert nach den Geschlechtern lediglich auf die Jungen zutrifft, während die Mädchen Großbritannien als Reiseland bevorzugen.

Kapitel 4.4.3.: H. Heuer, Die Fragestellung im Fremdsprachenunterricht

1. Das Verfahren zur Dokumentation der Unterrichtsstunden und Erstellung des Korpus wird in H. Heuer, Lerntheorie des Englischunterrichts. Untersuchungen zur Analyse fremdsprachlicher Lernprozesse, 1976 (Heidelberg: Quelle & Meyer), S. 27ff., beschrieben. Folgende Problemfelder werden auf der Grundlage des Korpus behandelt: Beziehungen zwischen Satzlänge, Fehlerhäufigkeit, Fehlertyp und Fehlerposition; Wirkung audiovisueller und nicht-audiovisueller Methoden auf die Aussprache; Häufigkeit und Struktur der Satzabbrüche; Auftauchen der Ausgangssprache in der Lernersprache; Nebensätze in der Lernersprache und im authentischen Englisch; Satzlänge in der Lehrwerksprache und im authentischen Englisch.

2. Die folgenden Tabellen und Signifikanztests sind Teil der Examensarbeit für das Lehramt an Schulen der Sekundarstufe I von Fräulein Christiane Hesse unter Hypothesenstellung des Verfassers und testpsychologischer Beratung von Prof. Dr. Klaus Bräuer und Dr. Bernd Niehusen, Universität Dortmund.

3. Die optimale Fragestellung für die Behandlung eines gegebenen Lehrwerktextes sollte im Rahmen der Unterrichtsvorbereitung geübt werden. Ein Textbeispiel zur Frageoptimierung findet sich bei H. Heuer, Grundwissen der englischen Fachdidaktik, Heidelberg: Quelle & Meyer (= UTB), 1979, S. 179-186.

Kapitel 4.4.4.: M. Schratz, Fremdsprachenunterricht als Identitätsstütze

1. Vgl. dazu nur etwa die Stellung des Englischunterrichts in der Gesamtschuldiskussion.

2. Unter diesen Momenteindrücken lassen sich etwa die über Beispiel 1 (S. 249) erfahrbar gemachten Probleme im Englischunterricht der Lehrerin erklären.

3. Aussagen einer qualitativen Befragung von Fremdsprachenlehrern bestätigen diese Befunde (vgl. Schratz u.a. 1982)

4. Vgl. dazu etwa die Untersuchungen und Arbeiten zu sog. "Annäherungssystemen" (z.B. Nemser 1971).

5. Ein Phänomen, das sich derzeit sehr einprägsam bei Kindern von Arbeitsimmigranten nachvollziehen läßt, wenn sie in der Peer-Gruppe ihresgleichen und in der (Spiel-) Gruppe mit deutschen Kindern kontrastiv beobachtet werden.

Kapitel 6.1.: G. Hermann, Zum Einsatz einer Taxonomie für den affektiven Bereich innerhalb der Fremdsprachendidaktik

1. Piaget/Inhelder, 1966, p. 125

2. Piaget, 1954, p. 10.

3. Piaget, 1967, p. 146.

4. Bloom et al., [4]1974, p. 26.

5. Krathwohl et al., 1973.

6. Bloom, op. cit., p. 19.

7. Bloom, op. cit., p. 28.

8. Krathwohl, op. cit., p. 45.

9. Zur weiteren Information sei der Leser auf die entsprechenden Kapitel bei Bloom und Krathwohl verwiesen.

10. cf. Hermann, 1978.

11. Sauer, 1968, p. 208

12. Schröter/Ladwein, 1962, p. 89.

13. Zu den testtechnischen Termini cf. Lienert, 1969.

14. Gardner/Lambert, 1972, cf. bes. pp. 14f., p. 21 und p. 148.

15. Bogardus, 1933.

16. Barron, 1953.

17. Adorno et al., 1950.

18. Frenkel-Brunswik, 1947/48.

19. Schmidt/Euler, 1966.

20. Krathwohl, op. cit., p. 166.

21. Krathwohl, op. cit., p. 165.

22. Grittner, 1973, p. 6.

23. Krathwohl, op. cit., p. 166.

24. Krauth/Lienert, 1973.

25. Zu Vorschlägen hierzu cf. Hermann, 1981.

Kapitel 6.2.: H. Düwell, Inhalte und Methoden der informellen Schülerbefragung im Fremdsprachenunterricht

1. Vgl. die Schülerbefragungen (bzw. die Befragung von Schulabsolventen) bei: Heuer 1966, 1968 und 1971; Fengler/Fischer 1970; Deutsch-Französisches Jugendwerk 1968 und 1970; Henrici 1973a; Lukowski/Solmecke 1973; Solmecke 1975 und 1976; Deutsch-Französisches Jugendwerk 1976; Stedtfeld 1976 und 1978; Dirven u.a. 1977; Hermann 1978; Düwell 1979; Krohn 1979; Solmecke 1979; Vollmer 1979.

2. Vgl. Agheyisi/Fishman 1970:147ff.; Münch 1971:78f.; Mangold 1969:131ff.; Friedrichs 1973 (insbesondere S. 314ff. zur Inhaltsanalyse offener Schüleräußerungen).

3. Vgl. Lett 1977:272ff.

4. Vgl. zum Interview und zu Beobachtung einschließlich der damit verbundenen Probleme wie "Beobachtungsfaktor" Friedrichs 1973: 207ff. und Kleber 1976:39ff.

5. Vgl. Schwarzer 1979:111; zu weiterführender Literatur der unterrichtlichen Diagnostik (fächerübergreifend) s. ebd. und Kutscher 1979. - Vgl. auch die Fragebögen zur Beobachtung von interindividuell unterschiedlichen Lernstilen von Schülern im Fremdsprachenunterricht bei Hosenfeld 1975:144ff. (mit einem ergänzend einzusetzenden Schülerfragebogen) und bei Papalia 1976:15ff.

6. Zur allgemeinen Bedeutung von Einstellung und Interesse innerhalb dieses Bedingungsfeldes s. K. M. Evans 1965.

7. s. Schütt 1972:45. Vgl. auch Lentke 1956:308ff.

8. Die sozio-ökonomische/sozio-kulturelle Schichtenzugehörigkeit läßt sich durch die Angaben der Schüler zu Beruf und Schul-

bildung ihrer Eltern ermitteln (vgl. Schütt 1972:32f.). Zur Einordnung solcher Daten in ein sozio-ökonomisches/sozio-kulturelles Schichtenmodell s. A. Bauer 1971:85f.

9. Erwähnenswert erscheint in diesem Zusammenhang auch die positive Korrelation zwischen Einstellung von Schulleitung und Lehrern gegenüber einem Fach und dem Lernerfolg der Schüler in diesem Fach. Burstall (1970a:54ff.) konnte in einer empirischen Untersuchung zum Französisch-Frühbeginn feststellen, daß bei positiver Einstellung von Schulleitung und Lehrern gegenüber Französisch die Schülerleistung höher lag als bei einer negativen Einstellung jener Personen.

10. s. Dietrich u.a. 1978:224.

11. Sehr umfangreiche Fragebögen, die alle wesentlichen Bereiche des Fremdsprachenunterrichts abdecken, sind enthalten in Gardner/Lambert 1972:147ff. und Jakobovits 1970:260ff. Besondere Beachtung verdient der in diesem Buch (S. 294ff.) abgedruckte Illinois Foreign Language Attitude Questionnaire (Form S1 und S2), der als Hilfe für den Fremdsprachenlehrer zum Einsatz in der einzelnen Klasse konzipiert wurde.

12. Vgl. Smith 1970:214.

13. Vgl. hierzu Harlow/Smith/Garfinkel 1980:11ff. und Richterich 1973:50ff.

14. Aus der Liste mit 207 Ausdrücken von Sodhi/Bergius 1953:28f. Vgl. auch Lett 1977:273ff. und Keller 1979.

15. Vgl. hierzu die Untersuchungen des Deutsch-Französischen Jugendwerks 1968 und 1976.

16. Vgl. hierzu die Untersuchungen von Gardner/Lambert (1972:130) zur sozialpsychologischen Fremdsprachenlernforschung sowie die Arbeiten von Keller (in verschiedenen Fachzeitschriften) und von Rabier 1968:186ff.

17. Vgl. Lett 1977:272ff.

18. Vgl. Heuer 1968:33.

19. Wie Schüler ihre Korrespondenz mit Ausländern beurteilen, zeigt der Bericht einer entsprechenden Befragung, die Hopulele (1970:36ff.) durchgeführt hat.

Beiträge, die Materialien für einen Fragebogen enthalten, sind in der Bibliographie am Schluß des Bandes mit einem * versehen.

Kapitel 6.3.: W. Stedtfeld, Lernmotivierung im Englischunterricht durch Anknüpfung an "Alltagssituationen"

1. Lukowski, 1976, S. 23.

2. Vgl. dazu Stedtfeld, 1979. Siehe außerdem Bausch et al., 1978, Schröder et al., 1978.

3. Stedtfeld, 1976.

4. Zum Verhältnis Fachsprache - Gemeinsprache siehe Bausch et al., 1978a.

5. Dubin, 1975, S. 109.

6. Zimmermann, 1980. Pegler, 1976.

7. Ziegesar, 1978; Schepp/Rompel, 1980; Rüttgens, 1976.

8. Baddock, 1979.

9. Solmecke, 1973, S. 83.

Kapitel 6.4.: H. Rautenhaus, Kommunikativer Grammatikunterricht für 'leistungsschwache' Schüler

1. Die Erscheinungsformen und Genese von Leistungsschwäche im Englischunterricht sind nicht Thema dieses Aufsatzes. Der Leser kann sich hierüber in den Veröffentlichungen von D. Krohn, H. Reisener, H. Rautenhaus, I. C. Schwerdtfeger, G. Solmecke und G. Walter (vgl. allgemeines Literaturverzeichnis) orientieren.

2. 'Text' wird hier im Sinne von 'eine Folge von Sätzen' verstanden, wobei es unerheblich ist, ob diese Folge geschrieben oder gesprochen ist und ob die Sätze syntaktisch vollständig oder unvollständig sind.

3. Nach Wekker ergeben sich die folgenden Prozentanteile für die einzelnen Konstruktionen: will + V inf.: 81,55%, going to + V inf.: 6,61%, Simple Form pres.: 4,59%, EF pres.: 4,44%, will + EF inf.: 2,81%. (Vgl. Mindt, 1981, S. 33)

Adorno, Th. W. et al., The Authoritarian Personality. New York 1950

Ders., Studium zum autoritären Charakter. Frankfurt 1973

Agheyisi, R./Fishman, J. A., "Language attitude studies. A brief survey of methodological approaches." In: Anthropological Linguistics 12, 1970, S. 137-157

Allen, E. E., "The teacher as catalyst: Motivation in the classroom." In: Grittner, F. M. (Hg.) 1975, S. 1-10

Allen, J. P. B., English in Social Studies. Oxford 1978

*Altmann, H. B./Politzer, R. L. (Hg.), Individualizing Foreign Language Instruction. The Proceedings of the Stanford Conference May 1971. Rowley (Mass.) 1971

Altmann, H. B., "A selective bibliography of recent writings on individualized foreign language instruction." In: Rivers, W. M./Allen, L. H./Savignon, S. J./Scanlan, R. T. (Hg.), 1972a, S. 233-239

Ders., Individualizing the Foreign Language Classroom. Perspectives for Teachers. Rowley (Mass.) 1972b

Apelt, W., Positionen und Probleme der Fremdsprachenpsychologie. Halle/Saale 1976

Ders., Motivation und Fremdsprachenunterricht. Leipzig 1981

Arbeitsgruppe Bielefelder Soziologen (Hg.), Alltagswissen, Interaktion und gesellschaftliche Wirklichkeit, Bd. 1. Reinbek 1973

*Archer, R./O'Rourke, D., "Student interests in foreign language programs." In: Rivers, W. M./Allen, L. H./Savignon, S. J./Scanlan, R. T. (Hg.) 1972, S. 186-191

Arndt, H., "Neurolinguistische Prozeduren zur Analyse von Sprachdaten." In: Unterrichtswissenschaft, 8. Jg., 1980, 1, S. 73-83

Ausubel, D. P., "Die Förderung bedeutungsvollen verbalen Lernens." In: Unterrichtswissenschaft, 6, 1978, S. 58-66

Ders./Novek, J. D./Hanesian, H., Psychologie des Unterrichts, Bd. 1. Weinheim [2]1980

Baddock, B.-J., "Approaching 'Landeskunde' via the Supermarket." In: Englisch, 1979, S. 71-74

Ball, S. (ed.), Motivation in Education. New York 1977

*Bamberger, F. H., "What about the student's point of view?" In: Modern Language Journal 39, 1955, S. 240-242

Barkerlunn, J. C., Streaming in the Primary School. Slough 1970

Baron, R. A., "Threatened retaliation from the victim an an inhibitor of physical aggression." In: Journal fo Research in Personality, 1973, S. 103-115

Barron, F., "An ego-strength scale which predicts response to psychotherapy." In: Journal of Consulting Psychology, 17, 1953, S. 327-333

Ders., "Some personality correlates of independence of judgement." In: Journal of Personality, 21, 1953a, S. 287-297

Bauer, A., "Zum sozio-ökonomischen und sozio-kulturellen Bildungsmilieu." In: Mitteilungen und Nachrichten des DIPF. Sonderheft: Der hessische Schulversuch zur Früheinschulung. Frankfurt/M. 1971, S. 85-86

Bauer, K.-O. et al., "Subjektives Befinden von Schülern in Abhängigkeit von Schulsystem und Leistungsstatus." In: Die Deutsche Schule, 73. Jg., 1981, S. 454-462

Bausch, K.-R./Bliesener, U./Christ, H./Schröder, K./Weisbrod, U. (Hg.), Beiträge zum Verhältnis von Fachsprache und Gemeinsprache im Fremdsprachenunterricht der Sekundarstufe II. Bochum: Seminar für Sprachlehrforschung der Ruhr-Universität Bochum, 1978

Bausch, K.-R. et al., "Fremdsprachenbedarf in Wirtschaft und Verwaltung." In: K.-R. Bausch et al. (Hg.), Beiträge zum Verhältnis von Fachsprache und Gemeinsprache im Fremdsprachenunterricht der Sekundarstufe II. Bochum 1978a

Ders. et al. (eds.), Arbeitspapiere der 1. Frühjahrskonferenz zur Erforschung des Fremdsprachenunterrichts. Bochum 1981

Bebermeier, H., "Zur Situation des Englischunterrichts an der Hauptschule." In: Praxis des Neusprachlichen Unterrichts, 1979, S. 139-149

Becker, H./Haller, H. D./Stubenrauch, H./Wilkending, G., Das Curriculum. Praxis, Wissenschaft und Politik. München [2]1975

Beneke, J., Fremdsprachenanwendung in real life situations." In: Linguistik und Didaktik, 39, 1979, S. 238-265

Bialystok, E., "The role of conscious strategies in second language proficiency." In: Modern Language Journal, 65, 1981, S. 24-35

Biermann, G. (Hg.), Kinder im Leistungsstreß. München 1977, S. 68-75

Bills, R. E., A System for Assessing Affectivity. Alabama 1975

Birbaumer, N., "Stichwort 'Angst'." In: Herrmann, T. (Hg.), Handbuch psychologischer Grundbegriffe. München 1977

Black, C./Butzkamm, W., Klassengespräche. Kommunikativer Englischunterricht: Beispiel und Anleitung. Heidelberg 1977

Bloom, B. S., Human Characteristics and School Learning. New York 1976

Ders. et al., Taxanomie von Lernzielen im kognitiven Bereich. Weinheim [4]1974

Bohlen, A., Moderner Humanismus. Heidelberg 1957

Bogardus, E. S., "A social distance scale." In: Sociology and Social Research, 17, 1933, S. 265-271

Bredella, L., "Zielsetzungen der Landeskunde im Fremdsprachenunterricht." In: Anglistik und Englischunterricht, 10, 1980, S. 9-34

Brophy, J. E./Good, T. L., Die Lehrer-Schüler-Interaktion. München 1974

Brown, H. D., "Affektive Variablen des Zweitsprachenerwerbs." In: Solmecke, G. (Hg.), 1976, S. 70-84

Brunner, J. S. (Hg.), Lernen, Motivation und Curriculum. Frankfurt/M. 1974

Buchholz, C., Ängstlichkeit und Leistung im Englischunterricht. Hannover 1976 (unveröff. Dipl.-Arb.)

Burstall, C., French in the Primary School. Slough 1970

Dies., "French in the primary school: Some early findings." In: Journal of Curriculum Studies, 2, 1970a, S. 48-58

Dies./Janieson, M./Hargreaves, M., Primary French in the Balance. Slough 1974

Busemann, A., Psychologie der Intelligenzdefekte. München 1968

Buttjes, D., "Schülerleistungen im fremdsprachlichen Schulfernsehen." In: Praxis Schulfernsehen, 25/26, 1978, S. 92-94

Ders., "Schulfernsehen im Englischunterricht. Fach- und medienspezifische Leistungen am Beispiel des Westdeutschen Schulfernsehens." In: Die Neueren Sprachen 79, 1980, S. 378-395

Ders., Landeskundliches Lernen im Englischunterricht. Zur Theorie und Praxis des inhaltsorientierten Fremdsprachenunterrichts. Paderborn 1981

Ders., "Kultur und Identität. Landeskundliches Lernen im Bereich Deutsch als Fremdsprache." In: Zielsprache Deutsch 3/1981a, S. 2-10

Ders., "Fremde Lebenserfahrungen im Englischunterricht." In: Sprache und Beruf 2/1981b, S. 29-39

Ders., Problems of a Rich Country. Materialien zur WDR-Schulfernsehreihe. Köln 1981c

Caré, J. M./Debyser, F., Jeu, language et créativité. Les jeux dan la classe de français. Paris 1978

Carroll, J. B., "The contributions of psychological and educational research to the teaching of foreign language." In: Valdman, A. (Hg.), 1966, S. 93-106

Ders., "Ein Modell schulischen Lernens." In: Edelstein, W./ Hopf, D. (Hg.), Bedingungen des Bildungsprozesses. Stuttgart 1973, S. 234-250

Ders., "Learning theory for the classroom teacher." In: Jarvis, G. A. (Hg.), The Challenge of Communication. Skokie 1974, S. 113-149

Clément, R., Motivational Characteristics of Francophones Learning English. Québec 1977

Conseil de l'Europe (Hg.), Systêmes d'apprentissage des langues vivantes par les adultes. Un systême européen d'unités capitalisables. Strasbourg: Conseil de l'Europe 1973

Cooke, M. A., "Social psychology and foreign-language teaching." In: Foreign Language Annals 7, 1973, S. 215-223

Creutz, H., "Aphorismen zur Schulverdrossenheit." In: I. Dietrich u.a.: Schulverdrossenheit. Königstein 1978, S. 12 u. passim

Crowne, D. P./Marlowe, D., "A new scale of social desirability independent of psychopathology." In: Journal of Consulting Psychology 24, 1960, S. 349-354

Crutchfield, R. S., "Conformity and character." In: I. G. Sarason (Hg.), Contemporary Research in Personality. New York 1962, S. 211-219

Ders., "Detrimental effects of conformity pressures on creative thinking." In: Psychologische Beiträge, 6, 1962a, S. 463-471

Czikszentmihalyi, M., Beyond Boredom and Anxiety. San Francisco 1975

De Charms, R., Personal Causation. New York 1968

Deusinger, I. M., "Normvorstellungen, Leistungsverhalten und Persönlichkeitsvariablen." In: Zeitschrift für experimentelle und angewandte Psychologie, 19, 1972, S. 27-63

*Deutsch-Französisches Jugendwerk, Einstellung der deutschen und französischen Jugend zum deutsch-französischen Jugendaustausch. Zusammenfassender Bericht, September/Oktober 1968

*Deutsch-Französisches Jugendwerk, Deutschland und Frankreich. Kenntnisse und Einstellungen. Eine Modelluntersuchung bei Schülern höherer Schulen in München und Paris, Mai-Dezember 1970

*Deutsch-Französisches Jugendwerk, Die 15-24jährigen und der deutsch-französische Austausch. Bad Honnef: Deutsch-Französisches Jugendwerk, 1976 (2 Bände)

Dierks, M./Zander, H., Sprachgebrauch und Erfahrung. Kronberg 1975

Dietrich, I., "Mitbestimmung als Motivationsfaktor im Fremdsprachenunterricht." In: G. Solmecke (Hg.), 1976, S. 59-70

Dies., "Freinet-Pädagogik und Fremdsprachenunterricht." In: English and American Studies 1, 1979, S. 542-563

*Dietrich, J. u.a., Schulverdrossenheit. Königstein/Ts. 1978

*Dirven, R./Goergen, H./Hennchen, H., "Zur Motivation und Einstellung im Fremdsprachenunterricht." In: Hunfeld, H. (Hg.), 1977, S. 106-116

Disick, R. S./Barbanel, L., "Affective education and foreign languages." In: Jarvis, G. A. (Hg.), 1974a, S. 185-222

Drever, J./Fröhlich, W. D., Wörterbuch der Psychologie. Stuttgart [4]1970

Dubin, P., "Pop, Rock and Folk Music: An overlooked resource." In: Englisch 10, 1975, S. 109-113

*Düwell, H., Fremdsprachenunterricht im Schülerurteil. Tübingen 1979

Edelhoff, Ch., "Projektorientierte Bausteine im Englisch-Curriculum der Sekundarstufe I." In: Die Neueren Sprachen 22, 1973, S. 638-646

Ders., "Themenorientierter Englischunterricht, Textsorten, Medien, Fertigkeiten und Projekte." In: Bundesarbeitsgemeinschaft Englisch an Gesamtschulen (Hg.), Kommunikativer Englischunterricht - Prinzipien und Übungstypologie. München 1978, S. 54-68

Ders., "Kommunikative Lernziele im Fremdsprachenunterricht: Vom Verstehen zum Äußern." In: Goethe-Institut (Hg.), Fremdsprachenunterricht im Spannungsfeld zwischen Gesellschaft, Schule und Wissenschaften. München 1981, S. 16-26

Engelkamp, J., Psycholinguistik. München 1974

Entwürfe der Curricula für die Mainzer Studienstufe. Mainz 1973

Evans, K. M., Attitudes and Interests in Education. London 1965

Eysenck, H. H., "Fragebogen als Meßmittel der Persönlichkeit." In: Zeitschrift für experimentelle und angewandte Psychologie 1, 1953, S. 291-335

Feenstra, H. J./Gardner, R. L., Aptitude, Attitude and Motivation in Second-Language Acquisition. Research Bulletin No. 101, 1968, University of Western Ontario

Ders., "Parent and teacher attitudes: Their role in second-language acquisition." In: Canadian Modern Language Review, 26, 1969, S. 5-13

*Fengler, A./Fischer, A., "Wie sehen Schüler den Englischunterricht?" In: Englisch, 5, 1970, S. 70-74

Fenichel, O., Psychoanalytische Neurosenlehre. 2 Bände. Olten 1974

Feshbach, S., "Dynamics and morality of violence and aggression: Some psychological considerations." In: American Psychologist, 26, 1971, S. 281-292

Finkenstaedt, Th./Schröder, K., "Politik und Englischunterricht." In: Schröder, K./Finkenstaedt, Th. (Hg.), Reallexikon der englischen Fachdidaktik. Darmstadt 1977, S. 183-185

Foder, J. A. et al., The Psychology of Language. New York 1974

Freese, P., "Literarische Texte im Englischunterricht der Sekundarstufe II." In: English and American Studies 3, 1981, S. 6-30

Frenkel-Brunswik, E., "A study of prejudice in children." In: Human Relations 1, 1947/48, S. 295-306

Freud, S., Triebe und Triebschicksale (1915). Gesammelte Werke, Bd. X. Frankfurt 1952

*Frey, H. J./Sadek, C., "A study of attitudes among elementary spanish students at UCLA." In: Hispania 54, 1971, S. 428-438

Friedrich, C., "Zusammenhang zwischen Persönlichkeitsfaktoren, Angst und Schulleistung bei 12jährigen Kindern." In: Zeitschrift für empirische Forschung, 13. Jg., 1979, S. 225-229

Friedrichs, J., Methoden empirischer Sozialforschung. Reinbek bei Hamburg 1973

Fürntratt, E., Motivation schulischen Lernens. Weinheim 1976

Funk, H., "Das Amerikabild in deutschen Englischlehrwerken in der Sekundarstufe I am Beispiel der Learning-English-Reihe." In: G. Neuner (Hg.), Zur Analyse fremdsprachlicher Lehrwerke. Frankfurt 1979, S. 68-96

Gärtner-Harnach, V., Angst und Leistung. Weinheim 1972

Gage, N. L./Berliner, D. C., Pädagogische Psychologie.-Lehrerhandbuch. Erziehungswissenschaftliche Grundlagen für die Unterrichtspraxis. München 1977

Gardner, R. C., "Motivational variables in second-language learning." In: International Journal of American Linguistics, 32, 1966, S. 24-44

Ders., "On the validity of affective variables in second-language acquisition: Conceptual, contextual and statistical considerations." In: Language Learning, 30, 1980, S. 225-270

Ders. et al., "Bicultural excursion programs: Their effects on student's stereotypes, attitudes and motivation." In: The Alberta Journal of Educational Research 20, 1974, S. 270-277

Ders. et al., "Intensive second language study in a bicultural milieu." In: Language Learning 29, 1979, S. 305-320

Ders. et al., Attitudes and Motivation Test Battery. London (Canada) 1977

*Ders./Lambert, W. E., Attitudes and Motivation in Second-Language Learning. Rowley (Mass.) 1972

Ders./Smythe, P. C./Clément, R./Gliksman, L., "Second-language learning: A social psychological perspective." In: The Canadian Modern Language Review 32, 1976, S. 198-213

Gardner, R. L./Santos, E. H., Motivational Variables in Second-Language Acquisition: A Philippine Investigation." In: Research Bulletin No. 149, 1970, University of Western Ontario

Ders./Smythe, P. L., "Motivation and second-language acquisition." In: Canadian Modern Language Review, 31, 1975, S. 218-230

Garlichs, A./Heipke, K./Messner, R./Rumpf, H., Didaktik offener Curricula. Weinheim 1976

Geier, M., "Über kommunikative Kompetenz überhaupt und über die 'kommunikative Kompetenz' der Fremdsprachendidaktik." In: English and American Studies, 2, 1980, S. 327-343

Girard, D., "Motivation: The responsibility of the teacher." In: English Language Teaching Journal, Vol. XXXI, 1977, S. 97f.

Goodacre, E. J., Teachers and Their Pupils' Home Background. Slough 1968

Graumann, C. G., Motivation. Frankfurt 1969, ³1974. (Einführung in die Psychologie 1)

Grell, J., Techniken des Lehrerverhaltens. Weinheim ⁷1977

Grittner, F. M., Teaching Foreign Languages. Frankfurt 1973

Ders. (Hg.), Student Motivation and the Foreign Language Teacher. A Guide for Building the Modern Curriculum. Skokie (Ill.) 1975a

Ders., "The teacher as co-learner: Interest-centered materials." In: Grittner, F. M. (Hg.), 1975b, S. 11-29

Groeben, N., "Die Handlungsperspektive als Theorierahmen für Forschung im pädagogischen Feld." In: Hofer, M. (Hg.), Informationsverarbeitung und Entscheidungsverhalten von Lehrern. Beiträge zu einer Handlungstheorie des Unterrichts. München 1981, S. 17-48

Groeben, U., Determinanten der Schulangst. Weinheim 1978

Grubitzsch, H., "Zur Problematik der Inhalte des Französischunterrichts." In: Kramer, J. (Hg.), Bestandsaufnahme Fremdsprachenunterricht. Stuttgart 1976, S. 289-294

Grzesik, J., Die Steuerung von Lernprozessen im Unterricht. Heidelberg 1976 (= UTB 598)

Guilford, J. P., Fundamental Statistics in Psychology and Education. New York ⁴1965

Guiora, A. Z., "An exploration of some personality variables in authentic pronounciation of a second language." In: E. M. Zale (Hg.), Language and Language Behavior. New York 1968

Ders./Acton, W. R., "Personality and language behavior." In: Language Learning, 29, 1979, S. 193-204

Ders./Brannon, R. C. L./Dull, C. Y., "Empathy and second language learning." In: Language Learning, 1972, S. 111-130

Gutschow, H., Englischunterricht. München 1981

Haase, E./Mengler, K., "Zur Bestimmung von Inhalten im Fremdsprachenunterricht." In: Linguistik und Didaktik, 1977, S. 51-62

Ders./Mengler, K. (Hg.), Spiele im Französischunterricht der Sekundarstufe I. Fuldatal: Hessisches Institut für Lehrerfortbildung 1979

Hanke, B. et al., Soziale Interaktion im Unterricht. München 1973

Harlow, L. L./Smith, W. F./Garfinkel, A., "Student perceived communication needs: Infrastructure of the Functional/Notional Syllabus." In: Foreign Language Annals 13, 1980, S. 11-22

Hecht, K., Englisch - Sekundarstufe I. Bd. 1: Grundlagen. Donauwörth 1974

Heckhausen, H., "Förderung der Lernmotivierung und der intellektuellen Tüchtigkeiten." In: Roth, H. (Hg.), 1974, S. 193-228

Ders., Motivation und Handeln. Berlin 1980

Heinevetter, C./Völker, L., "Hausaufgaben im Englischunterricht und Übungsformen in Englischlehrwerken." In: Neuner, G. (Hg.), Zur Analyse fremdsprachlicher Lehrwerke. Frankfurt 1979, S. 310-340

Hendrix, G., "Learning by discovery." In: Mathematics Teacher, 54, 1961, S. 290-299

Hennige, U., Zum Problem der Zentralität von Einstellungen. Arbeitsbericht Nr. 4, 1976, des Projekts "Konstruktive Schulforschung" an der Universität Konstanz

*Henrici, G., Aspekte sprachlichen und literarischen Unterrichts in Universität, Bezirksseminar und Schule. Eine Dokumentation. Berlin 1973a

*Ders., "Zum Einsatz von Medien im fremdsprachlichen Unterricht der Sekundarstufe II. Ergebnisse einer Schülerbefragung." In: Neusprachliche Mitteilungen aus Wissenschaft und Praxis 26, 1973b, S. 214-220

Hentig, H.v., Schule als Erfahrungsraum? Stuttgart 1973

Ders., "Die Fremdsprache als Anlaß zur Menschenbildung." In: Neue Sammlung, 19, 1979, S. 248-272

Herber, H. J., Motivationspsychologie. Stuttgart 1976

Hermann, G., "Drei Strategien zur positiven Beeinflussung lernschwacher Schüler." In: Anglistik und Englischunterricht 1, 1977, S. 29-37

*Dies., Lernziele im affektiven Bereich. Eine empirische Untersuchung zu der Beziehung zwischen Englischunterricht und Einstellungen von Schülern. Paderborn 1978

Dies., "Toleranz durch Sprachen? Zur Wirkung von Information im Fremdsprachenunterricht." In: Englisch Amerikanische Studien 3, 1979, S. 397-407

Dies., "Affektives Lernen im landeskundlichen Unterricht. Ein sozialpsychologischer Ansatz." In: Buttjes, D. (Hg.), Landeskundliches Lernen im Fremdsprachenunterricht. Paderborn 1981, S. 50-63

Hermann, U. U., "Die Angst sitzt tiefer - Warum die Identifikation relevanter Variablen in der Erforschung von Schulangst nicht ausreicht." In: Die Deutsche Schule, 72. Jg., 1980, S. 595-604

Hesse, M. G. (ed.), Approaches to Teaching Foreign Languages. Amsterdam 1975

Der Hessische Kultusminister (Hg.), Rahmenrichtlinien. Sekundarstufe I: Die Neueren Sprachen. Frankfurt/M. 1980

*Heuer, H., "England in Vorstellung und Vor-Wissen unserer Schüler." In: Englisch 1, 1966, S. 70-72

*Ders., "Zur Motivation im Englischunterricht: Die Ergebnisse einer empirischen Untersuchung." In: Englisch, 1968, S. 33-37

*Ders., "Psychologische Aspekte der Lehrwerkkritik." In: Heuer, H./ Müller, R. M. (Hg.): Lehrwerkkritik - ein Neuansatz. Dortmund 1973, S. 15-30 (Auch in: Praxis des neusprachlichen Unterrichts, 18, 1971, S. 269-284)

Ders., "Englischunterricht 'vom Schüler aus'." In: Der fremdsprachliche Unterricht, 46, 1978, S. 21f.

Ders./Buttjes, D., "Ziele des Englischunterrichts." In: Hunfeld, H./ Schröder, K. (Hg.), Grundkurs Didaktik Englisch. Kronberg 1979, S. 1-17

Hickey, G. F., "Foreign languages in two-year colleges - alive and well, or sick and tired?" In: Rivers, W. M./Allen, L. H./ Savignon, S. J./Scanlan, R. T. (Hg.), 1972, S. 143-171

Hodapp, V., "Angst und Schulleistung: Zur Frage der Richtung des Einflusses." In: Eckensberger, L. H., Bericht über den 31. Kongreß der Deutschen Gesellschaft für Psychologie in Mannheim 1978, Bd. 2. Göttingen 1979, S. 17-21

*Hopulele, M., "La correspondance scolaire internationale vue par les élèves." In: Le francais dans le monde 74, 1970, S. 36-39

Hosenfeld, C., "The new student role: Individual differences and implications for instruction." In: Jarvis, G. A. (Hg.), 1975, S. 129-167

Hühn, P., "Landeskunde im Lehrbuch: Aspekte der Analyse, Kritik und korrektiven Behandlung." In: Kühlwein, W./Radden, G. (Hg.): Sprache und Kultur: Studien zur Diglossie, Gastarbeiterproblematik und kulturellen Integration. Tübingen 1978, S. 263-286

Hüllen, W., Linguistik und Englischunterricht. Heidelberg 1971

Ders., Linguistik und Englischunterricht 2. Heidelberg 1976

Ders./Schröder, K. (Hg.), Paul Hartig - Lebenserinnerungen eines Neuphilologen. Augsburg 1981 (= Augsburger I&I - Schriften 16)

Hunfeld, H. (Hg.), Neue Perspektiven der Fremdsprachendidaktik. Eichstätter Kolloquium zum Fremdsprachenunterricht 1977. Kronberg/Ts. 1977

Jacobs, B./Strittmatter, P., Der ängstliche Schüler. München 1979

Jahnke, J., Motivation in der Schulpraxis. Freiburg 1977

*Jakobovits, L. A., Foreign Language Learning. A Psycholinguistic Analysis of the Issues. Rowley (Mass.) 1970, [2]1971

Jarvis, G. A. (Hg.), The Challenge of Communication. Skokie (Ill.) 1974a

Ders. (Hg.), Responding to New Realities. Skokie (Ill.) 1974b

Ders. (Hg.), Perspective: A New Freedom. Skokie (Ill.) 1975

Ders. (Hg.), An Integrative Approach to Foreign Language Teaching: Choosing among the Options. Skokie (Ill.) 1976

Jones, E. E./Sigall, H., "The bogus pipeline: A new paradigm for measuring affect and attitude." In: Psychological Bulletin, 76, 1971, S. 349-364

Jones, W. R., "Attitudes towards Welsh as a second language: A preliminary investigation." In: British Journal of Educational Psychology 19, 1949, S. 44-52

Ders., "Attitudes towards Welsh as a second language: A further investigation." In: British Journal of Educational Psychology 20, 1950, S. 117-132

Jordan, D., The attitude of central school pupils to certain school subjects, and the correlation between attitude and attainment." In: The British Journal of Educational Psychology 11, 1941, S. 28-44

Käsermann, M.-L., Spracherwerb und Interaktion. Bern 1980

Kahl, P. W., "Lernmotivation als Schlüsselproblem im Englischunterricht." In: Detering, K./Högel, R. (Hg.), Englisch auf der Sekundarstufe I. Hannover 1978, S. 11

Kandzora, G., "Leistung im Englischunterricht." In: English and American Studies 2, 1980, S. 34-40

Keller, G., "Grundlegung der kulturkundlichen Didaktik durch ein sozialpsychologisches Modell der Völkerverständigung." In: Die Neueren Sprachen 12 N.F., 1968, S. 617-626

Ders., "Erkenntnis der Sozialpsychologie als Grundlage kulturkundlicher Didaktik." In: Praxis 16, 1969, S. 261-281

Ders., "Die Funktion von Stereotypen beim Erkenntnisprozeß im kulturkundlichen Unterricht - dargestellt an einer Strukturanalyse von Schülerurteilen." In: Die Neueren Sprachen 18 N.F., 1969, S. 175-186

*Ders., "Die Änderungen kognitiver Urteilsstrukturen durch einen Auslandsaufenthalt." In: Praxis 17, 1970, S. 352-374

*Ders., "Die Auswirkungen eines Deutschlandaufenthaltes auf das Deutschlandbild britischer Schüler." In: Die Neueren Sprachen 78, 1979, S. 212-231

Kilian, V./Wickert, U., "Kommunikative Didaktik." In: English and American Studies 2, 1980, S. 379-380

Klauer, K. J. et al., Lehrzielorientierte Tests. Düsseldorf 1972

Kleber, E. W./Meister, H./Schwarzer, Ch./Schwarzer, R., Beurteilung und Beurteilungsprobleme. Eine Einführung in Beurteilungs- und Bewertungsfragen in der Schule. Weinheim 1976

Kleining, G./Moore, H., "Soziale Selbsteinstufung (SSE)." In: Kölner Zeitschrift für Soziologie und Sozialpsychologie 20, 1968, S. 502-552

Knörzer, W., Lernmotivation. Weinheim 1976

Ders., "Motivation und soziale Interaktion beim selbstgesteuerten Lernen." In: Neber, H./Wagner, A. C./Einsiedler, W. (Hg.), Selbstgesteuertes Lernen. Psychologische und pädagogische Aspekte eines handlungsorientierten Lernens. Weinheim 1978, S. 266-290

Kossak, W., "Kognitive Interessen und Problemlösungen." In: Lompscher, J. (Hg.), Zur Psychologie der Lerntätigkeit. Berlin (Ost) 1977, S. 247-252

Krappmann, L., Soziologische Dimensionen der Identität. Strukturelle Bedingungen für die Teilnahme an Interaktionsprozessen. Stuttgart 1969, ^{4}1975

Krathwohl, D. R. et al., Taxonomy of Educational Objectives. Handbook II: Affective Domain. New York 1973

Krauth, J./Lienert, G. A., KFA. Die Konfigurationsfrequenzanalyse und ihre Anwendung in Psychologie und Medizin. Freiburg 1973

Krohn, D., "Bedingungen des Leistungsversagens im Englischunterricht. Planung und Durchführung eines Forschungsvorhabens in der Orientierungsstufe." In: Pelz, M. (Hg.), Freiburger Beiträge zur Fremdsprachendidaktik. Berlin 1974, S. 78-88

Ders., Lernvariablen und Versagen im Englischunterricht. Paderborn 1981 (Diss. Hannover, 1979)

Ders./Langemeyer, R./Stottmeister, S., "Elternhaus und Englischunterricht (1)." In: Englisch Amerikanische Studien, 3. Jg., 1981, 1, S. 83-95; Teil 2: H.3.

Ders./Stiel, M., "Die Bedeutung des Erfolgs im Englischunterricht für die Schullaufbahn." In Vorbereitung

Krohne, H. W., Theorien zur Angst. Stuttgart 1976

Ders., "Prüfungsangst: Defensive Motivation in selbstwertrelevanten Situationen." In: Unterrichtswissenschaft, 8. Jg., 1980a, S. 226-242

Ders., "Angsttheorie: Vom mechanistischen zum kognitiven Ansatz." In: Psychologische Rundschau, 31. Jg., 1980b, S. 12-29

Krope, P./Viehöfer, L., "Prüfungsangst und Aufgabenkomplexität." In: Unterrichtswissenschaft, 6. Jg., 1978, S. 245-256

Krumm, H.-J., "Fremdsprachenunterricht: Der Unterrichtsprozeß als Kommunikation." In: Unterrichtswissenschaft 2, 1974, S. 30-38

Ders./Müller, B., Praxis im Fremdsprachenstudium. Bebenhausen/Tübingen 1976

Kutscher, J., Pädagogische Diagnostik. Zum Problem der Schülerbeurteilung. Königstein/Ts. 1979

Lambert, W. E., "Psychological aspects of motivation in language learning." In: Dil, A. S. (Hg.), Language, Psychology and Culture. Stanford (Calif.) 1972, S. 290-299

Ders./Gardner, R. C./Olten, R./Tunstall, K., "A study of the roles of attitudes and motivation in second-language learning." In: Fishman, J. A. (ed.), Readings in the Sociology of Language. The Hague, 1968. Deutsch in: Solmecke (Hg.), 1976, S. 85-103

Ders./Hodgson, R. C./Gardner, R. L./Fillenbaum, S., "Evaluational reactions to spoken languages." In: Journal of Abnormal and Social Psychology, 1960, S. 44-51

Ders./Klineberg, O., Children's Views of Foreign Peoples: A Cross-National-Study. New York 1967

Larcher, D., Sprache als Symbolgebrauch. Wien 1979

Latoné, B./Darley, J. M., The Unresponsive Bystander: Why Doesn't He Help? New York 1970

Ledebur, R. Freifrau von, "Der didaktische Ort von Lehrbuchtexten im Englischunterricht der Klassen 8-10." In: Der fremdsprachliche Unterricht, 1979, S. 45-54

Lee, W. R., "Some aspects of motivation in foreign-language learning." In: van Essen/Menting (Hg.), The Context of Foreign-Language Learning. Assen 1975, S. 67f.

Leisingen, F., Elemente des neusprachlichen Unterrichts. Stuttgart 1966

Lentke, H.-M., "Eine Erhebung an Höheren Schulen über das Interesse an den Schulfächern, insbesondere an der Biologie." In: Psychologische Beiträge 2, 1956, S. 308-326

Leont'ev, A. N., Probleme der Entwicklung des Psychischen. Berlin (Ost) 1967

Leslie, A., Written English Today. London 1971

*Lett, J. A., Jr., "Assessing attitudinal outcomes." In: Phillips, J. K. (Hg.), 1977, S. 267-302

Lienert, G. A., Testaufbau und Testanalyse. Weinheim [3]1969

Lindemann, G., "Versuch zur Steigerung der Motivation in einem leistungsschwachen Englischkurs (6c)." In: curriculum konkret, 1974, S. 82-92

Littlewood, W. T., "The acquisition of communicative competence in an artificial environment." In: Praxis des neusprachlichen Unterrichts, 1975, S. 13f.

Ders., "Form and meaning." In: Modern Language Journal 64, 1980, S. 441-445

Ders., Communicative Language Teaching. Cambridge 1981

Lübke, D., "Schülermeinungen zur Textinterpretation als Klassenarbeit." In: Praxis 18, 1971, S. 88-90

Lukumani, Y. M., "Motivation to learn and learning proficiency." In: Language Learning 22, 1972, S. 261-272

Lukowski, D., "Motivation." In: Solmecke (Hg.) 1976

*Dies./Solmecke, G., Hauptschüler fahren nach England. Ratingen 1973

Lurija, A. R./Judowitsch, F. W., Die Funktion der Sprache in der geistigen Entwicklung des Kindes. Düsseldorf 1970

Luukainen, M./Schröder, K., Diversifikation und Motivation im Fremdsprachenunterricht. Eine vergleichende Studie zwischen Finnland und der Bundesrepublik Deutschland. Turku 1981 (= Suomen Sovelletun Kielitieteen Yhdistyksen 29.)

Maas, U., Kann man Sprache lernen? Frankfurt 1976

Macht, K., Die Leistungsanforderungen im Fach Englisch in ihrer Bedeutsamkeit für den Lerner. Habilitationsschrift. Augsburg 1979. Im Manuskript. (Erscheint bei Diesterweg, Frankfurt a.M.)

Ders./Arnold, H./Geppert, G./Hösl, R., Das darstellende Spiel im Englischunterricht. Ansbach 1977

Mackey, W. F., "The description of bilingualism." In: Fishman, J.A. (Hg.), Readings in the Sociology of Language. The Hague, 1968, S. 554-584

Mangold, W., "Befragungstechniken." In: Oppolzer, S. (Hg.), Denkformen und Forschungsmethoden der Erziehungswissenschaft. München 1969, S. 125-135

Markmann, S., "Ireland" als handlungsorientiertes Unterrichtsvorhaben im Englischunterricht." In: Kramer, J. et al. (Hg.), Projekt Fremdsprachenunterricht 3. Stuttgart 1981, S. 99-146

Masendorf, F., "Zentrale Aspekte der Förderung lernschwacher Schüler aus der Sicht der empirischen Unterrichtsforschung." In: Kanter, G. O./Masendorf, F. (Hg.), Interaktionskompetenz als didaktische Dimension. Berlin 1979, S. 19-88

Maslow, A., Motivation and Personality. New York 1954

Maurer, K., "Formen des Lesens." In: Poetica 9, 1977, S. 472-498

Mayntz, R./Holm, K./Hübner, P., Einführung in die Methoden der empirischen Soziologie. Köln 1969

McCoy, I. R., "Means to overcome the anxieties of second language learners." In: Foreign Language Annals 12, 1979, S. 185-189

McDougall, W., An Introduction to Social Psychology. London 1908

Mehrabian, H./Ksionzky, S., A Theory of Affiliation. Lexington 1974

Meister, H., Förderung schulischer Lernmotivation. Düsseldorf 1977

Mindt, D., "Linguistische Grammatik, didaktische Grammatik und pädagogische Grammatik." In: Neusprachliche Mitteilungen, 1981, S. 28-35

Mohr, P./Vollmer, H. (Hg.), Spielen im kommunikativen Englischunterricht. Fuldatal: Hessisches Institut für Lehrerfortbildung, 1978

Monshi-Tousi, M. et al., "English proficiency and factors in its attainment." In: TESOL Quarterly 14, 1980, S. 365-371

Mowrer, O. H., Learning Theory and the Symbolic Processes. New York 1960

Müller, R. M., "Kommunikative Kompetenz und Arbitrarität - Pragmalinguistische Irrwege der Fremdsprachendidaktik." In: Linguistik und Didaktik, 1977, S. 63-77

Münch, W., Datensammlung in den Sozialwissenschaften. Stuttgart 1971

Murray, H. A., Explorations in Personality. New York 1938

Nemser, W., "Approximate systems of foreign language learning." In: International Review of Applied Linguistics 2, 1971, S. 115-123

Neuner, G., "Lehrwerkanalyse und -kritik als Aufgabenfeld der Fremdsprachendidaktik - Zur Entwicklung seit 1945 und zum gegenwärtigen Stand." In: Neuner, G. (Hg.), Zur Analyse fremdsprachlicher Lehrwerke. Frankfurt 1979, S. 5-39

Ders. et al., Allgemeinbildung, Lehrplanwerk, Unterricht. Eine Interpretation der sozialistischen Schule der DDR unter dem Gesichtspunkt der Gestaltung eines wissenschaftlichen und parteilichen Unterrichts. Berlin 1973

Nickel, H., Entwicklungspsychologie des Kindes- und Jugendalters. Band II: Schulkind und Jugendalter. Bern 1975

Ders. et al., "Angstwerte, Intelligenztest- und Schulleistungen sowie der Einfluß der Lehrerpersönlichkeit bei Schülern verschiedener Schularten." In: Psychologie in Erziehung und Unterricht, 20. Jg., 1973, S. 1-13

Niibett, R. E./Schachter, S., "Cognitive manipulation of pain." In: Journal of Experimental Social Psychology, 1966, S. 227-236

Nissen, R., Kritische Methodik des Englischunterrichts. Bd. 1: Grundlegung. Heidelberg 1974

Nostrand, H. L., "Empathy for a second culture: Motivations and techniques." In: Jarvis, G. A. (Hg.), 1974, S. 263-327

Nowak, J., "Fremdsprachenmotivation und Schultyp. Ein empirischer Beitrag zum Problem organisationsspezifischer Motivationsstrukturen." Als Anhang zu: Schröder, K./Macht, K., Sprachlernerfahrung, Sprachlernbedürfnis und Einstellung zur europäischen

Vielsprachigkeit bei Studierenden des Grundstudiums in Deutschland, Belgien und Finnland. Augsburg 1982 (= Augsburger I&I - Schriften). (Erscheint November 1982)

Offe, S., Psychische und gesellschaftliche Bedingungen der Leistungsmotivation. Darmstadt 1977

Oller, J. W./Hudson, A. J./Liu, Ph. F., "Attitudes and attained proficiency in ESL: A sociolinguistic study of native speakers of Chinese in the United States." In: Language Learning 27, 1977, S. 1-29

Ders./Perkins, K., "Intelligence and language proficiency as sources of variance in self-reported affective variables." In: Language Learning 28, 1978, S. 85-99

Dies., "A further comment on language proficiency as a source of variance in certain affective measures." In: Language Learning 28, 1978a, S. 417-425

Pädagogisches Institut Tirol (Hg.), Werkstatt Schule. Lehrerfortbildung im Projekt. Innsbruck 1981

Papalia, A., Learner-Centered Language Teaching: Methods and Materials. Rowley, Mass., 1976

Pardon, H., "Ist die Schule lebensgefährlich?" In: betrifft: erziehung, 13. Jg., 1980, 6, S. 32-38

Pegler, K., "Arbeit mit englischen Nachrichten auf der Sekundarstufe I." In: Englisch, 1976, S. 25-30

*Pelc, P./Sauder, S., "A survey of student attitudes toward elementary and intermediate french courses at the University of Illinois." In: Rivers, W. M./Allen, L. H./Savignon, S. J./ Scanlan, R. T. (Hg.), 1972, S. 192-206

Peller, L. E., "Freuds Beitrag zur Sprachtheorie." In: Psyche 28, 1974, S. 765-785

Perry, R. W./Gillespie, D. F./Lotz, R. E., "Attitudinal variables as estimates of behaviour: A theoretical examination of the attitude-action controversy." In: European Journal of Social Psychology, 1976, S. 227-243

Petrowski, A. W. (Hg.), Allgemeine Psychologie. Köln 1974a

Ders., "Psychologische Charakteristik der Persönlichkeit." In: Petrowski, A. W. (Hg.), 1974b, S. 105-140

Pfeiffer, W., "Zur fremdsprachlichen Kulturkunde." In: Glottodidactica 10, 1977, S. 5-14

Piaget, J., Les rélations entre l'affectivité et l'intelligence dans le développement mental de l'enfant. Paris 1954

Ders., Etudes sociologiques. Genève 1967

Ders./Inhelder, B., La psychologie de l'enfant. Paris 1966

Piepho, H.-E., Kommunikative Kompetens als übergeordnetes Lernziel im Englischunterricht. Dornburg-Frickhofen 1974

Ders., "Englischunterricht aus der Schülerperspektive." In: Demokratische Erziehung 2, 1975, S. 80-88

Ders., "Das Erkennen und Auflösen von Ursachen sprachlich und soziokulturell bedingter Mißverständnisse als Lernziel im Englischunterricht." In: Kühlwein, W./Radden, G. (Hg.), Sprache und Kultur, Tübingen 1978, S. 287-305

Ders., Englischunterricht in Stundenskizzen. Heidelberg 1979a

Ders., Kommunikative Didaktik des Englischunterrichts. Limburg 1979b

Ders., "Sprachlabor 1979." In: Neue Unterrichtspraxis 12, 1979c, S. 111-116

Pimsleur, P./Sundland, D. M./McIntyre, R. D., "Under-achievement in foreign language learning." In: IRAL, 2. Jg., 1964, 2, S. 113-139

Pohl, L. et al., Methodik Englisch- und Französischunterricht. Berlin 1978

Popp, W., "Zehn Thesen zur Didaktik." In: Popp, W. (Hg.), Kommunikative Didaktik - Soziale Dimensionen des didaktischen Feldes. Weinheim 1976, S. 275-279

Portele, G., Lernen und Motivation. Weinheim 1975

Preibusch, W., Frühbeginn des Englischunterrichts als didaktisches Problem. Weinheim 1979

Prior, H. (Hg.), Soziales Lernen. Düsseldorf 1976

Pritchard, D. F. L., "An investigation into the relationship between personality traits and ability in modern languages." In: British Journal of Educational Psychology 22, 1952, S. 147-148

Probst, H. H./Engel, J./Pardon, H., Das Zuwendungsverhalten von Grundschullehrern als eine Determinante auffälligen Schülerverhaltens." In: Zeitschrift für Heilpädagogik 29, 1978, S. 231-245

Puchta, H./Schratz, M., Handelndes Lernen im Fremdsprachenunterricht. Anregungen zur aktiven Sprachvermittlung. 1982 (In Vorbereitung)

*Raasch, A., "Selbsteinschätzungstests für den Lerner - eine Hilfe für den Französischlehrer." In: Zielsprache Französisch, 1979, S. 1-7

*Rabier, J.-R., "Préjugés francais et préjugés allemands." In: Revue de psychologie des peuples 23, 1968, S. 186-202

*Randle, J. W., "A brief questionnaire for student evaluation of foreign language instruction at the college level." In: Foreign Language Annals 10, 1977, S. 359-373

Rautenhaus, H., Der lernschwache Englischschüler. Die Ergebnisse eines Forschungsvorhabens. Berlin 1978

Dies., "Stichwort: Lernschwäche." In: Englisch-Amerikanische Studien, 1979, S. 39-40

Dies. et al., Aspekte der Differenzierung im Englischunterricht der Sekundarstufe I. Theoretische Ansätze und schulpraktische Umsetzung. Oldenburg 1979a. (= Materialien. Berichte aus den Projekten 16.)

*Rees, A. L. W., "A direct questionnaire for the language teacher." In: Lenguje y Ciencias 38, 1970, S. 16-23

*Reinert, H., "Student attitudes toward foreign language - no sale!" In: Modern Language Journal 54, 1970, S. 107-112

Reisener, H., "Zur Definition von Kommunikation als Lernziel für den Fremdsprachenunterricht." In: Die Neueren Sprachen 21, 1972, S. 197-202

Ders., "Sie spielen nicht mehr mit." In: Westermanns Pädagogische Beiträge, 1973, S. 343-347

Ders., "Das Handicap der Hauptschüler im Spiegel des Englischunterrichts." In: Westermanns Pädagogische Beiträge, 1975, S. 591-600

Ders., Topic boxes, Ein neuer Ansatz zur Organisation von Lernprozessen im Englischunterricht." In: Anglistik und Englischunterricht, Bd. 6, Trier, 1978, S. 131f.

Ders., "Analyse udn Planung von Englischunterricht." In: Hunfeld, H./Schröder, K. (Hgg.), Grundkurs Didaktik Englisch. Königstein 1979, S. 151f.

Ders., "B-Kurs, Klasse 9: ... und kein bißchen leise." In: Englisch, 1980, S. 104f.

Richterich, R., "Définition des besoins langagiers et types d'adultes." In: Conseil de l'Europ (Hg.), 1973, S. 33-94

Rinke, E. R., Literarischer Text im Unterricht. Lehrmaterialien zu "Deutsch als Fremdsprache II". Stuttgart 1976

Rivers, W. M./Allen, L. H./Savignon, S. J./Scanlan, R. T. (Hg.), Changing Patterns in Foreign Language Programs. Report of the Illinois Conference on Foreign Languages in Junior and Community Colleges, 1972. Rowley (Mass.) 1972

Roeder, P. M., Modelle der Differenzierung in Abhängigkeit von Leistungsdimensionen einzelner Fächer. Stuttgart 1974. (= Roeder, P. M./Treumann, K., Dimensionen der Schulleistung, Teil 1. Deutscher Bildungsrat, Gutachten und Studien der Bildungskommission 21/1.)

Rosemann, H., Kinder im Schulstreß. Frankfurt 1978

Rosenfeld, G., Theorie und Praxis der Lernmotivation. Berlin (Ost) 1966, [10]1975

Rubinstein, S., "Die Interessen." In: Thomae, H. (Hg.), Die Motivation menschlichen Handelns. Köln 1966, S. 136-144

Rüttgens, H., "Werbung und Englischunterricht: Das Beispiel Einhorn - Onehorn - Unicorn." In: Englisch, 1976, S. 137-139

Rumpf, H., Unterricht und Identität. München 1976

Sang, F./Vollmer, H. J., Allgemeine Sprachfähigkeit und Fremdsprachenerwerb. Zur Struktur von Leistungsdimensionen und linguistischer Kompetenz des Fremdsprachenlerners. Berlin 1978

Sauer, H., Fremdsprachen in der Volksschule. Hannover 1968

Ders., "Sequentialität als Ursache für Minderleistungen im Fremdsprachenunterricht. - Konsequenzen für Curriculum-Reformen." In: Neusprachliche Mitteilungen, 24. J., 1971, S. 133-143

Ders., "Analysekriterien für landeskundliche Texte von Lehrwerken für den Englischunterricht." In: Heuer, H./Müller, R. M. (Hg.), Lehrwerkkritik 2: Landeskunde - Illustration - Grammatik. Dortmund 1975, S. 7-17

Savignon, S. J., Communicative Competence: An Experiment in Foreign-Language Teaching. Philadelphia: The Center for Curriculum Development, 1972

Ders., "On the other side of the desk: A look at teacher attitude and motivation in second-language learning." In: The Canadian Modern Language Journal 32, 1976, S. 295-302

Schäfer, H. W., "Bedeutungsfunktionale Lernmotivierung." In: Solmecke (Hg.), 1976, S. 173-181

Schepp, P./Rompel, E., "'Der Stafford News letter.' - Möglichkeiten des Einsatzes einer englischen Regionalzeitung im Unterricht." In: Englisch, 1980, S. 47-55

Scheuerl, H., "Zur Begriffsbestimmung von 'Spiel' und 'spielen'." In: Zeitschrift für Pädagogik 21, 1975, S. 341-349

Schiefele, H., Lernmotivation und Motivlernen. Grundzüge einer erziehungswissenschaftlichen Motivationslehre. München 1974, [2]1978

Schiffler, H., Schule und Spielen. Ravensburg 1976

Schiffler, L., "Über das Miteinander von Lehrern und Schülern im Fremdsprachenunterricht." In: Praxis des neusprachlichen Unterrichts, 27. Jg., 1980, S. 341-347

Schmidt, H. D./Euler, H., "Ein Fragebogen zur Messung toleranter Einstellungen bei 12-14jährigen Volksschülern." In: Diagnostica 12, 1966, S. 77-85

Schmitz, U., Gesellschaftliche Bedeutung und sprachliches Lernen. Weinheim 1978

Schratz, M., "Vom aktiven Hören zum produktiven Sprechen: Gruppenunterrichtliche Verfahren zur Integration fremdsprachlicher Fertigkeiten." In: Englisch 15, 1980, S. 41-47

Ders. u.a., I Speak English, Do I? Fremdsprachendidaktische Überlegungen zur Identität im Fremdsprachenunterricht und ihre Bedeutung für das Self-Assessment fremdsprachlicher Handlungsvollzüge. 1982 (In Vorbereitung)

Schrey, H., "Zur Stellung der Landeskunde im Curriculum für die Sekundarstufe II (Englisch)." In: Anglistik und Englischunterricht 10, 1980, S. 35-50

Schröder, K., Die Entwicklung des englischen Unterrichts an den deutschsprachigen Universitäten. Ratingen 1969

Ders., Fremdsprachenpolitik und Fremdsprachendidaktik. In: DNS, 1976, S. 238-244

Ders., "Eine Sprache für Europa?" In: Wort und Sprache, 1981, S. 62f.

Ders./Finkenstaedt, Th., Reallexikon der englischen Fachdidaktik. Darmstadt 1977

Ders./Langheld, D./Macht, K., Fremdsprachen in Handel und Industrie unter besonderer Berücksichtigung mittlerer Betriebe in Schwaben und im Raum München. Augsburg 1978

Schröter, G./Ladwein, H., Der neusprachliche Unterricht. Frankfurt 1962

*Schütt, A., Deutschunterricht - Schüler ziehen Bilanz. Düsseldorf 1972

Schurig, M., "Einige Aspekte zum Zusammenhang zwischen sozialer Herkunft und Fremdsprachenunterricht." In: Linguistik und Didaktik, 1975, S. 270-287

Schwartz, S. H., "Normative influences on altruism." In: Berkowitz, L. (Hg.), Advances in Experimental Social Psychology (Vol. 10). New York 1977, S. 221-279

Schwarzer, Ch., Einführung in die pädagogische Diagnostik. München 1979

Dies., Gestörte Lernprozesse. München 1980

Schwarzer, R., Schulangst und Lernerfolg. Düsseldorf 1975

Ders., Stichwort 'Angst'. In: Ders. (Hg.), Beraterlexikon - Ein praktisches Nachschlagewerk für Erziehung und Unterricht. München 1977, S. 13-16

Ders., "Bezugsgruppeneffekte in schulischen Umwelten." In: Zeitschrift für empirische Pädagogik, 3. Jg., 1979a, S. 153-166

Ders., "Was wird aus ängstlichen Grundschülern?" In: Zeitschrift für Entwicklungspsychologie und Pädagogische Psychologie, Bd. 11, 1979b, S. 261-271

Ders./Royl, W., "Die Entwicklung der Leistungsängstlichkeit bei Gesamt- und Realschülern." In: Psychologie in Erziehung und Unterricht, 26. Jg., 1979, S. 259-266

Schwerdtfeger, I. C., Fremdsprache: mangelhaft. Zum Verhältnis von Persönlichkeitsvariablen und Leistung im Englischunterricht. Paderborn 1976

Dies., Gruppenarbeit im Fremdsprachenunterricht. Ein adaptives Konzept. Heidelberg 1977

Searle, J. R., "A classification of illocutionary acts." In: Language in Society, 5, 1976

Seelig, G. F., Beliebtheit von Schulfächern. Empirische Untersuchung über psychologische Zusammenhänge von Schulfachbevorzugungen. Weinheim 1968

*Seitz, W./Bräth, H., "Empirische Untersuchung eines Fragebogens zur Prüfung kritischer Einstellung gegenüber der Schule." In: diagnostica 16, 1970, S. 172-185

*Shuy, R. W./Fasold, R. W. (Hg.), Language Attitudes: Current Trends and Prospects. Washington 1973

Six, B., "Das Konzept der Einstellung und seine Relevanz für die Vorhersage des Verhaltens." In: Petermann, F. (Hg.), Einstellungsmessung - Einstellungsforschung. Göttingen 1980, S. 55-84

*Smith, P. D., A Comparison of the Cognitive and Audiolingual Approaches to Foreign-Language Instruction. The Pennsylvania Foreign Language Project. Philadelphia 1970

*Sodhi, K. S./Bergius, R., Nationale Vorurteile. Eine sozialpsychologische Untersuchung an 881 Personen. Berlin 1953

*Dies./Holzkamp, K., "Geschlechtsabhängige Unterschiede nationaler Stereotypen." In: Jahrbuch für Psychologie und Psychotherapie 4, 1957, S. 263-296

Solmecke, G., "Zur Rolle der Schülerfernziele im Englischunterricht der Hauptschule." In: Linguistische Berichte, 1973, S. 83-86

Ders., "Einstellungen ehemaliger Hauptschüler zum Erlernen des Englischen und zu ihrem früheren Englischunterricht." In: Englisch, 1975, S. 129-138. Wiederabdruck in: Solmecke, G. (Hg.), 1976, S. 130-145

Ders., "Die Verwendung des Englischen durch ehemalige Hauptschüler." In: Englisch, 1976, S. 1-5

Ders. (Hg.), Motivation im Fremdsprachenunterricht. Paderborn 1976

Ders., "Über eine Möglichkeit, die Schüler im situativen Fremdsprachenunterricht nicht zu überfordern." In: Englisch, 1977, S. 64-66

Ders., Psychologische Grundlagen des neusprachlichen Unterrichts. Kastellann, [2]1978 (Henn's Pädagogische Taschenbücher, Band 41)

Ders., "Theorie und Praxis der Motivation im Fremdsprachenunterricht. Mißverständnisse und Versuch ihrer Klärung." In: Englisch, 1978, S. 46-50

Ders., Einige Charakteristika der Einstellung erwachsener Lernender gegenüber der Zielsprache Englisch. In: Unterrichtswissenschaft, 1979, S. 327-333

Ders., Nationalsprache, lingua franca oder Pidgin: Untersuchungen zur Einstellung deutscher Sprachlernender gegenüber Englisch. In: Der fremdsprachliche Unterricht, 1979a, S. 16-27

Ders., "Gegen die unaufgeklärte Zweisprachigkeit." In: Englisch 16, 1981, S. 8-14

Ders./Boosch, A., "Einige Faktoren der fremdsprachlichen Leistung zukünftiger Englischlehrer." In: Neusprachliche Mitteilungen aus Wissenschaft und Praxis, 1980, S. 252-262

Dies., Affektive Komponenten der Lernerpersönlichkeit und Fremdsprachenerwerb. Tübingen 1981

Sonka, A., "The interview as an EFL teaching technique." In: English Language Teaching Journal, 1977, S. 49-54

Spandl, O. P., Die Angst des Schulkindes und ihre Überwindung. Freiburg/i.Br. 1979

Speichert, H., Schulangst. Das Eltern-Schüler-Trauma. Ursache und Auswege. Reinbek 1977

Speight, St., "Home thoughts from abroad: Landeskunde in the textbooks for the Gymnasium." In: Neusprachliche Mitteilungen 27, 1974, S. 204-210

Ders., "Landeskunde in new textbooks for the fifth class." In: Heuer, H./Müller, R. M. (Hg.), Lehrwerkkritik 2: Landeskunde - Illustration - Grammatik. Dortmund 1975, S. 18-30

Spitz, R., Nein und Ja. Die Ursprünge menschlicher Kommunikation. Stuttgart 1970

Spolsky, B., "Attitudinal Aspects of Second Language Learning." In: Language Learning 19, 1969, S. 271-285

Stanislawczyk, I. E./Yavener, S., Creativity in the Language Classroom. Rowley (Mass.) 1976

*Stedtfeld, W., Die Praxisrelevanz der sprachlichen Lernziele des Englischunterrichts an Hauptschulen: Ergebnisse einer empirischen Untersuchung. Bielefeld 1976

Ders., "Die Verwendung des Englischen durch Absolventen der Hauptschule." In: Bausch, K.-R. et al. (Hg.), Beiträge zum Verhältnis von Fachsprache und Gemeinsprache im Fremdsprachenunterricht der Sekundarstufe II. Bochum 1978

Ders., "Fremdsprachenlernbedarf - Begriff, Ermittlungsverfahren, Resultate vorliegender Untersuchungen." In: Englisch, 1979, S. 1-9

Steltmann, K., Faktoren der Fremdsprachenleistung. Kastellaun 1978

Ders., "Auswirkungen personaler Faktoren auf die Englischleistung." In: Die Neueren Sprachen, 1981, S. 114-125

Strasheim, L. A., "The foreign language teacher: Present and future tense." In: Grittner, F. M. (Hg.), 1975a, IX-XIII.

Strohner, H., Spracherwerb. München 1976

Tausch, R./Tausch, M. Erziehungspsychologie. Psychologische Prozesse in Erziehung und Unterricht. Göttingen [8]1977

Taylor, J. B., "What do attitude scales measure: The problem of social desirability." In: Journal of Abnormal and Social Psychology, 62, 1961, S. 386-390

Terrell, T. D., "A natural approach to second language acquisition and learning." In: Modern Language Learning 6, 1977, S. 325-337

Thibaut, Z. W./Kelly, H. H., The Social Psychology of Groups. New York 1959

Thiele, J., "Tendenzen im Sprachhandeln von Selbsterfahrungsgruppen." In: Gruppendynamik 10, 1979, S. 402-408

Thomae, H., "Die Bedeutungen des Motivationsbegriffes." In: Thomae, H. (Hg.), Handbuch der Psychologie Bd. 2, II. Motivation. Göttingen 1965

Thurstone, L. L., "The measurement of social attitudes." In: Journal of Abnormal und Social Psychology, 26, S. 242-269

Todt, E. (Hg.), Motivation. Eine Einführung in Probleme, Ergebnisse und Anwendungen. Heidelberg 1977

Triandis, H. C., Einstellungen und Einstellungsänderungen. Weinheim 1975

Uhlemann, H., "Das Lehrfach Landeskunde in seiner Beziehung zur kommunikativen Zielsetzung des Deutschunterrichts." In: Deutsch als Fremdsprache 16, 1979, S. 225-234

Ungerer, F., "Schulstreß und Übungsformen." In: Der fremdsprachliche Unterricht, 14. Jg., 1980, 56, S. 307-309

Vagt, G./Kühn, B., "Zum Zusammenhang zwischen Ängstlichkeit und Schulleistung: Die Berücksichtigung des Ausmaßes der häuslichen Vorbereitung auf schulische Prüfungssituationen." In: Zeitschrift für experimentelle und angewandte Psychologie, Bd. 23, 1976, S. 163-173

Valette, R. M./Disick, R., Modern Language Performance Objectives and Individualization. A Handbook. New York 1972

Vester, F., Denken, Lernen, Vergessen. Stuttgart ^{4}1979

*Vogel, K./Vogel, S., "Möglichkeiten und Grenzen von Selbsteinschätzungstests. Bemerkungen zu ihrer Konstruktion und Verwendung im Französischunterricht." In: Zielsprache Französisch, 1980, S. 81-89

Vollmer, H. J., "Fachinteresse und Fachbeliebtheit als motivationale Einflußgrößen in einem Modell schulischen Lernens für den Englischunterricht." In: Heuer u.a., 1979, S. 162-166

Wagner, I., Aufmerksamkeitstraining mit impulsiven Kindern. Stuttgart 1976

Walker, J. L., "The student view: Attitudes toward foreign language learning." In: Jarvis, G. A. (Hg.), 1976, S. 129-150

Walter, G., Englisch für Hauptschüler. Königstein 1979

Walter, H., "Das Problem der Reduktion von Schul- und Leistungsangst durch einen schülerorientierten Unterricht." In: Blätter für Lehrerfortbildung, 29. Jg., 1977, S. 3-8

Ders., Angst bei Schülern. München 1978

Wasna, M., Motivation, Intelligenz und Lernerfolg. München 1972

Watzlawick, D. et al., Menschliche Kommunikation. Bern [4]1974

Weber, A., Verbales Verhalten im Schulunterricht. Essen 1972

Weinrich, H., "Von der Langeweile des Sprachunterrichts." In: Zeitschrift für Pädagogik 27, 1981, S. 169-185

Ders., "Fremdsprachen in der Bundesrepublik Deutschland und Deutsch als Fremdsprache." In: Wort und Sprache, 1981a, S. 70f.

Weir, R. H., Language in the Crib. The Hague, 1962

Wendt, H./Pohnert, O., "Zu einigen Problemen der Motivation der Zielstellung im Russischunterricht der Klassen 5 und 6." In: Fremdsprachenunterricht 14, 1970, S. 370-376

Wheeler, D. K., Curriculum Process. London 1967

Wicker, A. W., "Attitudes versus actions: The relationship of verbal and overt behavioral response to attitude objects." In: Journal of Social Issues 25, 1969, S. 41-78

Widdowson, H. G., Teaching Language as Communication. Oxford 1978

Wieczerkowski, W. et al., "Verminderung von Angst und Neurotizismus bei Schülern durch positive Bekräftigung von Lehrern im Schulunterricht." In: Zeitschrift für Entwicklungspsychologie und Pädagogische Psychologie, 1969, S. 3-12

Ders. et al., Handanweisung zum Angstfragebogen für Schüler. Braunschweig 1975

Wienold, G., Die Erlernbarkeit der Sprachen. München 1973

Wijk, A., Rules of Pronunciation for the English Language. London 1966

Wilkinson, A., Sprache und Spracherwerb. München 1975

*Wittenborn, J. R./Larsen, R. P., "An empirical evaluation of study habits in elementary German." In: Journal of Applied Psychology 28, 1944, S. 420-430

*Dies./Mogil, R. L., "An empirical evaluation of study habits for college courses in french and spanish." In: Journal of Educational Psychology 36, 1945, S. 449-474

*Wolf, H. E., Schüler urteilen über fremde Völker. Weinheim 1963

Ziegesar, D.v., "Lesestrategien für nicht-fiktionale Texte im Fremdsprachenunterricht der Sekundarstufe I." In: anglistik und englischunterricht 5, 1978, S. 139-158

Zimmermann, G., "Personale Faktoren und Fremdsprachencurriculum." In: Praxis des neusprachlichen Unterrichts 20, 1973, S. 3-14

Ders., Grammatik im Fremdsprachenunterricht. Frankfurt 1977

Ders., "Schwierigkeitsfaktoren und Progression im Lernbereich Hörverstehen." In: Praxis des neusprachlichen Unterrichts, 1980, S. 3-12

Zimmermann, H., "Der Vergleich - ein Lernschritt in der Amerikakunde." In: Der fremdsprachliche Unterricht 14, 1980, S. 292-302

Zimmermann, W., "Die Angst des Lehrers in der Ausbildung." In: Frankfurter Allgemeine Zeitung vom 14.05.1978

Take it easy! neu

Arbeitsbuch für Englisch mit lernlangsameren Gruppen

Bearbeitet von Jürgen Kienzler und Gottfried Kumpf.

104 S. DIN A 4. kart. **41073**

Take it easy ist lehrwerkunabhängig ab Klasse 7 einsetzbar. Es enthält viele Anregungen zu Aktivitäten im Klassenzimmer. Situative Texte und Übungen sind nach Handlungsfeldern gegliedert. Zahlreiche Zeichnungen, Würfelspiele, Puzzles, landeskundliche Informationen, Songs und Cartoons lockern das Buch auf. Es ist angelegt nach den Prinzipien learning by doing, verteiltes Lernen, ständige Wiederholung und Motivation durch Abwechslung.

Get on board

An English Song-book

Herausgegeben von Jürgen Kienzler, Wolle Kriwanek, Gottfried Kumpf. Gitarrenkurs von Hans-Dietrich Eckmaier.

Dieses neue Buch ergänzt und belebt den Englischunterricht. Für Anfänger und Fortgeschrittene sind hier Noten und Texte englischer Lieder aufbereitet. Ein breites Spektrum unterschiedlich gestalteter Songs wird geboten. Im Teacher's Tape werden die Lieder zweimal wiederholt, damit die Schüler zum Mitsingen angeregt werden.

	Best.-Nr.
Song-Book. 80 S. kart.	**40001**
Gitarrenkurs zum Songbook. Spielanleitung für Gitarre für Anfänger und Fortgeschrittene; mit systematischem Anhang. 58 S. kart.	**40003**
Teacher's Book. 98 S. kart.	**40002**
Teacher's Tape 1[1] (13 cm ∅, 80′) "Beginners"	**64001**
Teacher's Tape 2[1] (13 cm ∅, 80′) "Intermediate"	**64002**
Teacher's Tape 3[1] (13 cm ∅, 80′) "Advanced"	**64003**
C-Cassette 1[1] (31′)	**64005**
C-Cassette 2[1] (33′30″)	**64006**
Schallplatte[1] (37′)	**64008**
Probecassette[1] mit Erläuterungen in Englisch.	**64010**

Für 8 Wochen unberechnet. Danach Schutzgebühr.

Here comes Santa Claus

A Christmas Book with Stories, Songs, Recipes, Games

Herausgegeben von Jürgen Kienzler und Gottfried Kumpf.

Here comes Santa Claus. 78 S. kart.	**40601**
Teacher's Book. 28 S. kart.	**40602**
C-Cassette 1[1]. Alle Lieder mit "Playbacks"	**61054**
C-Cassette 2[1]. Alle Lieder und eine Auswahl der Geschichten	**61055**

Dieses Weihnachtsbuch ist eine motivierende Ergänzung zum Englischunterricht. Es enthält ein vielfältiges Angebot an Geschichten, Liedern, Rezepten und Spielen.

'lay it in English

›iele zum Unterrichtswerk How do you do

e **Bingo-Spiele** 1 und 2 sollen Aussprache, Erkennen des Wortbildes ıd aktives Reproduzieren einer bestimmten Anzahl von Substantiven inüben. Mit Bingo 3, dessen Wortschatz auf 1 und 2 aufbaut, werden łörverständnis und sprachliche Mitteilung gefördert. **Memory** aktiviert lie Aussprache von 60 geläufigen Substantiven. **Happy Families** ,ördert die Sprech- und Lesefertigkeiten: die Spieler sollen die Wörter auf der Karte lesen und in bestimmten Redewendungen gebrauchen.

	Best.-Nr.
Bingo 1[1]	**64651**
Bingo 2[1]	**64652**
Bingo 3[1]	**64653**
Memory 1/2/3/4[1]	**64654**
Happy families 1/2/3[1] [2]	**64658**
Erläuterungen für den Lehrer (unberechnet) 24 S.	**64650**

Collins English Library

Die GRADED READERS in dieser neuen Reihe entsprechen wirklich dem, was ihr Name sagt: es sind Readers, keine versteckten Lessons. Sie sollen vor allem das Vergnügen am Lesen fördern. Deshalb sind die Texte in sorgfältig gestuftem Englisch geschrieben. Der Schüler braucht keine unbekannten Wörter nachzuschlagen oder fremde Strukturen zu prüfen. Die Lektüren sind seinem sprachlichen Können angepaßt. Für weitere Informationen empfiehlt sich das Lehrerheft.

Level 1	Vokabular von 300 Wörtern
Level 2	Vokabular von 600 Wörtern
Level 3	Vokabular von 1000 Wörtern
Level 4	Vokabular von 1500 Wörtern
Level 5	Vokabular von 2000 Wörtern

English through Pictures

Von Ch. Kay und F. Simmonds

Book 1 (Level 1 und 2) 64 S.	**43271**
Book 2 (Level 3 und 4) 64 S.	**43272**

English Through Pictures basiert auf COLLINS ENGLISH LIBRARY. Hauptziel ist, Schüler durch die Pointe eines Cartoons und dazu passende gestufte Übungsanlässe so zu motivieren, daß sie die englische Sprache fließend schreiben lernen.